大学文科基本用书·文学
DAXUE WENKE JIBEN YONGSHU · WENXUE

写作与语言艺术

(第二版)

刘洪妹 范慧琴 主编

北京大学出版社
PEKING UNIVERSITY PRESS

图书在版编目(CIP)数据

写作与语言艺术/刘洪妹，范慧琴主编.—2版.—北京：北京大学出版社，2022.7
大学文科基本用书
ISBN 978-7-301-33103-3

Ⅰ.①写… Ⅱ.①刘…②范… Ⅲ.①汉语—写作—高等学校—教材②语言艺术—高等学校—教材 Ⅳ.①H15②H019

中国版本图书馆 CIP 数据核字（2022）第 105467 号

书　　　名	写作与语言艺术（第二版） XIEZUO YU YUYAN YISHU（DI-ER BAN）
著作责任者	刘洪妹　范慧琴　主编
责 任 编 辑	延城城
标 准 书 号	ISBN 978-7-301-33103-3
出 版 发 行	北京大学出版社
地　　　址	北京市海淀区成府路 205 号　100871
网　　　址	http://www.pup.cn　新浪微博：@北京大学出版社
电 子 邮 箱	编辑部 wsz@pup.cn　　总编室 zpup@pup.cn
电　　　话	邮购部 010-62752015　发行部 010-62750672 编辑部 010-62756467
印 刷 者	大厂回族自治县彩虹印刷有限公司
经 销 者	新华书店 965 毫米×1300 毫米　16 开本　26.5 印张　448 千字 2015 年 6 月第 1 版 2022 年 7 月第 2 版　2024 年 3 月第 2 次印刷
定　　　价	79.00 元

未经许可，不得以任何方式复制或抄袭本书之部分或全部内容。
版权所有，侵权必究
举报电话：010-62752024　电子邮箱：fd@pup.cn
图书如有印装质量问题，请与出版部联系，电话：010-62756370

写作与语言艺术
（第二版）

主　编　刘洪妹　范慧琴

撰稿人（以姓氏笔画为序）

王璐璐　许　蕾　刘洪妹　范丽君

范慧琴　姚皓韵　贾　静

目录

前 言/1

上 编

第一章 当代写作的新特点/3
 第一节 写作与语言的关系/3
 第二节 写作是一种传播活动/11
 第三节 人人书写的新媒体时代/18
 思考与练习/26
 拓展阅读/29

第二章 写作主题提炼/30
 第一节 主题的作用/30
 第二节 主题的形成/34
 第三节 主题的提炼/38
 思考与练习/51
 拓展阅读/57

第三章 写作材料取舍/58
 第一节 材料是写作的基础/58
 第二节 积累材料/60
 第三节 选择材料/78
 第四节 剪裁材料/82
 思考与练习/85
 拓展阅读/92

第四章 写作结构安排/93
 第一节 结构的原则/93
 第二节 层次和段落/97
 第三节 过渡和照应/104
 第四节 开头和结尾/107
 第五节 题目/114
 思考与练习/115

目录

拓展阅读/121

第五章　写作表达方式/122
第一节　叙述/123
第二节　描写/129
第三节　抒情/145
第四节　议论/152
第五节　说明/163
思考与练习/167
拓展阅读/169

第六章　写作语言艺术/170
第一节　语言表达与修改/170
第二节　语法知识及其运用/178
第三节　修辞的综合运用/187
第四节　语体风格/197
思考与练习/205
拓展阅读/208

下　编

第七章　文学文体写作/211
第一节　散文写作/211
第二节　剧本写作/218
第三节　小说写作/226
第四节　诗歌写作/233
思考与练习/242
拓展阅读/248

第八章　传媒文体写作/249
第一节　消息写作/249
第二节　解说词写作/261
第三节　报告文学写作/267
第四节　广告文案写作/273
思考与练习/286
拓展阅读/292

目录

第九章　论说文体写作/293
　第一节　短评写作/293
　第二节　杂文写作/300
　第三节　影视评论写作/306
　第四节　学术论文写作/313
　思考与练习/322
　拓展阅读/324

第十章　应用文体写作/325
　第一节　通知写作/326
　第二节　调查报告写作/332
　第三节　策划书写作/337
　第四节　申论写作/343
　第五节　求职信写作/345
　思考与练习/348
　拓展阅读/349

第十一章　新媒体写作/350
　第一节　微博文案写作/350
　第二节　微信文案写作/356
　第三节　其他自媒体平台写作/362
　第四节　H5 文案写作/365
　思考与练习/368
　拓展阅读/369

第十二章　写作训练案例/370
　第一节　博客接龙写作训练/370
　第二节　剧本写作项目合作/378
　第三节　报告文学写作项目合作/387
　第四节　调查报告写作项目合作/396

第一版后记/409
第二版后记/411

前　言

　　写作是人类通过反映客观事物表达主观思想和情感的社会实践活动，是运用书面语言作为交际工具进行思想交流和信息传播的创造性过程。写作成果作为精神产品，是作者思维过程的反映和思想的结晶，凝聚了作者对社会生活与情感世界独到而深刻的认识，传达给读者有益的思想启迪和感染力量，令人在潜移默化中获得美的熏陶，积累知识、提高修养。那么，如何实现写作意图，更准确完美地表达自己的思想与情感便是一个需要认真探讨的课题。

　　在当今以互联网为标志的信息时代，写作的神秘性早已不复存在，写作主体的草根化、写作内容的广泛性、作者身份的多样化（作者、读者、传播者等）、写作发表的便利性等，使得写作的种种壁垒不断被打破。写作成为我们每个人日常生活与工作中必不可少的内容，成为当代人的一种生活方式。

　　新媒体时代极大地影响了人们的思维方法和生活方式，也影响着人们的写作思维和写作方法。在新媒体、自媒体的崭新语境下，不论是从写作行为、写作速度还是写作环节、写作文本形态上，新媒体写作都有别于传统写作。即使是传统文体的写作，也面临着与过去时代完全不同的环境，面对海量信息如何快速分辨整理并取舍、如何巧妙自如地充分利用多媒介的优势、怎样在时空合一的传播环境中既广泛吸收各种不同观点又能保持独立的思考逻辑，这是新写作时代的作者必须面对与回应的问题。虽然写作作为一种传播活动已经进入了全民写作的年代，但是，由于写作环境更复杂，影响写作的各种因素更错综，因此对写作提出了更高的要求。

　　基于对写作新形势和新现象的清醒认识，我们编写了《写作与语言艺术》，作为"写作与语言艺术"课及其他写作类课程的新教材，以适应不断发展变化的新要求。

　　本书从"写作与语言艺术"课等写作类课程的教学实际出发，主要针对本校以广播电视专业为主要特色和专长的特点,并兼顾其他文科和艺术类专业的特点和需求。在结合写作的理论精髓和最新研究成果的基础上力求创新,形成自己的独特风格。

本书的主要特点有:

1. 写作和语言的理论与实践紧密结合

本书分为上编和下编两部分。上编主要阐述写作的理论体系,为写作实践提供系统的理论分析。首先,从论述写作与语言的关系入手,介绍汉语的特质,并分析写作的传播过程,在写作活动的大环境中宏观地分析构成写作的诸因素。其次,剖析当代写作新特点,分析介绍新媒体写作文体。再次,重点论述写作的具体过程,细致分析主题提炼、材料取舍、结构安排和表达方式、语言艺术等各要素。下编主要介绍文体写作、提供写作实践。具体介绍文学文体写作、传媒文体写作、论说文体写作、应用文体写作,并以案例的形式总结教学实践中同学们的写作训练实例。

重视写作理论和语言运用的实践,将写作理论与写作训练结合是本书的最大特色。在介绍写作原理的基础上,从文体语言风格、传媒特点、文科和艺术类各专业学习的角度考虑,并结合未来时代发展的需求,重点选择介绍了四类文体以及新媒体写作的文体写作训练,以增强学生的写作针对性和实用性,不断适应信息时代出现的写作新现象和新特点的要求,以提升写作和语言艺术的教学成效,有的放矢地提高学生的写作能力和灵活运用语言的能力。

2. 实践"写作"与"语言艺术"结合的教学理念

写作是语言的艺术,最终要依靠遣词造句和恰当的修辞,才能将作者的思想情感、材料使用和谋篇布局落在实处。本书适应写作与语言艺术课的教学需要,在保持写作理论系统性的同时,强调语言的艺术性使用,将写作与语言艺术(偏重语言运用及艺术表现)相融合。在内容上从提高写作水平和语言运用能力入手,将写作的基本规律和现代汉语的基础理论融为一体,以系统的写作知识为主,将语言中字词句的正确使用及修辞等内容融会贯通。

3. 注重写作体验和经验总结

写作重在实践,成功的写作不是对写作理论的机械运用,而是在写作实践中总结经验、提高能力。本书无论是上编的写作理论阐述,还是下编的文体写作介绍,都紧密地围绕写作训练这个主要目的,在各章内容后以较大篇幅设置了"思考与练习"环节,以各种写作思考与训练项目,有针对性地强化学生的写作实践,引导学生进一步思考写作理论,并鼓励他们通过课堂的写作练习与课后的自主写作,巩固提高自己写作中的长处,改正不足,不断提升自己的写作水平。

本书在论述写作理论、介绍写作文体时,辅以大量的写作案例,既选择名家美文作为写作实例,提供学习范本,也以学生习作为例,近距离、有针对性地总结、指导写作实践。最后一章介绍了同学们合作完成的几种全新的写作训练案例,以探索和总结写作实践的新方法和新经验。

注重写作体验和经验总结、将阅读赏析与写作实践相结合也是本书的特色,通过了解名家写作经验、欣赏成功的写作范例、借鉴同学写作实践,在阅读和欣赏中提高分析和鉴赏能力,增加综合素质和修养,以巩固写作基础,并不断提高写作能力。

4. 突出专业特点,加强文体学习和训练

本书主要面向传媒各专业和其他文科与艺术专业学生,因此,在写作时加强针对性,突出文科和艺术类专业特点,在使用写作和语言运用的实例时大量选用广播电视节目以及影视戏剧等作品,凸显传媒等文科及艺术类各专业培养中重视文字语言符号运用的总体教学特征,力争为学生以后的专业学习和专业写作打下深厚的基础。

在文体写作方面,本书从适用性和应用性角度考虑,鉴赏和写作兼顾,精心选择了适合同学们专业学习和日常运用的五类文体。文学文体以形象思维为主,是基本的写作文体,文学欣赏和写作可以陶冶情操。论说文体主要是抽象思维,也是常用的写作文体,其中,短评和杂文短小精悍、贴近时代,影视评论突出传媒特点,学术论文写作则是检验专业学习成果的标志。传媒文体写作主要着眼于传媒各专业的学习和写作需求,也是应用较广的文体。应用文体写作强调的是常用性和针对性,通知、调查报告分别是最常见的公文文体、事务文体,学习和工作中需要策划书写作,而今后工作就业中很可能需要写求职信和申论。新媒体写作则是当代学习、工作与生活的基本内容。这五类文体通过写作理论、写作范文和写作训练等方面的合理设计安排,构成了写作实践的主要内容。

写作是心灵的火花闪耀,是思维的缜密布局。写作是深刻复杂的心理体验,苦与乐是写作过程中的必备调味品。提高写作水平不是简单地通过教师讲授,而是需要同学们自觉的、持之以恒的训练和实践。绳锯木断,水滴石穿。多写作、多练习,不断提升写作能力和语言运用能力,才能为立足社会、成就自我增添一块坚实的砝码。

上 编

第一章
当代写作的新特点

第一节 写作与语言的关系

一、汉语的特点

(一) 认识汉语

要认识汉语,首先我们要知道什么是语言。自然界的风声雨声、红绿灯、"鹦鹉学舌"、咳嗽、打喷嚏、哭声笑声打鼾声等,它们是不是语言?都不是。那什么才是语言呢?从语言学的角度来讲,语言指人类发音器官发出的音义结合的一套符号系统。这个定义可以从三个方面理解。第一,一般意义的语言特指人类语言,不包括动物的"语言"、自然界的风声雨声等。第二,语言必须是音义结合的符号,也就是说必须同时具有声音和意义,且声音和意义之间没有必然的联系,所以不同国家和民族的语言中其语言符号和意义的联系是任意的,如同样表示"水"这个事物,汉语说"shuǐ",英语说"water"(听起来像汉语的"窝头")。同样表示"鞋"这个事物,汉语说"xié",日语说"くつ"(听起来像汉语的"裤子")。咳嗽、打喷嚏、打哈欠等既有声音又有意义,但不同国家和民族的人发出此类声音时意义都是相同的,不具有任意性,因而也都不是语言。第三,语言符号是一套系统,具有严密的组织规则,如汉语的语音系统包括声母、韵母、声调,它们配合有严格的规律,是一个严整的声韵调系统。

根据德国语言学家在 1979 年的统计,当时世界上已经查明的语言有 5651 种。人类学家统计的语言数量大约有 7000 种。这些语言之间既有共性又有个性。汉语主要指汉族人用于交际的一套音义结合的符号系统,现在也通用于我国各民族之间的交流,它的个性需要在跟其他语言的比较中加以认识和分析。用来记录语言的书写符号系统是文字,各种有文字的语言,其文字系统也各不相同。例如,英语有26个字母,字母可以组成词,词和词可以组成句子;日语有36个假名,假名可以拼成词,词再组成句子。而汉语没有跟字母、假名等相应的单位,就连"词"这个概念也是从西方引进的,语言学认为"红花"是两个词,"红果"是一个词,普通人是很难分辨的。《文心雕龙》里讲"夫人之立言,因字而生句,因句而成章",语言学家赵元任也认为"在中国人的观念中,'字'是中心主题"。徐通锵先生在深入研究印欧语语言理论的基础上,结合汉语的实际,提出了"字本位"的观点,他认为:"'字'是汉语社团具有心理现实性的结构单位,写出来的字仅仅是把这种心理现实性书面化而已。"①在此基础上,他建构了以"字"为基本结构单位的汉语语言理论框架。这个框架目前还略显粗疏,但其出发点和基本观点符合我们一般人对于汉语的认识,因为汉语最自然的单位就是一个一个的字,字可以组成更大的单位,字和字的组合有严格的规则,如"屡败屡战"和"屡战屡败",语序不同,表达的意思就不同。再比如,好朋友很久不见,见面时一句"你想死我们了",朴实而直白地表达出思念之情,这里如果套用语法规则,"你"是主语,"我们"是宾语,意思是"你想我们",但每个中国人都会理解为"我们想你",因此很多人说汉语的语法是隐性的,其实这个例子充分体现了语义在汉语中的重要性,这也是为什么徐通锵先生认为汉语是语义型语言。

(二) 汉语的特点

汉字是沿用至今的世界上最古老的文字,从甲骨文算起,已有四五千年的历史。汉字产生以后,不仅是汉语的书写符号,更是联结汉语音、形、义的枢纽。因此,汉语和汉字虽然属于不同层面,却又紧密相连,认识汉语的特点也与汉字的特点分不开。俗话说,纲举目张,有了"字"这个驾驭汉语的"纲",分析汉语的特点就有了出发点。鲁迅先生在《汉文学史纲要》一书中提到汉语的三个特征:"意美以感心,一也;音美以感耳,二也;形美以感目,三也。"②我们来具体分析一下汉语及汉字在音、意、形方面的特点:

1. 音美

汉语的声音之美与它在语音方面的特点是分不开的。第一,汉语中最基本的语音单位是音节,每个音节就是一个自然的单位,一个一个依次出

---

① 徐通锵:《语言论》,东北师范大学出版社1997年版,第12—13页。
② 鲁迅:《汉文学史纲要》,人民文学出版社1973年版,第3页。

现,之间的界限分明,听起来节奏感强、清晰悦耳。第二,汉语的一个音节一般分为声母和韵母两部分,普通话有声母21个,韵母39个,一个字可以没有声母,但绝对不能没有韵母。韵母中必须有元音,而可以没有辅音,且元音可以连缀,辅音不可连缀。这样整个字音中元音占优势,乐音成分比例大,听起来声音响亮、悦耳动听。第三,汉语中每个音节都有声调,音节和音节组合又讲究平仄相间,听起来抑扬顿挫、铿锵有力。在文学艺术作品中,可以充分利用汉语的这些语音特点,讲究押韵、对仗、平仄,构成双声、叠韵、叠音等语音形式,使汉语具有独特的音乐美。我们来欣赏李清照的《声声慢》在语音方面给人的独特审美感受:

声声慢
李清照

寻寻觅觅,冷冷清清,凄凄惨惨戚戚。乍暖还寒时候,最难将息。三杯两盏淡酒,怎敌他、晚来风急?雁过也,正伤心,却是旧时相识。

满地黄花堆积,憔悴损,如今有谁堪摘?守着窗儿,独自怎生得黑?梧桐更兼细雨,到黄昏、点点滴滴。这次第,怎一个、愁字了得!①

作品首句即用了七个叠音形式,而且构成"平平仄仄、仄仄平平、平平仄仄仄仄"的平仄相间、回环往复的格局,与作品所表达的心情起伏、冷清凄婉的情感格调协调一致。作品每句末字"戚、息、急、识、积、摘、黑、滴、得"押韵,且都是入声,入声在中古具有"短促急收藏"的特点,在语音上体现了作者"欲说还休"的心情。

此外,汉语音节数量较少,因而同音字、同音词较多,如果没有语境,常常会难以分辨,如"dòu"这个音节,可以是"豆、逗、斗、窦、痘"等多个字,但在具体的语境中,通常是可以分辨的。而且,有时候我们还可以利用汉字的这一特点,用"谐音"来增强意趣、表达情感。如唐代诗人刘禹锡《竹枝词》的名句"东边日出西边雨,道是无晴却有晴"中的"晴"与"情"谐音。下面是赵元任先生写的同音文《施氏食狮史》:

石室诗士施氏,嗜狮,誓食十狮。氏时时适市视狮。十时,适十狮适市。是时,适施氏适市。氏视是十狮,恃矢势,使是十狮逝世。氏拾是十狮尸,适石室。石室湿,氏使侍拭石室。石室拭,氏始试食是十狮

---

① 李清照:《李清照词集》,上海古籍出版社2014年版,第78页。

尸。食时,始识是十狮尸,实十石狮尸。试释是事。①

2. 意美

王力先生在《中国语法理论》中说:"就句子的结构而论,西洋语言是法治的,中国语言是人治的。"②"法治"的语言讲究严谨的秩序和严格的规则,"人治"的语言则更强调灵活性和创造性,更能发挥主体意识的能动性。汉语的语法约束力较弱,语义的理解常常跟语境、文化背景等相关。因此有人说汉语是"意合"的,语法规则并不具有强制性。正是汉语的这种特质,才使它在表意方面更具有含蓄性,更富有张力,对于汉语的理解常常需要用心去揣摩,去发现它独特的美丽和神韵。

例如,宋代张先《天仙子·水调数声持酒听》中一句"云破月来花弄影",不仅写出了云、月、花、影四种景象,还写出了字面之外的"风",拟人化的手法为读者营造了一个充满诗情画意的境界,而此情此景,更是浪漫故事发生的铺垫。这种象外之象、景外之景的艺术表现正是汉语潜能的充分发挥。

我们再来比较下面两句:

  碧云天,黄叶地,秋色连波,波上寒烟翠。(范仲淹《苏幕遮·怀旧》)

  碧云天,黄花地,西风紧,北雁南飞。(王实甫《西厢记》)

二者皆描写秋景,表面上意思近似,但仔细体味却有不同。第一句写出了秋天的美丽,充满诗情画意,特别是"波""烟"的意象,更能表现朦胧、柔美的意境,琼瑶小说《寒烟翠》即化用此句,与作品表现浪漫爱情的风格协调一致。第二句描写的秋景则显得凄凉,"黄花"指菊花,李清照有词曰"人比黄花瘦",这一意象暗含憔悴、相思之义,"西风"更显萧瑟与苍凉,"雁南飞"增添了更多离愁别绪,所以紧接着的下句是"晓来谁染霜林醉?总是离人泪",张恨水小说《北雁南飞》即化用此句,而作品讲述的爱情故事也更具有悲凉的色彩。

可见,汉语除了文字符号本身所传达的意思之外,其内在的意蕴、意境之美也是需要仔细体味的,需要一定的文化底蕴和审美眼光,从这个意义上讲,我们在阅读作品时也是一种再创造,唯有创造才能体会汉语真正的"意美"之所在。

---

  ① 赵元任:《语言问题》,商务印书馆1980年版,第149页。
  ② 王力:《王力文集》第1卷,山东教育出版社1984年版,第53页。

3. 形美

普通语言学认为,文字是记录语言的符号。汉字在中国人的心理认知中不仅仅是记录汉语的符号,它独特的线条美及其理据性和表义特点,使我们可以通过文字符号本身领略到意境之美。

下面是叙永观音殿神智体诗,通过汉字本身的形体特点及书写风格而构成诗谜的谜面:

图1　叙永观音殿神智体诗　　　　图2　苏轼《远眺》

这首神智体诗谜的谜底是:"斜阳古寺无人候,仰首长天吊白云。回忆半山肠欲断,空飞残梦不成群。"

我们再看苏轼的一首诗《远眺》,也是充分利用了汉字的形体特点和书写风格:"长亭短景无人画,老大横拖瘦竹筇。回首断云斜日暮,曲江倒蘸侧山峰。"

汉字不仅通过字形本身体现其形美的特点,而且能够在作品中传递视觉信息与独特审美体验。正如闻一多先生在《诗的格律》所说的:"因为我们的文字是象形的,我们中国人鉴赏文艺的时候,至少有一半的印象是要靠眼睛来传达的。原来文学本是占时间又占空间的一种艺术。"[①]

二、写作与语言的关系

语言是最重要的交际工具,会说话的人常常出口成章,会写作的人往往妙笔生花,能有效利用语言这一交际工具的人会更好地与人沟通,表达思想情感,展现自我的个性与魅力。写作过程的实质正是作者运用语言进行思

---

① 闻一多:《闻一多精品文集》,团结出版社2018年版,第142页。

想交流、信息传播的特殊劳动过程。因此,写作跟语言的关系密不可分,语言在写作过程中有非常重要的作用。

(一) 语言跟写作思维的互动

语言是思维的工具,思维是语言的内容,没有离开语言的思维,也没有离开思维的语言,二者的关系密不可分。在说母语时,我们对这一理论往往习焉不察,但说外语时则会遇到磕磕巴巴等现象,而这正是跟思维的暂顿或混沌有关,此外,写作过程中的无从下笔也往往跟思维遇到的困顿和混乱有关。因此,思维的顺畅影响到语言的流畅,而语言的流畅可以体现思维的顺畅。在写作过程中,作者的写作思维是什么方式、什么特点,都会通过其语言表现出来。一般来讲,思维包括理性的逻辑思维和感性的形象思维,因为思维方式不同,作者采用的语言符号形式也会有所差别。文学家擅长于感性的形象思维,在他们的思维中,万物皆有灵、借景抒情、寓情于景、情景交融,所以他们笔下的事物往往不只是事物本身,也是形象或情感的寄托。科学家擅长理性的逻辑思维,他们对事物的认识会基于事物本身,从而给出合理科学的解释。

例如,"月亮"是文人笔下的一个重要意象:"床前明月光",寄托的是思乡之情;"海上生明月",表达的是相思之情;苏轼的《水调歌头》则将"明月"这一意象之美发挥到了极致。

> 明月几时有?把酒问青天。不知天上宫阙,今夕是何年?我欲乘风归去,唯恐琼楼玉宇,高处不胜寒。起舞弄清影,何似在人间。
>
> 转朱阁,低绮户,照无眠。不应有恨,何事长向别时圆?人有悲欢离合,月有阴晴圆缺,此事古难全。但愿人长久,千里共婵娟。①

但在科学家眼中,月亮上面根本没有嫦娥,也没有玉兔,更没有桂花树,下面是小学课本中《飞向月球》一文的片段:

> 月球上没有宫殿,也没有嫦娥和玉兔,只能看到广袤的荒原上高山耸立,巨石嶙峋。随着太阳光线角度的变化,月球的表面呈现出各种奇异的色彩,有时是灰色的,有时是棕色的,有时是黄色的。……

再比如,音乐家雷振邦创作的电影《冰山上的来客》中的插曲《花儿为什么这样红》:

---

① 苏轼:《苏轼词集》,上海古籍出版社 2017 年版,第 19—20 页。

> 花儿为什么这样红?为什么这样红?啊,红得好像燃烧的火,它象征着纯洁的友谊和爱情……

艺术家并没有直接回答这一问题,而是从这一问题引发了对"红"的赞美之情。科学家的思维则是对这一问题的精准回答,下面是贾祖璋的科普文章《花儿为什么这样红》片段:

> 不论是红花还是红叶,它们的细胞液里含有由葡萄糖变成的花青素,当细胞液是酸性的时候,花青素呈红色,酸性愈强,颜色愈红。细胞液是碱性时,花青素呈蓝色,碱性越强,就成为蓝黑色,如墨菊、黑牡丹等便是。①

无论是艺术家感性的形象思维,还是科学家理性的逻辑思维,语言这个工具都可以把它们明确地表达出来。但如果你的头脑中没有这些与思维方式相应的词语符号和相应的表达方式,那么无论是达意传情还是议论推理,都无法明确地传递出信息来。因此,语言和思维是互动的,在写作活动中,培养写作思维,提高语言表达能力,是相辅相成、相得益彰的。

(二)语言对写作成果的外化

写作活动经历语言的两次转化活动。第一次是从写作动机、写作意图转化为内部语言;第二次是由内部语言转化为外部语言,也就是读者所看到的写作成品。内部语言是第一次转化的结果,也是第二次转化实现的基础,起到承上启下的作用。内部语言具有简约化、跳跃性、无语法形态、生成速度快的特点,它体现了写作思维活动的过程。外部语言是写作最后的成品,它是在内部语言基础上进行的严密的、合乎逻辑的构建。从内部语言到外部语言的转化过程,需要遵循严格的语法规约,将内部语言逻辑化、序列化和丰富化,成为能够为读者理解和接受的线性语言链条。②

我们一般所讲的语言即外部语言,它是对写作成果的外化,是写作成果最终的表现形式。外部语言是否完美、丰富,直接影响到写作的表达效果。有时候,虽然写作意图相似、材料相近、构思基本一致,但外部语言的运用技能会直接影响到写作的效果和水平。试比较:

> 盼望着,盼望着,东风来了,春天的脚步近了。
> 一切都像刚睡醒的样子,欣欣然张开了眼。山朗润起来了,水涨起

---

① 见《科学与文化》2006年第12期。
② 参见何明:《写作语言学》,东北师范大学出版社1998年版,第54—56页。

来了,太阳的脸红起来了。

　　小草偷偷地从土里钻出来,嫩嫩的,绿绿的。园子里,田野里,瞧去,一大片一大片满是的。坐着,躺着,打两个滚,踢几脚球,赛几趟跑,捉几回迷藏。风轻悄悄的,草绵软软的。

　　……

(朱自清《春》)①

　　我最喜欢春天,我盼望的春天终于到了。柳条抽出了细嫩的幼芽,小草也悄悄地变绿了。桃花盛开了,一朵朵像害羞的姑娘的脸。还有那洁白的玉兰,也在报告着春的信息。春天充满了生机和希望。……
(学生习作《春》)

　　上面两段在写作内容、写作材料、思想感情等方面都非常相近,但前者给读者的审美感受明显要高于后者,主要原因在于语言表达水平的高超。朱自清的文章运用了反复、拟人、排比等修辞手法,在语音上讲究叠音运用,在语法上讲究长短句式的变化,从而给人以亲切、活泼、充满生机的"春"的质感,而后者在语言技巧的运用方面显然要稚嫩一些。

　　语言分为书面语言和口语,口语是线性的、不可修改的,常常会有一些停顿、不连贯、话语标记等,更自然、真实,例如牛群和冯巩合说的相声《无所适从》台本里,有"合着""咳""嘿"等话语标记,还有重复、停顿、不完整的句子,体现了日常口语的特点:

　　冯:可是我练没两天,你那第二期来了,我一看全变了,通栏标题是"生命在于静止",合着我那螳螂拳白练了。

　　牛:第二期你也看啦?

　　冯:啊,这你怎么解释?

　　牛:这……这……这很好解……咳,这个小同志挺好玩的。

　　冯:嘿!

　　书面语言较之口语,有自己的特点:它不是线性的,而是可以修改的,在语法、修辞、遣词造句等方面有更严格的要求,但它也为发挥语言的潜能提供了更广阔的空间,我们可以"语不惊人死不休",反复推敲,认真锤炼,以达到完美。因此,在写作过程中,书面语言的可修改性使得它对写作成果的

---

① 朱自清:《朱自清经典散文》,山东文艺出版社2018年版,第283页。

外化更完美,而写作者在语言的修改、润色、打磨方面也要格外地多花工夫、格外地严谨。

第二节　写作是一种传播活动

美国传播学家施拉姆和波特在《传播学概论》一书的开篇说道,1200年前来到夏威夷的冒险者已经是灵巧的传播者。他们能够看懂天空中和海浪中的信息,利用这些信息来航海。他们把口语作为有力的工具,用口说的语言建立了有效的政府和美满的家庭。他们看见了山里的浓烟和火焰以后,还知道怎样通过祈祷以及祭祀和舞蹈同女神交流。① 施拉姆认为,这些活动就是传播的开端。实际上,这也是人类文明的开端。在这些传播活动中,人们使用各种手段,包括自然征候、符号、语言、舞蹈等来传递信息、与人沟通。施拉姆和波特援引社会学家查尔斯·科利的观点,指出传播是"人类关系赖以存在和发展的机制,是一切智能的象征和通过空间传达它们和通过时间保存它们的手段"②。

在这一过程中,文字的产生与印刷术的发展起到了至关重要的作用。在口耳相传的年代,历史与文化只存在于少数人的记忆之中。这些知识的传播,也要受时间与空间的束缚,难以产生大规模的影响。文字的发明则打破了这一藩篱,使得语言可以跨越时空上的局限,并促进人类思维的发展,进而积累人类的知识与经验,使人类摆脱蒙昧、进入文明的社会。可以说,文字使得人类由史前时期进入有史时期。③

但从信息传播的广度来说,文字还是有一定局限性,因为复制的时间长、成本高。印刷术的发展则弥补了这一缺陷,它加快了书籍的生产效率,并降低了生产成本。一个现代人可以在中国北京王府井图书大厦中毫不费力地阅读到2000年前希腊半岛上伟大哲人柏拉图的著作《理想国》。柏拉图用文字记录下自己的真知灼见,其著作传于后世,被不断地复制、出版,再传播到每一个人所能及的范围。这就是写作带给我们的最为直接的传播体验。

写作是一种重要的传播活动。一篇文章从搜集材料、提炼主题、布局谋

---

① 参见〔美〕威尔伯·施拉姆和威廉·波特:《传播学概论》,新华出版社1984年版,第2页。
② C. Cooly, *Social Organization*, New York: Scriber, 1909, p.61.
③ 参见叶蜚声、徐通锵:《语言学概论》,北京大学出版社2010年版,第163页。

篇、组织成文再到公开发表、读者阅读,这个过程并不是一个单一的活动,而是涉及作者与读者、个人与社会等多方面因素的系统性工程。那么,写作作为一种传播活动具有哪些特点?我们将利用下面的内容,从传播的基本过程中所涉及的各个方面来具体讨论写作的基本特点与方法。

一、写作活动的传播特点

(一)写作内容的传播具有共同性

发生传播关系看起来很简单,两个或两个以上的人因为共同感兴趣的信息而联系起来便发生了传播关系。在写作中,将作者与读者聚集在一起的是他们共同感兴趣的内容,如生活经验、思想体会、精神领悟等。像爱情、亲情、友情、战争、犯罪、欺骗等,都是文学作品经常表现的主题。例如,作家史铁生的《秋天的怀念》选取了他与母亲的几段故事来讲述他对母亲的深切怀念和母子之间深厚的感情。

> 双腿瘫痪后,我的脾气变得暴怒无常。望着望着天上北归的雁阵,我会突然把面前的玻璃砸碎;听着听着李谷一甜美的歌声,我会猛地把手边的东西摔向四周的墙壁。母亲就悄悄地躲出去,在我看不见的地方偷偷地听着我的动静。当一切恢复沉寂,她又悄悄地进来,眼边红红的,看着我。"听说北海的花儿都开了,我推着你去走走。"她总是这么说。母亲喜欢花,可自从我的腿瘫痪后,她侍弄的那些花都死了。"不,我不去!"我狠命地捶打这两条可恨的腿,喊着:"我活着有什么劲!"母亲扑过来抓住我的手,忍住哭声说:"咱娘儿俩在一块儿,好好儿活,好好儿活……"
>
> 可我却一直都不知道,她的病已经到了那步田地。后来妹妹告诉我,她常常肝疼得整宿整宿翻来覆去地睡不了觉。
>
> 那天我又独自坐在屋里,看着窗外的树叶"唰唰啦啦"地飘落。母亲进来了,挡在窗前:"北海的菊花开了,我推着你去看看吧。"她憔悴的脸上现出央求般的神色。"什么时候?""你要是愿意,就明天?"她说。我的回答已经让她喜出望外了。"好吧,就明天。"我说。她高兴得一会坐下,一会站起:"那就赶紧准备准备。""唉呀,烦不烦?几步路,有什么好准备的!"她也笑了,坐在我身边,絮絮叨叨地说着:"看完菊花,咱们就去'仿膳',你小时候最爱吃那儿的豌豆黄儿。还记得那回我带你去北海吗?你偏说那杨树花是毛毛虫,跑着,一脚踩扁一

个……"她忽然不说了。对于"跑"和"踩"一类的字眼儿,她比我还敏感。她又悄悄地出去了。

她出去了,就再也没回来。

邻居们把她抬上车时,她还在大口大口地吐着鲜血。我没想到她已经病成那样。看着三轮车远去,也绝没有想到那竟是永远的诀别。

邻居的小伙子背着我去看她的时候,她正艰难地呼吸着,像她那一生艰难的生活。别人告诉我,她昏迷前的最后一句话是:"我那个有病的儿子和我那个还未成年的女儿……"

又是秋天,妹妹推我去北海看了菊花。黄色的花淡雅,白色的花高洁,紫红色的花热烈而深沉,泼泼洒洒,秋风中正开得烂漫。我懂得母亲没有说完的话。妹妹也懂。我俩在一块儿,要好好儿活……①

相信读完这些文字后,每个人都会感动,因为这些文字触发了每个人的回忆,每个人都有母亲,也都有关于母亲的回忆,这些共同之处就构成了这段文字的传播环境。虽然每个人的经验与认识有所不同,但是人类具有适应性以及充分联想的能力。所以说,这种共同的关系是一个基础,是引起读者思考与共鸣的根基。

(二) 写作者与受众(读者)的关系具有双向性

传播关系涉及信息的分享,而且大多数传播是双向的。在写作这一传播过程中,作者用文字记录事件和表达感情,而受众即读者则是对这些文字进行解码,以期获得这些文字符号背后的信息,也就是作者所要表达的内容。对于文学作品而言,虽然写作是以写作者为核心的,但是所谓"有对象才有价值",作品的价值体现在读者的认同上。再者,所谓"一千个读者就有一千个哈姆雷特",这说明作者创造了人物,而读者则根据个人的经验进行再创造,由此造就出不同的"哈姆雷特"。

美国小说家迈克尔·乔伊斯在 1990 年做了一次大胆的尝试,他用 539 个文本板块和 951 个链接点设计了第一部超文本链接的小说《下午》。② 读者选择不同的链接方式就能形成不同的阅读路径,进入不同的故事中。也就是说,读者在阅读的同时也在对故事进行重构。这本小说很好地体现了作者与读者的这种双向性关系,同时,我们也应该看到,这种小说具有创新性,但是并没有成为主流的小说类型。这说明,文学作品的传播双向性是内

---

① 史铁生:《秋天的怀念》,华夏出版社 2018 年版,第 3—4 页。
② http://www.eastgate.com/catalog/Afternoon.html,2022 年 3 月 4 日访问。

在的,难以用外在的形式来表现。

二、作为传播内容的文本表达

在创作过程中,作者最为关心的问题就是如何"还原生活"。社会生活与作品中的"生活"是不是一回事?下面是作家王朔对这一问题的看法:

……忽然对已经得心应手、已经写得很熟练的那路小说失去了兴趣,觉得在得心应手间失去了原初的本意,于很熟练之下错过了要紧的东西。那是一个明白无误的虚点,像袜子上的一个洞,别人看不到,我自己心知肚明:我标榜的那一路小说其实是在简化生活。

这是往好处说。严厉讲:是歪曲生活。任何生活也是百感交集莫衷一是,为什么反映在小说中却成了那么一副简单的面孔,譬如说:喜剧式的。这其中当然有文学这一表达工具的本身的局限:故事往往有自我圆满的要求,字数限制使人只能屈从于主要事态的发展,很多真实顾不上,也因趣味导致我的京味儿。北京话说起来有一种趋于热闹的特点,行文时很容易话赶话,那种口腔快感很容易让说者沉醉,以为自己聪明,因而越发卖弄。若仅仅要寻个卖点,换几声喝彩,应个景,那也没什么。但,不瞒各位,我还是有一个文学初衷的,那就是:还原生活——我说的是找到人物行动时所受的真实驱使,那个不以人的意志为转移、隐于表情之下的、原始支配力。

……这牵涉到动机。未必你都能了解、参得透你笔下的人物。未必它不会当喜却悲,遇爱生恨——哪怕那人的原型就是你自己。动机失察,行为不轨,净剩下预设好的戏剧性,跟着现抓的喜怒哀乐跑,到哪儿算哪儿……光好看了,结果是事后总排解不开一个自问:原来是这样么?

……

真正具有摧毁性、禁不起我自己追问的是:你现在想起来的都是真的吗?谁都知道人的记忆力有多不可靠,这就是一般司法公正不采信孤证的道理。事件也许是当时的事件,情绪、反应难免不带今天情感烙印——那它还是原来的它么?如是一想,十分绝望。穷我一心,也无非是一片虚拟的真实,所为何来?看来"还原生活"也不过是句大话,又岂是下天大决心、拿一腔真诚换得来的?信念愈执著,扑空的几率也就越大,这也是一反比关系。①

王朔在创作过程中想要努力地"还原"生活的真实,不断地追问自己"你现在想起来的都是真的吗"?然而,他承认,他做不到百分之百的真实。换句话说,所谓"艺术的真实"与"生活的真实"是天生的矛盾,二者难以做到完全一致。

实际上,文学作品为了揭露生活的真实,往往是高于生活的真实的。这中间横亘着一条鸿沟。就像意大利作家卡尔维诺在《未来千年文学备忘录》中对"轻逸"进行解读时这样表达自己的困惑:

> ……我开始写作生涯之时,每个青年作家的诫命都是表现他们自己的时代。我带着满怀的善良动机,致力于使我自己认同推动着二十世纪种种事件的无情的——集体的和个人的——动力。在激发我写作的那种探险性的、流浪汉般的内在节奏,和世界上时而戏剧性、时而丑怪的狂热景象之间,我设法寻求和谐。不久以后,我就意识到,本来可以成为我写作素材的生活事实,和我期望我的作品能够具有的那种明快轻松感之间,存在着一条我日益难以跨越的鸿沟。大概只有这个时候我才意识到了世界的沉重、惰性和难解;而这些特性,如果不设法避开,定将从一开始便牢固地胶结在作品中。②

三、写作活动的传播结果

在写作中,作者还关心读者对作品的解读和是否能够达到对其行为的影响。比如在放映《泰坦尼克号》之后,有人会被电影感动得落泪,放映电影这一传播过程也就达到了预期的效果,人们通过眼睛和耳朵感知了光波和声波的刺激,反映到大脑里进行处理,处理的结果以"眼泪"的形式表现出来。类似的,有很多形容阅读感受的词语,如"酣畅淋漓""泪如雨下""感激涕零"等。

为了达到良好的传播结果,需要作者和受众共同努力。一方面,写作者要从了解受众的心理出发,深入地了解生活;另一方面,受众也要积极去理解作者的写作意图,深入思考文本内容所表达的思想与感情。

---

① 王朔:《现在就开始回忆——〈看上去很美〉自序》,《王朔研究资料》,天津人民出版社2005年版,第56—59、63页。
② 〔意〕卡尔维诺:《未来千年文学备忘录》,杨德友译,辽宁教育出版社1997年版,第1—2页。

(一) 写作者素质的培养

对于作者而言,他创作的过程除了基于对生活的观察与原始的创作动力,还要基于对大量材料的阅读。如作家路遥在回顾创作《平凡的世界》时就提到:

> ……进入具体的准备工作后,首先是一个大量读书过程。有些书是重读,有些书是新读。有的细读,有的粗读。大部分是长篇小说。尤其是尽量阅读、研究、分析古今中外的长卷作品。其间我曾列了一个近百部的长篇小说阅读计划,后来完成了十之八九。同时也读其他杂书,理论、政治、哲学、经济、历史和宗教著作等等。另外,还找一些专门著作,农业、商业、工业、科技以及大量搜罗许多知识性小册子,诸如养鱼、养蜂、施肥、税务、气象、历法、造林、土壤改造、风俗、民俗、UFO(不明飞行物)等等。那时间,房子里到处都搁着书和资料,桌上、床上、茶几、窗台甚至厕所,以便在任何时候任何地方随手都可以拿到读物。①

不仅作家如此,对于记者来说,每一篇新闻报道都需要大量的案头工作。威廉·布隆代尔在《〈华尔街日报〉是如何讲故事的》一书中专门用一章谈材料的组织,并且在谈到其重要性时说:

> 我在写作过程中,常常会遇到困惑的时候,常常会遇到稿子改了一遍又一遍的时候。之所以会出现这样的情况,往往是因为我不知道自己有些什么材料,也不知道这些材料说了些什么。这时候,我会把所有材料都忘掉,把我心中对这些材料的想法都抛弃,强迫自己返工、重写或者调整段落顺序。这样的遭遇还算好的呢,至少我还能动笔。有的时候,就是因为没有对收集的资料进行分类,害得我找不到正确的主线,根本连动笔的机会都没有。我的研究杂乱无章,我只好把所有材料抛到一边,到外面去饱餐一顿,希望等我回来后,所有的困惑都能够烟消云散。可是这样的好事从来没有发生过。最后,等到我的材料已经布满灰尘了,我不得不花比正常写作多好几倍的时间去整理它们,而我写故事的乐趣已经大打折扣。

以上这段话说明,在写作中,通过阅读来提炼主题是十分重要的,对材料的整理与归纳也是至关重要的。这就要求写作者要意识到自己作为传播

---

① http://www.360doc.com/content/17/0109/07/33543670_621205811.shtml,2022 年 4 月 1 日访问。

者的重要责任,提高对自身的要求,努力积累知识和培养情操,以达到授人以渔、给人教义的积极作用。

(二) 受众素质的培养

为了提高对作品的理解力,受众需要扩大阅读量,并努力提高阅读能力,善于从作品中发现有价值的阅读经验。然而,网络时代的兴起使得人们的阅读方式发生了变化,如何挖掘新媒体环境下文本内容的特点,并提高有效搜索的能力与效率,是新时代对读者们提出的更高要求。下面,我们援引英国著名哲学家培根的《谈读书》来勉励当代的读者们:

> 学习的目的在于使人愉悦,在于装饰和增长才能。当你孤独寂寞时,读书可以令人心情舒畅;当你在高谈阔论时,学识是一种很好的装饰;当你在处世行事时,正确运用学识可以显示出人的才能。
>
> 经验丰富的专家,虽然善于正确判断细枝末节的小事,但要做到纵观全局、运筹帷幄,则非学识广博者莫属了。读书费时过多时懒散;将学问过度用来装饰是虚伪;完全凭借书本教条断事则是老学究。
>
> 学识可以完善人的天性,而经验又可以完善学识。因为人的天性犹如自然界野生的花草,读书就好像修剪花草。而学识本身,虽能指引方向,但往往流于浅泛,如果不受到经验的约束,则难免会沦为空谈,贫乏无物。
>
> 有一技之长的人蔑视学识,头脑简单的人羡慕学识,而聪明的人则运用学识。学问本身并没有教人如何运用它,这种使用之道存在于书本之外,要通过实践和观察才能领会。
>
> 读书不可怀着抵触驳斥的目的,不可轻信盲从,更不可只为了寻求谈资而断章取义,而应仔细权衡,深思熟虑。
>
> 书籍好比食品,有些只需浅尝辄止,有些可以囫囵吞枣,而为数不多的则需要细嚼慢咽。换句话说,有些书只需读其部分,有些书可以读其大概,无需细读,而少数书则应当全神贯注地通读、细读。也就是说,有些书可以找人代读,然后读其摘要笔记,但这种方式只能用于次等重要的、不入流的书籍,否则提炼出的摘要就如同蒸馏水一般平淡无味。
>
> 读书使人充实,谈话使人敏捷,写作则使人严谨。因此,一个不常做笔记的人,就必须拥有超强的记忆力;一个不常与人交谈的人,就必须具备睿智的天分;一个不常读书的人又想冒充博学多识,就必须有几分小聪明,以掩饰他的无知。读史使人明智,诗歌使人聪慧,数学使人精细,哲学使人深邃,伦理学使人庄重,逻辑和修辞学使人能言善辩。

总之"读书可以修身养性"。

不仅如此,但凡心智上的各种缺陷,都可以通过适当的学问予以弥补,就像身体上的种种疾病,都可以借助合适的运动得以治疗一样。例如,"滚球"有益于腰肾,射箭有益于胸肺,慢跑有益于肠胃,骑马有益于头脑,诸如此类。因此,对于心思散漫、难以集中的人,可以让他研究数学,因为在数学论证中稍一走神就得从头再来。对于缺乏分辨能力的人,最后让其研究经院哲学,因为这一派的学者都是吹毛求疵之人。对于不善于推理、阐述论证之人,可以让他学习法律案例。如此看来,心智上的任何缺陷,都可以通过专门的处方予以医治。①

第三节　人人书写的新媒体时代

写作是人们学习、工作、生活的基本内容之一,如抒发情感的文学写作、表达观点的议论写作、论证科研成果的学术写作、市场竞争策划的专业写作、交流信息的私人写作,等等。可以说,我们的生活与写作已经密不可分。

在报纸、广播、电视等媒介时代,因为版面、出版周期、播出时间的限制,写作与发表作品的资源掌握在精英和权威等少数人手里,因此对许多人来说,写作只能是爱好,发表自己的作品常常只能是梦想。而当今世界,人类已经进入全面信息化时代,报纸、广播、电视等传统媒体逐渐受到数字电视、数字广播、数字杂志、网络等新媒体的冲击,传播媒介从报纸、广播、电视等传统媒介一跃而进入新媒体、自媒体时代。

在大数据(Big Data)时代的今天,人们获取信息的方式和表达信息的手段都发生了天翻地覆的变化。接触信息的方式不再限于纸质印刷的报纸杂志、书籍著述,而是扩展到以数字信息技术为基础构成的互动媒介之中,如新闻类门户网站、手机短信平台、电子杂志、电子书,等等。与此同时,人们表达信息的方式也受到媒介形式的影响而发生了新的变化。自媒体平台使得人人都可以成为信息的发布者与传递者,这一特点变革了传统媒介所确定的信息发布和传播的方式与格局。如同远古人告别刀耕火种的年代,现代人放下纸笔,拿起键盘,将文字敲进电脑,并发布到网络上,网络文学的方兴未艾、微博论战的如火如荼、朋友圈分享的热火朝天……这些都昭示着

---

① 〔英〕培根:《谈读书》,储琢佳译,江苏凤凰文艺出版社2018年版,第1—2页。

写作从大众传播的时代转向了人际传播的时代。面对这种传播媒介的转变,写作的内容和方式都受到了冲击与影响。写作不再仅仅是关于远方的象征,而是跨入了全民写作时代,一个名副其实的人人书写的新媒体时代。

全民写作,这是当代写作的重要特征之一,新媒体、自媒体写作是当代写作的新特点。在全民写作时代,传统文体写作的影响依然巨大,新媒体、自媒体写作发展势头更猛,如博客(blog)、论坛(bbs)、手机短信、微博、微信等。借助互联网的优势,这些新文体的发展速度更迅捷、发展规模更庞大。据中国互联网络信息中心(CNNIC)2015年7月发布的第36次《中国互联网络发展状况统计报告》提供的数据:截至2015年6月,中国网民规模6.68亿,互联网普及率48.8%,手机网民规模5.94亿,博客/个人空间用户规模超过4.7亿,微博客用户规模2亿,网络文学用户规模近2.85亿。而到了2021年6月,据第48次《中国互联网络发展状况统计报告》提供的数据:中国互联网普及率已达到71.6%,网民规模高达10.11亿,手机网民规模达10.07亿,网民使用手机上网的比例为99.6%,网络文学用户规模超过4.6亿。逾10亿用户接入互联网,构成了全球最庞大的、生机勃勃的数字世界。

一、传统媒体写作特点

全民写作热潮的出现得益于互联网。其实,在写作历史进程中,每出现一种新的写作媒介,都扩大了写作的范围和影响,极大地推动了写作的发展。

(一)纸媒写作特点

纸和印刷术的发明是人类文明史上的光辉一页,它打破了少数人对知识的垄断,加速了人类思想结晶的传播,促进了文化、科学和经济等社会各领域的发展。纸媒写作也在很长的历史时间里成为人们最主要的写作模式。

人类数千年来早已习惯于用文字思维、交流、传承文明,用文字表达思想和情感是纸媒写作最重要也是最本质的特点与要求。

纸媒写作以有形的纸张为载体,主要利用单一的视觉效果,换句话说,就是用文字表情达意。在各种写作文体中,多数文体都可归入纸媒文体。人物的言行举止、事件的详尽过程、四季美景、思维的逻辑推理过程等,都依赖作者用文字具体化、画面化、深刻化。因此,不管是为报纸写作,还是为杂志、书籍写作,作者都必须熟练、自如地驾驭文字,深入挖掘文字的深刻性和内蕴,思维缜密,用语规范,表达严谨、形象,其作品方能跨越时空,经得住岁月的磨炼和历史的考验。

（二）广播写作特点

广播是电子时代的产物，它使人类突破了地域的限制，用声音将全世界联系起来。

广播是有声语言交流，但不再是面对面的即时交流，而是通过电波广泛传播。所以，广播稿或广播剧的写作特点就是口语化、通俗化，以营造出一个真实自然的谈话氛围，让听众易于理解、消化。语句简短，句子成分尽量完整以减少歧义，帮助听众在稍纵即逝的语音传播中及时抓住信息、准确理解语义。

（三）影视写作特点

电影与电视都兼有声音和移动图像，具有强烈的再现生活的现场感，通俗性和声画兼具的感染力使电视和电影媒介的影响迅速而巨大。

真实的电视新闻报道和虚构生活的影视剧具有完全不同的传播性质和内容，但从影视写作来看仍然有些共同的特点，即写作语言口语化、生活化，同时充分利用声音和画面，如自然声和人声、活动画面和静止画面等。文字、声音与画面三者有机组合，不仅补充了文字的不足，也充分调动起人的视觉和听觉，利用声音和移动图像扩大信息，大大增强了画面感和现场感。

广播和影视写作看似使文字的作用弱化了，但实际上文字写作的要求并没有降低。广播、电视的新闻报道，广播剧、影视剧的剧本写作，都是以文字写作为基础，新闻报道稿件、剧本的故事和人物对白都是作者首先构思酝酿后完成文字稿。除了文字表达准确外，作者要在充分熟悉和掌握广播、电视、电影的媒介特点的基础上，既保证写作语言的口语化、通俗化，还要充分发挥视听优势，将文字与声音以及文字与声画有机结合，写作的难度不言而喻。

二、新媒体写作特点

网络诞生于20世纪60年代。进入21世纪以来，网络已经在人们的生活中占据重要地位。作为一种迅速普及的新媒体，网络这个虚拟空间不仅给人们无限丰富的信息量，也给写作与传播作品提供了前所未有的便利条件。

新媒体利用网络、数字化等技术，通过通信光缆、无线通信以及卫星等渠道传播信息。新媒体写作便是在新媒体环境下发展起来的全新领域，是大众在新媒体平台上进行的写作活动。它以文字、图片、音频、视频等多种传播手段的组合为表现形式，以网络媒体、移动媒体等为传播渠道，是一种大众化的写作行为。

本质上说,新媒体写作是传统媒体写作的升级和延续,但由于传播载体和发布渠道不同,新媒体写作与传统媒体写作在许多方面存在差异,具有以下特点:

(一) 写作主体大众化

在新媒体时代,人们的表达更加自由,新媒体写作呈现出全面参与、人人书写的特点,写作主体趋向大众化,不管何种职业、身份,无论受教育程度高低,人们都可以通过新媒体渠道发表自己的所见所闻,表达自己的想法,分享有价值、有意义的内容。

(二) 写作成本低,制作周期短

数字技术的发展和移动智能终端的普及,让新媒体写作者省去了很多复杂的环节,简化了制作工序,降低了资金的投入。写作者只需选择合适的新媒体平台,将写作内容进行必要的编辑制作后,就可以迅速发表,节省了许多时间成本。

(三) 写作内容短小,针对性更强

现代社会生活节奏越来越快,一天时间被不断变化的工作、生活场景切分成无数个碎片。新媒体写作正好适应了人们碎片化阅读和书写习惯,其文稿讲究短小精炼,内容丰富且有价值,便于快速阅读,从而实现信息的迅速传播。

此外,传统媒体由于"一对多"的传播特点,其写作往往是面向所有人的,作品的内容具有权威性和导向性。而新媒体因其"一对一"的传播方式,其目标受众定位精准,因此新媒体写作的内容变得更"窄众化",针对性更强。写作主体可以通过对人群和市场的分析来确定自己的写作方向,比如,针对不同年龄、不同性别、不同地域或者特定价值观的受众规划写作内容,受众可以根据自身需要选择感兴趣的或者对自己有用的内容。

新媒体写作只有足够聚焦,才能产生足够的传播力。

(四) 写作语言个性化、网络化

新媒体的出现,使人们的信息交流也出现了前所未有的变化。新媒体写作语言简约,具有快餐式的特点。尤其是一系列丰富的表情包更受到新媒体创作者和用户的青睐。新媒体环境下生成的网络新词语,如"高富帅""内卷""飒"等早已成为网络流行词,被用户熟知和广泛应用。新媒体表达方式也跨越了传统的线性表达,开始出现个性化故事叙述、H5互动宣传和小游戏、微视频、小动画等多种表达方式,借助视觉符号进行内容传播的优势更加凸显。

（五）写作形式更多元

新媒体写作打破了传统写作的条条框框,有了更大的发挥空间。新媒体写作在内容上包罗万象,在形式和风格方面,可以通过文字、图片、音频、视频、动画等多种符号的组合,将丰富的信息传达出来,表现形式更加自由灵活与多样化。

（六）发布及时、时效性强

在全球互联的大趋势下,新媒体平台信息更新与传播速度之快是传统媒体无法企及的。新的传播模式让作品的传播速度更加迅捷。因此在写作上,创作者更注重内容的时效性,力求紧跟网络热点快速产出。

2014年3月8日凌晨,从吉隆坡飞往北京的马航MH370失联,7时24分,马来西亚航空公司官方网站公布了这一消息;8时23分,法新社的推特(Twitter)发布了这一突发消息。仅仅过了几分钟,这条消息便被国内各主流媒体的微博先后报道。如:8时29分,新浪天下;8时33分,央视新闻微博;8时45分,人民日报微博;8时49分,新华社。

如果说,传统媒体的时效性是以天和小时来计算的,那么新媒体的内容发布在新闻报道中就是以分和秒来衡量,真正做到了"争分夺秒",将"及时""实时"的追求推向了极致。

但是,在海量信息快速更迭的大环境下,如果作品内容脱离实时热点,就很难引起受众的关注,作品很快便会淡出人们的视线。

（七）写作交互性强

交互性是指在网络传播中,受众通过多种输入和输出方式,与系统或者其他受众进行直接双向交流。在新媒体时代,得益于网络的便捷性和传播渠道的多元化,写作不再是传统的单向输出,受众可以通过新媒体平台就作品发表自己的观点和评论,或者通过点赞、转发等行为来表示自己的态度;作者可以在写作时添加一些互动环节,并根据受众的评论、点赞及转发量对作品加以修改完善,在写作上不断优化与改进,通过有效的互动让作品日趋完善。

三、新媒体写作思维

新媒体的兴起给人们的生活带来了巨大的变革,人们的思想观念、行为习惯、爱好及需求都呈现出复杂化和多元化的特点。写作者要想在新媒体环境下求得生存和发展,就必须顺应时代的发展潮流,转变思维方式,形成互联网思维。

互联网思维是在互联网、大数据、云计算等科技不断发展的背景下,对社会生活、经济发展等各领域进行重新审视的思考方式。

(一) 用户思维

在传统媒体写作中,信息的传播方式是自上而下的单向传递,发布的内容很难满足不同阶层人群的不同需求。新媒体写作不是简单地把传统媒体写作的内容搬到新媒体平台上,创作者的思维方式也要与时俱进。

在新媒体环境下,用户有了更多的选择权利,他们可以根据自身需要选择对自己有用或者感兴趣的内容,所以创作者在写作时一定要具备用户思维。

用户思维是互联网思维中最重要的思维方式,也是新媒体创作者在写作时应当具备的最基本的思维方式。它强调站在用户的角度来考虑问题,与受众换位思考,了解并分析其属性特点,洞察其心理,让写作内容与"我"相关,对"我"有用,这里的"我"是指用户。在新媒体写作中,信息内容只有与用户需求密切相关,与用户切身利益息息相关,才能成功地吸引用户注意力。

(二) 营销思维

销售商品时,在销售前,企业要根据用户需求提取产品卖点,选择销售渠道;销售过程中,企业要对用户心智进行管理,确定推广策略和品牌定位;销售后,企业要维护与用户的关系。

这种营销思维在新媒体写作中同样适用,新媒体创作者要转变思路,将自己的文字当作一种产品来经营。写作前,新媒体创作者要充分了解读者需求,创作出满足读者需要的内容,并选择多元的新媒体传播渠道传递信息;写作过程中,新媒体创作者要激发并满足读者的潜在关注点,从迎合、解决读者关注点的角度安排写作内容,将自己的写作内容当作一种品牌推广开来,这样才能吸引、积累更多的读者。

例如,网易严选是网易公司旗下自主开发经营的家居生活方式品牌,它与全球最优质的供应商进行合作,从挖掘消费需求出发,全程参与把控工艺生产环节,为消费者提供好价格、好商品和好服务的优质体验。它的经典广告文案为"好的生活,没那么贵",不仅贯彻了"严选好物,用心生活"的品牌理念,而且简洁明了地突出了其品牌商品质量优、价格亲民的定位特色。

(三) 创新迭代思维

新媒体写作的目的首先是吸引读者的注意力,让读者点击、阅读、认同并转发。要做到在海量写作文案中凸显自身的优势和亮点，就必须找到与同类文案的区别之处，及时进行创新性描述和表达。

同时，互联网典型的开发模式为敏捷开发，创作者通过接收用户的反馈，适时改进思路，在持续迭代中完善写作。新媒体写作，尤其是自媒体写作，要重视迭代思维，即按照既定方向，不断地在垂直领域发表文章；根据读者反馈，及时修正下一篇文案的写作思路、语言风格等；按照读者阅读习惯，根据文章类型，形成固定时间推送文章的习惯。

新媒体平台写作技巧之一就是选择一个主题进行深度挖掘，不断在同一个领域发表文案，这就是新媒体写作迭代思维的重要体现。

（四）社会化共享思维

新媒体的兴起为人们提供了自由、开放的平台，信息共享已经成为一种趋势。在这样的大环境下，共享思维主要通过受众的分享、评论与转发等活动实现信息传播效果最大化。新媒体创作者不仅要不断强调自身作品的价值，让读者体验差异化的优质内容，还要与读者建立平等、尊重的关系，视其为真正的朋友，通过与读者的有效互动，进一步了解他们的需要和偏好，设身处地地为其解疑答惑，这样才能促使读者主动地进行分享，从而扩大传播范围。

微信订阅号被用户持续关注并被推荐的原因之一就是该订阅号能够不断满足用户的需求。如"秋叶大叔"微信订阅号中的课程开发、阅读写作训练、个人品牌打造等课程满足了用户的学习要求，其推出的文案的价值观也受到用户的认可。这样，慢慢就形成了一批"秋叶大叔"的忠实粉丝，他们基于真心喜欢这个订阅号而进行自发、自觉的口碑营销。

（五）简约思维

在新媒体写作中，简约思维的核心是抓住一个卖点进行直观化宣传，并不断完善更新。一则新媒体文案中只需写一件事情，并将这件事情通过细节案例表述清楚。如果一则文案中说了三件事，就等于一件也没有说。简约思维的核心是小处着眼、具象着手、深入挖掘。

美国谷歌（Google）公司曾收到过一封信。这封信是一个叫凯蒂的小女孩用蓝色蜡笔写的，翻译成中文如下：

> 亲爱的谷歌员工，求求你让我爸爸在周三休息一天，因为他只有周六才放假。对了，周三是我爸爸的生日，而且现在是适合放假的夏天，你懂的。

小女孩很快收到了父亲的上司丹尼尔·席普兰克夫的回信：

亲爱的凯蒂：

感谢你的来信和你提出的要求。

你的父亲在工作上一直很努力，他为谷歌和全世界千千万万人设计出了很多漂亮的、令人欣喜的东西。

鉴于他的生日即将到来，以及我们也意识到了在夏天挑这个周三休息一下的重要性，我们决定让他在7月的第一周休假一个星期。

这篇文案属于品牌文案，主要说明谷歌公司人性化的管理。文案并没有简单列举该公司有哪些人性化的管理方式。而是通过两封信讲述了温情的故事，用"谷歌领导""小女孩""爸爸""责任""假期""来信""回信"等关键词连接起来，极易打动人心。人们内心深处最温情的一面被触动，进而自发地转发与传播，同时也为该品牌带来良好信誉。

新媒体写作是当代写作的发展趋势，为当代写作提供了更广阔的空间。在人人写作的时代里，写作热情暴涨的不仅是普通人，各级政府机关、公司企业、医卫文教等，也都纷纷开设和写作官方博客、短信、微博、微信，借助于新媒体巨大的传播力和影响力，利用信息化、网络化的语境，塑造亲民形象，服务普罗大众，提高工作效率。

如今，写作传播媒介是网络与印刷、广播、电视等各种传播媒介并存，它们之间并非简单的新旧更替，而是彼此融合互补，在充分发挥各自优势的同时，各自拥有一片天地，共同为人类服务。你可以静坐捧读一部传世名作，细心品味，陶醉在文字描绘的文学世界中；你可以在地铁里戴着耳机津津有味地聆听广播里的小说连播故事；你也可以轻松地观赏影视剧，感受阅读小说时无法领略的视听震撼；你还可以在虚拟的网络世界里，借助互动媒介快速方便地阅读作品、发表观点。因不同的环境、不同的需求，人类可以自由选择、充分利用众多的传播媒介写作、阅读，获得最愉悦身心的精神享受。

新媒体时代为写作提供了更多的有利条件，但是，写作是作者心灵和情感的抒发，是作者内在思维的成果，写作最基本和最本质的追求依然是作者思维的唯一性、作品的独创性。即使利用高科技的写作软件可以轻易地自动生成"作品"，利用复制、粘贴技术可以轻松地完成"写作"任务，但是这些程式化、模式化的作为永远不可能也不应该取代高度复杂、高度智慧的人脑思维。借助于新技术新科技，人类的写作活动越加方便，写作者可以更加自如地表达自我、表达思想情感，从而创作出更多更好的文化精神作品。

思考与练习

一、汉语有什么特点？请跟你熟悉的其他语言相比较，谈谈你对汉语的认识和理解。

二、结合具体的作品，谈谈写作跟语言之间的关系。

三、贾平凹作品的语言蕴含了陕西方言的朴实豪放，沈从文作品的语言具有浓郁的湘西方言的风情和韵味，赵树理作品的语言散发着山药蛋和泥土的气息。请结合具体作品，谈谈你对文学作品中使用方言这一现象的看法。

四、选取20世纪不同历史发展阶段的几篇中文语料，从主题、叙事节奏和语言的时代特征等角度进行分析，描述不同时代的写作表述特征，并分析原因。

五、任选下列其中两项，记述一段经历，比较文字记录与你实际的记忆或想象有什么不同。

1. 你最难忘的事情
2. 你最伤心的时候
3. 你最开心的日子
4. 你最惊异的时刻

六、申请一个博客、微博和微信，充分利用音频、音乐、图像等多种媒介优势，熟练运用链接等超文本手段，定期写作并定时更新。

七、选择同一新闻事件分别在报纸、广播、电视、微博中的报道，从内容安排、文章结构与写作技巧等方面进行比较分析，并总结出四种媒介的特点。

八、以下是有关全民写作的讨论。请结合你自己的经历，谈谈你对这个现象的看法。

发表的便利与文学水平的提高，未必有关联。在前互联网时代，我们就有过群众运动式的群体写作，不计其数的黑板报、渗透到田间地头的群众赛诗会等等。待到运动退却，人们并不能从散尽的硝烟里，得到些真正可以确认为文学的作品。实际上，文学是个体行为，文学史注定属于个体性天才。就文学而言，一个天才可以划亮一个时代。一群涂鸦狂却可能什么都没有留下。只要"全民阅读"不存在，全民写作就是一种假象。从提高社会文明程度着眼，全民阅读远比全民写作更值得期待。诚然，互联网提供了多种前所未有的写作样式，它们在多大程度上可以被视为文学，尚待考察。（周泽雄）

（摘自《人民文学》2012年第2期《全民写作时代的散文》）

九、请阅读下则博文。你同意博主的观点吗?为什么?请在你的博客上或微信上写作一篇评论,表达你的观点。

长短视频口水战背后的精神错乱和解决办法
方兴东

最近围绕长短视频的口水战很有新闻效应,500明星之后又一次爆发。但是,事件的本质用一个词概况就是:错乱。这种错乱,除了逻辑和思维的错乱之外,还有更深层次的价值观和精神错乱。我们有必要让老中医好好诊断一下。

其实是三件事情混淆在一起,乱套了。三件事情,三个问题,三种逻辑,也需要三种不同解决方法。我们必须辨开来才能说得清楚。清晰了,也就很容易解决问题。那么,我们就最简单来说说。

首先是长视频商业模式的困境问题。走错路了。走反了。无论爱奇艺、优酷还是腾讯视频,都已经不是真正的互联网思维,就像他们起步时候,传统影视公司不断攻击他们侵权盗版一样,今天他们取代了传统影视公司,站到了版权"卫道士"的岗位上,这不是时代的进步,而是他们的退步。现在长视频的商业逻辑,就是希望通过垄断版权,构建商业模式,和传统影视公司一脉相承。不但是商业模式的退化,更是互联网精神和价值观的蜕化。而这才是其今天困境的本质所在。一个互联网公司,不努力创新而赢得竞争,而寄希望于工业时代、保守的版权制度维护自己,实在对不起"互联网"的帽子了。干脆就把自己定位为通过互联网传播的传统版权商,更加契合自己的身份。

解决办法:商业模式问题,只有通过市场竞争,优胜劣汰,别无良法。是骡子是马,最终还是市场说了算。长视频商业模式的成败最终不可能通过版权保护这种"看得见的手"来达到目的。商业模式的创新性,用户的价值和便利性,模式的市场竞争力等等,最终是通过诸多"看不见的手"来决定的。所以,口水战只能体现出竞争的无奈感和焦虑感,无助于改变被动的局面。互联网领域的胜利者,永远是向前看,更开放,更创新,而不是向后看,更封闭,更垄断。方向反了,谁也无法拯救。

其次是影视版权问题。没有短视频的爆发,长视频的"如意算盘"可能就真的成了。但是,短视频崛起,全民视频时代到来。全民视频,不是全民创造视频,而是全民分享视频。分享视频不是为了版权,而是作为一种交流方式和生活方式。保护和分享,在版权面前,就是一个非此即彼的黑与白问题。所以,影视版权从互联网诞生开始,就是"祥林嫂"。因为传统版权制度与互联网演进趋势,有着本质不可调和的矛盾和冲突。广大网民的分享文化,与版权制度的许可文化,两者相互竞争和博弈,成为互联网进步的主线。当然,法律是要敬畏并遵守的,那么,法律的问题就应该通过法律去解决。

解决办法:利用现有法律制度。版权保护中国已经有非常完备、先进的法律制度体系。谁的版权谁用法律去维护。该通知删除就通知删除,该起诉就起诉,该默认就默认,该鼓励就鼓励。自己的利益自己权衡,自己维护。不能指望通过额外的公权力特别照顾,更不能一味通过提高法律程度,过度保护,牺牲整个社会利益为代价。别口水战,用好中国的法律制度!

第三是互联互通问题。这次字节跳动将长短视频的口水战及时引向了微信对字节的封堵问题,是一次公关的经典案例。互联互通问题,道义上站位肯定比版权问题更高。加上"猪食论"展现的傲慢和偏见,孰高孰低一目了然。互联互通问题是长期的疑难杂症,但是在强化反垄断和防止资本无序扩张的今天,这个问题就和二选一、大数据杀熟等一起,成为了需要解决的迫在眉睫的焦点问题。借此新闻效应,将互联互通问题再次抢上头条,承接了半年来反垄断的又一波舆论热潮,很有奇妙。

解决办法:首当其冲就是《反垄断法》,维护互联网的互联互通,无论是链接、数据还是用户,都应该是企业价值观和行业自律的底线。《反垄断法》这把牛刀,用起来不方便,很容易为强势力量主导甚至"俘获",那么,更好的出路就是向欧盟学习,借鉴《数字市场法》,将监管从事后处罚转向事前合规,对于超级平台,要求承担"守门人"的基本责任。18项义务——落实,就药到病除。数据的共享,不但对用户共享,对合作伙伴共享,还必须对竞争对手共享。大家有时间可以去对照一下18项义务,超级平台现有的各种垄断与滥用,都有一一根治的妙方。

总之,问题分开来梳理清楚,对症下药,就好治。当然,精神层面的疾病,还没有一抹了之的灵丹妙药。这个是触及灵魂深层次的问题,主要得靠自己的悟性与努力。

(https://fxd.blogchina.com/911953596.html,
文中图片略,2022年4月1日访问)

十、新媒体有哪些写作特点和写作思维方式?请指出下图所示的新媒体文案运用了哪种写作思维?为什么?

十一、下面这段文字是某服装品牌的销售文案,请分析:哪些人群会被这样的文字所吸引,进而对其品牌服装产生兴趣。为什么?

你写PPT时,阿拉斯加的鳕鱼正跃出水面;你看报表时,白马雪山的金丝猴刚好爬上树尖;你挤进地铁时,青藏高原的山鹰一直盘旋云端;你在回忆中吵架时,尼泊尔的背包客一起端起酒杯在火堆旁。有一些穿高跟鞋走不到的路,有一些喷着香水闻不到的空气,有一些在写字楼里永远遇不到的人。

拓展阅读

1.《语言与文学》(王力)
2.《盗墓笔记》(南派三叔)

第二章
写作主题提炼

第一节 主题的作用

一、主题的特点

（一）主题的定义

主题是作者在说明问题、发表主张或者反映生活现象、抒发情感时通过全部文章内容表达出来的基本观点、中心思想或某种情感。

作者写作都有目的，或表达对人与事物的看法，或抒发对某种生活现象的感想与情感，总之有一种要表达出来的强烈欲望，就写作动机来说就是有感而发，告诉读者他的观点，是拥护还是反对、爱或恨、肯定或否定等，这种贯穿在文章中集中反映与表达的意见、思想就是主题。

主题是作者审慎严谨的思维成果，是作者经过对现实生活的观察体验和研究、对材料的严格分析而总结提炼的思想结晶，是对生活的评判、对理想的表现，反映了作者对现实生活的认识、态度与美学理想。

《红楼梦》描写了贾王史薛四大家族的兴盛与衰亡，极盛而衰的历史是贾府也是整个社会的写照，从而揭露了封建社会后期的种种黑暗和罪恶。作者借一个爱情故事的悲剧命运全面深刻地揭示了造成悲剧的社会根源，有力批判了腐朽的封建统治阶级和行将崩溃的封建制度。

（二）主题的特点

不论何种文体，主题都有相似的特点，总结起来主要有以下几点：

1. 客观性

人类的情感和感受来自客观世界，主题也是如此。主题不是随心所欲、随意产生的想法，而是作者对日常生活的长期认识与了解，是从积累和选择的全部材料中提炼而成的，是这些生活材料反映在头脑中所产生的某种思想、观念或者情感等。这些材料来自客观生活,而主题的思维显然受到生活与材料的制约,并借助于材料而表现,因此主题具有客观性。

2. 主观性

文章的主题虽然来自社会生活,但社会生活本身不能直接成为文章的主题,而必须经过作者的思考和分析。作者在提炼主题的过程中表达自己的观点和情感,必然受到价值观、世界观的影响与制约。即使面对同一个材料,不同的作者,由于思想观点不同,对问题的思维角度不同,提炼的主题也会不同。也就是说,主题的提炼和形成,始终受作者的思想观念与主观感情的制约。

3. 时代性

任何生活都是一定时代的生活,任何一篇文章都是时代的产物,主题作为社会生活在作者思维过程中反映的产物,同样具有时代的特征。

以女性小说为例。一个多世纪以来,中国的女作家们努力打破男性霸权的社会状况,通过对女性遭遇和经历的描述,表达了对婚姻家庭等问题的关注,以寻求女性的个性解放、社会平等的主题追求。当然,时代不同,各个时期的女作家们的思想倾向、女性生存等女性主体意识和体现在创作中的文学追求也略有差异。20世纪20年代到40年代,受五四新文化运动和西方思想影响,一些女作家的创作开始反叛传统,追求自由平等,丁玲、庐隐、张爱玲等作家不同程度地从女性视角关心和反映社会问题、控诉男权社会,追求个性解放、争取婚姻自由常常成为这些作家的创作主题。"文革"结束后,社会思想逐步解放,与社会拨乱反正的整体思想潮流相呼应,女作家的创作以爱情、婚姻为主题,如张洁的《爱,是不能忘记的》、张辛欣的《在同一地平线上》等,但这时期的创作主题已经不仅仅是以爱情为基础的婚姻自由,女作家们开始自觉关注女性生存状况,大胆地探讨人性和女性问题,如王安忆的《荒山之恋》等。20世纪90年代后,社会进一步开放,西方女性主义理论的引进使中国女作家更加关注女性自身,女性意识完全觉醒,她们开始超越以往,开始了真正的女性小说创作。她们着力强化女性意识、女性体验和女性情感,从女性思维中体现历史和人性内涵。而相比于前代女作家,新一代的年轻女作家更加大胆开放、更加反传统,如以陈染等为代表的"私人化小说",以个人化和自传式的写作方式表达对男权社会的叛逆,细致表达女性心理需求和女性情感体验。此后卫慧等为代表的女作家则崇尚"身体写作",展示和张扬个人隐私甚至性生活,一再触及社会道德底线,也因此引起了广泛争议。

"文章合为时而著,歌诗合为事而作。"(白居易《与元九书》)任何作者,总是生活在特定的时代,他的思想意识不可避免地具有时代特征,反映着他的时代对事物、人生的看法,这些时代特征也自然反映到写作中,影响作者对主题的选择和提炼。而每个时代都有其不同于其他时代的独特的社会风貌,有其需要解决的各种问题与矛盾,作为反映现实生活的作品自然也会打上时代的烙印。即使是历史题材,作者也会渗透进当代意识,借古说今,给文章打上时代烙印。

二、主题的作用

"主题"一词源于欧洲音乐术语。在中国古代文论中,与主题含义最接近的是"意"。许多论者都明确地阐述了"意"在写作中的重要作用。唐代诗人杜牧在《樊川文集·答庄充书》中主张:"凡为文以意为主,以气为辅,以辞采章句为之兵卫。"明代的黄子肃在其《诗法》中谈道:"大凡作诗,必须立意。意者,一身之主也。"清初著名的剧作家、戏剧理论家李渔,在《闲情偶寄》中谈到戏剧创作时也说:"古人作文一篇,定有一篇之主脑。主脑非他,即作者立言之本意也。"

主题是文章内容的主体和核心,是写作构思的中心环节。

(一) 主题是文章的灵魂

主题如同一个人的主宰、生命的灵魂,有了灵魂和思想,人才有生命活力,否则便成了行尸走肉。有了主题,文章才有神采与活力。没有主题,文章就成了一堆毫无意义的辞藻的堆砌。没有主题,材料再多、语言再精妙绝伦也毫无意义,因为它缺少主宰全部内容的思想核心。

写作过程中我们需要重点考虑的是文章的主题。没有好的主题,再好的表达也失去了评价的标准和价值。中国古代的文章理论家,都很重视文章的主题,他们提出的"以意为主""立意为宗""意在笔先"等主张,其总体精神都是突出强调主题在文章中的重要地位和主导作用。

(二) 主题是文章的统帅

王夫之非常强调主题的作用,他在《姜斋诗话笺注》中认为:"无论诗歌与长行文字,俱以意为主。意犹帅也,无帅之兵,谓之乌合。"没有统帅,不管士兵如何骁勇善战,结果只能是一帮乌合之众,无法打胜仗,而军队统帅的作用就是运筹帷幄,指挥驾驭全局,整合精兵强将。文章的主题就如同军队的统帅,安排结构、取舍材料、表达方式、运用语言等写作环节都服从于主题的指挥和调遣,围绕着主题的需要而发挥作用。没有主题,构成文章的这些因素便失去了必要的依据。纲举目张,确定了主题就能贯通文章首尾,统帅全篇。

写作中表达主题时容易出现的毛病是主题不集中、多中心或中心模糊。比如写作时无话可说,只好东拼西凑,但前言不搭后语,语义混乱,看不出究竟想表达什么。或者写的虽然是自己熟悉的人与事,但内容过于庞杂,对任何事实都详细描述,唯恐漏掉了什么,结果是失掉了中心,变成了无中心,主题便被彻底埋没。造成这些写作毛病的原因便是缺乏对主题的深刻体会。

主题是文章的灵魂和统帅。有了"灵魂"文章才能成为有鲜活生命的血肉之躯,有了"统帅"文章才能布局严整,周密展开。

从写作过程来看,主题确立于酝酿构思阶段,基于对生活材料有了充分了解与认识。主题确立后,一般不再变化改动。但具体到不同文体,情形往往稍有不同。在一些应用文体的写作中,主题较为稳定和强制,确立后便较少改动。因为该类文体的主题形成和确立过程,是作者在工作中发现了问题,经过系统周密的调查研究,了解详细情况、掌握丰富全面的材料,然后分析研究,由个别到一般、由具体到抽象,找出事物的内部联系,再提出解决问题的方法;也就是从感性认识上升到理性认识,形成文章最终的主题。只有将主题确立于动笔之前,作者才能最迅速、准确地遵循写作时的思维轨迹,从而迅速有效地实现写作意图。否则,写作就会无的放矢,文章也就失去了"实用"价值。

文学文体则不同。在文学写作中,主题的提炼与丰富是贯穿于全部写作过程的,从产生写作冲动、主题萌芽到最终确立主题,这个过程是主题不断修正、艺术形象不断丰富的阶段。动笔写作前,在构思作品的过程中,作者对大量材料进行整理分析、研究,对主题有了初步的设想,这是作者深思熟虑的思想结晶。在写作过程中,随着作者对人物和故事发展的思考变化,主题的这种初步设想会有所修改,有时成熟确定成为文章最终的主题,有时不同程度地改变了原先的主题设想,可能比原先的初步设想更丰富更深刻。尤其是叙事性长篇作品,其深刻的主题往往不是靠一次性的认识就能顺利完成,而是要经过从感性认识到理性认识的多次锤炼,要依赖作者的反复认识和不断开掘。

文章的主题由文章的内容来体现,因此判断主题成功与否的唯一依据就是文章本身。所以常有文学作品的主题超越作者当初的设想,如曹雪芹创作《红楼梦》的初衷,未必清楚地想要通过书中的人物故事去揭露什么,作者在写作过程中也肯定不会有现代社会与时代中人们的认识,而是现代读者从历史发展的结果中后知后觉,从作品本身读出了封建社会的必然衰败以及那个时代的社会风貌。

第二节　主题的形成

　　主题来源于对现实生活的感受和认知。主题的形成离不开现实生活,它经历了一个从认识生活到反映生活的过程。在此过程中,现实生活和写作者是决定主题形成的两个非常重要的因素。如果没有丰富的生活,作者就无法发现和提炼出深刻的主题,而如果没有作者,丰富多彩的现实生活便埋没于尘世之间,无法转化为精彩的书面表达,更不会深化为深刻的主题思想。

　　作家莫言在2012年诺贝尔文学奖授奖仪式上发表的文学演讲中以自己的作品《生死疲劳》为例,论及了主题形成和生活积累的紧密关系:

　　　　我对佛教经典并没有深入研究,对佛教的理解自然十分肤浅,之所以以此为题,是因为我觉得佛教的许多基本思想,是真正的宇宙意识,人世中许多纷争,在佛家的眼里,是毫无意义的。这样一种至高眼界下的人世,显得十分可悲。当然,我没有把这本书写成布道词,我写的还是人的命运与人的情感,人的局限与人的宽容,以及人为追求幸福、坚持自己的信念所作出的努力与牺牲。小说中那位以一己之身与时代潮流对抗的蓝脸,在我心目中是一位真正的英雄。这个人物的原型,是我们邻村的一位农民,我童年时,经常看到他推着一辆吱吱作响的木轮车,从我家门前的道路上通过。给他拉车的,是一头瘸腿的毛驴,为他牵驴的,是他小脚的妻子。这个奇怪的劳动组合,在当时的集体化社会里,显得那么古怪和不合时宜,在我们这些孩子的眼里,也把他们看成是逆历史潮流而动的小丑,以至于当他们从街上经过时,我们会充满义愤地朝他们投掷石块。事过多年,当我拿起笔来写作时,这个人物,这个画面,便浮现在我的脑海中。我知道,我总有一天会为他写一本书,我迟早要把他的故事讲给天下人听,但一直到了2005年,当我在一座庙宇里看到"六道轮回"的壁画时,才明白了讲述这个故事的正确方法。①

　　写作主题的形成大致可以分为三个阶段。第一,作者对生活有所感悟,

---

　　① 莫言:《讲故事的人——2012年诺贝尔文学奖获得者、中国作家莫言在瑞典学院发表文学演讲》,见《青年作家》2013年第1期,第20页。

激发写作冲动。第二,通过初步的观察分析,作者对生活中的某个事件或现象的意义形成认识,由感性认识上升到理性认识,产生了初步的主题。第三,作者反复观察、分析研究,经过严谨的思维过程,形成鲜明的主题。

具体来说,主题的形成主要有两种情形。

一、主题在长期的生活经验中逐步孕育

小说、诗歌、散文以及影视剧本写作中,主题的产生多数属于这种情形。

作者受生活中的某些人或某些事的触动,有了创作的冲动,于是搜集与调动深藏在记忆中的所有感性及理性材料,或者深入观察、体验生活,获取丰富的材料,再对材料进行分析归纳,逐步形成深刻严谨的理性认识,写作主题便随之产生。正如高尔基在《和青年作家谈话》中所说:"主题是从作者的经验中产生、由生活暗示给他的一种思想,可是它聚积在他的印象里还未形成,当他要求用形象来体现时,它会在作者心中唤起一种欲望——赋予它一个形式。"①这就是说,主题作为一种思想和观念,它的产生不是突然间无中生有,而是经历了一个逐步酝酿的过程,它产生于对生活的观察和体验,产生于对日常生活事实的认识和理解,是作者在长期的生活实践中对无数的生活现象进行分析取舍,从众多的感性材料中逐步概括、提炼出理性思想,再将这种思想通过书面形式表现出来的。

司马迁在《报任安书》中写道:"盖西伯拘而演《周易》;仲尼厄而作《春秋》;屈原放逐,乃赋《离骚》;左丘失明,厥有《国语》;孙子膑脚,《兵法》修列;不韦迁蜀,世传《吕览》;韩非囚秦,《说难》《孤愤》。《诗》三百篇,大抵圣贤发愤之所为作也。此人皆意有所郁结,不得通其道也,故述往事,思来者。"

司马迁在此谈到的作品大抵都是作家经历了挫折和磨难后的创作,经历这些苦难的生活一定不是作者的本意,但也正是这些激发了作者的内心深处,触动了作者的写作激情,"发愤"而作,使佳作得以流芳百世。司马迁自己便是典型一例。他因直言而遭受迫害后发愤著作的《史记》便是长期生活积累的结晶。

所以,优秀的作家总是极其重视生活,重视生活体验,将其视为写作的重要源泉而推崇备至。法国的左拉、俄国的托尔斯泰等大作家都将生活体验和经验作为写作成功的关键。

主题从生活经验中产生又有两种不同的情况:

---

① 林焕平编:《高尔基论文学》,孟昌译,广西人民出版社1980年版,第9页。

（一）经验了人生后的写作

这类情况表现在，作者首先对生活有长期的体验和认识，但不是所有的生活现象都能给予作者以思想启迪而形成主题。当作者对现实生活中的某个方面有所触动，有了某种"顿悟"或"灵感"，产生了深刻的感受和认识，进而有了写作的冲动，试图进行表达，这时便开始了主题的提炼。也就是说，主题来自现实生活，主题的提炼来自作者对生活深切的感受和体会，也可以说是现实生活给予了作者某种明确的启示或者形象的暗示。

许多作家都是在经验了丰富人生后开始文学创作生涯的，或者因为人生经验而触发写作灵感。俄国作家陀思妥耶夫斯基早年从军中辞职后以写作为生，但生活困顿，有时甚至连房租都无法负担，这段贫困的人生经验给了他透视社会世态炎凉的机会，也给了他创作所需的丰富素材，成就了他第一部长篇小说《穷人》。美国作家杰克·凯鲁亚克创作于1951年的小说《在路上》是"垮掉的一代"的经典代表作，小说中横穿美国的年轻人无视正统伦理思想，反叛现实，追求极端个人自由，他们刺激疯狂的行为来自作者自己的生活体验和回忆：20世纪40年代末作者与朋友从美国东海岸开车横穿美国大陆到达西海岸，最终到了墨西哥，切身感受了二战后美国社会沉闷动荡的时代氛围。巴金生长在封建大家庭，对封建家族堕落腐朽的生活和专制的家长制深有感触，因此他的《家》才体现出那么强烈的社会批判性。

经验了人生后的写作，主题的形成往往是由于某种情绪或情感的触发，或者是灵感所至，作者的写作便体现为文思如泉涌，流利顺畅、一气呵成，文章也会因为发自于内心的真诚、真实而打动人。

但应该注意的是，由于写作时作者被强烈的情感控制，一定要避免被某些消极情感支配，也要注意尽量避免引起道德和法律上的困扰。

（二）为写作而体验人生

在作家的写作经历中常常出现这种情况：随着写作技艺和心智的成熟，他对人生的思考与认识越来越深刻，对社会与世界的剖析也越来越清晰深入，因此，他往往在进行人生思考的同时有意识地从生活中观察现象和寻找答案。这种为了写作而经验人生也常常是作家感悟生活、思考人生、提炼思想的方式方法。

作家余秋雨的散文写作许多都是文化思考的成果，对民族和文化的认识与思考来自作者对许多文化遗产的理解和感悟，这种感悟又因为经验了人生包括踏足文化遗迹、亲手触摸文化珍品而得到深入和提升。以其代表作散文集《文化苦旅》为例，作者的文化思考集中于"文化良知"这个主题，执着于文化反思和强健国民人格。作者在思考中走遍全国，寻访各地历史遗迹，流连于敦煌莫高窟、天一阁等，与苏东坡、范钦等文化名人发生心灵交谈，从沉寂的山水间和游人如梭的名胜古迹中拼接起文化碎片，从历史遗迹的表层深入下去，聚焦表象背后深厚的文化内涵和底蕴，以获得文化启迪，在对文化良知的寻找和呼唤中经历文化的洗礼和升华。

为写作而体验人生，其主题的形成往往经过了作者认真缜密的理性思考过程，在理性升华中，作品的主题表达严谨、庄重、严肃，理性色彩浓厚。

但要注意，写作主题终究是对生活的理性总结，在再现生活时一定要将这种理性认识融汇于具体的感性材料中，因此不应只把写作当作图解观念而失去文学美感。

二、主题在充分的调查研究后产生

在新闻、政论、报告文学、调查报告、学术论文等文体的写作中，主题的产生多数属于这种情况。

有些作者是先领受了写作任务，或者是对某件事或某人产生兴趣，但并不熟悉具体情况，也没有形成清晰的观点思路，更谈不上确立了鲜明的主题思想，最多只是初步的主题与写作设想。作者需要通过深入的调查采访，收集积累丰富的材料，在对材料进行归纳整理与研究、分析比较后，逐步形成深刻的认识和明确的主题。在这个过程中，主题的产生同样是逐步酝酿、不断修正深化的，其产生的基础就是作者收集的全面丰富、客观真实地反映了事件与人物全貌的材料。主题的深化也必须深入生活，进行广泛调查后才能做到。

电视片《几代女人一个梦》的主题变化便典型地体现了这个特点。该片原本的拍摄计划是帮助边远地区少数民族女童重返校园。但编导经过深入调查采访、收集了众多实例材料后却发现，女童失学的根本原因并非原先以为的生活困难，而是当地人的观念。如果不改变人们的传统观念和认知，即使这些女童今天重返校园，明天仍然面临失学的可能。于是编导们决定把关注的目光转向那里几代女人的命运，从她们的命运中探讨历史和现实原因，寻找解决问题的答案，电视片的主题也随之修改为：只有改变观念，才能从根本上解决女童失学问题。

《"精神鸦片"竟长成数千亿产业》是关于未成年人沉迷网络游戏情况的新闻调查。记者通过调查采访，从游戏开发企业到游戏主体人群，多层面、全方位了解游戏产业链。他们从游戏的主要使用人群未成年人入手，采访了学校、教师、学生、家长，获得了详细的数据和个例，通过采访游戏公司得到了暴利的游戏产业如何吸引未成年人的思路做法，通过采访专家和法律人士获得了法律和专业角度的理性思考。记者依据调查获得的事实案例，并引用数家权威机构的调研报告和有关诉讼案例，详尽描述了未成年人沉迷游戏的现状，明确地将网络游戏定性为"精神鸦片"，指出对未成年人健康成长已经造成不可低估的消极影响，并深入分析了主客观原因，最后提出了解决方案：多方共治，主管部门、学校、家庭和企业多重措施并举，出台更严格的管理办法，才能防范网络沉迷。这篇调查引起了广泛关注和讨论，尤其针对"精神鸦片"的定性争议颇多。但无论是赞成还是反对这种定性，都应该在充分获取材料、全面了解事实的基础上展开讨论和争论，只有积累了足够全面的信息，对相关事件、现象有了完整的认识，才能真实准确地找到问题症结，对症下药，从而得出可靠的结论和主题。

主题是思想、情感，但它不是外在的游离于材料之外的东西，不是作者随心所欲可以判定、可以人为粘贴的东西，也不是作者单纯主观意念的产物，主题思想的产生是一个漫长的过程，而且受到具体的社会现实的影响。因此，不管是以上哪种情况，都必须对社会现实生活有丰富的认识和积累，才能保证主题的形成。写作是对现实生活的反映，而现实生活是写作的源泉，这是生活和写作的辩证关系。深入积累生活、分析研究生活，可以为文章提供丰富的材料，为主题的提炼提供坚实的基础。

第三节　主题的提炼

在写作实践中常常出现立意不正确、主题不突出的问题，主要表现为：就事论事，只依据事物的表面现象确定主题而忽略本质问题；孤立地考虑典型本身而忽略其普遍意义；以偏概全，视个别现象为典型从而得出错误结论；主题过大但材料单薄，内容空洞无物；主题过宽而材料庞杂，内容臃肿杂乱；等等。产生这些现象的原因主要是主题的提炼不准确、不深刻。

一、如何提炼主题

（一）正确概括全部材料的思想意蕴

此要求包含了"全部材料"与"正确概括"这两个重要因素，正确、充分地考虑这两点就可以保证主题提炼的准确性和深刻性。

提炼就是将大批原料经过陶冶、熔炼之后提取出有用的精华部分。没有矿石就谈不上冶炼金属,同理,提炼主题也离不开我们收集和积累的全部材料。主题的产生根源是我们对生活与材料的认识,而强调"全部材料"是因为这是"正确概括"的前提。必须全面收集、积累材料,分析研究全部材料的客观意义,才能确保完整认识和理解事物及社会现象,从而避免主题的提炼和阐述出现片面性、主观性的问题。

在对全部材料正确理解与认识的基础上,还应该充分调动自身的学识修养,深入事物本质,进一步发挥主观能动性,对材料的内涵本质和思想意义作准确的概括和正确的开掘提炼。主题是潜藏、寓含在全部材料或题材中的,作者要理解消化、准确地捕捉概括出来。提炼主题是对生活认识的深化与提高,是对材料的正确理解和深入挖掘,材料研究透了,主题的表现也就容易多了。

近年来,由于互联网的迅速发展,人们可以多渠道及时了解新闻事件和社会热点信息,表达对新闻、热点的观点看法。但是,当一个社会事件刚刚发生的时候,人们又常常简单粗暴地将接收到的信息当作事实的全部,匆忙地、轻易地作出判断和评价,于是,随着相关事实细节更多地公布于众,我们不断听到的是"反转""再反转"。其实,未必是事实本身千变万化,而是有些民众在并没有认真仔细了解全部事实真相的情况下,仅凭有限的信息便轻率地得出结论,自然这个结论不可能真实牢固,因为不是基于全部事实,便不可避免地失之于片面、偏颇。

文章写作应准确揭示客观事物和社会生活的本质与规律,抒发科学的积极的思想和健康的情怀。一篇文章,如果其主题没有任何积极的有益于社会的意义,那很难成为好文章。主题是作者对客观事物的反映和认知,是否正确关键在于作者的思想认识水平如何。因此,作者的世界观和美学思想对作品的思想境界有着非常直接的影响。范仲淹在对名胜风物的精彩描绘中引发内心情绪,"不以物喜不以己悲",注入了"先天下之忧而忧,后天下之乐而乐"的崇高抱负,将自己的审美情怀和对社会的认识注入了山水风光之中,借游记表达的是积极的忧国忧民的理想。这就是他的《岳阳楼记》的灵魂所在。

因此,主题来自作者对生活现象的感受,离开了全部生活事实的基础,也就失去了提炼主题的依据。主题是对全部事实材料所显示出来的思想意义的完整正确的概括。从这个意义上说,我们应该尽可能多地积累材料,对其进行深入的研究,从中引导出正确的符合客观实际的而不是主观臆测的结论,即主题。

（二）发掘事物本质、把握个性

提炼主题就是作者从完整全面的材料中概括出正确的理论认识，将对事物的领悟从感性认识上升到理性认识，以准确地达到对事物内部规律全面完整的认识高度。掌握了丰富的材料，有了深刻的感受，好的主题并不一定自然而然地就产生了，因为客观事物的表现常常是表象的，而内涵和本质则潜藏在事物的深处，即材料的本质意义是蕴含在材料表象之下的，我们要做的是经过努力，透过现象的表面挖掘出本质，所以要对材料去粗取精、去伪存真、由表及里、由此及彼，经过这一番认识和改造后，才能抓住事物的本质。抓住了事物的本质，就是抓住了主题。

俄国作家托尔斯泰写作《复活》时，对小说主题的提炼便经历了步步深入直到准确发掘事物本质的过程。触动作者写作灵感的是一起案件：一个贵族青年因为良心发现而要求和女犯人结婚。这个故事强烈地吸引了作者，他开始了《复活》的构思和写作。起初，他决定从道德的角度挖掘主题。但是，随着构思的不断深化，作者的认识也不断深入，于是，他将主题从个人层面提升到社会层面，以这个案件故事为出发点反映整个社会的政治生活。之后，又反复多次修改主题，最后，将主题思想深度集中在批判现实生活制度，将锋芒对准了沙皇专制制度，对故事材料所呈现的本质揭示得淋漓尽致。

同样重要的还有把握事物的个性特征。写人、记事、说理时也有选择角度把握个性的问题，选择的角度就是作者观察的方位、立足点的不同，是作者开掘、提炼的突破口。"横看成岭侧成峰，远近高低各不同"（苏轼《题西林壁》），写文章不可能面面俱到，所以"通过个别描写一般"是文章写作的一个基本规律，通过某个点、某人或某事来带动全面，以小见大，从典型实际出发研究典型的本质特点，用典型本身的小道理真实体现出深刻普遍的大道理，因为这个"个别"是能反映事物本质的个别，是真实的、典型的。

提起故宫，人们想到的多半是巍峨的宫殿、奇珍异宝，电视片《我在故宫修文物》未选择宏大叙事，而是另辟蹊径，将视角落在鲜为人知的另一面：故宫文物修复工匠。这些工匠们默默无闻，却有着不平常的职业人生。这些修复大师身怀绝技，他们用投入与专注、坚守与奉献，让那些稀世珍品重现在世人面前。经过他们专业的巧手，一个个冷冰冰的文物"复活"了，有了活生生的历史和故事，有了温度和灵魂。该片从颇为神秘的修复师日常生活这一更接地气的视角着眼，用工匠们修复文物的工作勾连起古代与现实，让人更近距离地领略故宫之博大、文物之精美以及精巧工匠们的专业贡献。

二、确立主题的要求

（一）正确深刻

提炼主题就是对写作材料去粗取精、去伪存真、由表及里地挖掘事物的最本质意义，这种挖掘带有一定的层次性，也符合我们认识事物的过程，我们所要做的是不断透过现象深入本质，突破对事物浅层次的认识，达到对事物最深层次的探究。

评价文章的成功与否，读者首先关注的是主题是否正确，其次是是否鲜明深刻。主题正确、深刻与否，是文章有没有价值、价值高低的关键。

主题正确是对提炼和表达主题最基本的要求，因为我们把文章看作精神食粮，是可能会影响他人的，因此必须起到有益于社会的积极作用。主题正确就是要真实地反映客观事物的规律，符合科学规律，而且要经得起实践的检验。

主题深刻是在正确的基础上更高的要求。写作时绝不能就事论事，而要透过现象看本质，要准确反映生活的本质和内在规律，揭示事物所蕴涵的深刻思想。屠格涅夫写作《木木》时对故事原型的改造便体现了他对主题的深刻思考。农奴有一条狗叫木木，但农奴主讨厌狗，便逼着农奴除掉木木，最后农奴忍痛溺死了心爱的狗，也原谅了农奴主。写作《木木》时，屠格涅夫改变了结局：农奴溺死了木木，也毅然与农奴主决裂，离开了农场。改造后的结局体现的是作者对题材和材料的深度开掘，他看到了农奴主的专横，更看透了这种专横的产生根源，农奴和农奴主的矛盾是专制制度下社会矛盾的集中体现，而农奴与农奴主的决裂便是决心抵制和反抗这种专制制度的艺术化写照和文学解读。这就深刻地体现了溺犬故事所蕴含的思想主题，具有深刻的社会意义。

要做到主题深刻，就应提高对生活的认识能力和感悟能力，锻炼独特敏锐的眼光和远见卓识，学会从现象入手深入挖掘本质。客观事物具有复杂性和多样性，其本质是通过无数外在现象从不同的方面展现出来的，也就是说，事物的外在现象是其本质的外在表现，本质则往往会被一些表面现象所掩盖。我们认识事物就要见微知著，深入理解认识事物的本质，这样才能深刻地了解和准确把握其内在规律。

吴敏文的杂文《"流浪汉读书"还是"读书人流浪"？》针对流浪拾荒者沈巍网络爆红的现象，冷静地指出，"流浪大师"网络霸屏的实质只是一些网红追求流量、追求金钱的心态，那些网红们追逐着流浪的读书人以求获得利益,可是他们自己未必追逐着阅读《论语》《尚书》,而这才是令人悲哀之处。同时作者也从那些混乱浮躁的影像中厘清了个性真实的沈巍。面对潮水般的一哄而上,沈巍一针见血地指出:不是我读书多,而是你们太缺少知识。这才是他爆红的原因。

  不同的文体对本质的深入挖掘也有不同特点。如写人为主的文章,一般要着力于人物思想性格的发掘,从描述人物的言行举止中寻找到支配人物行为的思想亮点和行为制高点,因为它是人物全部活动的动力和行动核心。叙事为主的文章,一般要努力反映事件蕴含的深刻思想意义,力图从事件所体现出的各种思想意义中寻找到最典型深刻同时也最能感动人的那个思想意义,因为它代表了事件的本质。议论为主的文章,要着眼于对事物的全面剖析,从一系列的矛盾中寻找到具有决定和支配作用的主要矛盾,抓住了这个关键问题就能作出正确判断,也才能准确把握全局进而解决问题。写景状物的文章,要将无生命的客观景物与作者的主观情感完美融合,在写景的基础上深入开掘此时此地的主观情感,使客观的景物灵性化和寓意化,达到情景交融的艺术境界。

  如诗人戴望舒的诗《乐园鸟》:

    飞着,飞着,春,夏,秋,冬,/昼,夜,没有休止,/华羽的乐园鸟,/这是幸福的云游呢,/还是永恒的苦役?//渴的时候也饮露,/饥的时候也饮露,/华羽的乐园鸟,/这是神仙的佳肴呢,/还是为了对于天的乡思?……①

  诗的开头描述了鸟在四季中无休止地飞翔,紧接着便转入看似对鸟实是对人的生存的疑问,令人从自由自在的轻松中感受到了生命的沉重。这种哲理性的思考源自诗人对生活哲理的寻觅,他选取了自由飞翔的鸟与人相类比,从这种生活中的常见事物中开拓丰富的想象空间,挖掘生命和生存的内涵,表现了深刻的思想意蕴。

  此外,在提炼主题时还应注意揭示问题产生的原因。任何事物的产生、发展和消亡都有其规律性,事物发展变化的根本原因在于事物内部的矛盾性。事物发展总有其特定的原因和必然的结果,在写作时,要学会分析因果关系,学会揭示问题产生的原因,这样才能使文章的立意深刻透彻。另外,还应注意事物之间的联系与相关性。提炼主题时应开放思路,不能仅仅围

---

  ① 戴望舒:《戴望舒全集:诗歌卷》,中国青年出版社1999年版,第119页。

绕某个人或某件事,而是要突破事物的局限性,突破传统思维,将它放到一个更大更全面的思维环境中去认识和理解,将它与众多的事物相比较,注意事物之间的联系和相关性,以寻找其典型意义和认识意义。这样的认识事物的方法被称为宏观思维,对事物的认识更加全面也更加深刻。

(二) 鲜明集中

主题鲜明是指主题应清清楚楚、毫不含糊,是赞成还是反对,是正确还是错误等,作者都应该有确定的立场、明确的态度。

议论文体的这个特点尤其突出。主题鲜明是议论性文体的写作特点,也是对议论性文章提出的基本要求,要直截了当表明自己的观点,并且用所有材料为自己的立论服务,以证明自己观点的正确,容不得半点马虎,模棱两可、吞吞吐吐都是不可取的。一篇调查报告,如果提出了某些问题,却未探讨产生问题的起因与症结,也未提出解决问题的方法,这样的调查报告就是观点不鲜明、主题含糊不清。

文学性作品的情况则不太一样,它是以塑造艺术形象和叙述事件的方法含蓄而巧妙地表现主题,作者不应直接提出和阐述主题,不应直接表明感情倾向,而应把它们巧妙地寓于人物的刻画、故事的讲述和情节的设置之中,从而形成主题含蓄的特点。如在《红楼梦》中,曹雪芹描写了贾府由盛及衰的没落史,表现了"没落的时代""人生的无常"这样的主题,这个主题是作者刻画了宝玉、黛玉等数百位人物形象,用丰富的故事情节营造出来的,作者用这些人物、环境、故事情节作为自己情感、主题和思想的叙述者与代言者,主题的营造是靠曲笔来完成的,含蓄性也就由此产生。

但含蓄不等于无主题或主题含混,而是要通过形象、事件来表达观点,所以作品的主题有时会引起读者的争论,这是由文学本身的特点决定的。因为主题是透过艺术形象来表现的,而且由于读者年龄不同、经历各异,对作品主题的体会和感受自然会有差异,有时会形成对主题理解的多义性。在《〈绛洞花主〉小引》中,鲁迅谈及对《红楼梦》的理解时曾说过:"单是命意,就因读者的眼光而有种种:经学家看见《易》,道学家看见淫,才子看见缠绵,革命家看见排满,流言家看见宫闱秘事……"[1]同一部《红楼梦》,政治家从政治的角度解读,读出的是一个家庭、一个时代的兴衰没落,推演出封建社会必然灭亡的历史规律,从中得出社会政治的启示和思考。而在作家张爱玲那里,读《红楼梦》更多的是从自身的体验感触而生发的文学感悟,

---

[1] 鲁迅:《鲁迅全集》第8卷,人民文学出版社2005年版,第179页。

从贾府由钟鸣鼎食的极盛时期急剧衰落的图景里,联想到与自己相类似的没落贵族生活,所以,她感受与领悟到的是那种呈现灰色调的悲凉。因此,张爱玲理解的《红楼梦》主题,也更多地体现在准确地把握住了全书的整体美学氛围。

对沈从文小说《边城》主题的解读,也曾经出现争议,有人认为作者应该写阶级斗争;有人认为故事仿佛世外桃源,脱离了现实生活;也有人认为《边城》是一部带有悲剧色彩的怀旧作品,是理想化了的现实。作者自己则认为,文学要表现的是一种"人生的形式",一种"优美,健康,自然,而又不悖乎人性的人生形式"。① 其实,作者写作时对主题的思考与表达是清楚鲜明的,而读者对作品主题的理解并无统一答案,关键是应该从真实的生活出发,表达对社会人生的独立见解,而不应脱离活生生的现实,概念教条地图解生活。

有时候,文学作品探讨的问题既广泛又深刻,常常会在作品中给读者留下许多思索和疑惑,有时作品未必一定要给人物和故事找到出路或结局,有时作品所探讨的问题同时也是现实中人们正研究或热议的问题,自然无法给出一个准确的答案。所以作品有时只是提出和研究问题,让读者自己去分析和判断,这样就形成了具有开放意义的想象空间,会因此而造成作品在理解上的多义性。其实,这种赋予读者无限想象的多义性恰恰正是文学性的突出表现。

主题集中指文章要围绕主题,重点突出。

如同人只能有一个灵魂,军队只能有一个统帅,一篇文章也只能有一个主题,表达一个中心思想。"立意要纯一而贯摄"(《艺概·经义概》),就是说文章要重点突出,只有一个主题贯穿文章首尾。如果文章有多个主题,势必造成多个中心,而这样就等于没有中心、没有主题。失去了灵魂中心的作用,文章自然就成了一盘散沙,丢掉了灵魂,失去了生命力。

吴启钱的杂文《大妈,你的名字应该叫优雅》紧紧围绕让大妈优雅起来的主题,重点关注"中国妇女"和"中国大妈"的正反特征表述,从看似对立的形象分析其本质的相似,肯定"中国大妈"群体的出现代表的是社会的进步与多元,是"中国妇女"家庭地位、社会地位高的体现,论述其负面形象的背后原因是审美的缺陷和修养的不足,从而提出让"中国大妈"优雅起来的

---

① 参见汪曾祺:《又读〈边城〉》,见《汪曾祺的写作课》,江苏凤凰文艺出版社2020年版,第17—18页。

途径办法:社会的理解包容与教育培训,大妈们提升自我,与时俱进。

主题集中首先要做到只能有一个主题,这样容易聚焦中心,一个主题表达透彻,把道理说深讲透,使作者的意图明确凸显,也使读者印象深刻。其次要注意主题的范围,主题表达要适当,不能太大太宽或太窄太小。

有些鸿篇巨制,内容复杂,作者表达的观点也不止一个,但这并非多主题,因为作品中始终只有一个占主导地位的主题,其他一个或多个观点都是围绕这一主题而展开的,并且为其服务。

要做到主题集中、紧紧围绕主题,首先要在动笔前认真构思,对文章谋篇布局,作整体的考虑,尤其要想清楚文章想表达什么。选择确定主题后再进行材料取舍、结构安排、语言表达等具体写作。在文章完成后要认真检查修改,看看自己想要表达的主题是否表达得清晰明确,是否有与主题无关的多余内容,是否写成了流水账。

(三) 新颖独特

写作贵在创新,有新意、有创意。不发现新问题、不提出和解决新问题,文章也就失去了价值,拾人牙慧永远写不出好文章,所以唐代作家韩愈说:"惟陈言之务去。"(《答李翊书》)要走自己的路,说自己的话,这样写出的文章方能给人以新鲜的生活感受和教益。

写作是具有独创性的个体行为,新颖是文章的生命。主题新颖的基础是作者打破习惯性思维和集体思维,不满足于现成的或权威的答案,对事物具有独到深刻的认识。

诸葛亮是家喻户晓的历史人物,他的形象已经成为一种符号,成为智慧和贤德的象征,人们的这种印象更多的是受到小说《三国演义》的影响。剧作家魏明伦在创作川剧《夕照祁山》时便对这种习惯思维发出了挑战。在剧中,作者将诸葛亮这尊"神"请回人间,还原成一个人,在充分肯定他的忠臣品德、善于用兵的智慧以外,更重要的是通过他的失误揭示了他的悲剧性格和悲剧命运,并探讨了其失误的主观因素和客观原因。从透视真实历史的角度拷问历史人物,以理性独立的眼光探讨历史人物的真实面貌,"颂其美德,揭其弊病,哀其苦衷,展示一代贤相暮年晚景的复杂性格的悲剧成因"[①]。人无完人,无论是历史人物还是现实人物,只要以独立的思维去思考,一定能够发现新问题,找到新答案。

主题新颖,视角独特,这样才能够发现独特的问题,有了新的认知价值,

---

① 魏明伦:《凡人与伟人——魏明伦男性剧作选》,作家出版社2001年版,第9页。

才能吸引读者的注意力。主题缺乏新意,其实是作者丧失了敏锐的发现新意的眼光,文章也就难以创新。

  同是谈养花,老舍的《养花》在叙述养花的同时写出了生活的真谛。文章的主题是"养花的乐趣",而这种乐趣包含的不仅是养花的道理,更蕴含了生活的哲理。作者将养花与生活的感悟结合起来,虽然养花也有伤心时,但这是生活有笑有泪的真实写照。文章将养花和生活互相对照映衬,既写了养花又写了人生的道理,因此才拥有一份情趣,使文章生动感人。凤子的《谈养花》则更具体地谈及养花和生活的道理,养花帮助作者增加了对生活的认识:从种子发芽开始,要让花顺利成长、花满枝头,需要付出浇水、剪枝、施肥、牵藤等诸多辛苦。要勤勉不偷懒,又要顺应花木的本性。所有这些都要自己亲自摸索,在错误和失败中理性地总结经验。所以,"只要不怕失败、肯亲自摸索,亲自摸索出来的经验自必会开花结果的"。两篇文章从相同的生活现象入手,表达主题的角度却不尽相同,这给了我们足够的借鉴和启示,即只要真正地了解生活、感受生活,我们对生活的认知一定是新颖独特的。

  文章还要符合社会发展的趋势,要积极表现社会主题,注意体现时代的发展特征和潮流趋势。

  当然,求新不等于猎奇,还是要研究生活、努力思考,从生活中寻找新思想新思路。在写作领域中有很多熟悉的题材,其中一部分题材已经成为人们熟悉与常用的主题思维,因此,突破人们熟悉的习惯思维观点,就成为加强创新意识的一个课题。在《儒林外史》中,严监生临死前已经说不出话来,但却一直圆睁双眼,举着两根指头久久不肯放下,直到家人将油灯里的两根灯草拨熄一根,他才放下手指,咽下最后一口气。这个典型细节生动地刻画了这个吝啬鬼的形象。金克木在《两根灯草》中,从这个人们熟悉的故事中提出问题:严监生这么做难道是为了自己吗?"对活人,点一根灯草已经是光明,对死人,点两根灯草也照不开黑暗。"作者从一个与众不同的新颖角度为严监生进行了辩护,以赞赏的口吻指出严监生为后代着想的苦心,也给这个故事增加了一个新观点和新视角。

<h3 style="text-align:center">三、主题提炼的方法</h3>

  常见的主题提炼方法有以下几种:

(一)归纳概括法

  归纳是指从一系列具体的事实中概括出一般原理。而主题提炼的归纳概括法是指作者基于一定的写作目的的,在大量收集积累材料的基础上,从对个别的、特殊的材料的分析、比较和综合研究中，提炼出关于事物的一般性结论。

"异中求同"是归纳概括法的基本点与核心点，要能够从众多杂乱的、表面上似乎不相关的现象或材料中寻找到相关性和共性，以发现若干材料中蕴含的具有共同本质的东西。

在用归纳概括法提炼主题时，主要运用的是联想尤其是相似与相同联想的思维方法。通过人们的感知或回忆，找到不同事物之间在性质、功能等方面具有关联性的地方并串联起来。这类联想在古诗文中有许多，如"问君能有几多愁，恰似一江春水向东流"等。《邹忌讽齐王纳谏》也是一篇典型的运用联想之作。在写作论说性文体时，作者常常会联系若干生活现象来证明论点，也会用以古喻今、中外对比等方法点评当今社会生活，阐述观点，这些基本都是运用了归纳概括的方法提炼主题。

（二）追根溯源法

追根溯源法是指作者对事物的认识不仅仅停留在事物的表面，对主题的提炼也不是浅尝辄止，而是学会探究事物或现象的深层原因。

任何事物都有发生的原因和发展的过程，追根溯源法就是要看清事物的来龙去脉，直至切入本质，使文章主题深刻的方法。

社会生活中发生的各种事件以及关于它们的新闻报道的意义往往并非一目了然，想要让读者认识了解各种事物的本质特征，并且使有关的新闻报道和事实真相达到应有的传播效果和作用，就可以采用追本溯源的方法，清晰完整地展现事件的真相和事实的原貌。

（三）纵横联系法

纵横联系法就是找到事物的时空关系，即纵向的事物现状与历史之间和横向的一个事物与它相邻或相关事物之间的联系。通过纵向与横向的联系对照来清晰地凸显事物的个性特征和深层意义。

任何事物都不是孤立存在于世的，它总是一定的历史或现实的产物，与其他事物有着千丝万缕的联系。如果只是单纯地就事论事，便很难发现事物的真实意义，如果把事实或现象放在一定的历史背景和现实大环境中去考察，并注意考察同类的事物或现象，有价值和意义的主题便应运而生。

在纵横联系方法中，主要运用的是多角度联想的思维方法。这是一种综合思维方式。因为客观事物具有多面性，人们认识事物的观点、方法等不尽相同，对一个问题的理解和思考，人们的思维过程很少是孤立单一的，因此对主题或材料的思考常常也具有多义性，对一则材料或一个问题产生多种理解,所以,在立意时一定要注意采用发散性思维,运用多角度联想,选择其中最有感想或考虑最成熟的一种写作成文,这样往往能迸发出创新思维的灵感。

(四) 对比联系法

对比联系法是将性质相反的事物放在一起,在对比中发现事物的不同特点,从而找到和提炼出能反映事物本质的思想。

作家路遥在谈到小说《人生》的创作时回顾了在困难时期上初中的遭遇,他受尽了同学的歧视与冷遇,但也得到了温暖和宝贵的友谊,这让他产生了强烈的表达欲望:

> 如果照原样写出来是没有意思的,甚至有反作用。我就考虑:在那困难的环境里,什么是最珍贵的呢?我想那就是在困难的时候,别人对我的帮助。我想起来那时的同学(当然不是女同学,写成女同学是想使作品更有色彩些)把粮省下来给我吃,以及别的许多。这样,就形成了作品的主题:在困难的时候,人的心灵是那样高尚美好……尽管物质生活那么贫乏,尽管有贫富差别,但人们精神上并不是漠不关心的,相互的友谊、关心还是存在的。可是今天呢?物质生活提高了,但人与人的关系是有些淡漠,心与心隔得有些远。
>
> 所以,我尽管写的是困难时期,但我的用心很明显,就是要折射今天的现实生活。当时,我写这篇作品时,就有一种想法:要写一种比爱情还要美好的感情。主题就是这样的。①

路遥对《人生》的主题构思运用的就是对比联系法,昔日的"歧视"和"温暖"给了他对比强烈的印象,他由昔日的"温暖"对比今天的"淡漠",从感恩过去得到的温暖折射今天人心的隔膜,在对比中更突出美好的情感。

为写作对象找到参照物和参照系,从而进行对比联系和分析研究,这是一种效果很好的提炼主题的方法。

(五) 逆向思维法

逆向思维是指以与常人或司空见惯的思维方法相反的思维形式,从相反的角度和方向质疑原意。如"班门弄斧"是正常思维,是讽刺那些不自量力的人,而"弄斧到班门"则是逆向思维,是指勇敢地向能者虚心学习。"酒香不怕巷子深"是正常思维,意思是好东西不必吆喝,总会美名远扬,而"酒

---

① 路遥:《当使作品更深刻更宽阔些——就〈人生〉创作答读者问》,见《十月》1981年第3期。

香也怕巷子深"则是逆向思维,指好东西同样也要宣传,否则会埋没好名声。"不听老人言吃亏在眼前"是民间经验之谈,但不听老人的话就一定会吃亏吗?老人的经验只代表过去,面对日新月异的社会应与时俱进,只凭过去的经验行事才多半会碰壁。

逆向思维因为与众不同甚至完全违背常理,因此极具创新性,是思维训练的好方法。但是要注意的是,逆向思维的目的绝对不是猎奇搞怪,不是仅仅为了与众不同,而是要从创新思维的角度出发,突破大众习惯性的思维定式,独辟蹊径,以达到立意创新和写作内容独特的目的。

以上这些提炼主题的方法在写作实践中一般不会单一使用,而是常常结合运用,用完整全面的思维判断深刻表达主题。韩少功的《个狗主义》针对某些国人误解、庸俗化个人主义的现象,指出将个人主义理解为极端自私自利是将人降低到动物化的"个狗主义"。为给个人主义正名,作者不仅追根溯源,正面阐述个人主义的准确含义,还结合纵横联系法和对比法,从历史和现状分析西方现代化的成功与个人主义的关系,对比我们现代化进程与人文主义缺失的矛盾,从而有力地说明了"个狗主义"对现代化社会的健康发展和人们精神生活的危险影响。

四、主题提炼过程示范

下面通过一个具体的例子来说明主题的提炼过程。

叮叮糖 余继聪	点评:
想到童年时老家的乡村,总有"叮叮糖——叮叮糖——"的声音清晰传来,等到那个担着盛装叮叮糖的箩筐的身影逐渐走近,逐渐清晰起来,我就好像闻到了叮叮糖的香甜,感受到了叮叮糖的黏黏长长。 　　卖叮叮糖的人,总是挑着一对箩筐,两只箩筐上都摞着筛子,筛子里各有一饼麦芽糖叮叮糖,走村串巷叫卖。说叫卖叮叮糖,其实不准确。他们是挑着叮叮糖,一路走,一只手扶握着箩筐绳,一路用另外一只手用划叮叮糖的铲子状的切刀相互敲打,敲打出"叮叮糖——叮叮糖——"的声音,声音清脆,真是巧了,这"叮叮糖——叮叮糖——"或者是"叮叮当——叮叮当——"的声音,跟这种糖的名字读音基本相同。也许前人正是按听到了卖叮	开头点题,童年记忆,从听闻叮叮糖的叫卖声过渡到对叮叮糖的香甜回忆。 记述小贩走街串巷叫卖的情景,描述叮叮糖得名的由来。

正文	批注
叮糖的小贩沿路敲打出的声音才给这种很好吃的麦芽糖命名的。	
叮叮糖是用麦芽糖熬煮而成,香甜黏糯,闻起来香甜,吃起来香甜而且粘牙齿,滋补中气敛汗宁神安眠,中药价值极高。我们儿时,粮食万般稀罕金贵,红糖也万般金贵,叮叮糖就更是稀罕物,但是由于叮叮糖香甜瓷白,色香味都很诱人,我们很少有机会吃到叮叮糖。偶尔从父母给我们拿到乡镇供销社去买水火油的钱中节余三五分钱,母亲同意给我们零花,就攒着买一小块叮叮糖慢慢咀嚼品味。那时我们毕竟是小孩,叮叮糖又很瓷糯白黏香甜诱人,得到一丁点叮叮糖,我们总是被吊起极大的胃口和激情,馋涎欲滴,急切地想一口吞吃,像猪八戒吃人参果一样囫囵吞枣咽下,但是叮叮糖吃起来很粘牙齿,很耐咀嚼,根本吃不快。叮叮糖就很经吃,这一点我们也高兴,这样可以延长我们品味幸福的过程。那时的东西就是要经用,裤子衣裳要经穿,要耐磨,食物要经吃。	细叙叮叮糖的味道,借过去物品"经穿""经吃"表现生活的清贫、艰辛,感叹品尝到稀罕的叮叮糖便是幸福。
粘牙齿的叮叮糖,就粘出许多甜美回忆,叫老家乡村的我们那些小孩慢慢品味咀嚼出艰辛生活中的点点滴滴丝丝缕缕甘甜美好幸福。	回忆过去,艰辛中品味幸福甘甜。
现在,各种各样的好吃糖果、高级糖果越来越多,城里商店密密麻麻,乡间商店也几乎村村寨寨都有一两家,卖叮叮糖的人失去了许多生意,也很少有人制作叮叮糖,担到乡间村村寨寨来叫卖了。但是由于从那时走来的我们这些人特别是那些中老年人很念旧,偶尔就会还能听到卖叮叮糖的叫卖声从村巷里传来,甚至可以见到担着箩筐、卖叮叮糖的人的身影,我总是会感到很亲切、很感动,为他们惨淡经营着这种营生感动,让我们这些很念旧的人回忆起许多美好时光。	回到现在,生活富足,廉价的叮叮糖同样不易得,叮叮糖的美味便成了念旧人美好的回忆。
(节选自《2017 中国年度散文》,漓江出版社 2018 年版)	

　　《叮叮糖》是散文《那些消逝的声音》中的一节,作者从回忆入手,描述了童年时代的叮叮糖记忆。小贩肩担的箩筐里的叮叮糖香甜黏糯,让孩子们垂涎,但生活拮据,难得品尝美味,于是偶尔得到一丁点便成了他们贫困年代里难忘的幸福体验。因为稀有,所以珍贵。因为难得,所以一旦拥有便幸福感爆棚。作者抚今追昔,今昔对比,想必感慨万千:逝去的不仅是叮叮糖的叫卖声,还有物质贫乏时代的生活印迹,而不论过去还是现在,不会消逝的是对幸福、对幸福感的追求。

写作任何文章、任何题材,都要注意对写作对象进行细致分析,都要结合现实生活这个背景,从多种角度观照、思考,在现实中寻找生活的哲理、意义和乐趣,进而发现生活中蕴含的真理。所以,主题的提炼过程,其实就是一种联系或者联想的过程。作者思考的内容越深入,主题提炼就越深刻。

思考与练习

一、有种观点认为,内容复杂的长篇巨著,作者表达的观点也不止一个,这就是一种多主题现象。你怎么看?

二、请结合以下作家关于主题的表述,谈谈你对主题的见解。

> 如果一本书被彻底看穿,一旦它被理解,它的意义被固定或确立,这本书就死了。一本书只有在能够感动我们,而且以不同的方式感动我们的时候才有生命;只有我们每次阅读都有新的感受,它才是活生生的。([英]D. H. 劳伦斯)

> 写小说时,我不太思考其中是否包含有当代意义的主题。就算思考,终究也搞不明白。所以自己的作品在这个时代被如何解读,是超越我想象的问题。至于下一个时代,就越发搞不明白了。不过,人类的基本思维未必会随着时代的变迁变幻不定。关于《海边的卡夫卡》,我记忆犹新的是在其中刻画了几个过去未曾碰触的人物形象。让这样的人物在故事世界自由地东奔西走,借此探索了自己内心世界一些未知场所。有这样的切身感受。我觉得,这种个人的探索与普遍的(或说同时代的)探索巧妙而有机地结合,不正是我视为理想的故事形态吗?当然,这不是简单的事。([日]村上春树)

三、阅读下面的材料,根据主题提炼的要求和方法,写出一篇反映生活现象、观点新颖、字数不少于800字的议论文。

> 最近,由专家出面辟谣或释疑的新闻很多,比如:桥垮了专家说与质量没关系;房价高了专家说与地价没关系;发育早了专家说与奶粉没关系;不良反应专家说与疫苗没关系;破皮鞋做成毒胶囊专家说含量太少没关系;"愤怒小鸟"撞裂高铁玻璃,专家称不必过分解读……

四、请根据下面提供的材料,结合学习或生活实例,谈谈你的看法和主张,写出一篇中心突出、观点明确、思路清晰、文通字顺、不少于500字的评论分析文章。题目自拟。

很多电台在晚间的谈话节目中流行"无主题漫谈",有人认为这有助于营造晚间轻松、融洽、随意的氛围;但也有人持相反意见。值得关注的是,在文学创作以及其他艺术领域也存在着类似的情况。甚至有人认为这些现象已经影响到人们的生活领域。

五、及时记下你最近的点滴感悟和思想火花,并结合生活现象,将感悟具体化,写作一篇立意深刻、思维明晰、内容具体的文章,文体与字数不限。

六、阅读《踏雪寻梅》,分析该文的立意。

踏雪寻梅
[中国台湾]刘墉

不知是否因为太受宠,从小我就自以为是。记得刚上幼儿园的时候,早上到学校,老师总带着大家唱:"老师早呀!同学早呀!"我学会了,回家很得意地唱给妈妈听:"老师遭殃!同学遭殃!"妈妈说:"错了!不是遭殃,是早呀!"我不认错,扭头就走,爸爸下班唱给爸爸听。爸爸居然也说:"不是遭殃,是早呀!"还转头问我娘:"儿子怎么会说遭殃?这个词儿挺深,儿子居然会,不简单!"这下子让我更得意了,无论他们怎么纠正,我还是坚持"老师遭殃!同学遭殃!"

大概因为我太固执,那词儿又太刺激,老爸老妈居然一起带我去幼儿园,请老师告诉我。

我至今记得站在教室外面的走廊上,老爸一左、老妈一右,中间夹着五岁的我,对面是老师,老师蹲下来盯着我的眼睛说:"谢谢你啊!但是老师不遭殃!同学也不遭殃!是老师早呀!同学早呀!"

另一次我自以为是,就不能全怪我了。那是小学三年级,大家上台演唱《踏雪寻梅》:"雪霁天晴朗,蜡梅处处香,骑驴灞桥过,铃儿响叮当……"每个人手上拿个铃鼓,边唱边拍,前两句用手拍,后两句攥着铃鼓往腿上打。这真是过瘾极了!尤其往身上打的时候,配合歌词"响叮当、响叮当",一个字打一下,特别有意思。我狠狠用力,打得奇响,表演那天居然打掉了两个"铃铛片",好巧不巧滚到台下,被一个一年级的小鬼捡起来,偷偷放到舞台边上,还伸伸舌头,引起一团哄笑。我倒是一点也没觉得尴尬,心想这铃铛掉在地上的声音,不是才真像"响叮当!响叮当!"吗?

既然得意,当然要表演给爸爸看。那时爸爸已经因为直肠癌住院四个多月,妈妈陪他在医院,我特别叫了辆三轮车去,站在爸爸病床前,一边大声唱,一边狠狠拍打我的铃鼓。虽然掉了两片"铃铛",在医院那么安静的地方还是挺响,引得护士们都跑来了,挤在门口,还叫我再唱两遍。

每一遍唱完,爸爸都带着大家鼓掌,还说:"我儿真是小天才,会画画,还会唱歌跳舞!"接着叫我拿铃鼓给他看,说改天出院,他可以帮我把铃铛装回去。又问我:"你知道什么是蜡梅吗?"

我说:"老师讲了,就是腊月的梅花。"爸爸先怔了一下,问:"老师这么说的?老师错了!蜡梅不是梅花,那个蜡也不是腊月的腊,蜡梅是另一种花,因为是黄色的,很像用蜡油捏出来的,所以叫蜡梅。蜡是'虫'字边,不是'月'字边。"

我立刻叫了起来:"就是'月'字边,我有歌词,不信你看!"可惜那天我只带了铃鼓,没带谱。任爸爸怎么说,我都不信。因为那是老师教的,也是谱子上印的。连我离开病房的时候,都忿忿地回头喊:"爸爸骗人!"

昏暗的灯光下,爸爸斜着身子,瘦削苍白的脸,静静看着我,眼睛里好像有很多话要说又没说出来。

这画面我一生难忘,因为那是我见到父亲的最后一面。

直到二十多年后,才在日本京都看到真正的蜡梅。那天酷寒,泥土地都冻得像铁。我先去"鸠居堂"买作画用的"山马笔",出来更冷了,可见对街公园门口有个冒着白烟的小推车,一位很矮很胖包着青花头巾的女人,弓着身子在卖烤地瓜,我买了一个,没吃,揣在怀里取暖。走进公园,里面空空的没半个人,只有乌鸦在高高的松树上呱呱叫。多半的树都是秃枝,细看应该是梅花,因为每根枝子上都挂着好多褐色的小花苞,正想如果再晚几个礼拜来就好了,突然闻到一股幽香,难道已经有梅花绽放?循香走去,不见什么梅花,倒是隔着秃枝看见远处一抹黄。愈走近,香味愈浓,有点像报岁兰醉人的冷香。一棵九尺高的小树呈现眼前,如箭的枝条上开满黄色的花朵。虽然树形很像梅,但不像梅花绽放得那么大,重瓣的小黄花多半跟铃铛似的低着头,羞答答的样子。我绕着树走,看见树上挂个牌子,写着大大的两个汉字"蜡梅"。

终于见到蜡梅了,想起父亲在病床上形容的,那些黄黄的花瓣,果然像是用蜡捏出来的,是蜡烛的蜡,不是腊月的腊!

虽然带着相机,我却没为那棵蜡梅拍照,怀里抱着烤地瓜,肩上背着照相机,我继续向前走。好几次想,为什么不拍照呢?活了三十多年才见到第一眼蜡梅,能不拍照留念吗?但是想归想,不知为什么我还是连头都没回。

只记得那股幽香从背后传来,走出去好远,还沉浸在花香中。

又过了二十多年,终于自己种了蜡梅。那是学生送的,原先不过一尺半的小盆景,虬干、长枝、繁花,才进门就满室生香。可惜两个多礼拜过去,花凋了,却不见新绿。我心想八成只能"一现",把花移植到院子里再说吧!没想到从此年年绽放,而且每次花开都令人惊喜。

"梅花香自苦寒来",用来形容蜡梅应该更恰当。因为一般的梅花必经"一番寒彻骨"才能开,蜡梅却在寒彻骨的时候已经绽放。好几年都是在大雪之后临窗赏景,惊讶地发现在白雪覆盖的枝头透出几点艳黄,蜡梅竟然冒着大雪开了。虽然提早绽放的常常只有零星几朵,但是枝上已经结满花苞,只要剪一枝进屋,过两三天就会开。我隔几日剪一枝,前面的凋零了,新剪的又接上,可以这样踏雪寻梅半个冬天。

经过二十年,园中的蜡梅已经八尺高,但是我年年赏梅,年年想写生,却一直没画。因为蜡梅不像一般梅花,花瓣、蕊丝和花药分明。蜡梅的花瓣很多,而且长短参差,有些长长地伸出去,像牙齿,俗称"狗牙梅"。又因为防寒,花朵常往下垂着,像倒挂的磬,所以又叫"磬口梅"。加上花托很不明显,一层层裹着,花丝花药也非常小,藏在花心深处。唯有靠近花蕊有些带紫色花纹的小瓣,算是素颜上薄施的淡妆。大概也正因为这些含蓄的特色,历代写生蜡梅的人不多,即使台北故宫收藏的宋徽宗《蜡梅山禽图》,也不过点缀十几朵小花。

今年终于鼓起勇气作了蜡梅写生。先用淡墨勾花、浓墨写枝。我一边画,一边暗赞造物的神奇,每朵花由初绽到盛开,因为花瓣长短和舒展的程度而各有风姿。蜡梅的枝条能朝不同方向伸展,即使生得奇怪,也怪得有风骨,而且因为枝子上有许多结,仿佛黄庭坚的书法用笔,"如长年荡桨、一笔三过",即使在一寸的秃枝上,也能见到"顿挫"的力量。

水墨画完,我把绢翻到背面,为每朵花以胡粉晕染出层次,再翻到正面以藤黄染花瓣。枝干上点些"石绿",表现苔痕。接着以胡粉点雪。"雪霁天晴朗",雪虽然停了,仍堆在枝头,两只小麻雀等不及地出来嬉戏,站在枝梢打闹,把雪花纷纷震落。

从外面剪进来的蜡梅,因为屋子温暖,一下子绽放了几十朵。醉人的馨香中,我恍如回到童年,耳边响起叮叮当当的铃鼓和《踏雪寻梅》的歌声:"好花摘得瓶供养,伴我书声琴韵,共度好时光!"更想起我在父亲床前边跳边唱,跟爸爸辩嘴,临走时很没礼貌地回头喊:"爸爸骗人!"

我一边在画上题字:"己亥年新正,园中蜡梅盛放,以勾勒没骨双反托法写生……"一边在心里说:爸爸对不起,我错了!蜡梅确实是"虫"字边,不是"月"字边。从京都见到蜡梅的那一天,我就想对您说,拖到现在,因为我很难面对,六十年前在您病房的那一刻。

(《中国作家》2019年第4期)

七、选择一篇你喜欢的作品,用简练的文字概括其主题思想,并分析作者的写作思路和主题表现的特点。

八、人们对生活中的许多事物已经形成了比较一致的评价和看法,但这些看法是否完全正确?对以下人与事物较为一致的评价是什么?请你以逆向思维法提出新看法,并具体阐述之。

1. 长城
2. 蜡烛
3. 松树
4. 莲花
5. 向日葵
6. 贪官与清官

九、阅读季羡林的《我写我》,并请思考分析一下:

1. 作者的自我评价是什么?
2. 作者是如何自我评价的?
3. 你从媒体上了解到的季羡林与你在文中认识的季羡林是否一致?如果不一致,其原因是什么?

我写我
季羡林

我写我,真是一个绝妙的题目;但是,我的文章却不一定妙,甚至很不妙。

每一个人都有一个"我",二者亲密无间,因为实际上是一个东西。按理说,人对自己的"我"应该是十分了解的;然而,事实上却不尽然。依我看,大部分人是不了解自己的,都是自视过高的。这在人类历史上竟成了一个哲学上的大问题。否则古希腊哲人发出狮子吼:"要认识你自己!"岂不成了一句空话吗?

我认为,我是认识自己的,换句话说,是有点自知之明的。我经常像鲁迅先生说的那样剖析自己。然而结果并不美妙,我剖析得有点过了头,我的自知之明过了头,有时候真感到自己一无是处。

这表现在什么地方呢?

拿写文章做一个例子。专就学术文章而言,我并不认为"文章是自己的好"。我真正满意的学术论文并不多。反而别人的学术文章,包括一些青年后辈的文章在内,我觉得是好的。为什么会出现这种心情呢?我还没得到答案。

再谈文学作品。在中学时候,虽然小伙伴们曾赠我一个"诗人"的绰号,实际上我没有认真写过诗。至于散文,则是写的,而且已经写了六十多年。加起来也有七八十万字了。然而自己真正满意的也屈指可数。在另一方面,别人的散文就真正觉得好的也十分有限。这又是什么原因呢?我也还没有得到答案。

在品行的好坏方面,我有自己的看法。什么叫好?什么又叫坏?我不通伦理学,没有深邃的理论,我只能讲几句大白话。我认为,只替自己着想,只考虑个人利益,就是坏;反之能替别人着想,考虑别人的利益,就是好。为自己着想和为别人着想,后者能超过一半,他就是好人,低于一半,则是不好的人;低得过多,则是坏人。

拿这个尺度来衡量一下自己,我只能承认自己是一个好人。我尽管有不少的私心杂念,但是总起来看,我考虑别人的利益还是多于一半的。至于说真话与说谎,这当然也是衡量品行的一个标准。我说过不少谎话,因为非此则不能生存。但是我还是敢于讲真话的。我的真话总是大大超过谎话。因此我是一个好人。

我这样一个自命为好人的人,生活情趣怎样呢?我是一个感情充沛的人,也是兴趣不老少的人。然而事实上生活了80年以后,到头来自己都感到自己枯燥乏味,干干巴巴,好像是一棵枯树,只有树干和树枝,而没有一朵鲜花,一片绿叶。自己搞的所谓学问,别人称之为"天书"。自己写的一些专门的学术著作,别人视之为神秘。年届耄耋,过去也曾有过一些幻想,想在生活方面改弦更张,减少一点枯燥,增添一点滋润,在枯枝粗干上开出一点鲜花,长上一点绿叶,然而直到今天,仍然是忙忙碌碌,有时候整天连轴转,"为他人作嫁衣裳",而且退休无日,路穷有期,可叹亦复可笑!

我这一生,同别人差不多,阳关大道,独木小桥,都走过跨过。坎坎坷坷,弯弯曲曲,一路走了过来。我不能不承认,我运气不错,所得到的成功,所获得的虚名,都有点名不副实。在另一方面,我的倒霉也有非常人所可得者。在那骇人听闻的所谓什么"大革命"中,因为敢于仗义执言,几乎把老命赔上。皮肉之苦也是永世难忘的。

现在,我的人生之旅快到终点了。我常常回忆八十年来的历程,感慨万端。我曾问过自己一个问题:如果真有那么一个造物主,要加恩于我,让我下一辈子还转生为人,我是不是还走今天走的这一条路?经过了一些思虑,我的回答是:还要走这一条路。但是有一个附带条件:让我的脸皮厚一点,让我的心黑一点,让我考虑自己的利益多一点,让我自知之明少一点。

1992 年 11 月 16 日

(选自季羡林《季羡林谈写作》,当代中国出版社 2007 年版,第 100—101 页)

十、命题作文:《我》

写作要求:

1. 写出与众不同的自己,不能写成个人简历;

2. 文体不限,可以是叙事体,也可以是议论体,总之以最好最顺畅的方式表达自己;

3. 信息丰富具体,如我的名字的由来,我的家庭,我最喜欢的书(电影、电视剧、动漫……),等等;

4. 字数 800 字以上。

拓展阅读

1.《我为什么要写作?》(王小波)

2.《呼兰河传》(萧红)

第三章
写作材料取舍

第一节　材料是写作的基础

材料是作者为了写作,从各方面收集来的以及写入文章中的一系列事实现象或其他根据。

材料是构成文章的基本要素之一。写文章必须首先占有材料,从收集和积累材料入手。

写作必须掌握丰富的材料,这是古今中外的作家们写作经验中最基本也最重要的一点。发现、积累生活中的一切就是写作中博取材料的过程。"写作不是一种生活,而是一种发现,它通过一个什么事情,调动过去的生活积累,同时又给它一种新的生活容貌。写作我真的认为是在不断的发现,发现我对我过去的认识,我对我自己的认识,我对这个世界的认识,对这个时代的认识,只要你在写作,你的生活肯定源源不断。"[1]调动过去的生活积累,这应当成为作者写作时一种自觉的意识和行动。

一、与材料相关的概念

与材料相关的概念主要有题材、素材和资料等。

材料、题材与素材都是表现主题的依据,为主题服务。主题通过它们来说明问题,通过具体严密的理论说服读者,通过活生生的艺术形象感染读者。

素材是原始材料,是生活中进入作者视野并被其收集的事实或论据,是

---

[1]　余华:《我的文学道路》,《我为什么写作——当代著名作家讲演录》,郑州大学出版社2005年版,第81—82页。

还没有经过作者的集中提炼和加工的创作原料。

题材是作者将素材集中提炼加工后写入作品中的材料的总称,是作品中具体表现的一定社会历史事件或生活现象。

题材有广义和狭义之分。广义的题材指的是社会生活、社会现象的某些方面,如军事题材、法制题材、历史题材等。它可以有一大批作品,如《史记》《汉书》等均是历史题材。而狭义的题材指的是构成一部叙事性作品内容的一组完整的生活现象,是仅指一本书而言,它一般由"人物、环境、情节"三个要素组成,具有不可分性,即一部作品只能有一个题材。如果进一步区分,只能以情节、场面、细节等概念来表述。

因此,素材与题材不仅有数量的区别还有本质的不同。

资料常用于学术论文等实用文体写作中,是指作者写作时收集来用作参考或者引用的材料。资料多数是书面材料,如档案、统计表、文献等。

二、材料是写作的基础

材料是写作的基础,如果说主题是文章的灵魂,那么材料就是文章的血肉,有了血肉灵魂才会有寄托。主题需要材料来表达,作者需要依靠材料实现自己的写作意图。因此,写作前材料是形成观点、表达主题的基础,写作时材料是阐明观点、表达主题的支柱。

(一)材料是形成主题的基础

写作是要表达作者的思想或观点,但"巧妇难为无米之炊",作者需要将生活中的原料加工改造后上升为思想,并付诸语言文字表现出来。用材料来说明论证思想,文章才显得有血有肉,才能做到言之有物。有了充分的材料,写作才有坚实的基础。材料是具体实在的,观点是从大量的材料中提炼出来的,没有翔实的材料,就很难从中推导出正确的观点或结论,所以,材料是形成主题的基础,写作前要从生活中大量详尽地占有材料。

(二)材料是表达主题的支柱

写作的过程是双重转化的过程,即先从收集的具体材料中提炼出抽象的主题,再将抽象的主题具体化,用具体典型的材料将主题树立起来。也就是说,首先要获得正确的认识,其次要准确合理地表达出来。如果没有材料证实,就无法突出主题,因此一定要有结实有力的材料才能说明主题。清代史学家章学诚说:"立言之要在于有物。"(《文史通义·文理》)材料是表达主题的支柱,没有事实材料的支撑,主题就成了空洞无物的说教,无法确立,更不可能说服人、打动人。

第二节　积累材料

一、积累材料的方法

　　文章是反映现实生活的,生活是写作取之不尽用之不竭的源泉。材料的积累离不开现实生活,生活的欠缺容易造成写作的先天不足,写作因而成为无源之水、无本之木。尽量多的生活积累是收集材料的主要方法,也是作者写作成功的重要保证之一。平时的生活积累越丰富,写作的准备就越充分,因此,如何在日常的生活中认识社会、积累生活、加深对生活的理解就是作者必须面对和解决的重要问题。

　　有成就的作者都非常重视了解生活、积累经验和写作材料。司马迁不仅博览群书,而且在20岁时便开始漫游生活。南游江淮、上会稽、击水沅湘、观孔子遗风,也曾被困彭城。北经长城内外,又出使西蜀,跟随汉武帝出巡,漫游了全国,足迹遍及黄河、长江。多年的游历生涯,丰富了司马迁的人生阅历,扩大了他的知识与眼界,积累了他的生活经验,为他写作《史记》打下了坚实的基础。

　　积累材料的方法主要有:

(一) 长期观察生活

1. 观察的特点

　　观察是借助人的感官,全面细致地认识客观事物的知觉过程,是作者对认识客体有目的、有计划地感知并获取写作材料的过程。

　　鲁迅在《致董永舒》的信中强调:"如要创作第一须观察。"[①]观察所得是作者从客观世界中收集到的第一手材料,作者只有到生活中有目的地观察、分析、研究,对生活有了详尽的感性的认识,才能获得大量的写作材料。坚持长期观察生活,直接获取生动的活材料,这是写作中极为重要的事。

　　观察有几个重要特点:

(1) 观察是有目的的对事物的感知过程

　　日常生活中,我们时刻对生活有所感觉。烈日炎炎下,我们走出户外,立即可以感受到扑面而来的热浪。类似的感受往往是下意识的,是人面对具体环境时的自然反应。因此,随意的、条件反射式的感觉同观察有着本质

---

① 鲁迅:《鲁迅全集》第12卷,人民文学出版社1981年版,第212页。

的区别。

观察是作者根据写作需要,有目的、有计划地感受生活,并自觉、主动地将感受到的生活现象收集起来,以备写作。这种观察使得作者的行为始终是主动的、自觉的。

观察的过程也是思考的过程,作者在观察中不断对事物进行积极的、审慎的思考,作出判断,分清表象与本质。

(2) 观察需调动作者的所有感官

观察不仅可以丰富生活积累,也可以获得感受。感受可以使我们加深对生活的理解和认识,还能提供写作材料。事物往往是可以感知的,它的表象具有直观性,有形状、色彩、声音、味道和质料,也就是看得见、摸得着。表象刺激了感官,我们通过感官便能认清事物表象。

人的感官主要有眼睛、鼻子、耳朵、舌头和皮肤等,因此感受可以分为视觉、嗅觉、听觉、味觉和触觉。观察主要是用眼睛看,生理学研究表明,人80%以上的感受可以通过视觉获得。因此,视觉活动起着很重要的作用,它将事物的表象一览无余。但视觉只是感知过程的一个方面,只能表现事物的外在属性,而事物具有多样属性,因此,必须调动所有感官,反映事物的各种属性,使事物的表象丰富起来,进而认清事物的本质与特性。

人的视觉能反映事物的外在形状、远近、大小与色彩;听觉在对事物的感受方面仅次于视觉,是人的第二大感觉,它反映声响、音调和节奏;嗅觉反映气味、分辨气体;味觉反映酸甜苦辣咸;触觉反映冷热、软硬和干湿。视觉和听觉不需要与事物直接接触,受限制较小,因而反映的范围较大;而嗅觉、味觉和触觉必须与事物近距离或直接接触,因而反映的范围较小。各种感官反映事物的某一个别属性,但又缺一不可,结合起来才能反映事物的整体。如马力的散文《穹苍之下——武隆天坑前的意绪》中的片段:

> 可是此刻的我呀,感到坑谷的四周太清寂了些。空茫到了如此,立身蕞尔的情绪便来扰了,竟让旧戏里的一句唱词兜上心头:"叹举目将谁倚赖。"忽而,一片飘落的叶子寻伴似的,儵然进了我的眼。我的目光撵着它,生怕它太单茕、太冷清。旋动的气流中,落叶坠下一道弯斜的曲线。这曲线,载满妙想翩翩翔舞,只是隐着翅膀罢了。它的闲逸与舒徐,足够得暇来设譬。在你的眼里,它若是一片薄羽,就轻捷;它若是一只彩蝶,就蹁跹。印满乱履迹的地面,叶子触着了;泥土和青草熟悉的气味,叶子嗅着了。它找到归宿似的安静地伏着,水湄的芳馨芬馥,又极清润可爱,让它忘掉了憔悴,忘掉了衰残。它再也回不到崖罅

的枝头上了,却能久留于湿滑的溪畔,在水光的荡漾中安稳入梦。①

这段描写,利用视觉、听觉、嗅觉、味觉、触觉,并且调动了拟人等修辞方法,通过对一片灵动的叶子的描述,具体细腻形象地表达了置身天坑时的感受,极富感染力,体现了作者细致的观察能力和表达能力。

因此,在观察活动中,要眼看、耳听、手摸,积极启动所有感官去感受生活,收集、储存各种有特征的、有表现力的表象,使对事物的感觉多样化,完整、全面地把握事物的属性,为写作提供丰富的材料。

(3)观察需要语言的介入

观察的结果需要由语言来表达,同时也考验作者对观察对象的准确感知与表述。

对事物的准确认识是通过词语的描述表现出来的。作为观察的工具,需要词语精确的描述才能将观察的印象清晰地反映出来,达到如见其人、如闻其声的效果。因此,词语准确的概括与分辨能力可以使观察的印象更突出完整,对事物的认识也更加全面。

法国作家福楼拜在指导莫泊桑写作时,要求莫泊桑把路过的一位杂货店商人和一位吸着烟斗的守门人的姿态准确地描绘下来,要描绘出他们的姿态和道德本性之外的外貌,还要传达出他们全部的精神本性,使他们同其他的杂货商或守门人相区别。他还要求莫泊桑对马车夫们作一番观察,然后写出一百行字来,要描写出他们每个人的特征。

世界上没有两片完全相同的树叶,也没有完全相同的两个人,如何将细微的差别分辨出来,除了观察细致透彻外,还需要语言的精确表达,在众多的名词、动词或形容词中选择一个完全适合于该事物的词语,将该事物区别于其他事物的特征准确地表达出来。

2. 观察的类型和方法

(1)观察的类型

根据观察的对象,可以将观察分为人物观察、环境观察和场面观察。

① 人物观察

人是社会的主要组成部分,是决定人类发展的主要动力,也是观察的核心。人物观察的主要内容是人物的性格、思想和感情,它可以通过肖像观察、行动观察、语言观察和心理观察来实现对人物的性格和感情的观察。

---

① 《延安文学》2018年第1期。

人的性格形成和发展要经历复杂的过程,人性中有真善美和假恶丑的碰撞,有积极与消极、正面同反面的冲突,各种性格的影响、对立与制约使得性格的表现丰富多彩,不易把握,因而对人的观察应当长期而持久,不仅要准确把握外在的面貌与行动、语言,细致地捕捉细节,还要深入内心,从心理上找到与外在的统一,将性格特征展露无遗。

② 环境观察

环境是人物活动的场所,是展现人物性格的外在条件。环境包括社会环境和自然环境。

社会环境是通过人的活动与交往形成的环境,包括社会背景、风土人情、生活习俗、城镇街道、农村房舍、厂房监牢、家庭陈设等。人生活在世界中,必须接触社会、与人交流,他的性格的形成与发展在一定程度上受到社会环境的影响,因此,观察社会环境就是观察人与人的关系,将人物放在与其他人的相互关系中,分析人物之间的矛盾冲突,展示人物的性格与情感,揭示广阔的社会生活背景。

自然环境是人物所处的自然景色与自然现象,包括日月更迭、风雨雷电、高山河流、树木鸟兽等。观察自然环境,可以揭示人物与自然的关系,丰富人物性格,为真实全面地表现人物服务。

③ 场面观察

场面是一定的时空中人物的活动。场面观察是人物观察与环境观察的结合。观察时要受时空的限制,并且人物观察不应局限于个别人物,而要同时观察许多人。观察时以人物观察为主,既要注意全貌,又要突出主要人物,了解人与人之间的关系,同时还要顾及场面,协调全景与局部,照顾场面气氛。

(2) 观察的方法

① 定点观察法

定点观察是站在一定的位置上,从一定的角度观察。用这种方法观察,需要确立一个合适的观察点。定点观察的方法有:

俯瞰法:站在一定的高度,居高临下地观察。

聚焦法:通过一点观察全局。

分类法:先一部分一部分地观察,然后得出总体感觉。

定点观察法使用较多,注意点首先在于选好观察点;其次,从一定的角度观察时,应该只记录看到的,不能将没有看到的东西也凭借想象主观地记载下来。

② 移位观察法

移位观察是移动观察点进行观察。定点观察只能看到观察对象的一部分或一个方面。要多方面地了解事物就要移动位置，变换角度，以获得全面的认识。游记体文章较多使用移位观察法，可以将风景全面、立体地呈现出来。

移位观察应当注意观察点的移动，将变化交代清楚。

③ 比较观察法

比较观察是用比较的方法观察人或事物。写作时需要准确地体现人物与景物的突出点，用比较观察法可以发现事物的不同点，易于把握人物与景物各自具有的显著特点。

郁达夫写《故都的秋》，主题是赞美北方的秋天，却总是用南方的秋来比照对衬，南方的秋天"草木凋得慢，空气来得润，天的颜色显得淡，并且又时常多雨而少风"，由此更突出了北方的秋天"特别地来得清，来得静，来得悲凉"。

运用比较观察方法，最容易区分、突现事物的特征，把握人物的个性。

④ 从不同角度进行观察

这是观察的面面观问题。例如，对山的观察由于所处角度不同，山景自然有所不同，自然界的变化使得一座山在春夏秋冬时节展现出不同的美感，距离的远近也会使山色呈现出不同的神态，只有多角度观察才能了解山的特点与神韵。

对静止的山需如此观察，对活生生的人的观察更是如此。人的多面性与复杂性使得多角度的观察尤为重要。对人的观察缺乏深度，就无法透彻地了解人，而掌握了人的复杂性和多样性，也就真实准确地把握了人的个性。

3. 观察能力的培养

观察是一种能力，是作者的基本功，需要有意识的训练，需要经历一个较长的过程。俄国作家契诃夫主张，务必把自己锻炼成一个眼光敏锐、永不罢休的观察家。阿·托尔斯泰在《致青年作家》中谈到培养观察能力的问题时也说："应当训练自己去观察。去热爱这件事。观察——永远去观察，时时刻刻去观察、概括，按着手势、语言等去推测人的过去和现在。"[①]

培养观察能力时应注意：

---

① 转引自《中外名言辞典》，河北人民出版社1990年版，第762页。

(1) 由易到难循序渐进

初学观察的人不可能一下子就准确地把握人物的内在精神,要由易到难,由外而内。首先要精确地观察与描绘出人物的外貌和言行,再将他与其他人物准确地区别开来。再向心理观察过渡,将隐藏在内心深处的本质的东西完整地挖掘出来。然后再过渡到观察群体,人各有其貌,性格也各异,应当观察不同人的特征,使之与他人完全不同。

观察事物需要从简单到复杂,从静态到动态,循序渐进,逐步提高观察能力。

(2) 全神贯注恒心持久

观察活动需要全身心地投入,不断排除外界干扰。要有恒心,克服急于求成的急躁心理,坚持长期观察,使观察成为自己的"第二天性"。福楼拜指导莫泊桑观察时告诉他,对要表现的东西,要长时间很注意地去观察它,以便能发现别人没有发现和没有写过的特点。

4. 观察的要求

观察是作者通过各种感官的综合运用,感知事物和人的外部特征,从而把握本质。观察时应符合以下要求:

(1) 眼光敏锐

观察生活需要一个敏感的头脑、一双敏锐的眼睛,处处留意,及时发现有价值的现象。许多优秀的作品,作者往往都是凭着敏锐的嗅觉有所发现。电视片《恩格贝的见证——一个50年前鲜为人知的历史故事》的拍摄就是一例。1995年,宁夏电视台记者随中央电视台《恩格贝之恋》摄制组到内蒙古拍摄日本友人献身中国治沙事业的纪录片。在一片高高的台地上,记者看到连绵的沙滩上到处都是裸露的尸骨。这连片的白骨是何人留下?在这里究竟发生过什么样的惨剧?记者们通过调查得知,50年前曾有一支来自宁夏的抗日队伍,在这里同日军激战后全部牺牲。带着职业的敏感和历史的责任感,记者们调查、取证,寻访见证人,终于将这段鲜为人知的历史重现荧屏。

(2) 抓住特征

请看苇岸的《大地上的事情》中对蚂蚁窝的观察:

> 我观察过蚂蚁营巢的三种方式。小型蚁筑巢,将湿润的土粒吐在巢口,垒成酒盅状、灶台状、坟冢状、城堡状或松疏的蜂房状,高耸在地面;中型蚁的巢口,土粒散得均匀美观,围成喇叭口或泉心的形状,仿佛大地开放的一只黑色花朵;大型蚁筑巢像北方人的举止,随便、粗略、不拘细节,它们将颗粒远远地衔到什么地方,任意一丢,就像大步奔走撒

种的农夫。①

作者精准地抓住了大小不同的蚂蚁窝的特点,并用比喻等修辞方法形象生动地描绘出来。

世界上的人与事物千变万化,千差万别,各有个性和特征,观察中必须尽量抓住事物的特征。鲁迅描绘绍兴的水乡风景,老舍描摹独特的北京胡同,他们细致敏锐的观察及准确细致的语言表达,都给读者留下了深刻的印象。《水浒传》作者施耐庵写武松打虎时,为了抓住虎的特征,进深山访猎户,了解老虎的习性,并钻进密林,爬到树上,细致地观察老虎的外貌、颜色和动作,还亲手扎了一只纸老虎,放在书案上时时揣摩,并在家中养了一只猫,反复观察描绘猫的形象特征。正是因为他对老虎的习性与特征有着细微观察,"武松打虎"的情节才如此逼真生动。

(3) 选好角度

选择观察的角度,涉及对事物的准确认识问题。事物总是多角度、多侧面的。要了解事物的全貌,认清事物的本质,就要敞开视野,开放思维,不满足于事物的一个面、一个角度,要寻找其他的角度和另一面,发现不为人所注意和重视的地方,这样的观察往往会出人意料,令人耳目一新。

雨是一种自然现象,有人描绘春雨贵如油,领悟到万物的生机盎然,有人从淅沥的秋雨里体会人世间的清冷与悲凉。余光中在《听听那冷雨》中用感伤细腻的笔调描绘台湾的雨,深情地追忆大陆的雨,在天潮地湿的雨境中将积压作者心中多年的浓得化不开的乡愁一泻而出,将自然界的雨和作者的思乡情巧妙地融合一体。作者的观察细致,角度新颖,构思精巧,爆发出厚重的冷峻与沧桑感,令人感动。

(4) 细致全面

观察要细致全面,不仅要观察某一点、某个方面,还要看到事物的全貌。不仅要观察事物的现状,还要了解它的过去与未来。不仅要观察事物间的相同与相似点,更要观察它们的不同点和差异性。只有这样,才能把握事物的本质与规律。观察一个人,不仅要观察他的外貌和言行举止,还要了解他的过往历史,从整体把握他的个性特征。

一次,高尔基、安德烈耶夫和蒲宁在一家饭馆里打赌,对走进饭馆的一个人观察三分钟,然后说出自己的观察所得。高尔基说,这人脸色苍白,身

---

① 苇岸:《大地上的事情》,中国对外翻译出版公司1995年版,第9页。

穿灰色西服,长着一双细长的发红的手。安德烈耶夫则毫无收获,连衣服的颜色都说错了。蒲宁的观察最细致准确,他注意到这人结的是带小点的领带,小指上的指甲不太正常,甚至指出这人皮肤上有一个小瘊子;他还断言,这人是个骗子。三人一打听,这人果然来路不正,声名狼藉。

观察要细致透彻,不要马虎肤浅,对同一事物之所以有人大有收获而有人无所发现,就在于观察是否细致全面。

(5) 勤做笔记

观察要细致入微,敏锐地捕捉新现象、新动向,但观察所得仅凭大脑记忆肯定不够,应当及时做好观察笔记,准确、详尽地记录观察所得,以便需要时方便地提取。俗话说:"好记性不如烂笔头。"腿勤眼勤还要手勤,要随时记下所看所感并及时整理清楚。俄国作家果戈理的嗜好就是记笔记,人们称他"笔记迷",读过的警句心得、听到的趣闻轶事、目睹的人情风俗,都被他详尽地记录在册,他把他的笔记本叫作"万宝全书"。

电视片《土地忧思录》针对中国人口与耕地矛盾日益尖锐的现状,畅谈如何加强治理、努力扩大耕地面积这一议题。编导在拍摄该片前就对乱占耕地的情况有所了解,也对农民占地盖房、建窑厂的现象做过调查,将一些实例和数据做了笔记。一次在酒厂采访时,无意中又听到技术人员感叹说:"酿2.5公斤啤酒要用0.5公斤粮食,酿0.5公斤白酒要用1.5公斤粮食,现在我们这个耗粮大户,每年为了酿酒就要花不少外汇进口粮食。"听者有心,他们一一记下。因而当拍摄《土地忧思录》时,他们对这一议题并不陌生,过去的积累发挥了作用,记下的笔记也派上了用场。

观察笔记要记的内容很广泛,风土人情、生活点滴、感想与细节或者一瞬间的思想火花,都可记下。在《契诃夫手记》中,契诃夫记下了许多对生活的点滴观察,如:

> 某官吏把他的儿子打了一顿,因为他儿子在学校里的所有功课都得了五分,他认为这是坏成绩。后来他听到人家告诉他说,五分是顶好的成绩,是他弄错了;他又把儿子打了一顿,这次因为他生了自己的气。
>
> 有一个颇为善良的人,他的外貌很容易引起侦探注意;大家都认为偷衬衫上的领扣的就是他。
>
> 一个严肃的、矮胖的像只口袋的医生,爱上了一个跳舞跳得很出色的姑娘。为了讨她的喜欢,他开始学习马祖卡舞曲。
>
> 在雌麻雀听来,雄麻雀的叫声,并不是喊喊喳喳的乱噪,而是很出色的歌唱。

......
这些脸色通红的妇人和老太太们,康健得几乎会冒出热气来。①

记观察笔记是积累生活和抒发感受的好方法,笔记是最可靠的朋友,它及时准确地将观察所得记录下来,成为写作最原始的依据。现代条件下,许多先进的手段也可以作为笔记的补充,如录音、录像等方法,它们方便和快捷的优点同样可以储存丰富的资料。

(6) 勤于思考

观察时要带着分析的眼光。眼见不一定为实,有时观察到的只是表面现象,甚至是错觉。对观察的结果要经过辨析,辨别真伪、发现错觉,才能透过现象看到本质。认真的观察伴随以认真的思考才能促使作者有独特的发现。

美学家宗白华积极主张观察生活,他闲时常常走进自然或社会中,随意地选择一种对象进行观察并作艺术或人生的思考。一天他走到街头一家铁匠铺前,看见黑漆漆的店中火光闪耀,红光映照在一位铁匠的手臂上、躯体上和脸庞上,映衬着他身后的一片黑暗,明暗对比非常强烈。看着铁匠击打通红的铁块,激起火星四溅,宗白华心里充满了艺术联想:这正是一幅极好的荷兰画家的画稿;继而他的思绪又转向了人生问题:人生最健全最真实的快乐就是有一个工作,有了工作,我们才能身心泰然,从劳动中寻求健全的乐趣,体会人生的价值,而社会真正的支柱也就是这些各尽所能的劳动者。继而他又生发到社会问题、生存竞争,联想到叔本华的人生观和宇宙观。在黄昏中,对社会人生作了许多观察与思考,于是他心中充满了快意。

罗丹说:"拙劣的艺术家永远戴别人的眼镜。"②观察要用自己的眼光用心去看,这样才能有特别的体会,有独特的发现。观察生活是写作成功的基础,应当养成观察的习惯,随时随地观察周围、观察社会。

(二) 随时体验生活

体验是通过对客观事物的深入体会和感知而得到认识、激发情感的心理过程。体验是作者亲自感受进而认识客观世界的一种特殊的心理活动和实践过程,这种感受是建立在感觉基础上的思维和认识活动,是作者身临其境时产生的具体感受,是认识生活的有效方法。

---

① 〔俄〕契诃夫:《契诃夫手记》,贾植芳译,百花文艺出版社2009年版,第11页。
② 〔法〕罗丹口述,葛赛尔记:《罗丹艺术论》,沈琪译,吴作人校,人民美术出版社1978年版,第4页。

体验生活是积累材料的另一个重要途径。

体验对作者来说是对生活的直接感受。如果想知道黄连的滋味,你就亲口尝一尝。想了解困倦的感觉,你不妨亲自尝试一天一夜不合眼,切身体会撑不开眼皮的痛苦。在体验时,作者全身心地沉入生活之中,获得真实感受,发现事物内部的丰富多彩,去领会事物外部特征的内在根据。

1. 体验的特点

体验与观察都具有直观性。两者的不同点在于:观察时作者是以旁观者的身份观察别人的言行举止和事物特征,也就是说,观察者始终同被观察的人、事物保持一定的距离,两者的界限很分明。而体验时,作者主动积极地感受事物,用心理和生理实践认识事物,将主观感情融入客观世界。体验者和对象水乳交融,完全融为一体,深入对象的精神世界,收集到观察时无法获取的信息。

体验包括亲身体验和感情体验,亲身体验是作者亲身经历、直接感受,感情体验是作者设想自己置于身人物所处的环境中,揣摩人物的思想、情感,与人物一同感受某种生活情境。体验的特点是:

(1) 亲历性

作者直接参与到生活之中,经历生活中的喜怒哀乐,获得对生活的真情实感。作家史铁生年轻时因病致双腿瘫痪,生活无着,未来迷茫,伴随着身体的障碍与精神的绝望,他经历、体验着命运的无情打击,在震惊痛苦中怨恨命运的不公。母亲的去世让他痛悔,他开始思考生命的意义,《我与地坛》便是他深入思考的结晶。坚强面对人生不幸,努力张扬生命活力。亲历了人生的困苦和不幸,才让作者有如此深刻的领悟。

在感情体验中,作者暂时抛开个人情感,将自己化为人物,将人物的痛苦想象为自己的痛苦,将人物的遭遇想象为自己的遭遇,在想象中,身临其境地将自己置身于人物所处的环境,获得人物在特定环境下的亲身感受。法国作家巴尔扎克写作时总是沉浸在故事情节中,朋友们已经习惯了他那似乎反常的举止。一次,一位朋友探访巴尔扎克,一进门,就见巴尔扎克躺在地板上,脸色惨白,昏昏沉沉。朋友惊呼道:"巴尔扎克不行了。"巴尔扎克睁开眼睛,责备朋友说:"你懂什么?刚才是高老头死了。"福楼拜写作《包法利夫人》时,完全将自己幻想成女主人公爱玛,写到爱玛服毒自杀时,他自己仿佛也服了毒,口里好像也有了砒霜气味,因而一连两天消化不良,连饭都吐了出来。这种感情体验一点也不逊于亲身体验,作者深入了解写作对象,与人物的心灵已经完全融为一体。

（2）主观性

体验是作者有目的的活动，他对生活的感受具有极大的主观性与个性特征。美国作家杰克·伦敦早年跟随一批梦想发财的美国人去冰天雪地的阿拉斯加淘金。在荒凉的土地上，顶着凛冽的寒风，杰克·伦敦历经艰险却一无所获，还大病一场。他体验着梦想破灭而产生的失望和沮丧，然而他没有悲观，坚持将每天的见闻和感想记录下来，开始了富于传奇色彩的"北方故事"的写作，将他的亲身体验和主观感受诉诸文字："到处都是模糊的天际线。小山都是那么低矮。没有树，没有灌木，没有草，什么都没有，只有一片辽阔的雪原……""寂静的雪原上，笼罩着一种阴森可怖的气氛，没有任何动静。人都会变得非常胆怯，连听见自己发出的声音也会害怕……"从满怀希望到幻想破灭，杰克·伦敦将个人置身荒原，面对恶劣的自然环境时的无力、无助与无奈表达得独特并且准确到位，而他本人的亲身体验无疑起了重要的作用。

2. 体验的意义

（1）深入人物内心与人物沟通

体验是一种融合了内心情感的活动，写作时要深刻地体会人物的情感，设身处地地为人物着想，作者的感觉与知觉便都融入人物之中，自己仿佛也与人物合为一体。巴金创作《寒夜》时便感觉自己就生活在《寒夜》的世界里、生活在回忆里，仿佛在挖自己的心，感觉自己钻进了小说里面生活下去。作者深入了人物的内心，便能与人物互相沟通，与人物同忧同乐。

（2）作品成功的保证

体验是熟悉生活的方法，只有熟悉生活，才会了解它，进而对它倾注满腔热情。真情实感是创作成功的保证。电视片《湘西，昨天的回响》的编导在回顾创作经历时说："一开始，我并没有认识湘西，我不过为张家界、索溪峪的风光所倾倒，我的内心亦如一位普通的游人那样新奇，那样轻松。因而，我拍摄的第一部湘西片《索溪情》，尽管也收获了几句赞许，但那实在是一部浅薄平庸之作。我没有读懂那些山、那些水，我甚至完全把湘西人忘在一边。只有当我在那里逗留的日子长了，和那里的人民接触多了，对那里的昨天和今天了解得细了，我的感触和体验才一天比一天丰富，认识才一天比一天深刻，感情才一天比一天深沉。"①

---

① 刘家稼：《历史——迈着沉重的脚步》，《诱惑与回响》，中国广播电视出版社1991年版，第519页。

无论写人还是事件,作者都要有切实的体验,有一个较为深刻的情感记忆,体验每个人物的内心。从人物独特的情感出发,体会人物的喜怒哀乐,找寻人物生活的环境与氛围,使自己与人物融为一体,才能将人物写得形象生动。没有体验,就无法表达出真实感人的力量,人物便苍白死板,缺乏活力。

3. 体验的要求

(1) 真实

体验一定要真实,否则就失去了体验的意义。体验要有真情实感,切实地感受人物的酸甜苦辣,即使是情感体验,也要真切地感受与体会。要切实地体会人物在特定环境下的独特情感,符合人物的遭遇、身份和性格。要抛弃自我,按照人物的性格轨迹去体验,而不能用自己的感受代替人物的情绪。列夫·托尔斯泰写作《复活》时,为了体验囚犯的真实生活,他利用押解囚犯的机会,等在监狱门口,当囚犯们出来后,他便混入囚犯队伍,抛开自由人的身份,与他们一同走到车站,切身体会囚犯们失去自由的心态,获取真实的感受。

(2) 细致

体验主要是对人物内心世界的体会,而人的内心世界是丰富而复杂的,思维活动复杂矛盾,情感活动敏感微妙,有着多变的细节与过程,变化莫测,把握不定。体验时,要尽量细致深入,不能简单化。

(3) 广泛

体验要广泛,既要熟悉自己的生活范围,体验社会人生,也要尽量扩大自己的生活范围,注意观察、体验一切人与生活现象。

诺贝尔文学奖获得者、秘鲁作家略萨说过:"我们编造虚构故事,为的是以某种方式体验仅仅一种之外所希望的多种生活。"[1]全身心地投入生活中,有了深切的感受和体验,就很容易产生激情,激发写作冲动,产生形象,写作时便能注入活跃的灵魂和脉搏,赋予作品以新的真实的意义。吴敬梓出身名门,终生不仕,为人豪爽豁达,乐善好施,不几年便花光祖上遗产,从《儒林外史》中的杜少卿身上,我们能轻易地找到作者的身影。高尔基创作出《童年》《在人间》《我的大学》,完全得益于他早年艰辛的生活经历。所谓创作,从某种意义上说就是作家对生活体验的一种回忆。忧愤的《离骚》、传世的《红楼梦》等,都得自于作者刻骨铭心的生活体验。

---

[1] 〔秘鲁-西班牙〕马·巴尔加斯·略萨:《读书和虚构作品的赞歌——在接受诺贝尔文学奖时的演说》,赵德明译,《2011中国年度翻译文学》,谢天振主编,漓江出版社2012年版,第196页。

（三）有计划的调查采访

调查采访是作者有目的地对某个社会生活方面进行的专门性考察了解。

对不熟悉的生活，作者要进行有计划、有目的的调查采访。法国作家左拉为了了解民众的疾苦，放弃稳定的生活，过起了颠沛流离的日子，体会现实中的真实境况，倾听民众的愿望，终于成功地完成了直接反映劳动者悲惨生活的《小酒店》。对于专项研究、新闻写作和报告文学写作，使用调查采访的方法则是积累材料最主要的途径。

1. 调查采访的特点

调查采访与观察体验生活一样都是对客观事物的一种认知方式，但观察和体验是作者独自直接感知事物的现象与本质，获得的是自己的认知所得和感受，而调查采访则是从被访者那里获取材料，需要与别人配合才能完成，因此积累材料显然更加困难。国外的新闻界流传着一句名言："新闻是用脚写出来的。"因此，作者必须多跑多问多想。调查采访的特点主要有：

（1）目的明确

调查采访具有鲜明的目的性，作者为了获取材料，或是为揭露生活中的某一问题，或是为了了解某些情况。作者通过调查采访得到丰富的第一手资料，为写作进行必要的准备。

（2）手段多样

在调查采访时，作者为了获得丰富的资料，需要调动各种手段，运用观察、交谈、阅读、记录等各种方法，对调查对象进行广泛全面的了解，以期获得完整的印象。

（3）双向交流

调查采访主要依靠调查对象的配合，主要听取当事人和知情者对情况的反映，获得的信息既有第一手资料，也有第二手资料。离开了调查对象的配合，很难保证调查采访的顺利进行。而双方思想的交流，使作者得以借鉴他人的观点，突破自己思维的局限，开阔思路。

2. 调查采访的方法

通过调查采访可以积累生活经验，为写作提供丰富的原料。许多作家都采用了调查采访的方法写出优秀作品。1892年，俄国作家契诃夫了解到库页岛已经成为流放和苦役的恐怖岛，决定去深入调查访问。经过艰难的路程，他踏上库页岛，编制了全岛居民的调查表，走访了每一座房舍，几乎同岛上的每一个囚犯和居民都谈过话。库页岛之行给契诃夫的内心以强烈的冲击，他深深地感受到了沙皇统治下俄罗斯人民的痛苦生活。根据这次调查采访收集到的丰富材料,他写出了著名的《第六病室》。杰克·伦敦 1902 年去南非采访途经英国时,化装成美国水手,出入伦敦东区的贫民窟,实地调查处于社会底层的普通百姓的贫困生活。白天,他出没于工人家庭和难民收容所,同难民一起排队领救济,和流浪汉一起穿梭在街市和公园。晚上,及时记录下白天的所见所闻和所想,历时几个月,终于完成了报告文学《深渊中的人们》。

首部聚焦健康中国行动的长篇报告文学《中国健康档案》从一个省份入手,全景式地记录梳理了新中国健康事业史。作者徐观潮在基层卫生健康行业有丰富的生活经历。为了写作这部作品,他历时半年,走访了江西 6 个地市、32 个县(区、市)、六十多个乡镇,并采访了两百余位典型人物,积累了更加丰富全面的资料,从无数生活实例和普通人的故事中回溯近七十年来中国健康大格局,总结、剖析医卫体制,深入思考改革思路,书写了一部活生生的 70 年健康史和探求生命意义的生命史。

要获得丰富的生活积累,需要讲究调查的方法。调查的方法主要有:

(1) 口头调查

口头调查主要以问话和交谈方法进行。口头调查的方法主要有:

① 开调查会

开调查会是调查的基本方法,它简单易行而且获得的信息比较可靠。参加调查会的人数不必太多,三五人或七八人即可。与会者应当了解情况,也比较有经验且应当具有代表性。为获得良好的效果,会前应当将调查内容告知与会者,让他们有所准备。会上,应态度诚恳、虚心,融洽会场气氛,要注意启发,不要生硬提问,关键问题要问深问透,弄清疑问。要虚心听取不同意见,进行讨论式交谈。要充分听取意见,不要将调查会开成问答会。

② 个别访问

同相关的人个别交谈,深入细致地弄清原委。访问前要挑选好访问对象,找到能了解情况的人。访问时为消除对方的戒备心理,可先选择对方感兴趣的话题,赢得对方的好感,制造良好的谈话气氛,为双方的交流奠定基础。要讲究谈话艺术,说明访问目的,以便获得真实信息。要善于提问,交替使用正问、反问、追问等方法,将问题由浅到深、由表面到本质逐步深入,获得所需要的信息材料。

(2) 实地调查

实地调查能掌握大量第一手的感性材料,帮助作者获得确凿无误的事实、准确的数据,确保写出具有真实感的文章。实地调查的方法主要有:

① 蹲点调查

集中一段时间到调查单位蹲点，进行深入广泛的调查，这样可以获得更多感性的东西，并且可能随时会有意料不到的新发现，也便于更全面、更深入地了解情况，从中作出自己的判断。

② 现场观察

深入现场实地观察，寻找线索，了解事情的前因后果，观察人物的情感，获得具体的印象和体会。现场观察应当细致周密，带着问题深入观察，解开疑问，决不能马虎、敷衍了事。

（3）问卷调查

问卷调查是用书面形式调查的方法，制作一定格式的调查表，提出若干问题，供被调查者选择、填写。这种方法可以在较大的范围内获取真实的信息。制作调查表时要注意科学性和可行性，问卷的设计应简单明确，易于选择。被调查者的范围分布要合理，保证调查的结论具有代表性。

3. 调查采访的要求

（1）准备充分

成功的调查采访来源于充分的准备。调查采访前要进行充分的准备，包括了解有关方针政策，准备尽量多的有关材料，熟悉调查采访的对象和相关专业知识，拟好调查计划和提纲，并预先考虑和防范调查采访时可能发生的突然情况。当年，一个美国记者采访英国电影演员费雯丽，费雯丽主演的电影《乱世佳人》这时正在美国上映，舆论反响极为热烈，记者对此所知甚少，一见面便问费雯丽在片中饰演什么角色，惹恼了费雯丽，采访尚未开始就收了场。没有准备的调查采访只会落得如此结局。

（2）讲究技巧

① 态度和蔼

访问者与被访者素不相识，不可能指望被访者一开始便视访问者为知己，敞开心扉表白自己的内心世界。要获得对方的信任，必须态度和蔼亲切，与对方交朋友，让对方放弃戒心，进而真心相对。以居高临下的姿态出现，夸夸其谈，或者无礼打断对方话头，就不可能从对方那里获得真实可靠的信息。

② 了解对方心理

调查对象由于身份、年龄、职业和性格不同，接受调查时的心态也不尽相同。调查时要注意观察对方的反应，根据对方的表情、动作了解对方心理，及时采取相应措施，引导对方畅所欲言。

③ 善于提问

采访时提问是必不可少的,要得到详尽的材料,提问就要有技巧。如中央电视台《面对面》栏目播出的《张伯礼:把"胆"留在武汉》片段:

记者问:您怎么去定义(中药)效果不错?

张伯礼答:怎么来看它有效没效,就是从疑似病人里边(看)最后确诊的病人。开始的时候,确诊病人能确诊到90%。隔离以后喝中药,喝了七八天以后再检查,这些确诊病人里边大幅度下降,下降到30%。

问:您觉得在这个过程里面,中药起到什么作用?

答:起到了一个隔离的作用,起到了一个安抚人心的作用,起到了一个把它鉴别的作用。有的病人就是几天,好了,好了以后也不烧了,(他)可能就是流感,因为那时候也正是流感的季节,所以他可能就治好了。这个病人虽然不烧了,检查核酸是阳性的,这可能就是个确诊病人,确诊病人就到定点医院,就把他隔离开了,分开了。

问:张老师,您说这个阶段如果不上中药,又会是什么结果?

答:我觉得最大的问题还不是治疗问题,是恐慌。在那时候给我关在里边,不给我任何药吃,我觉得是无助的,我觉得我就等着,等着是(阳性),我怎么处理,不是(阴性),我怎么处理。没有药跟一天吃几副药、吃两袋药不一样。

问:您觉得您的药更多的是心理抚慰还是说真起作用?

答:真起作用加上心理抚慰。治疗的同时加一点抚慰,让病人(心里想)起码我吃药了,是这样。

问:您一开始为什么要用中医的方式承包下来一个方舱医院?您的目的是什么?

答:我有信心,前面有工作基础,不是凭感情,也不是凭意气,是我在湖北中西医结合医院、在武汉中医院已经收治过轻症病人,用中药治疗完全能治好。但是最后也说是中西医结合。为什么?我里边有西医的仪器设备,我的心电监护……我的一些急救的药物都有,这样病人也放心,我们也放心。

问:假如遇到这样的病人,(说)我不想听你的,我就想要吃西药。您怎么办?

答:有西药。你要是真想吃西药,我也有……

针对中药治疗新冠病毒的效果问题，记者步步追问，细致而深入，被访者一一耐心作答。中药治疗新冠的效果到底如何，观众看完节目后也会得出自己的结论。

采访是为了获得有价值的信息，因此设计问题很关键很重要，以下这个就是反面例子：

问：您想您的母亲吗？

答：这……对我们这样一个非常理性的医生，因为你们是如此的感性，我们看到感性的人，我们有时候就受不了。我就问你，哪一个正常人他不想念自己的母亲？

这种提问显然无意义甚至反常识，结果当然招致被访者的反怼。

要善于提问，根据不同的调查对象灵活恰当地提问。提问要具体，不要空泛，以免让对方无从回答。提问要掌握分寸，如果对方不愿回答也不要强迫对方，可以改变问话方式或换一个问题，以免引起对方反感，影响调查。

（3）记好笔记力求真实

调查笔记是对调查内容的真实记录，调查时要及时将谈话内容记录下来，包括调查中的见闻及思考的问题。记录要准确，如人名、地名、数字等，要抓要点、特点，尽量记录调查对象的原话，注明疑问处，以待日后调查清楚。

调查的内容要严格审核，反复核对，对疑问处要核实清楚，避免错误。要以实事求是的精神，克服困难和难题，深入了解，保证调查获得的材料真实可靠。

（4）分析与思考

贯穿调查始终的是作者的分析与思考。调查时带着问题和思考，不仅听取调查对象的意见，也应有自己的分析与判断。但作者的判断不应干扰调查，而应尽量客观地看待调查对象的谈话，提出问题，解决疑问，将结论留待最后。

（四）广泛查阅资料

人们受时间和空间的限制，不可能也没有必要亲自收集所有材料，书刊等也是我们积累材料的重要来源，因为它们是别人的第一手材料，是别人的观察体验和调查采访成果，对我们同样有借鉴意义。重视读书、查阅资料，汲取广博的知识，既能提高个人修养，也能获得广泛的材料积累。

伟大的文学家总是嗜书如命，高尔基说过，他读书，就像饥饿的人扑在面包上。巴尔扎克晚上彻夜写作，白天几乎所有的时间都是在图书馆里度过，大量的阅读积累了渊博的知识，他的作品总集《人间喜剧》共计九十多部长篇和中短篇小说，成为形象的法国社会的风俗史。历史题材的写作主要从书刊等资料中感受当时的风俗人情，领略当时的社会风貌。《资治通鉴》共有294卷，是部鸿篇巨制，宋代的司马光在编撰该书时，参考的书籍，除大量正史外，还有野史、笔记、小说等二百多种，共计三千多万字。

在现实生活中，作者往往是多种途径了解生活、积累材料，所以以上这些积累材料的方法常常被作者结合起来共同使用。四集电视纪录片《泰山》的编导通过各种方法深入生活，力求创新。他们花费了数月时间，做了大量的案头工作，先后采访了几十位学者，包括历史、地理、地质、天文和生物等各学科专家权威，又博览群书，精读二十四史中涉及泰山的内容，以及《泰安县志》《泰山小史》《泰山道理记》等历史典籍，摘录了几百万字的笔记，并与其他名山的文献资料作对比研究。多次实地观察泰山在不同季节、气候、光线下微妙的景观变化，甚至对一块石头观察了两天，找出它在朝雾下和晚霞中的异样。他们如此细致周密地了解泰山，准确把握了泰山的神韵，使《泰山》的创作打破了传统风光片的模式，以历史为线索，以朝代为顺序，将泰山的历史厚重感与自然美融合一体。

长篇纪实散文《协和大院》重点描写记述了居住在大院中的协和医院名家"大医"们的人生、命运，勾勒出协和医院百年发展史。作者韩小蕙说过："《协和大院》是我半辈子一直想写、一辈子最重要的一部书。自1985年写下散文《我的大院，我昔日的梦》之后，几十年间陆陆续续又写过几篇，却一直未尽情，一直心心念念放不下这件事。"[①]作者出生、居住在大院中，亲历了大院数十年的变迁，但为了写作《协和大院》，精心构思准备了几十年，查阅了大量院史资料，积累了无数人物文字资料。

诗人陆游告诫他的儿子说："汝果欲学诗，功夫在诗外。"诗外的功夫需要长期积累，写作是作者对现实生活的体验与感受，因而写作素材也是从长期的观察体验生活、调查采访与阅读中渐渐积累而成。这些方法可以丰富作者的生活阅历，也为写作积累众多的素材。这些源源不断的积累深藏于作者脑海中，成为取之不尽的回忆，激励活跃了作者的创作思维，触发了作者的写作灵感。正如日本作家村上春树所说："我认为回忆是人类最宝贵的财富。它是一种燃料，燃烧自己并且温暖你。我的回忆就像一个柜子：柜

---

① 韩小蕙：《天光云影自徘徊——〈协和大院〉写作断想》，《美文》（半月刊）2021年第5期。

子里面有很多抽屉。当我想回到 15 岁的时候,我打开某个抽屉就能看到自己在神户的少年时光。我可以闻到那时空气中的味道,可以触到那时脚下的土地,可以看到那时苍翠的树林。这就是我想写作的原因。"①

二、积累材料的要求

收集积累材料的要求是数量多。

没有大量的材料积累,就很难确保文章的质量。材料越多越好,数量多了才便于从中研究、鉴别,才可能筛选、淘汰,才容易从中引发联想,才能保证立论的准确,免犯孤证的错误。材料多了,写作才能得心应手、游刃有余。

清代作家蒲松龄的《聊斋志异》透过荒诞离奇的鬼怪故事表达了深刻的寓意。蒲松龄写作此书时收集了大量的材料,每天早晨,他都在路边铺上一块草席,置上烟茶,遇行者路过,他便强留行人歇脚,奉上烟茶,唯一的要求是请行人说个新奇怪异的故事,到晚间,他再加以整理。如此多年,他收罗的怪异故事自然数不胜数。

因此,收集材料一定要数量多,要向韩信带兵一样,"多多益善",尽可能全面地占有材料,不厌其多,这样写作中才会得心应手。

第三节 选择材料

收集积累材料要多多益善,那么选择材料就要百般挑剔、严格谨慎了。因为积累材料是写作前的准备,是为了备用,应以十当一,材料多了才有选择的余地。而选择材料是为了使用,应该在有限的篇幅里尽可能充分地表达观点、揭示主题,就应严格地选择材料,以一当十,选择精炼突出的材料。

选择材料就是经过反复分析比较,选取有丰富内涵、表现力突出的材料。

一、围绕主题选择材料

精心选择材料的最终目的是表现主题,因此,选择材料从根本上说应围绕主题,根据主题表现的需要决定材料的取与舍。能深刻突出主题的材料就选取,不能说明烘托主题的材料即使很生动也应毫不犹豫地舍弃。要大胆割爱,不以个人偏好为标准,用不着"家有敝帚享之千金"。

---

① 转引自〔美〕于尔根·沃尔夫:《创意写作大师课》,刁克利、史凤晓译,中国人民大学出版社 2013 年版,第 12 页。

《战国策》中《燕昭王求士》记载了燕昭王为洗雪先王之耻,采取一系列政策复兴燕国的故事。燕昭王深知成就大业必须重用贤才,因此他礼贤下士,任用了许多人才。全文围绕这一主题,对燕王求贤的过程进行了详尽的渲染,如求见燕国贤士郭隗,虚心求教复兴良策,听从郭隗"帝者与师处,王者与友处,霸者与臣处,亡国与役处"的道理,以伯乐渴求千里马的急切心情对郭隗"筑宫而师之",因而贤士纷纷投奔燕国,这是燕国洗雪前耻、得以复兴的必要条件。故事选材得当,繁简适度,恰当地表现了主题。

唐代传奇《长恨歌传》中,作者陈鸿将主题确定为歌颂唐玄宗和杨贵妃之间的爱情。围绕该主题,作者突破了这个真实的历史故事和事件的框架,在后半部分虚构了杨玉环为仙、与方士相见以及唐玄宗命令方士上天入地以求杨魂魄的情节,重点加强了两人深厚感情的描绘,形象地解释了两人的悲剧命运。

不从主题需要出发选择材料,只能导致材料与主题严重脱节,材料不合理,主题不明确。游离于主题之外的材料,不论它多么生动有趣,也不能强硬地塞进去,有损于主题表现的材料更要坚决地舍弃。

二、选择典型的材料

典型材料是指那些深刻揭示事物本质,具有广泛代表性和说服力的材料。典型材料的特点是:鲜明的个性、深刻的内涵、细致入微的情节。典型材料具有代表性和说服力,它们入情入理,能起到以少胜多的作用,有力地说明主题。

典型情节是凸显人物性格、深化主题最有效的方法。萧红的《永久的憧憬和追求》记叙了作者20岁前的家庭生活,文章将作者对家庭的印象聚焦在父亲和祖父两个人身上,父亲贪婪而无人性,而从祖父那里,作者体会到了温暖和爱。文中对祖父的回忆简洁而典型:祖父因为父亲收缴房客的马匹与父亲争执说:"对穷人,这两匹马就是命根。"在大雪的黄昏中,围着暖炉,听祖父朗读诗篇;受委屈的时候,躲在祖父的房里,祖父的两手常常放在作者的肩上和头上,寄希望于作者说:"快快长大吧!长大就好了。"通过这些动作与话语,祖父善良与宽厚的性格跃然纸上,他使作者感受到这种人间的温暖和爱,并作为一生的憧憬和追求。

典型的事实论据具有广泛的代表性,最有特点,能以一当十,是众多材料的精华,所以使用典型材料能很好地说明问题反映本质,具有很强的说服力。

陈鲁民的杂文《鲁迅不是"话痨"》分析了网络上的"鲁迅语录"热现象,指出这些虚假的"鲁迅语录"粗制滥造、精心包装、几可乱真。在抨击这种现象时,作者运用了一则典型事例:当年,郑板桥为防止身后被人盗名发表诗文、破坏自己名声,便在一篇作品(《后刻诗序》)中写下:"板桥诗刻止于此矣,死后如有托名翻版,将平日应酬之作,改窜烂入,吾必为厉鬼以击其脑!"作者借郑板桥为鲁迅鸣不平,想象若鲁迅在世必义愤痛斥。"厉鬼"说典型且形象地批评了现今"托伪"之风违反道德并涉嫌违法的不良风气。

汪强的杂文《朱墨相近,何色?》从分析古语"近朱者赤,近墨者黑"切入,提出了疑问:过于夸大"近"的意义作用,是否能抵消近朱者或近墨者的主观行为?接着,作者运用了著名历史人物岳飞、包公、海瑞等典型事例,指出围绕在这些忠臣周围的也并非皆是栋梁之材,进而联系现实中的贪腐现象直击叩问:他们是近了黑、近了坏人,才变黑变坏的,那么在变前呢?用典型的、读者熟悉的历史人物和历史事件来阐述道理说明观点,主题便得以充分表达,具有强大的说服力。

鲁迅先生在《我怎么做起小说来?》中说:"忘记是谁说的了,总之是,要极省俭的画出一个人的特点,最好是画他的眼睛。我以为这话是极对的,倘若画了全副的头发,即使细得逼真,也毫无意思。"①鲁迅的观点道出了典型材料的本质含义。画人要画眼睛,因为眼睛能传神,而且很有个性,绝无雷同。画好了眼睛,人的精神面貌便活灵活现。选择材料也是如此,材料不在多,而在于是否典型,是否抓住了人和事物的特征,是否突出了主题。

三、选择真实的材料

真实的材料是指材料的内容是生活中确实发生过的、符合实际情况的事实。许多文体对真实性都有严格的要求。新闻写作、报告文学、议论文、说明文、各类公文等,在引用材料时都必须是生活中完全真实可靠的事实材料,包括时间、地点、情节、数据和引文等。只有真实的材料才能牢固地树立主题,文章才能令人信服,一旦材料失实,文章的生命也就终结了。

材料的真实性包含两层含义:

(一)确有其事,不是弄虚作假,编造杜撰。

(二)不是个别的偶然的表象,而是反映了客观事物的一定本质。

做到确有其事并不容易,张冠李戴、道听途说、断章取义、引文失当,这

---

① 鲁迅:《拿来主义》,四川人民出版社2017年版,第61页。

些错误屡见不鲜。而做到反映事物的本质则更难,真实的材料不等于代表事物的本质,有些事孤立看是一回事,从整体去把握可能又是一个样子。能否运用材料真实地反映事物的本质,说明了一个人对客观事物认识深度的深浅不同。胡乱抽出一些个别事实和现象,以假作真、以偏概全,就如同在沙滩上大兴土木,既危险又不牢固,这样的文章既不能反映事物的真实面貌,也不能揭示生活的真正本质,缺乏说服力。

朱自清在散文《荷塘月色》中提到了月夜的蝉声,一位读者向他指出蝉在夜晚是不叫的。朱自清非常重视,请教了许多人,还向昆虫学家求教,昆虫学家否定了读者的说法。但他仍不放心,直到后来他去内地,两次听到月夜下的蝉声,这才安心。英国作家狄更斯不懈地追求真实,有一次,他给一位作者的作品提出意见说:"在第三部(这是最美的一部)结尾部分,描绘高史密斯眺望窗外大教堂左边的树林时,你写道'灰眼睛'的白嘴鸦。你肯定它们真是'灰眼睛'的吗?大乌鸦的眼睛是深黑有光泽的,我估计白嘴鸦的也是这样,除非正好有光线对准了照在上面。"

在文学创作中,所谓的真实是指艺术的真实。文学允许虚构,但这种虚构是以生活真实为基础,揭示生活的本质和规律,即生活中虽然没有发生但可能发生的事件,而绝不是毫无生活根据的胡思乱想。离开了生活根基的胡编乱造,不可能有生命力。

话剧《蒋公的面子》的创作灵感源于一则早年蒋介石宴请大学教授的传闻,剧本以传闻中的三位教授为人物原型,虚构了三个观点不同、性格各异的大学教授在民国和"文革"时的遭遇,探讨了知识分子人格独立的精神内涵。故事虽然是虚构的,但借助于剧作者温方伊丰富的资料收集和典型叙事,仍然真实地再现了那两段历史,并且时时与现实发生呼应、碰撞,因而那两个历史时段并不显得遥远隔阂,反而让观众有置身现实的既视感。电影《我不是药神》取材于真人真事,但进行了虚构化的再创造,影片直面现实中普通人的医疗困境,从尊重真实事件的生活逻辑出发,塑造了一个平凡小人物成为大英雄的形象,真实地反映了"是怎么样"的生活酸楚与现实苦难,直面生活痛点,具有强烈的现实感,同时艺术地表现了现实"会怎么样",表达了对未来的希望和真善美的人性力量。

四、选择新颖生动的材料

社会在新旧交替中飞速发展,文章也应反映这日新月异的现实世界,展现时代风貌。运用新颖生动的材料,才能表现新颖生动的思想。

新颖的材料指的是:

(一)新出现的情况

客观事物在发展变化,新情况、新材料、新事实等新东西层出不穷。写别人没写过的东西,反映新近发生的事情可以避免一般化,给人以新鲜感。

反映新出现的情况并不容易做到,它要求作者有敏锐的观察力、较强的分析能力和较高的理论水平。

(二)从常见的材料中挖掘出新意

从别人习以为常的材料中,运用反向思维,从一个新的角度对材料重新选择,寻找合适的切入点,同样可以获得新颖生动的效果。

红薯是一种普通的粗粮,在各地都有种植。有篇习作,作者写他小时候在农村长大,一天三顿吃红薯,吃了许多年。到城里工作后,不常吃红薯了,可每次回乡探亲,饭桌上还是红薯。后来他几年没有回乡了,再回来时,饭桌上不见了红薯,而是大米饭和白面馒头,亲戚们说,如今有大米白面了,谁还稀罕吃红薯呢?这篇文章内容朴实,但读后令人耳目一新,作者以饭桌上的变化反映了某个时代农村生活的变化,材料具体充实、新颖生动,不落痕迹地表现了主题。

材料新颖就是要避免重复别人,要有创新。一个材料,第一个使用的人是天才,第二个使用的是庸才,第三个使用的只是蠢材。再好的材料一再重复也成了陈芝麻烂谷子。

创作就是创新之作,文章最忌百家衣,要不断地发现新材料,不断地超越过去、超越自己、超越别人。

第四节 剪裁材料

材料有取就有舍,有选择材料就有剪裁材料。材料的剪裁就是如何使用材料。剪裁材料重在灵活,对材料把握得准,运用起来就能灵活自如。应当根据主题的需要决定材料的主次和详略,该长的必须长,能突出主题的详细写,反之则略写。剪裁材料时应当注意以下几点:

一、注意叙述的详略

对选择的材料要分清主次,不能平均使用笔墨。对表现主题起重要作用、有深刻的内涵、情节具体生动的材料要重墨详写,较为次要或属于概括性的材料则粗笔勾勒。

荷马史诗《伊利亚特》的故事源于古代特洛伊战争的传说,该史诗的艺术价值主要体现在高超的叙事技巧上。史诗以歌颂英雄为基本主题,将10年的战争浓缩在战争最后一年的51天里,主要以希腊英雄阿喀琉斯的愤怒为主题和情节主线,所有的事件和人物包括阿喀琉斯与阿伽门农因争吵而退出战斗、希腊联军遭遇一系列惨败、阿喀琉斯因好友战死而复出战斗等,都与阿喀琉斯的两次愤怒有关。史诗紧紧围绕着主题展开情节、细致刻画人物,而其他事件和重要情节如战争的起因、阿喀琉斯战死、希腊人攻陷特洛伊城等重大事件都因为与阿喀琉斯的愤怒关系不大或者一笔带过或者在对话中简单提及。围绕主题巧妙取舍和剪裁材料,集中刻画主要人物和主要事件,使史诗中心突出、情节紧凑,结构和布局高度统一。

电视片《女特警雷敏》的编导连续四年共四次采访,将镜头对准了女特警雷敏,以她的性格发展为主,突出表现了雷敏活泼率直又未脱稚气的个性特征。以此为主线,我们在片中看到的是生活中的雷敏:女特警队里敢于动刀杀猪的第一人;喜欢摆弄玩具;喜欢照相,照"明星照",而那些拳击训练的照片却不愿公开,担心自己的形象太"吓人";从来不用手绢;用动听的歌声表达思乡之情。而作为少尉排长,片中只用两组镜头让我们看到了训练场上的雷敏:在队列前严厉训斥动作不规范的战士;晚上为战士补上训练课。片中材料运用详略恰当,真实细致地突出了热爱特警事业、性格鲜明的雷敏,以展示她的个性特征为视角向我们描述了我国唯一一支女特警队的生活。

不同的文体对材料的详略也有不同要求。如抒情散文重在抒情,景物的描写只是作为抒情的依据,借景生情,所以抒情应详细,景物的描写处于次要地位,略写便可。

剪裁材料要根据主题的需要,要详略得当,恰当地分配笔墨,使全篇平衡稳妥。如果不分主次,平均使用材料,文章便平淡无奇,缺少波澜,既无重点也很难突出主题。

二、注意含蓄

写东西不能太满太实,不留一点想象回味的余地。好的作品应注意含蓄,给读者想象的空间。

含蓄就是将有些部分故意隐去不写或者写得不明显,留给读者的是无尽的想象。法国作家莫泊桑在《项链》中就运用了含蓄的写法。女主人公为了偿还那串丢失的昂贵的项链,借了几万法郎的债,只得辛苦工作偿还借债。小说结尾时已是10年后,她的模样已经大变。当朋友弄清原因时,说:"可我的项链只值500法郎。"小说到此结束。女主人公的反应如何?留给读者去发挥丰富的想象力。

美国作家海明威的小说《老人与海》描写的是一位古巴老渔民圣地亚哥在海上与一条马林鱼和一群鲨鱼搏斗的故事。故事非常单纯,只是集中在老人与大鱼和鲨鱼的斗智斗勇上,其他则简练之极,如他的身世背景、社会关系等基本虚化。这种构思突出了人与自然的矛盾以及在强大的自然面前人的勇敢和坚韧,也给故事留下了许多叙事空白,达到含蓄和悬念设置的效果。因此,虽然作者自己坚称小说中没有象征主义的东西,老人就是老人,马林鱼就是马林鱼,鲨鱼就是鲨鱼,但读者读到老人几次梦中出现的非洲雄狮、张开大嘴扑向人类的鲨鱼时,仍然不由地发挥想象力,赋予其丰富的象征意义。

要注意使用含蓄的写法,以刺激读者的阅读欲望和想象力,达到令人回味无穷的效果。

三、前省后略

如果按照事件发生发展的自然顺序,有些内容前后会有重复,导致结构松散,因此在剪裁材料时要根据具体情况,或者将前面的内容简略,在后面着重描写;或者将后面的内容略写,将重点放在前面。省掉重复的内容会使文章更精悍,重点更突出。

《水浒传》中梁山好汉们智取生辰纲时,开始吴用说:"我已安排定了圈套,只看他来的光景,力则力取,智则智取,我有一条计策不知中你们意否?如此如此。"晁盖听了,颠着脚说:"好妙计。"次日送阮家三兄弟出庄时,吴用附耳低言道:"这般这般,至期不可有误。"这里三次简略地提到吴用的计谋,但都没有明说。后面才详细描写了计谋的实行过程:当杨志等人护送生辰纲走得汗流浃背、炎热难耐时,吴用等人用蒙汗药迷倒了十多人,夺走了生辰纲。这是用了前省的写法。如果在前面将计策说明白,那只是吴用一个人在说,场面不免单调,也失去了悬念,无法给后面埋下伏笔,刺激不了读者的好奇心。而后面的具体描写是双方的真正交手,你来我往很是热闹,杨志一方和读者一样不知底细,免不了和杨志一起上当受骗,场面当然精彩。

冰心的《小橘灯》中写到作者代小姑娘打电话一节,是将重点放在前面写,后面的内容很简略。将重点放在前面写我和小姑娘的对话,情节的重点是小姑娘。如果放在后面重点写,主角就成了我而不是小姑娘了,所以作者将后面的内容浓缩成简单的一句话:"我打了电话,小姑娘谢了我就走了。"

四、与语言风格相协调

很多文章内容都带有强烈的地域和时代色彩。中国国土辽阔,地域的阻隔与交流的障碍使得汉语区分为多种方言,而时代的更迭也常常使语言具有不同时代的特点,这样,语言就成为区别特定时代与地域的标志。从影视作品中,我们能直接地体会到这种地域性和时代性。如改革开放初期,广东走在全国的前列,在一些影视作品中,广东话就成了投资者或富商的代表语言。为了体现地域色彩,有些电视剧干脆就让剧中人物操着方言登场,这在一定程度上使材料与语言保持了协调。

材料与语言风格的协调还表现在语言与内容的配合上。老舍在《关于文学的语言问题》一文中,以《水浒传》为例,谈到了材料与语言的配合,他说:"《水浒传》中武松大闹鸳鸯楼那一场,都用很强烈的短句,使人感到那种英雄气概与敏捷的动作。要像画家那样,用暗淡的颜色表现阴暗的气氛,用鲜明的色彩表现明朗的景色。"[①]

思考与练习

一、用比较的方法观察下列人与物,写出观察笔记:

1. 观察几位同学,通过比较区分他们各自在外形、衣着、语言等方面的特点。

2. 观察校园内的两座建筑物,通过比较掌握它们在外观、建筑风格等方面的异同。

3. 观察某电视节目的两位主持人,比较他们各自在表情、动作、语言和主持风格等方面的特点。

二、调动起视觉、听觉、嗅觉、触觉和想象的能力,写出你的感受:

1. 夏日,电闪雷鸣,大雨倾盆。

提示:注意季节限定,强调氛围。

2. 在体育场观看足球比赛。

提示:注意群体形象、视野和声音的远近差异。

3. 在露天剧场听音乐会。

提示:音乐对人的心理的影响,与外在环境的呼应。

---

① 老舍:《出口成章:论文学语言及其他》增编本,辽宁人民出版社2016年版,第61页。

4. 图书馆里,有人在座位上静读自习,有人在书架间仔细寻书。
提示:注意声音、环境、气氛。
5. 母亲唱催眠曲哄孩子入睡。
提示:关注细节、人物互动。

三、阅读余光中的散文《听听那冷雨》(节选)并思考作者是如何表达对雨的感受的。

　　杏花。春雨。江南。六个方块字,或许那片土就在那里面。而无论赤县也好神州也好中国也好,变来变去,只要仓颉的灵感不灭、美丽的中文不老,那形象,那磁石一般的向心力当必然长在。因为一个方块字是一个天地。太初有字,于是汉族的心灵、祖先的回忆和希望便有了寄托。譬如凭空写一个"雨"字,点点滴滴,滂滂沱沱,淅沥淅沥淅沥,一切云情雨意,就宛然其中了。视觉上的这种美感,岂是什么 rain 也好 pluie 也好所能满足?翻开一部《辞源》或《辞海》,金木水火土,各成世界,而一入"雨"部,古神州的天颜千变万化,便悉在望中,美丽的霜雪云霞,骇人的雷电霹雹,展露的无非是神的好脾气与坏脾气,气象台百读不厌、门外汉百思不解的百科全书。

　　听听,那冷雨。看看,那冷雨。嗅嗅闻闻,那冷雨。舔舔吧,那冷雨。雨在他的伞上、这城市百万人的伞上、雨衣上、屋上、天线上,雨下在基隆港、在防波堤、在海峡的船上,清明这季雨。雨是女性,应该最富于感性。雨气空濛而迷幻,细细嗅嗅,清清爽爽新新,有一点点薄荷的香味,浓的时候,竟发出草和树沐发后特有的淡淡土腥气,也许那竟是蚯蚓和蜗牛的腥气吧,毕竟是惊蛰了啊。也许地上的地下的生命、也许古中国层层叠叠的记忆皆蠢蠢而蠕,也许是植物的潜意识和梦吧,那腥气。

　　……

　　雨不但可嗅,可观,更可以听。听听那冷雨。听雨,只要不是石破天惊的台风暴雨,在听觉上总是一种美感。大陆上的秋天,无论是疏雨滴梧桐,或是骤雨打荷叶,听去总有一点凄凉、凄清、凄楚。于今在岛上回味,则在凄楚之外,更笼上一层凄迷了。饶你多少豪情侠气,怕也经不起三番五次的风吹雨打。一打少年听雨,红烛昏沉。两打中年听雨,客舟中,江阔云低。三打白头听雨在僧庐下。这便是亡宋之痛,一颗敏感心灵的一生:楼上、江上、庙里,用冷冷的雨珠子串成。十年前,他曾在一场摧心折骨的鬼雨中迷失了自己。雨,该是一滴湿漓漓的灵魂,在窗外喊谁。

(选自《百年百篇经典散文》,
长江文艺出版社 2002 年版,第 337—342 页)

四、采访一位电视或广播节目主持人，练习写一篇人物专访。

五、阅读作家余华的《茨威格是小一号的陀思妥耶夫斯基》，请概括说明陀思妥耶夫斯基和茨威格的写作特点。你有哪些有意思的读书体验？梳理一下你的阅读之旅，与大家分享你的读书心得。

茨威格是小一号的陀思妥耶夫斯基

余 华

我20岁的时候，第一次读到陀思妥耶夫斯基。那是1980年，"文革"刚刚过去，很多被禁止的外国小说重新出版，但是数量有限，我拿到《罪与罚》的时候，只有两天阅读的时间，然后接力棒似的交给下一位朋友。

我夜以继日地读完了《罪与罚》。陀思妥耶夫斯基的叙述像是轰炸机一样向我的思绪和情感扔下了一堆炸弹，把20岁的我炸得晕头转向。对于当时的我来说，陀思妥耶夫斯基的叙述太强烈了，小说一开始就进入了叙述的高潮，并且一直持续到结束。这是什么样的阅读感受？打个比方，正常的心跳应该是每分钟60次，陀思妥耶夫斯基让我的心跳变成了每分钟120次。这120次的每分钟心跳不是一会儿就过去了，而是持续了两天。谢天谢地，我有一颗大心脏，我活过来了。

我当时太年轻，承受不了陀思妥耶夫斯基高强度的叙述轰炸。可是那种持续不断的阅读高潮又在时刻诱惑着我，让我既盼望陀式叙述高潮又恐惧陀式叙述高潮。那段时间我阅读其他作家的作品时都觉得味道清淡，如同是尝过海洛因之后再去吸食大麻，心想这是什么玩意儿，怎么没感觉？

这时候茨威格走过来了，对我说："嗨，小子，尝尝我的速效强心丸。"

我一口气读了他的《一个女人一生中的24小时》《象棋的故事》和《一个陌生女人的来信》……茨威格的叙述也是陀思妥耶夫斯基的套路，上来就给我叙述的高潮，而且持续到最后。他向我扔了一堆手榴弹，我每分钟的心跳在80次到90次之间，茨威格让我感受到了那种久违的阅读激动，同时又没有生命危险。那段时间我阅读了翻译成中文的茨威格的所有作品，他的速效强心药很适合我当时的身心和口味。

陀思妥耶夫斯基和茨威格是绝然不同的两位作家，但是他们的叙述都是我所称的强力叙述。为什么我说茨威格是小一号的陀思妥耶夫斯基？看看他们的作品篇幅就知道了，那是大衣和衬衣的区别。更重要的是，陀思妥耶夫斯基描写的是社会中的人，茨威格描写的是人群中的人。我当时之所以害怕陀思妥耶夫斯基，而对茨威格倍感亲切，可能是茨威格少了陀思妥耶夫斯基叙述中那些社会里黑压压让人透不过气来的情景。茨威格十分纯粹地描写了人的境遇和人生的不可知，让我时时感同身受。当我度过了茨威格的阅读过程之后(另一方面我在社会上也摸爬滚打了几年)，再去阅读陀思妥耶夫斯基时，我的心跳不再是每分钟120次了，差不多可以控制在80次到90次之间。

  我20岁出头的时候，茨威格是一个很高的台阶，陀思妥耶夫斯是一个更高的台阶。我当时年轻无知，直接爬到陀思妥耶夫斯基的台阶上了，结果发现自己有恐高症。我灰溜溜地爬了下来，刚好是茨威格的台阶。我在习惯茨威格之后，再爬到陀思妥耶夫斯基的台阶上时，发现自己的恐高症已经治愈了。

（原载《大家》2013年第1期）

  六、阅读《父亲的手》一文，谈谈作者在材料的选择与剪裁方面的巧妙用心。

父亲的手
〔美〕加尔文·渥星顿

  父亲的手粗壮、有力，能不费力气地修剪果树，也能把一匹不驯服的骡子稳稳地套进挽具。他这双手还能灵巧、精确地画一个正方形。使我最难忘的是每当这双手抓着我的肩膀，我就感到一股特殊的温暖。这双手几乎能干一切活儿。然而，只在一件事上，这双手令人失望了：它永远没学会写字。

  父亲是个文盲。美国的文盲人数现在已经逐渐减少了。但是，只要还有一个文盲，我就会想到我的父亲，想到他那双不会写字的手和这双手给他带来的痛苦。

  父亲六岁时，开始在小学一年级读书。那时，课上答错一题，手掌上就要挨十下打。不知什么原因，父亲那淡色头发下面的脑袋怎么也装不进课上讲的数字、图形或要背的课文。在学校才待了几个月，我爷爷就领他回家了，让他留在农场干成年男人干的农活儿。

  若干年后，只受过四年教育的母亲试图教父亲识字。又过了若干年，我用一双小手握着他的一只大拳头，教他写自己的名字。开始，父亲倒是甘心忍受这种磨炼，但不久，他就变得烦躁起来。他活动一下指头和手掌，说他已经练够了，要自己一人到外边散散步。

终于,一天夜里,他以为没人看见,就拿出他儿子小学二年级的课本,准备下功夫学些单字。但是,不一会儿,父亲不得不放弃了。他趴在书上痛哭道:"耶稣——耶稣,我甚至连毛孩子的课本都读不了?"打那以后,无论人们怎么劝他学习,都不能使他坐在笔和纸面前了。

父亲当过农场主、修路工和工厂工人。干活时,他那双手从未使他失望过。他脑子好使,有一股要干好活的超人意志。第二次世界大战时,他在一家造船厂当管道安装工,安装军舰里复杂、重要的零件。由于他工作劲头大、效率高,他的上司指望提拔他。然而,由于他未能通过合格考试而落空了。他脑子里可以想象出通到船的关键部位的条条管道;同时,他手指可以在蓝图上找到一条条线路。他能清楚地回忆出管道上的每一个拐角、转弯。然而,他却什么都读不懂、写不出。

造船厂倒闭后,他到一家棉纺织厂工作。他夜里在那儿上班,白天抽出些睡觉时间来管理自己的农场。棉纺织厂倒闭后,他每天上午到外头找工作,晚上对我母亲说:"通不过考试的人,他们就是不要。"

最后,他在另一家棉纺织厂找到了工作。我们搬进了城。父亲总是不习惯城里生活,他那双蓝眼睛褪色了,脸颊上的皮肤有些松弛了。但是那双手还是很有劲儿。他常让我坐在他膝上,给他读《圣经》。对我的朗读,他感到很自豪。

一次,母亲去看我姨妈,父亲到食品店买水果。晚饭后,他说,他给我准备了一些意想不到的水果。我听到他在厨房里撬铁皮罐头的声音。然后,屋里一片寂静。我走到门口,看见他手拿着空罐头,嘴里咕哝道:"这上面的画太像梨子了!"他走出门,坐在屋外的台阶上,默不作声。我进屋看到罐头上写着"大白土豆罐头"。但是那上面画的确像梨,难怪父亲把它当梨买来了。

几年后,妈妈去世了。我劝父亲来和我们一起住,他不肯。他的身体越来越差了,因为轻微的心脏病发作,他常常住医院。老格林医生每星期都来看他,给他进行治疗。医生给了他一瓶硝酸甘油片。万一他心脏病发作,让他把药片放在舌头底部。

我最后一次见到父亲时,他那双又大又温暖的手放在我的两个孩子的肩上。那天晚上,我们全家乘飞机离开父亲到新城市居住。三个星期后,他心脏病发作与世长辞了。

我只身一人回来参加葬礼。格林医生说他很难过。实际上,他觉得有点不可思议,因为他刚给父亲开了一瓶硝酸甘油。然而,他在父亲身上却没找到这个药瓶。他觉得,如果父亲用了这药,大概还能等到急救医生的到来。

在小教堂举行葬礼的前一小时,我不由自主地来到父亲的花园门口。一个邻居就在这儿发现的他。我感到十分悲痛,蹲下身,看着父亲生前劳动过的地方。我的手无目的地挖着泥土时,碰到一块砖头。我把砖头翻出来,扔到一边。这时,跳入我眼帘的是一只被扭歪、砸坏、摔进松土里的塑料药瓶。

我手里拿着这瓶硝酸甘油片,眼前浮现出这样一幕情景:父亲拼命想拧开这个瓶盖儿,但拧不开;他在绝望中,企图用砖头砸开这个塑料瓶。我感到极端痛苦,知道父亲至死也没能拧开这个药瓶。因为药瓶盖上写着:"防止小孩拧开——按下去,左拧,拔。"目不识丁的父亲看不懂这一切。

尽管我知道这样做是完全不理智的,但我还是进城买了一只金笔和一本皮革包的袖珍字典。在向父亲遗体告别时,我把这两件东西放在他手里,这双曾经是温暖、灵巧、能干,但永远没学会写字的手。

七、以下是作家王小波的《一只特立独行的猪》片段,请:

1. 找出该文全文,仔细阅读并体会作者是如何观察、体验生活的;
2. 分析作者为表现主题是如何选择和使用材料的;
3. 指出这样选择与使用材料的好处,并根据该文的选材特点和写作风格,练习写一篇文章。

以下谈到的一只猪有些与众不同。我喂猪时,它已经有四五岁了,从名分上说,它是肉猪,但长得又黑又瘦,两眼炯炯有光。这家伙像山羊一样敏捷,一米高的猪栏一跳就过;它还能跳上猪圈的房顶,这一点又像是猫——所以它总是到处游逛,根本就不在圈里待着。所有喂过猪的知青都把它当宠儿来对待,它也是我的宠儿——因为它只对知青好,容许他们走到三米之内,要是别的人,它早就跑了。它是公的,原本该劁掉。不过你去试试看,哪怕你把劁猪刀藏在身后,它也能嗅出来,朝你瞪大眼睛,嗷嗷地吼起来。我总是用细米糠熬的粥喂它,等它吃够了以后,才把糠兑到野草里喂别的猪。其他猪看了嫉妒,一起嚷起来。这时候整个猪场一片鬼哭狼嚎,但我和它都不在乎。吃饱了以后,它就跳上房顶去晒太阳;或者模仿各种声音。它会学汽车响、拖拉机响,学得都很像;有时整天不见踪影,我估计它到附近的村寨里找母猪去了。我们这里也有母猪,都关在圈里,被过度的生育搞得走了形,又脏又臭,它对它们不感兴趣;村寨里的母猪好看一些。它有很多精彩的事迹,但我喂猪的时间短,知道得有限,索性就不写了。总而言之,所有喂过猪的知青都喜欢它,喜欢它特立独行的派头儿,还说它活得潇洒。但老乡们就不这么浪漫,他们说,这猪不正经。领导则痛恨它,这一点以后还要谈到。我对它则不止是喜欢——我尊敬它,常常不顾自己虚长十几岁这一现实,把它叫做"猪兄"。如前所述,这位猪兄会模仿各种声音。我想它也学过人说话,但没有学会——假如学会了,我们就可以做倾心之谈。但这不能怪它。人和猪的音色差得太远了。

后来,猪兄学会了汽笛叫,这个本领给它招来了麻烦。我们那里有座糖厂,中午要鸣一次汽笛,让工人换班。我们队下地干活时,听见这次汽笛响就收工回来。我的猪兄每天上午十点钟总要跳到房上学汽笛,地里的人听见它叫就回来——这可比糖厂鸣笛早了一个半小时。坦白地说,这不能全怪猪兄,它毕竟不是锅炉,叫起来和汽笛还有些区别,但老乡们却硬说听不出来。领导上因此开了一个会,把它定成了破坏春耕的坏分子,要对它采取专政手段——会议的精神我已经知道了,但我不为它担忧——因为假如专政是指绳索和杀猪刀的话,那是一点门都没有的。以前的领导也不是没试过,一百人也逮不住它。狗也没用:猪兄跑起来像颗鱼雷,能把狗撞出一丈开外。谁知这回是动了真格的,指导员带了二十几个人,手拿五四式手枪;副指导员带了十几人,手持看青的火枪,分两路在猪场外的空地上兜捕它。这就使我陷入了内心的矛盾:按我和它的交情,我该舞起两把杀猪刀冲出去,和它并肩战斗,但我又觉得这样做太过惊世骇俗——它毕竟是只猪啊;还有一个理由,我不敢对抗领导,我怀疑这才是问题之所在。总之,我在一边看着。猪兄的镇定使我佩服之极:它很冷静地躲在手枪和火枪的连线之内,任凭人喊狗咬,不离那条线。这样,拿手枪的人开火就会把拿火枪的打死,反之亦然;两头同时开火,两头都会被打死。至于它,因为目标小,多半没事。就这样连兜了几个圈子,它找到了一个空子,一头撞出去了;跑得潇洒之极。以后我在甘蔗地里还见过它一次,它长出了獠牙,还认识我,但已不容我走近了。这种冷淡使我痛心,但我也赞成它对心怀叵测的人保持距离。

(选自王小波《我的精神家园》,文化艺术出版社1997年版,第105—108页)

八、选择典型材料可以起到以一当十的作用,有力地说明主题。请你从近期的报刊中选取几篇议论文,找出其中运用典型生动的材料来论证观点的例子,并分析这些材料对表现主题的作用。

九、写人要重点突出,人物性格鲜明。面对以下材料,你会确立哪种主题并对材料作怎样的取舍与剪裁?

1. 留学五年,常胜成绩优异,他没有伸手向家里要一分钱,完全靠奖学金完成了学业,获得了博士学位。

2. 常胜的父亲白手起家创立了家业,希望儿子学有所成,将来继承和壮大家业。

3. 他的爱好是看科幻小说、滑雪。

4. 创业伊始,他将目标锁定在开发北美市场,可那里商家林立,竞争异常残酷,在那里立足谈何容易?他用了三年时间,尝过失败的苦果,也经历了成功的喜悦,硬是在那里闯出了一片天地。

5. 忍一时风平浪静,退一步海阔天空。

6. 为家乡捐资助学不遗余力。

7. 著书立说,坦陈自己人生的酸甜苦辣。

十、选择过去的一张照片或一段视频,通过回忆,写出照片(视频)背后的故事。注意回忆的要点:去了哪里、和谁一起、发生了什么事、这件事对你的意义、有无遗憾等。

拓展阅读

1.《我的写作与水的关系》(沈从文)
2.《大地上的事情》(苇岸)

第四章
写作结构安排

有了主题和材料只是解决了写什么内容的问题,接下来还要解决如何写的问题,考虑如何将内容表现得有条不紊、完整统一、清晰动人。也就是说,主题解决的是言之有理的问题,材料解决的是言之有物的问题,还要解决的是结构方面言之有序的问题。

结构指的是文章的内部组织构造,是组织安排材料的方式,是文章表达观点和思想的重要方式之一。

作者对思想内容的表现方式必须加以周密安排,面对一大堆零乱的材料,抽象的思想摆在那里,各自游离互不关联,如何根据主题的需要,按照不同体裁的要求,把分散的材料组织起来,使材料之间形成紧密的联系,成为有机的整体,怎样开头结尾,先后顺序如何,如何渲染主题,这些都是结构的复杂任务。

如果说主题是文章的灵魂,材料是文章的血肉,那么结构就是文章的骨骼。没有坚实健壮的骨骼,血肉便无所依托,灵魂也无处寄托。只有找到了恰当完美的结构形式,才能把文章的观点和材料、叙述和议论、情节和场面等串联编织起来,使作品成为完整有机的整体。

刘勰在《文心雕龙·附会》中将结构称为"附会",认为它是附辞会文的重要手段:"何谓附会?谓总文理、统首尾、定与夺、合涯际、弥纶一篇,使杂而不越者也,若筑室之须基构、裁衣之待缝缉矣。"将各部分各个因素连接为一个和谐的整体,使内容的表达做到真实而鲜明,这就是结构的中心使命。

第一节 结构的原则

一、正确反映客观事物的发展规律和内在联系

这是结构的基本原则。一切客观事物都有其存在和发展的规律,不管

事物多么复杂,仍会按照它自身的内在联系和固有规律发展变化。这其实也构成了文章情节开展的客观依据。由于客观事物内部联系的区别,人们在反映时或以描写为主,或以抒情为主,便形成了不同文体和不同的结构形式。

一般来说,记叙性文体是按照事物的发展规律来安排结构的。它们的基本结构是:开端—发展—高潮—结局。即使有局部的变动,也没有离开生活的基础。可以这样说,尽管结构千变万化,但好文章的结构无一不是用生活本身的形式再现生活的。

论说性文章是探讨问题、发表观点的,而问题总是有它的内部矛盾和外部联系,有它的成因、现状和发展,一般的写作思路是提出一个问题,再加以仔细分析,然后综合起来指明问题的实质,给以解决的办法。分析问题就是分析事物的矛盾,剖析矛盾的各个侧面,揭示矛盾的内在本质,也就是说,把问题掰开、说透、论到点子上、根本上。这样,论说性文章常用的结构形式就是提出问题、分析问题、解决问题。这大致反映了一切论说性文章析事达理的逻辑顺序,它是以反映事物的内部规律、内在矛盾为依据的。

如鲁迅的杂文《拿来主义》论述了对待文化遗产的态度问题。第一部分在提出拿来主义之前先分析"闭关主义"和"送去主义",在批判了复古主义逆流的同时鲜明地提出了"拿来主义":"中国一向闭关主义,自己不去别人也不许来。自从枪炮打开了大门之后又碰了一串钉子,到现在,成了什么都是送去主义了,但没有根据'礼尚往来'的仪节说道'拿来','送去'之外还得'拿来'。"第二部分中,作者具体分析了拿来主义,他运用了一个形象生动的比喻具体说明怎样"运用脑髓放出眼光自己来拿",逐层深入地阐明了对待文化遗产的正确态度:拿来—挑选—创新。文章的最后,作者对拿来主义原则进行了高度概括,揭示了实行拿来主义的意义:"或使用或存放或毁灭。""没有拿来的,人不能自成为新人,没有拿来的文艺不能自成为新文艺。"这三个部分的安排有分析有概括,符合客观事物内在的逻辑联系。

结构要符合事物发展的客观规律,如果不是按照事物的内部联系来安排结构,而是将许多内容随便凑在一起,聚沙成堆,缺乏内在的逻辑联系,这样的文章有时表面上看来层次也清楚,但不能说明客观事物的本质和规律,只是现象的罗列,缺乏条理。

二、服从主题表现的需要

组织材料、安排结构的根本目的在于更好地表现主题。如果离开了表现主题的需要,结构就失去了依托。因此,层次的安排、段落的划分、叙述的先后、笔墨的浓淡以至于开头结尾都须根据主题的需要来决定。

鲁迅的小说《药》的结构安排匠心独运、出奇制胜。作品同时塑造了两个主人公,两个主人公的各自活动又形成了各自独立的故事。作者巧妙地用一个人血馒头将两个互不相关的故事连接起来,革命者的鲜血成为愚昧落后的群众吃的药,这样两者就联系起来,交织为一个艺术整体。作者暗写夏瑜的故事,更突出了对愚昧的批判,两条线索平行发展但又不时地汇集到一起,刑场上的连接、茶馆里的议论将两条线索交织成高潮,最后两个母亲在坟场上的见面使明暗两线完全融汇在一起,在结束部分奏出悲壮的旋律,巧妙而完整地体现了作者的艺术构思。

关于苏联电影《战舰波将金号》的一个故事,典型地说明了结构服从于主题表现需要的道理:1925年,苏联著名导演爱森斯坦拍摄的电影《战舰波将金号》无论电影票房还是艺术评价都获得了巨大的成功。一位北欧电影发行商也想引进该片,但因为本国的检察官认为该片的革命味道太强、意识形态倾向过于明显而禁止引进,发行商希望卖方允许他剪掉一些情节,但得到的回答是:可以重新剪辑但不许任何增删。《战舰波将金号》取材于真实事件,主题是士兵起义反抗沙皇统治。影片的主题决定了故事的叙述结构,故事的结构原来是这样的:虐待士兵的沙皇军官将已经生了蛆虫的肉给士兵吃,提出抗议的士兵被临时战地军法会议处以死刑。临刑前一刻,执刑队的枪手突然掉转枪口对准了军官。士兵起义了,沙皇调派其他军舰前来镇压起义,但波将金号的士兵却逃脱了。于是发行商想出了一个改变主题的办法,将主题换成了镇压造反士兵,又将该片的叙事结构顺序调换了一个场面:将士兵被决定处以死刑的场面调放在沙皇派军舰镇压士兵之后。如此一来,故事就成了这样:水兵因为在肉里发现了蛆虫就枪杀军官发动"叛变",沙皇派军舰前来,成功镇压了反叛,最后造反的士兵被判处死刑。发行商更改了影片主题,影片结构也随之发生了变化,虽然只是叙事结构顺序的细微调换,但故事的主体和因果关系却有了重大改变。

结构的方式多种多样,变化万千,很难说孰优孰劣,评断结构好坏的标准就是看它是不是突出主题的最佳形式。

三、适应不同体裁的特点

不同体裁的文章,在反映生活的角度、容量及表现形式上的特点也不同,因而往往具有不尽相同的结构形态。

记叙文偏重于写人记事,要感染读者,结构要求多变,使人物性格真实饱满、事件波澜起伏。

论说文偏重于说理,一般按照问题的内部规律和内在联系划分层次,结构为提出问题—分析问题—解决问题,条理清晰,逻辑严密。

文章结构和写作体裁密切联系,不同的体裁由于表现主题的方法不同,其结构各有特点,写作时应因体制宜,使结构适应不同体裁的不同特点和要求。

当然,各种体裁的结构特点也不只由这种体裁所独有,为了更好地表现主题,可以借用别的体裁的长处。如戏剧向电影靠拢,突破时空限制。电影也可以诗化、散文化。论说文偏重于说理,但也可加进一些文学因素,使论说文不仅条理清晰、逻辑严密,还使文章增加了表现力,增强了可读性。

四、提倡创新

客观事物复杂多样、千姿百态,社会生活也是丰富多彩、变化无穷,因此,一篇好文章从内容到形式都应有它鲜明的特点,只有这样才能准确地描摹事物的独特风貌。结构要具体安排,绝不能生搬硬套某种格式,使结构变成毫无意义、毫无生气的一副骨架。

事物都有千差万别,都有特殊的地方,抓住了这个特殊点,就要在表现时力求精确地将它再现出来。世界上没有两张完全相同的面孔,没有两片完全相同的树叶,也不应该有两篇结构完全相同的文章。清代史学家章学诚说:"文成法立,未尝有定格也。"(《文史通义·古文十弊》)金代文学家王若虚也认为:"定体则无,大体须有。"(《文辨》)他们的观点辩证科学,从来就没有固定不变的结构模式,把结构看作一成不变的程式,文章肯定没有生命力。

结构要注意新颖,力求创新,一种结构当它刚出现时是新颖少见的,但如果一味模仿,成为一种固定的模式,那就不是创新而是程式化,是新八股文了。

结构是文章的组织构造,从内容上看是许多材料的巧妙结合,而在语言表达上又是字词句段的有机组合。不管结构安排如何变化,材料之间必须要有内在的有机的联系,句子与段落之间的语义也要有必然的联系。

结构的具体内容包括层次和段落、开头和结尾、过渡和照应等。尽管文章的体裁不同、内容各异,也没有固定的结构模式,但"定体则无,大体须有",结构还是有一定的规律可循的。

第二节　层次和段落

一、层次和段落的关系

层次是文章各部分内容的表现次序,它体现了事物发展的阶段性和客观矛盾的各个侧面,是人们认识和表达问题的思维进程在文章中的反映。层次又称"意义段""结构段"或"部分",展现了作者思路开展的步骤。

文章由许多意思组成,其中有上下包容关系,也有并列关系,并列关系中又有前后次序,这些关系就是层次。议论文体中的层次是说理的步骤,从提出问题到分析问题再到解决问题,这就是三大层次。记叙文体中的层次体现了事件发展的不同阶段,或是事物的某个方面。

段落是内容的转折、强调、间歇等造成的停顿,也称"自然段",它是构成文章的最基本单位,以换行开头空两格的形式作为明显标志。分段既代表作者思路发展的一个步骤,又能帮助读者认识文章的层次结构,理解文章的内容。

层次和段落的关系是：

段落是表现层次的一种形式。一般地说,层次大于段落,一个层次中包含了几个段落,但有时段落的划分与层次一样,即一个段落等于一个层次。

段落侧重于文字表达的需要。一句话说完了,一个意思表达完了就完成了一个段落。层次着眼于对文章内容的划分,是一部分内容和另一部分内容的分割点。

段落有明显的标志,层次则不一定,有时可以用小标题或数字等作为划分层次的明显标志,有时则没有明显的分割处。

二、层次的安排方式

层次是对文章内容的划分,体现着作者对全文的总体和局部、观点和材料所做的布局和安排。因此,在考虑文章的布局时要注意内容表现的顺序问题。刘勰主张"裁章贵于顺序"(《文心雕龙·章句》),十分强调安排文章顺序的重要性。

层次安排的原则是：层次的安排顺序要根据具体内容来确定,并注意适应体裁的特点。

常见的安排层次的方法主要有：

（一）以时间推移为顺序

这是纵式结构，以时间为顺序，表现事件发生的过程，每个层次表达的是事物发展的某个阶段。以叙事为主的文章多采用这种结构形式，先发生的事先写，后发生的事后写。以矛盾冲突来结构情节，在时间的推移中依次展开矛盾。这种结构安排便于表现事件的来龙去脉，人物与矛盾的交代清楚明白，写来从容不迫。

电影《简·爱》同小说原著一样，都是以时间推移为顺序安排层次，将男女主人公的生活作为结构的基础，从简·爱幼年开始，她在劳渥德学校的遭遇，后去桑菲尔德庄园，与罗切斯特的相识、相恋，再到分离、思念，直到重逢的结局，按照事件发生、发展的过程，依次展开情节，有序地安排层次。完全以生活的本来面目讲述故事，以简·爱的人生历程，按照事件开端、发展、高潮、结局的步骤完成故事的全过程。

以时间推移为顺序安排结构的方法最为常见，它的好处是脉络清楚，适合事件情节的展开，与现实生活的旋律合拍，符合读者阅读的口味。但运用这种结构方法应当避免流水账或平铺直叙等毛病。

（二）以空间变换为顺序

这是横式结构，每个层次反映的是事物的某个方面。用这种方法可以将不同地点的人和事物同时展现给读者，便于显示不同空间的事物。如游记等，文章以写景状物为主，按照景物的空间位置或作者观察的前后顺序来安排层次。

以空间变换为顺序的写法，在游记、新闻等文体中较常见。它的优点是叙事完整全面，容量很大，将事物的不同侧面、景致的各个方位同时展现给读者，使读者对它们有全面的了解。

（三）以时空交叉为顺序

这是以时间为经、空间为纬的交叉结构，时间的纵向推移与空间位置的横向变化同时进行。

如电视片《岁月》讲述了两位老人50年的故事。一位是74岁的农民靳月英，一位是67岁的原林县县委书记杨贵。靳月英的丈夫1949年以前为掩护杨牺牲了，靳月英几十年来默默地守着清贫而充实的生活，以割草、摘酸枣、挖药材卖钱为生，同时还不忘帮助本村的老人，为学校的学生买笔、买书。杨贵曾带领林县人修建了红旗渠，他始终没有忘记靳月英和她的家人，虽然如今远在北京，他也要回去看看林县、看看靳月英。在记叙两位老人50年的生活经历和交往故事时，《岁月》采用了时空交叉的结构方法，将靳月英平静的日常生活和杨贵的回乡之旅交叉呈现，动静结合，造成时空交错，最后两位老人在靳月英家重逢并一同到烈士坟前祭拜，时空合而为一，情感的铺垫与积累至此达到高潮，获得以情动人的效果。

以时空交叉为顺序安排层次的方法主要用于表现复杂纷乱的事件，并借鉴了电影的一些表现手法，将不同地点人物的活动交织呈现。

（四）以人的意识活动为顺序

这是心理结构。以人物或作者的心理活动为线索安排材料。主要有两种：

1. 以作者或人物思想认识的发展过程为顺序安排结构

如贾平凹的散文《丑石》，以人们对一块不起眼的石头的认识过程，抒发了对美的赞颂。从遗憾家门口的那块碍事的丑石到讨厌它，想搬走它却无法挪动它，直到一次从丑石上摔下来，磕破了膝盖。丑石实在是丑得不能再丑了，而且还给人带来了这么大的麻烦。直到后来发现它居然是一块陨石，才重新认识这个了不起的东西，了解了它的美，为自己遗弃丑石而脸红，进而深深感到丑石的伟大。文章以作者的心理认识过程为中心，以思想变化为线索，认识发展的每一个阶段都形成一个层次，突出深化了主题。

2. 以人物的意识流动为顺序安排结构

作者将完整的故事打散，只是以人物纷乱的意识流动为顺序安排层次。如王蒙的小说《春之声》，叙写主人公在火车上的所见所闻而引发的内心思考，运用内心独白、联想、幻觉、象征与暗示等手法表达人物丰富复杂的思维过程。

这种结构方法主要以人物的意识流动为轴心，往往前后无形式上或内容上的联系，语言的句子与段落之间也较游离松散，似乎缺乏彼此的逻辑联系。如爱尔兰作家乔伊斯在意识流作品《尤利西斯》中写到布卢姆进餐时：

> 布卢姆消灭了肝之后，就边吃剩下的牛排，边满怀同情地看着对面那张绷起来的脸上泛出的紧张神色。他背疼。布赖特氏病患者那种明亮的目光。节目单上下一个项目。付钱给吹笛手。药片，像是用面包渣做成的玩艺儿，一几尼一匣。拖欠一阵再说。也来唱唱：在死者当中。腰子饼。好花儿给。赚不了多少钱。东西倒是值。鲍尔威士忌，喝起酒来挺挑剔：什么玻璃杯有碴儿啦，要换一杯瓦尔特里水啦。为了省几个钱，就从柜台上捞几盒火柴。然后又去挥霍一金镑。等到该付钱的时候，却又一文也拿不出来了。喝醉了就连马车钱也赖着不给。

好古怪的家伙。①

以意识活动为顺序安排层次的好处是可以打破时空限制,获得写作上极大的灵活与自由。

(五)以逻辑关系为顺序

按照事物的逻辑关系安排结构。常常用于议论性文体,主要方法有:

1. 总分式或分总式

这两种结构方式是议论性文体全篇的结构形式。或者是先总说,提出中心论点,后分说,即分析论证自己的观点;或者是先分说,分析论证观点,后总说,即点明中心论点。

2. 并列式

文章各层次之间的关系是并列的,没有先后与主从之分,共同说明论证总论点。

但并列还是有顺序的,排列仍然要按照一定的标准,往往体现为按材料的性质分类、性质强弱、地位主次或是时间早晚。

3. 递进式

文章各层次之间的关系是逐步递进,以前一层的意思为论述的基础,层次之间的关系是层层深入,表现认识事物由浅到深、由表及里的进程,不能随意颠倒层次。递进的含义很广,可以从现象到本质、由远到近,也可以由浅显到深入。

在写作实践中一般是以一种层次安排方式为主,兼顾其他方法,灵活运用,以达到最好的表达效果。如纪录片《四个春天》真实地记录了一个家庭在四个春天里普通而温馨的日常生活,全篇的结构安排是时间推移,按照时间顺序先后叙述了四个春天里的故事,其中又以不断闪回的形式片段追溯过去的生活,体现叙述者的意识活动。再如新闻《武汉"封城"倒计600小时》分为"2019年12月30日,'发现肺炎病例'""2020年1月21日,'一天比一天紧张'""1月22日,'医院一床难求'""1月23日,'封城'"四个部分,顺序记录了这四个典型日子,其间穿插不同地点的众多患者求诊求医的具体经历,有全景式概述也有具体个案,点面结合,全方位描画了新冠疫情袭来时的严峻形势。

---

① 〔爱尔兰〕詹姆斯·乔伊斯:《尤利西斯》(中卷),萧乾、文洁若译,译林出版社1994年版,第158页。

是以某种层次安排方式为主,还是多种方法结合使用,都应该充分发挥想象和联想能力,努力创新,设计和设想出具有创意和创新精神的结构来。电视艺术短片《华夏一奇》展播之一《天花乱坠雨花石》的结构安排便很有特色和创意。该节目拍摄了一百多块雨花石,这些精美的石头按人物、景物、动物、花卉等分类,色彩缤纷,质地晶莹,纹理清晰,形象逼真。如何将这些大自然造化的堪称鬼斧神工的珍品串联起来形成一个有机的整体?设置怎样的行为逻辑线才能达到更佳的效果?节目编导面对这些让人流连忘返的雨花石突发灵感:"何不将静止的雨花石作生命的活体来看待,用拟人化的手法,将这些天然去雕饰的石子植上灵魂,培育感情,产生互动交流,岂不美哉。"于是,他们找出人物类中的列宁、老神仙、莫愁女三块石头,将它们人格化并贯穿节目始终,设计了"革命导师列宁到中国访问,老神仙和莫愁女热情款待,伴其漫游中华河山"的情节,于是,悄无声息的石头蓦然有了感情,成了极通灵性的有血有肉的活体,各自为政的石头组合起来,成了这个故事中的有机组成部分。围绕这一情节主线,人物类中的屈原、东坡醉酒、唐僧师徒,风景类中的黄果树瀑布、黄山迎客松、雪后石林,动物类中的雄鸡鸣唱、鹦鹉聚会,花卉类中的墨竹、杜鹃等便如玩偶似地蹦了出来。而观石头时的惊讶、奇趣,迎宾客的古传今说,地域和性格反差造成的戏剧悬念和幽默感活脱脱地跳将出来。全片充满了妙趣横生的自编童话世界氛围,极富艺术想象力,达到了新奇有趣的效果。[1]

三、段落的作用

(一)显示层次

这是划分段落的基本作用。

古代的文章没有句读,更不分段落,给现代读者增加了不少困难。白话文兴起后,作者写文章才开始分段,这是写作的一大进步。划分段落能清楚逻辑地表现作者思维中每一个转折和间歇,清楚地反映文章的层次。

(二)过渡作用

划分段落使文章清楚,便于读者阅读理解,起承上启下的作用,给读者在阅读中以停顿的时机,从而获得思索回味的余地。

---

[1] 参见徐荐:《跨越——兼论从电视专题到人民日报特稿》,上海教育出版社2009年版,第127—128页。

（三）强调作用

有时强调重点，有时传达感情，总之是为了强调某种意思。

女作家马丽华的散文《渴望苦难》叙述的是在唐古拉雪山顶遭遇堵车时的心灵独语，抒发了对西藏的热爱。在西藏生活数年，作者已经自认为"的的确确成为藏北人了"，而她一直弄不清藏北高原究竟是以什么样的魅力打动、诱惑、感召了自己，"使我长久地投以高举远慕的向往和挚爱"。但此时此刻作者找到了谜底："那打动我、诱惑我、感召我的魅力是苦难。"紧接着，作者另起一行写道："——肯定是！"这是一个只有三个字的单独的段落，加上破折号和感叹号的运用，这个单独的段落清楚鲜明地强调了作者对藏北高原的深情，强调了藏北高原对作者的特殊意义。

有时作者在抒发情感时，在每个段落的开头或结尾使用相同或相似的语句，反复出现的语句加重了感情的力量，使结构紧凑，语言富有节奏。如李玉真的散文《敦煌，我虔诚地走进你》，回忆若干年前第一次敦煌之旅和此后数年间多次走近敦煌，抒发了阅读不尽的敦煌带给自己的心灵抚慰。文中这几段结构相似，语句较齐整，段落简短精练，形象而准确地道出了作者洁净内心、开阔心胸的精神追求：

> 站立在阳关千年不倒的烽燧残丘旁，我羞愧于不曾有持之以恒的伟岸的孤独。
>
> 面对莫高窟无名画师无私的魂灵，我暗问自己是否在乎虚荣的名分。
>
> 走进画室倾倒于新的敦煌艺术，我禁不住催促自身空白的填补。

段落的构成靠句子的各种连接方式，将意思表达完整、清楚。组成段落的句子间意思要连贯，语意要照应，要注意段落的完整性和单一性。完整性就是表述要完整，一个段落应当总括一个意思。单一性就是一个段落只能说明一个意思，一个段落应当有一个中心，不能杂乱。

四、结构布局的常用方法

写作实践中，结构布局比常见的时空交叉、逻辑关系等安排层次的方法要更加复杂、变化也更大。为了增加叙事的波澜、增强阅读的趣味性和可读性，也需要突破一般的思维方法，打破事物的发展顺序。以下是一些常用的结构布局的巧妙技法：

（一）悬念法

悬念法是作者故意预先突出事物的矛盾或危机，但又不急于展示矛盾和危机的处理结果,因此造成读者在阅读时的疑惑或紧张,以此吸引读者的阅读兴趣。

日本作家星新一的微型小说《雪夜》中那个处于故事中心但一直没出现的儿子便是作者精心设置的悬念人物。雪夜里,老夫妇围着火炉烤火,盼望着在楼上学习的儿子顺利通过毕业考(引导读者也担心起孩子:这么寒冷的夜晚,学习的孩子多么辛苦)。随着急促的敲门声,手握匕首的盗贼闯进了屋子。老夫妇并不害怕,他们只是恳求盗贼不要伤害儿子,盗贼却执意地冲上楼(令读者担忧孩子的安危)。很快,盗贼惨叫着滚下楼,老夫妇报警说是儿子打倒了盗贼(读者也这么认为)。盗贼既懊丧又不解:哪有学习的人不点灯?害得他踩空滚下楼(确实令读者困惑)。警察搜遍了楼上但没发现人,怀疑老人神经不正常(读者也有如此想法)。警长告诉警察:老夫妇唯一的孩子多年前就死了,只是老人无法接受这一事实,总说孩子在楼上学习(悬念解开)。

悬念设置主要是作者对材料的选择和安排,比如调整某些材料的顺序便会使叙事具有悬念的效果。

(二)扬抑法

指作者将要表达的含义暂时隐藏,而是先表达与之相反的意思,之后再表露真正的含义。因为两种意思往往具有对立性,所以给人留下深刻的印象,也有人称为"欲擒故纵"。具体来说有欲扬先抑和欲抑先扬两种方法。

鲁迅夫人许广平的《鲁迅先生》采用欲扬先抑的方法刻画了老师鲁迅的形象:未见鲁迅老师时,大家好奇心十足。上课钟声未停,"突然,一个黑影子投进教室来了。首先惹人注意的便是他那大约有两寸长的头发,粗而且硬,笔挺的竖立着,真当得'怒发冲冠'的一个'冲'字"。"手弯上、衣身上许多补丁,则炫着异样的新鲜色彩,好似特制的花纹。皮鞋的四周也满是补丁。人又鹘落,常从讲坛跳上跳下,因此两膝盖的大补丁,也遮盖不住了。一句话说完:一团的黑。小姐们哗笑了!'怪物,有似出丧时那乞丐的头儿'。"行文至此,皆是对鲁迅的"抑"。但紧接着便转为"扬":"当那笑声还没有停止的一刹那,人们不知什么全都肃然了。没有一个人逃课,也没有一个人在听讲之外,拿出什么东西来偷偷做。钟声刚止,还来不及包围着请教,人不见了,那真是'神龙见首不见尾'。""一致爱护的鲁迅先生,在学生中找不出一句恶评。也曾经有过一次辞职的事,大家一个也不缺的,挤到教务处,包围他,使得他团团地转,满都是人的城墙,肉身做的堡垒。"从哗笑到拥戴,学生对老师的态度大变。作者先贬后褒,先抑后扬,鲁迅的形象更加鲜明立体。

无论是欲扬先抑还是欲抑先扬,"先抑"或"先扬"的都只是幌子,是试图造成读者的错觉,而"欲扬"或"欲抑"才是目的,是作者真正的意图所在。两者之间的差异越大,其表达的效果越出人意料。

(三)对比法

对比是将对立的事物或人放在一起进行比较以达到强烈的表达效果。

可以对比的方面有很多,可以是矛盾对立的两个事物,也可以是同一事物的两个不同侧面。可以是时间地点的对比,也可以是两个人的不同性格特点的对比。通过对比,可以直观形象地衬托出各自的特点,进而达到形象更鲜明、特点更突出的效果。

陈纸的小说《下山去看红绿灯》中,风景如画的灵山和山外的谭城象征了传统生活和现代文明的对比和冲突,这种对比贯穿了全文。在对比和冲突中,灵山试图坚守自己原本的生活传统,但不可避免地被外来"文明"谭城所侵扰,微波站、电视机、电话、度假村,灵山不再平静,也不再花开遍野,多了垃圾、少了鸟儿,花枝折了、流水浑了,清新的空气变得难闻。而那个一直守护灵山的姑娘春桠在一趟进城之旅后又该如何面对这个正在变得面目全非的故乡?

第三节 过渡和照应

过渡和照应都是使文章内容前后连贯的手段。文章是由层次与段落连接起来的,除了意思的连接外,在表现上也需要一些手段,包括过渡和照应。

一、过渡的情况

过渡就是上下文之间的连接和转换,是用文字将前后段落和层次进行联系的方法,使它们之间的关系更为紧密,从而引导读者的思路由上文自然地转到下文。过渡的作用是承上启下,连接两层不同的意思,是上下文联系的纽带。缺少了过渡,会使各个部分脱落、游离,使意思转换突然,文章结构松散不自然。

需要过渡的情况主要有:

(一)论述具体问题时

在对一个问题具体论述时以及具体论述后需要总结时都需要过渡。

邓拓在《事事关心》一文中,开头引用了一副对联:"风声、雨声、读书声,声声入耳;家事、国事、天下事,事事关心。"作者为什么要引用这副对联呢?文章接着解释道:"因为有几位朋友在谈话中,认为古人读书似乎都没有什么政治目的,都是为读书而读书,都是读死书的。为了证明这种认识不合事实,才提起了这副对联。而且,这副对联知道的人很少,颇有介绍的必要。"[1]这段文字便是过渡,起到了承上启下的作用,既解释了为何引用这副对联,又以此自然地将思路转到主题。

(二) 连接不同的表达方式时

议论、叙述、抒情,这些是不同的表达方式,在连接这些不同的表达方式时也需要过渡。如王英琦的《大唐的太阳,你沉沦了吗?》中,叙述了包括我国古代西域在内的整个中亚细亚地区发现的一种古文字,在别的国家发现的这种文字都由他们的考古人员研究破译了,而我国却没人能破译,除了聘请国外专家破译了一些以外,大量的文献只能存放着无人问津。之后,作者以一句议论作为过渡:"在我国的国土上,发掘出来的文字,却要请外国人认,这叫什么话嘛!"然后是一连串问句的抒情:"呵!我国的作家、画家、艺术家和考古学家们,你们都在哪里呵?你们难道听不到大西北在对农民殷殷呼唤吗?你们难道看不到古西域艺术在向你们频频招手吗?你们都躲到哪个鬼旮旯去了?你们怎么那么能沉得住气,而我,都快忍不住了呵!"

在连接两种不同的表达方式时一定要用过渡,因为它们的意思相差很大,风格的反差也太大。为了避免风格的反差,使意思转换不至于太突然,就要用过渡作为缓冲,使上下文的层次和段落连接自然。

在倒叙和插叙时也需要过渡,因为上下文的连接需要明确的界限,否则意思就会模糊。电视文献纪录片《周恩来》第一集《风云途程》先将镜头定格在1976年1月8日——周恩来逝世的日子:"重温开国总理周恩来,就是重温我们自己的历史,展示一种崇高的人格精神,诉说一位历史骄子最具风采的生命历程。"紧接着用一个问句作为过渡:"历史又是如何选择周恩来作为开国总理的呢?这要从1920年他22岁时去法国说起。"自然地将历史回溯到五十多年前。

(三) 意思转换时

从一层意思向另一层意思转换时常用过渡。电视散文《黄山挑夫》描写了黄山一家三代挑夫与黄山松同样惊心动魄的生命之美。开头描绘了清早观黄山日出的情景,接着写道:"其实,在黄山,比太阳起得更早的是挑

---

[1] 邓拓:《燕山夜话》,北京十月文艺出版社2010年版,第166页。

夫。与其说太阳是升起来的,还不如说是黄山挑夫挑起来的。"用这个段落作为过渡,将互不关联的太阳与挑夫巧妙地结合起来,自然地引出下文对黄山挑夫的颂扬。

过渡的方法主要有过渡段、过渡句、过渡词,用文字将上下文紧密地连接起来,语言转换自然,使文章前后意思连贯。

二、照应的方法

照应指上下文之间的关照和呼应,包括交代和照应。

如果文章的后面有重要情节,为了避免突兀,就在前面适当的地方打个伏笔交代一下。同样,前面的内容如有重要意义,为保证内容的连续性和结构的圆满,在后面要适当关照一下。

照应由于前呼后应反复强调,可使重点突出、内容紧凑,容易把握全文的脉络,更好地了解各部分的联系。忽略了交代和照应,往往使文章显得前言不搭后语,甚至让人感觉莫名其妙。

照应不是随便重复,重复的内容可以去掉,而照应的内容不能舍弃。没有了照应,文章就不完整,结构也欠缺。常见的照应方法有:

(一)开头和结尾照应

电视文献纪录片《周恩来》第6集《曲折行进》的开头,画面上是今天北京一个普通的早晨,解说词告诉我们:"5路公共汽车的退休司机吴宏均和许多老人一样,清晨和黄昏总要出门遛一趟鸟。50年代,他曾在一个偶然的机会见到了周恩来,留下了美好而难忘的印象。"接着记录了周恩来在1950年代中期至1960年代初的思考与作为,那是困难与希望、前进与倒退并存的时期。结尾仍是提着鸟笼的吴宏均:"见过周恩来的吴宏均遛完鸟以后,悠闲自在地往家里走去。……"本集以一位公共汽车司机与周恩来的一面之交作为串连全集的线索,首尾照应、叙事清晰。

意大利作家莫拉维亚的《月球特派记者发自地球的第一个报告》以一个独特的外星人的视角旁观地球,幽默地讥讽了贫富对立的人类世界,构思奇妙。作品以一句简练的判断句开头:"这是一个奇怪的国家。"在列数了地球上富人与穷人的种种"奇怪"现象后写道:"因此,我们再重复一遍:这真是一个奇怪的国家啊!"结尾既是总结,也呼应了开头。

(二)文中前后照应

美国作家欧·亨利的小说《警察与赞美诗》中,主人公苏比与警察的几次"对峙"多次形成照应。流浪汉苏比饥寒交迫下想到了犯法进监狱的招数,他砸碎商店橱窗、调戏妇女、偷窃别人雨伞,数次面对警察制造被抓的机会,读者也一次又一次为苏比的遭遇而提心吊胆,但警察却一次次地熟视无睹。最后,苏比听到教堂传出的赞美诗旋律,幡然醒悟,决定明天就去找工作重新做人,读者也为苏比的洗心革面欣喜,这时警察却拘捕了他,他被判坐牢三个月。苏比几次故意犯案,看似行为荒唐却又总是事与愿违,警察几次视而不见,既是情节的层层推进,也步步引发读者探究到底的悬念。而最后一次,苏比什么也没做,却被关进了监狱,对比效果突出。故事情节数次照应,也为最后一次照应埋下伏笔。作者以如此黑色幽默的方式描述小人物生活的艰辛和生存的绝望,令人心生悲悯怜惜之情。

(三) 与题目照应

赵日超的散文《粗月亮,粗月饼》中首尾皆与题目照应,开头回忆小时候长辈待客时,面对客人的夸奖总谦虚地自称"粗碗""粗月饼",以至于客人说月亮好看也谦恭地回答"粗月亮"。在引经据典,借民俗和诗文抒写月亮之美、月饼之由来后,结尾再次照应题目:"空蒙的月色中,我品味着故乡的月饼,仰望着故乡的那一轮明月,不过我们的那一轮不是粗月亮,我们的那一块不是粗月饼,而是最亮、最美的一轮明月,饼中最圆、最香的一块月饼。"①文中对节日团圆的期盼,望月抒怀的人生感喟溢于言表。

有些文章的照应并不局限于某种方法,而是综合运用。如《背影》是对父爱的礼赞,作为叙事和抒情线索一直贯穿在文中,从开头提及的无法忘怀父亲的背影,到回忆车站送别时几次细致描写父亲的背影,再到最后读到父亲的信时在晶莹的泪光中眼前浮现的父亲的背影,背影在文中数次出现,有实有虚,有详有略,与题目照应、首尾照应、文中前后照应,形成严谨的结构,突出了父爱的主题和父子亲情的描绘,给人以深刻的印象和强烈的感染。

第四节 开头和结尾

开头和结尾在结构上有特殊作用。明代文学家谢榛说:"起句当如爆竹,骤响易彻。结句当如撞钟,清音有余。"(《四溟诗话》)好的开头能够帮助读者抓住要领、领会全文,引人入胜。好的结尾,可以帮助读者进一步明确主题、加深理解,读后留有余味,增加感受。

---

① 见《散文百家》2018 年第 9 期。

一、开头的方法

古人将开头称为"起笔"。开头是读者最先接触到的部分,如果开头能抓住读者就能引起阅读兴趣。如同音乐里定调一样,作为文章的第一步,开头就是为文章定调,调子定高了会离题太远,定低了则容易展不开。所以要格外费心构思,寻找合适的切入点。

开头的方法很多,主要有:

(一) 开门见山

文章开头直接入题,触及所要论述的问题,或者叙述要描写的人、事件或景物。

1. 解释题目

开篇即解释写作缘由或题目含义。如季羡林的《站在胡适之先生墓前》的开头:"我现在站在胡适之先生墓前。他虽已长眠地下,但是他那典型的'我的朋友'式的笑容,仍宛然在目。可我最后一次见到这个笑容,却已是五十年前的事了。"[①]这是一篇回忆文章,是由拜谒胡适墓而引发的对胡适的回忆。这种开头的方法多用于纪念性的抒情文章,易于引起读者感情上的共鸣。

再如王小波《关于文体》的开头:"自从我开始写作,就想找人谈谈文体的问题,但只是找不到。和不写作的人谈,对方觉得这个题目索然无味;和写作的人谈,又有点谈不开。既然写作,必有文体,不能光说别人不说自己。文体之于作者,就如性之于寻常人一样敏感。"[②]

有的作品为了便于读者理解,在开头先进行一些必要的交代和说明。如电视片《话说雪域活佛转世》的开头先用白底黑字打出字幕:"活佛:藏传佛教名词。藏语称为'朱古',意为神化现为肉身。转世:藏传佛教寺院为解决其首领的继承而设立的一种制度。取佛教灵魂转世、生死轮回之说。"紧接着介绍了活佛转世的起因和历史。这样的开头起到解释和说明作用。

2. 揭示主题

开头便直接点明作者的观点和态度。《焦点访谈》播出《仓储粮是怎样损失的》,主持人一开始就明确表明了立场:"民以食为天,粮食是事关国计民生的大业,在这个问题上容不得半点差错,可是最近在河南省周口地区的

---

① 季羡林:《我的小清观》,中国纺织出版社2020年版,第66页。
② 王小波:《我的精神家园》,文化艺术出版社1997年版,第152页。

淮阳县却发生了一起仓储粮损失严重的事件,这损失完全是由于人为的因素造成的。"

再如周闻道的散文《欲说暂住》开头:"在中国'打工博物馆',第一件醒目的展品,就是暂住证。这个首创于深圳、流行于全国的红色小本,在成为深圳移民文化符号的同时,在多少人的心灵上刻下了辛酸屈辱的烙印。"①

这种开头的好处是读者对作者的态度与观点一目了然,便于掌握全文的基本精神。

3. 直叙人事

文章开头指出要写的人和事。如契诃夫小说《胖子和瘦子》的开头:"尼古拉铁路一个火车站上,有两个朋友相遇,一个是胖子,一个是瘦子。"接着开始直截了当地叙述故事。

议论类文体中直接指出要论述的问题和现象。如中央电视台《新闻调查》播出的《"问诊"京藏高速大拥堵》的开头即列举了现象:"人们熟悉的八达岭高速、京张高速、呼包高速等名称,从今年四月逐渐淡出了人们的视野,取而代之的名称是 G6 京藏高速,它连接北京、河北、内蒙古、宁夏、甘肃、青海、西藏 7 省区,全长约 3710 公里,这条原本不大引人关注的京藏高速公路,因为最近一段时间超乎寻常的大拥堵而声名鹊起,跨越京冀和内蒙古,长达近百公里,延绵十数日的堵车长龙,甚至被戏称为汽车长城,整个路段形成了一个无比巨大的停车场。"这种开头,直奔主要内容,明确了要说明的问题和记叙的事件,读来清楚明白。

开门见山的好处是开头没有枝蔓,不需要借助其他手段,语言平实朴素、清楚明白。

(二)描绘环境

这类开头起笔曲折,渐入正题。首先描写环境,交代时间、地点、景物,渲染气氛,从而引出故事。如电视片《话说潇湘女》开头的解说词即描述了湖南的地理环境:"话说湖南南部与广西交接的地方,有一古城,自隋朝以来人们管它叫永州。在永州城郊几公里的地方,有一小小半岛,当地人称它为平岛。你可别轻看这方圆不足一平方公里的小岛,它可是一处具有非常意义的分水岭。在它的左边,一条大河滚滚而来,来自高高的九嶷大山,人称潇水。在它的右边,一条清江缓缓而过,它发源于广西海洋山,人称湘江。这潇水和湘水在平岛汇合后,拧成一股,直泄而下。它穿山林,过农庄,浩浩

---

① 见《北方日报》2013 年 3 月 29 日。

荡荡。入洞庭,进长江,养一方儿女,浇一方土壤,故古往今来的人们把它流经的土地又称之为潇湘。"就是在这独特的水土滋润下,涌现出各行各界杰出的湖南妇女。

有描写社会环境的。如双雪涛小说《杨广义》的开头:"1996年冬天,应该是年底,快到元旦了,厂里忽然起了一阵骚动,这骚动不是真动,是人的内心里起了波澜,这波澜不知由谁而起,一个传向一个,到了最后,连我这个十三岁的孩子也知道了。"①一传十十传百,谣言就是这么传开的。小说开头传播的谣言与故事中流传的杨广义的"恶行"一样,如雾里看花,真假难辨。

也有将自然环境和社会环境结合起来的,如汪曾祺的小说《大淖记事》的开头:"这地方的地名很奇怪,叫作大淖。全县没有几个人认得这个淖字。县境之内,也再没有别的叫作什么淖的地方。据说这是蒙古话。那么这地名大概是元朝留下的。元朝以前这地方有没有,叫作什么,就无从查考了。"②接下来作者用三个自然段解释了淖的含义并详细描绘了大淖的四季风光以及大淖人家的民情礼俗,令读者对该地的风土人情有了初步了解。

描绘环境是一种婉转的开头方式,渲染了气氛,加强了表达效果,使人印象深刻,帮助读者更好地领会主题、了解人物性格。

(三) 引用

开头从与主题有关的事物谈起,一般是引用传说、谚语等,从相关的事物引入正题。如电视片《黑土地》开头的解说词:"从小,我就听到了一个关于黑土地的故事:把筷子插在地上,能长出嫩绿嫩绿的幼芽;埋下一粒相思的种子,能长出一片片参天的大树,长出多姿多彩的五色的花,长出漫山遍野醉了的红高粱……"作者以神话般的开头表达了对家乡的热爱,对美丽、富饶的黑土地的热爱。

再如电视纪录片《如果国宝会说话》中《妇好玉凤:凤凰传奇》一集的开头:"《史记》中记载,殷契是凤的后裔,殷商是男人的天下。这件玉凤线条流畅,风韵迷人,侧身回首,转顾生姿。它属于商王武丁的王后妇好。殷墟妇好墓出土多件玉龙,而玉凤仅此一件。"

这种开头可以增加文章的色彩,使作品具有一种新奇的感觉。

(四) 抒发感情

以抒情的笔调,渲染气氛。如《伤逝》的开头:"如果我能够,我要写下

---

① 见《收获》2019年第3期。
② 汪曾祺:《大淖记事》,江苏凤凰文艺出版社2019年版,第2页。

我的悔恨和悲哀,为子君为自己。"沉重的感情一开头就为全篇定下了基调,将全文笼罩在悲哀和悔恨的氛围中。

再如许俊文《回到草中间》的开头:"我喜爱那些朴素的事物:泥土,野草,任何一种庄稼,原汁原味的民歌,乡戏,简陋的农具,草帽,纯棉织物……我的这种审美倾向不仅影响着我的阅读和写作,甚至影响了我的做人与处世的方式,当然也包含自己的日常行为和心态。"①文章的主要内容是作者欣赏了一首名为《草回到草中间》的诗之后的回乡之旅,在开头就用一段抒情语句为文章定下了抒情的总体气氛。

(五)设问

开头即提出问题。如《焦点访谈》播出的《伪证的判决》的开头,主持人就提出问题:"法院是维护法律尊严的地方,法院做出的裁决应该具有绝对的权威性,然而,为什么出现了同一案件先后在两个地方的法院审理,结果却截然不同的事情呢?"

再如电视纪录片《如果国宝会说话》中《镶嵌绿松石铜牌饰:金玉共振》一集的开头:"上挑的眼眶里,一双浑圆的眼睛,透过3500年的时光与你对视。它是谁?是龙,是虎?是牛,是鹿?是鸮,是熊?它似乎也在持续向我们提问:你是谁?"

这种开头是以疑问句的形式故意提问,以引起注意力,吸引读者的兴趣,答案自然就在此后的内容中。

(六)对比

可以纵向的今昔对比,也可以横向对比,可以是截然相反也可以是有所不同,总之有可比较之处。通过对比给全篇定调,突出重点或主题。如迟子建的散文《春花依然会盛开》的开头:"在我的故乡大兴安岭,庚子年的春节与以往的春节似乎没什么不同,含有福禄寿喜字样的春联,依然在门楣左右对称地做着千家万户的守护神;高悬的红灯笼仿佛是赴了多家酒宴,依然在小城的半空,呈现着一张张红通通的醉脸;噼啪燃响的爆竹依然给洁白的雪地撒上一层猩红的碎屑,仿佛岁月的梅花早早绽放了。但今年的春节又与以往有所不同,拜年串亲戚的少了,聚餐聚会的少了,外出佩戴口罩的人多了,围聚在电视机前关注疫情动态的人多了。"②以往年春节的喜庆热闹对比今年春节的冷清,点出了新冠疫情对民众生活的影响。

---

① 见《散文》2005年第11期。
② 见《美文》2020年第7期。

开头的方法还有很多,有的以警句开头,带有哲理的意味,如小说《安娜·卡列尼娜》开头:"幸福的家庭都是相似的,而不幸的家庭各有各的不幸。"有的开头魔幻而富有戏剧性,如卡夫卡小说《变形记》开头:"一天清晨,格里高尔·萨姆沙从烦乱不安的睡梦中醒来,发现自己躺在床上变成了一只可怕的甲虫。"有的开头刚劲有力,如小说《红旗谱》的开头:"平地一声雷,震动了锁井镇一带四十八村,狠心的恶霸冯兰池,他要砸掉这古钟了。"

何为好的开头其实并没有统一标准,基本的原则是:文章的开头要吸引人,切忌一般化、套话、离题。如入题太慢,离题万里;堆砌辞藻,内容空洞;缺乏必要的交代,令人不明所以。

二、结尾的方法

古人称结尾为"收笔",它是文章结束的地方。如何使结尾既不画蛇添足,又不一般化,意思得到全面充分的表达,关键就在于如何结尾。好的结尾能加强表现力,充分说明主题,使读者回味无穷。

结尾的方法主要有:

(一)总结概括

在结尾处对全文简单概括,帮助读者掌握基本内容,使人概念明确、信念坚定。如中央电视台《新闻调查》播出的《三元村的高尔夫之痛》结尾:"三元村的村民们和高尔夫球场之间的种种矛盾冲突,表面看起来,似乎是因为林地的权属不清造成的。但是追根溯源,15年前如果当地政府不是因为急于发展经济、招商引资而违规征地的话,如果对农民失地后的就业生计多一些考虑的话,或许很多冲突就能够避免。尽管今天国家关于征地、补偿和安置的法律已经越来越完善,但在大量项目征地上马的过程当中,发生在三元村和高尔夫球场之间的纠葛仍然是应该引以为戒的典型样本。"

再如母红生的《弯腰的女人》在赞美了大理女人用勤劳和智慧挑起生活重担、建设幸福家园之后,结尾总结道:"弯腰的女人贤淑、宽容,懂得礼让,充满爱心。她们勤俭朴实,忍辱负重,勇往直前。她们弯着的腰却似美丽的彩虹,强壮的弓,坚固的桥梁,背负着一代又一代的男人和子孙,顽强地矗立于云岭大地。"①

(二)启发思考

结尾运用议论等方法,引导读者从作品出发,产生更深层次的思考。如

---

① 见《散文百家》2012年第11期。

《焦点访谈》播出的《推杯换盏话饮酒》结束语："酒杯虽小,却能盛下一个西湖;酒桌不大,却能摆得下亿万钱财。有一句非常流行的民谣是这样说的,喝坏了风气,喝坏了胃,喝得单位没经费。酒从欢乐喜庆的兴奋剂变成了败坏社会风气的腐蚀剂,这违背了人类发明酒的初衷。酒可以使好事变得更好,锦上添花,也可以使坏事变得更坏,雪上加霜。"看到节目中杯盘狼藉的酒宴及醉酒者的丑态,回味结尾这段态度鲜明的议论,我们可以更深刻地体会到饮酒的严重后果。

再如第五届"好记者讲好故事"活动最佳选手郑晋鸣的演讲《手捧滚烫故事传递楷模精神》结尾:"'世上的路被诗人写作山高水长,世上的人被追问想要怎样一生。'我今年已经60虚岁了,讲完老王的故事也就该退休了。2018年,我回山西老家陪85岁的老母亲过了40年来的第一个中秋节。母亲说,这或许也是她的最后一个中秋节了。有人说你大半辈子都在奔波,不值!听了王继才的故事,我想问大家,怎样的人生才值?"演讲人讲述了守岛英雄老王三十多年坚守孤岛的故事,最后以一个问句作结,以启发听众和读者关于人生是否值得的思考,发人深省。

这种方法的结尾语言都非常讲究,富于哲理,引人深思,如电视纪录片《如果国宝会说话》中《镶嵌绿松石铜牌饰:金玉共振》一集的结尾:"上古神兽目光如炬,凝视它的眼睛,墓主的神思是否穿行到先祖的世界?这眼神,在甘肃天水见过,在四川三星堆见过。那是3000多年前中原、西北、西南的先民们,跨越千山万水相互往来的见证。它们沉默无语,它们无需言语,这双曾经见证过中国最早的王朝的眼睛,依然看着人来人往,星辰轮转。"

(三)委婉含蓄

结尾蕴含言外之意,给人回味无穷的感觉。如沈从文小说《边城》的结尾:

> 到了冬天,那个圮坍了的白塔,又重新修好了。那个在月下唱歌,使翠翠在睡梦里为歌声把灵魂轻轻浮起的年青人,还不曾回到茶峒来。
> 这个人也许永远不回来了,也许"明天"回来。①

思念的人儿会回来吗?何时回来?希望或是无望?作家汪曾祺在《沈从文和他的〈边城〉》中评价这个精彩的结尾说:"七万字一齐收在这一句话上。故事完了,读者还要想半天。你会随小说里的人物对远人作无边的思

---

① 沈从文:《边城》,吉林美术出版社2014年版,第91页。

念,随她一同盼望着,热情而迫切。"①

结尾应当有话则长,无话则短。如《口技》的结尾:"忽然抚尺一下,群响毕绝,撤屏视之,一人、一桌、一椅、一扇、一抚尺而已。"干脆利落,干净自然。

文章结尾最忌画蛇添足,忌空话,忌草率收兵。

第五节 题 目

文章都须有题目。题的本义是额,目是眼睛,顾名思义,文章的题目就如同人的眼睛和额头一样引人注目,在文章中具有举足轻重的地位。

一、题目的拟定

题目是文章的标牌,是对文章内容的概括,它的拟定非常灵活。

有些题目与文章的主题有关,或是直接表述文章主题,如《实践是检验真理的唯一标准》;或是形象地暗示主题,如《围城》《蒋公的面子》;或是用象征手法,如《白杨礼赞》《海燕》。也有一些题目表明了写作范围,如《记一件小事》。或者以与主题相关的人名、地名、时间、事件等为题目,如《安娜·卡列尼娜》《荷花淀》《项链》。还有一些题目与文章内容无直接关联,如《偶感》《随想》等。

文章一般是单行题目,也有些文章采用多行题目,即在正题外,还有引题或副题。

引题也称眉题,在正题的上行,可交代背景、烘托气氛。副题又称辅题,在正题的下行,说明补充正题。如:

(正题)穹苍之下
(副题)——武隆天坑前的意绪
(引题)心脏移植前沿领域获重大进展
(正题)国内首例动物心脏温血转运成功
(副题)心脏最长保存时间有望突破 12 小时

二、题目拟定的要求

题目关系到文章的色彩与风格,好的题目准确地概括了文章的内涵,个

---

① 汪曾祺:《汪曾祺的写作课》,江苏凤凰文艺出版社 2020 年版,第 15 页。

性鲜明,具有极强的吸引力和感人的力量。题目的拟定丰富多彩,那么怎样才是好题目呢?

(一) 贴切

题目要和内容相符,要含意恰当、清晰。《焦点访谈》播出的《无法掩盖的罪恶》及续集《半个世纪的阴影》披露了鲜为人知的事实,日军在侵华期间违反国际公约使用毒气武器,战后又遗留下大量的毒气弹,直至今日,这些武器仍威胁着我国人民的生命安全。节目的标题准确恰当地概括了内容,贴切合度。

(二) 简练

题目要言简意赅,切忌冗长啰唆。题目应短小精悍,便于记忆。《复活》《天才梦》等题目,准确地浓缩了作品的内容,内涵丰富而题目却简洁、利落,给人深刻难忘的印象。

但题目简练的前提应是最大限度地概括文章的内容,而不是单纯地追求尽量少的字数。过分追求字数少,却使题目含糊不清、语义模糊,这种做法不可取。

(三) 醒目

题目要眉目清晰,要生动形象,要让读者刚接触题目便对内容产生浓厚的兴趣,给人以美的享受。《战士与苍蝇》将两个风马牛不相及的形象放在一起,形成强烈的反差效果,刺激了读者的阅读欲望。

题目生动形象,就要善于运用修辞方法。题目常使用词组或复杂词组、简单句、设问句、反问句,多采用比喻、比拟、借代、对偶等修辞方法,使题目清新醒目,如《诗歌史上最漫长的一场雨》。

题目要生动,还可运用富于表现力的语言,如生动的口语、成语、谚语、民歌、名言以及典雅优美的古典诗词,如《以梦为马,不负韶华》。

题目生动醒目,不是堆砌华丽的辞藻,而是精彩形象地概括文章内容。

思考与练习

一、文章的结构要严谨自然完整统一,请你选择几篇名家范文,认真阅读,欣赏作者精巧的构思和对结构的熟练把握。

二、作者的思路是否清晰,会直接体现为文章的层次是否清楚分明,以下是毕淑敏的《淑女书女》,请分析该文段落的特点,并思考层次的组织是如何体现作者思路的。

淑女书女
毕淑敏

假若刨去经济的因素,比如想读书但无钱读书的女子,天下的女人,可分成读书和不读书两大流派。

我说的读书,并不单指曾经上过小学中学大学硕士博士,读过一本本的教材。严格地讲起来,教材不是书。好像司机的学驾驶和行车、厨师的红白案和刀功一样,是谋生的预备阶段,含有被迫操练的意味。

我说的读书,基本上也不包括报纸和杂志,虽然它们上头都印有字,按照国人"敬惜字纸"的传统,混进了书的大范畴,那些印刷品上,多是一些速朽的信息,有着时尚和流行的诀窍。居家过日子的实用性是有的,但和书的真谛,还有些差异。

好书是沉淀岁月冲刷的砂金,很重,不耀眼,却有保存的价值。它是地球上曾经生活过的那些智慧的大脑,在永远逝去之前自立下的思维照片。最精华的念头,被文字浓缩了。好像一锅灼热久远的煲汤,濡养着后人的神经。

书对于女人的效力,不像睡眠。睡眠好的女人,容光焕发。失眠的女人,眼圈乌青。读的女人和不读书的女人,在一天之内是看不出来的。

书对于女人的效力,也不像美容食品。滋润得好的女人,驻颜有术。失养的女人,憔悴不堪。读的女人和不读书的女人,在三个月之内,也是看不出来的。

日子是一天天地走,书要一页页地读。清风朗月水滴石穿,一年几年一辈子地读下去。书就像微波,从内向外震荡着我们的心,徐徐地加热,精神分子的结构就改变了,成熟了,书的效力凸显出来。

读书的女人,更善于倾听,因为书训练了她们的耳朵,教会了她们谦逊。知道这世上多聪慧明达的贤人,吸收就是成长。

读书的女人,更乐于思考。因为书开阔了她们的眼界,拓展了原本纤细的胸怀。明白世态如币,有正面也有反面。一厢情愿只是幻想。

读书的女人,更勇于决断。因为书铺排了历史的进程,荟萃了英雄的业绩。懂得万事有得必有失,不再优柔寡断贻误战机。

读书的女人,更充满自信。因为书让她们明辨自己的长短,既不自大,也不自卑。既然伟人们也曾失意彷徨,我们尽可以跌倒了再爬起来,抖落尘灰向前。

读书的女人，较少持续地沉沦悲苦，因为晓得天外有天乾坤很大。读书的女人，较少无望地孤独惆怅，因为书是她们招之即来永远不倦的朋友。读书的女人，较少怨天尤人孤芳自赏，因为书让你牢记个体只是恒河沙粒沧海一粟。读书的女人，较少刻毒与卑劣，因为书中的光明，日积月累浸染着节操鞭挞着皮袍下的"小"……

"淑"字，温和善良美好之意。好书对于女人，是家乡的一方绿色水土。离了它，你自然也能活。但与书隔绝的日子，心无家园，半生过下来，女人就变得言语空虚眼神恍惚心地狭窄见识短浅了。

淑女必书女。

（选自毕淑敏《毕淑敏作品》，长江文艺出版社2014年版，第207—208页）

三、照应是使文章前后连贯、结构完整的重要方法，从你阅读过的文章或观赏过的电影电视作品中，找出几个照应的例子，并说明它们好在哪里。

四、下面是电视散文《第十一位》片段，请根据内容，为该文加上开头，并且续写下去。

乡里实在派不出人来，只好请了一位刚刚毕业等待分配的女大学生来代一段时间课。不知女大学生当初是出于好奇还是其他什么原因，总之，很快和孩子们融洽地生活在一起了。

三个月后，女大学生的分配通知到了，孩子们只好像以往十次那样去送这位代课教师。谁知，出人意料的事情发生了。那天，在代课教师含泪走下山坡的那一瞬间，背后突然传来她第一节课教给孩子们的古诗："离离原上草，一岁一枯荣。野火烧不尽，春风吹又生……"

那吟诵的声音久久回荡，年轻的代课教师回头望去，二十几个孩子齐刷刷地跪在高高的山坡上，没有谁能受得起那天地为之动容的一跪。

五、选择两位不同风格的作家，比较与分析他们在结构构思方面的特点异同。

六、选择一位当代作家的作品，从层次安排、过渡照应、开头结尾等方面分析其结构特点，写作一篇评析文章。

七、以下是几个题目，请根据不同的构思思路，各拟出至少两种开头和结尾。

1. 寻找
2. 一路上有你

3. 故乡

4. 忆往事

5. 杂谈人生与未来

八、认真阅读张爱玲的《写什么》,从主题表达、材料选择和结构安排等角度分析作者的写作思维过程。

写什么
张爱玲

有个朋友问我:"无产阶级的故事你会写么?"我想了一想,说:"不会。要么只有阿妈她们的事,我稍微知道一点。"后来从别处打听到,原来阿妈不能算无产阶级。幸而我并没有改变作风的计划,否则要大为失望了。

文人讨论今后的写作路径,在我看来是不能想象的自由——仿佛有充分的选择的余地似的。当然,文苑是广大的,游客买了票进去,在九曲桥上拍了照,再一窝蜂去参观动物园,说走就走,的确可羡慕。但是我认为文人该是园里的一棵树,天生在那里的,根深蒂固,越往上长,眼界越宽,看得更远,要往别处发展,也未尝不可以,风吹了种子,播送到远方,另生出一棵树,可是那到底是很艰难的事。

初学写文章,我自以为历史小说也会写,普洛文学,新感觉派,以至于较通俗的"家庭伦理",社会武侠,言情艳情,海阔天空,要怎样就怎样。越到后来越觉得拘束。譬如说现在我得到了两篇小说的材料,不但有了故事与人物的轮廓,连对白都齐备,可是背景在内地,所以我暂时不能写。到那里去一趟也没有用,那样的匆匆一瞥等于新闻记者的访问。最初印象也许是最强烈的一种。可是,外国人观光燕子窝,印象纵然深,我们也不能从这角度去描写燕子窝顾客的心理吧?

走马看花固然无用,即使去住两三个月,放眼搜集地方色彩,也无用,因为生活空气的浸润感染,往往是在有意无意中的,不能先有个存心。文人只须老老实实生活着,然后,如果他是个文人,他自然会把他想到的一切写出来。他写所能够写的,无所谓应当。

为什么常常要感到改变写作方向的需要呢?因为作者的手法常犯雷同的毛病,因此嫌重复。以不同的手法处理同样的题材既然办不到,只能以同样的手法适用于不同的题材上——然而这在实际上是不可能的,因为经验上不可避免的限制。有几个人能够像高尔基像石挥那样到处流浪,哪一行都混过?其实这一切的顾虑都是多余的吧?只要题材不太专门性,像恋爱结婚,生老病死,这一类颇为普遍的现象,都可以从无数各个不同的观点来写,一辈子也写不完。如果有一天说这样的题材已经没的可写了,那想必是作者本人没的可写了。即使找到了崭新的题材,照样的也能够写出滥调来。

(选自张爱玲《张爱玲作品集》,
内蒙古文化出版社 2003 年版,第 81—82 页)

九、阅读梁实秋的《作文的三个阶段》,再回顾总结自己的写作经历,想想我们在写作时遇到过什么问题?如何解决才能更好地写作、更准确地表达自我?

作文的三个阶段
梁实秋

我们初学为文,一看题目,便觉一片空虚,搔首踟蹰,不知如何落笔。无论是以"人生于世……"来开始,或以"时代的巨轮……"来开始,都感觉文思枯涩难以为继,即或搜索枯肠,敷衍成篇,自己也觉得内容贫乏索然寡味。胡适之先生告诉我们:"有什么话,说什么话;话怎么说,就怎么说。"我们心中不免暗忖:本来无话可说,要我说些什么?有人认为这是腹笥太俭之过,疗治之方是多读书。"读万卷书,行万里路",固然可以充实学问增广见闻,主要的还是有赖于思想的启发,否则纵然腹笥便便,搜章摘句,也不过是饾饤之学,不见得就能做到"文如春华,思若涌泉"的地步。想象不充,联想不快,分析不精,辞藻不富,这是造成文思不畅的主要原因。

度过枯涩的阶段,便又是一种境界。提起笔来,有个我在,"纵横正有凌云笔,俯仰随人亦可怜"。对于什么都有意见,而且触类旁通,波澜壮阔,有时一事未竟而枝节横生,有时逸出题外而莫知所届,有时旁征博引而轻重倒置,有时作翻案文章,有时竟至"骂题",洋洋洒洒,拉拉杂杂,往好听里说是班固所谓的"下笔不能自休"。也许有人喜欢这种"长江大河一泻千里"式的文章,觉得里面有一股豪放恣肆的气魄。不过就作文的艺术而论,似乎尚大有改进的余地。

作文知道割爱,才是进入第三个阶段的征象。须知敝帚究竟不值珍视。不成熟的思想,不稳妥的意见,不切题的材料,不扼要的描写,不恰当的词字,统统要大刀阔斧地加以削删。芟除枝蔓之后,才能显着整洁而有精神,清楚而有姿态,简单而有力量。所谓"绚烂之极趋于平淡",就是这种境界。

文章的好坏,与长短无关。文章要讲究气势的宽阔、意思的深入,长短并无关系。长短要求其适度,性质需要长篇大论者不宜过于简略;性质需要简单明了者不宜过于累赘,如是而已。所以文章之过长过短,不以字数计,应以其内容之需要为准。常听见人说,近代人生活忙碌,时间特别宝贵,对于文学作品都喜欢短篇小说、独幕剧之类,也许有人是这样的。不过我们都知道,长篇小说还是有更多的人看的;多幕剧也有更大的观众。人很少忙得不能欣赏长篇作品,倒是冗长无谓的文字,哪怕只是一两页,恹恹无生气,也令人难以卒读。

文章的好坏与写作的快慢无关。顷刻之间成数千言,未必斐然可诵;吟得一个字拈断数根须,亦未必字字珠玑。我们欣赏的是成品,不是过程。袁虎倚马草露布,"手不辍笔,俄得七纸",固然资为美谈,究非常人规范。文不加点的人,也许是早有腹稿。我们为文还是应该刻意求工,千锤百炼,虽不必"掷地作金石声",总要尽力洗除一切肤泛猥杂的毛病。

文章的好坏与年龄无关。姜愈老愈辣,但"辣手著文章"的人并不一定即是耆耇。头脑的成熟,艺术的造诣,与年龄时常不成正比。不过就一个人的发展过程而言,总要经过上面所说的三个阶段。

(选自梁实秋《老去是生命的礼物:世间的一切遗憾都是成全》,天津人民出版社 2018 年版,第 116—118 页)

十、阅读《热天,想起了父亲》,分析其结构特色,并借鉴其材料安排和结构特点写作一篇记人叙事的散文。

热天,想起了父亲
周同宾

那个夏天,热到登峰造极,热得毫无道理。人人都说天太热,人人都骂老天爷。有电扇的,电扇昼夜转;有空调的,空调昼夜开。虽如此,仍然热得人难受。

在热的煎熬中,我想起了父亲。

父亲是农民。在我的印象中,父亲从没有抱怨过天热。岂止不抱怨,还特别喜欢热天,越热越高兴。六月里,早晨起来,先抬头看天,见天无纤云,树梢不动,狗已伸出舌头,鸡已参开翅膀,父亲总满意地赞叹道:"嘀,又是一个大热天!"遂顶着日头,下地锄草。庄稼地里似蒸笼,锄把晒得直烫手,地皮烙脚,像火烧着的鏊子,父亲倒越热干得越有劲。他有个说法,叫"趁热锄地"。正晌午,天上像下火,热气烤焦人,父亲更不忍歇息一会儿,总要干到日偏西。他的理由很简单:"天热,草锄掉就晒死了;凉快时候,锄掉还会活。"一心想着草,反忘了自己,能晒死草的日头也在晒人啊!想想父亲,直觉得"锄禾日当午,汗滴禾下土"那些名句也显得太平淡、太肤浅了,那只是诗人站路边看一眼,"悯"一下农民而已。难道父亲就感受不到天热吗?正午时,鸟雀还要躲进林荫,烈日下,蚂蚁也不外出觅食,父亲是人啊,他更能时时感受到天热得厉害。看看他的脊背,日复一日,年复一年,骄阳下不知晒掉了几层皮,终于晒成一片黑紫,一如凝固了的血。他满头满身的汗,不是向下滴,而是向下流,肩膀上搭的那条又苦又咸的毛巾,擦擦脸,拧一把,汗水向下倾泻。田里二尺厚的黑土啊,是父亲的汗水、父亲的父亲的汗水、祖宗八代的汗水浸染黑的,随便抓一把,都能闻到汗味儿。

暑假,为逃避炎热,我的儿女返乡了。乡下同样热,甚至更热。一到家,儿女就受不了,一遍又一遍嚷叫天热。父亲没多少道理安慰他们,只能一遍又一遍引用那句俗话:"不冷不热,五谷不结。"只住一天,儿女便要回城。父亲无奈,感叹道:"你们啊,生就的享福的命啊!"儿女想不到冷热与收成有关,虽然他们天天吃饭。父亲则认定,为了不饿肚子,就应该受冷受热。

我不记得父亲扇过扇子。从田里回来,还得干家里的活儿、场里的活儿,一双手没闲过。他从没见过电扇,更没听说过空调。

父亲已经过世,长眠在汗水浸润过的黑土里。酷热中,不期想起了他。想到他,直想哭。

(选自周同宾《久违的星星》,
大象出版社 2017 年版,第 182—183 页)

拓展阅读

1. 《选择与安排》(朱光潜)
2. 《记忆中的一些碎片》(叶兆言)

第五章
写作表达方式

俄国诗人普希金在抒情诗《秋》中写道：
> 于是思潮在头脑里无顾忌地起伏，
> 明快的韵脚也迎着它前去一试，
> 手急于要找到笔，笔急于要找到纸，
> 一转眼——诗章便源源地流个不止。[①]

诗人在灵感来临之际，紧紧将其抓住，并用笔表达出来。这种运用语言符号系统表情达意、形成文章的过程就是表达。表达不仅是写作主体运用语言符号和文字形式表情达意的一个外在行为，更是以内部言语为主要内容的创造性思维活动。表达在整个写作过程中具有非常重要的作用，是将无形的思维成果加以外化，最终成为有形的文章的最后一个环节。

现代写作学提出"表达方式"这一概念，主要是指运用语言符号反映客观事物以及表情达意的具体方法和手段。由于客观事物是千差万别的，同时作者的表述习惯也各有不同，再加上人们在交际过程中有种种不同的表达目的，这就形成了文章表达方法和手段的多样化。常见的几种基本表达方式有：叙述、描写、议论、抒情和说明。

这几种表达方式各有侧重：如果是反映事物的发生、发展过程，或一般性的介绍人物，就用叙述的方式；如果是刻画人物、写景状物、描绘环境，就用描写的方式；若是对事物进行分析、评论，表明自己的看法，就采用议论的方式；而表达爱憎感情、咏物赞人，则用抒情的方式；若是对某种事物或道理作解说，那就用说明的方式。

在同一篇文章中，往往以一种表达方式为主，如记叙文以叙述为主，议

[①] 〔俄〕亚历山大·普希金：《普希金经典诗歌》，中国画报出版社2011年版，第215页。

论文以议论为主,但并不是叙述只能用于记叙文,议论只能用于议论文,在一篇文章中往往有多种表达方式的配合使用。例如,张爱玲的作品《爱》以叙述的表达方式为主,用简洁的文字叙述了一个女子一生的坎坷经历以及心中那份浅浅的哀愁与淡淡的"爱",末尾采用议论的方式,突出了"爱"的巧合与无奈,深化了主题,有画龙点睛的效果。

第一节 叙 述

一、叙述的定义

叙述是用来陈述人物的经历、行为、活动过程或事件发生、发展、变化的经过的语言手段,是写作中最基本、最重要的表达方式。

叙述可以将人物的经历或事件的来龙去脉表达得清楚有条理,写作者在叙述中要做到通顺清晰、流畅自然。无论是几百字的短篇,还是几十万字的长篇,都可以做到详略得当、收放自如。

路遥《平凡的世界》采用"三线组合法",以孙少平、孙少安和田福军三个人物的经历和命运为线索,叙述了中国从1975年到1985年十年间城乡社会生活的历史性变迁。张爱玲的《爱》仅用三百多个字就叙述了一个女子的坎坷一生,并交代了"美丽邂逅"的发生、发展、变化和结局,叙述简练而意味深长。曹雪芹的《红楼梦》则用章回体的长篇形式,将封建大家族的兴衰沉浮以及数百人物的人生际遇叙述得跌宕起伏。

通过作者高超的叙述技法,作品中的人物和故事常常给我们留下深刻的印象。例如,赵树理的《小二黑结婚》开头是"三仙姑"和"二孔明"(亦作"二诸葛")两个人物的出场,其中二孔明的"不宜栽种"和三仙姑的"米烂了"两个故事非常生动,下面叙述的是"不宜栽种"的故事:

……有一年春天大旱,直到阴历五月初三才下了四指雨。初四那天大家都抢着种地,二孔明看了看历书,又掐指算了一下说:"今日不宜栽种。"初五日是端午,他历年就不在端午这天做什么,又不曾种;初六倒是个黄道吉日,可惜地干了,虽然勉强把他的四亩谷子种上了,却没有出够一半。后来直到十五才又下雨,别人家都在地里锄苗,二孔明却领着两个孩子在地里补空子。邻家有个后生,吃饭时候在街上碰上二孔明便问道:"老汉!今天宜栽种不宜?"二孔明翻了他一眼,扭转头返回去了，大家就嘻嘻哈哈传为笑谈。①

叙述不仅是记叙性文体的主要表达方式，也是议论、说明、抒情等文体常用的表达方式。在议论文中，可以运用叙述的方式概括某些事实，从事实中引出论点，或者以事实为根据来论证论点。在说明文中，可以运用叙述的方式来介绍事物的发展变化，或提供典型事例，使事物的特征和本质说明得更形象、更具体。在抒情性的文章中，可以运用叙述的方式交代抒情线索所依托的故事，增强抒情的真实性，抒发真情实感。例如，郭沫若的《丁东》所抒发的是对人世间至真至纯情感的思慕，而这种感情正像儿时小伙伴间的那份童真与单纯，作者在以抒情为主的表达中，插入了这段叙述：

> 小时候我在嘉定城外的草堂寺读过小学。我有一位极亲密的学友就住在丁东井近旁的丁东巷内。每逢星期六，城里的学生是照例回家过夜的，傍晚我送学友回家，他必然要转送我一程；待我再转送他，他必然又要转送。像这样的辗转相送，在那昏黄的街道上也可以听得出那丁东的声音。②

二、叙述的方法

从不同的角度可以分为不同的叙述方法，最常见的方法是以叙述的先后次序区分，主要有以下几种：

（一）顺叙

依循人物经历或事件发生、发展、变化过程的"自然时序"而进行的叙述叫顺叙，叙述的展开与人物经历或事件进程基本一致。

顺叙是最基本、最常用的叙述方式，一般叙事性的文章都以顺叙为主，只在某些特定的部分采用倒叙或插叙的方式。因此，我们看到的多数作品，像《红楼梦》《水浒传》《三国演义》《西游记》等，其叙述的主线都是顺叙。

顺叙的"自然时序"多数是按照事件本身的时间进程来安排，如《左传》中的《曹刿论战》、鲁迅的《一件小事》等，但也可以是正常的空间顺序或者时空结合的顺序，如陶渊明的《桃花源记》、刘白羽的《长江三日》等，还可以作者的认识过程为顺序，如杨朔的《荔枝蜜》、贾平凹的《丑石》等。

顺叙的优点是脉络清楚、次第井然，便于组织材料，使文理通顺、线索清

---

① 赵树理：《小二黑结婚》，江苏凤凰文艺出版社2018年版，第3页。
② 郭沫若：《郭沫若散文选集》，百花文艺出版社2009年版，第236页。

晰,读者易于接受;不足是容易罗列现象、平铺直叙,造成表述缺少波澜和变化,显得平板乏味。因此,使用顺叙一定要分清主次,注意材料的取舍和叙述的详略,避免平均使用笔墨。

(二) 倒叙

倒叙是把事件的结局或某一突出的片段提到前面来写,然后再按照事件的自然时序进行叙述的方法。

电影《泰坦尼克号》以1912年泰坦尼克号邮轮触礁冰山而沉没的事件为背景,描述了穷画家杰克和富家女露丝在船上邂逅并相爱、在遭遇沉船时杰克把生还的机会让给露丝的感人故事。影片以一个老妇人的讲述开始,她正是102岁的露丝,故事将结局放到最前面,然后回溯到1912年的泰坦尼克号邮轮,这种时间的穿越和人物年龄的反差,充满了历史的厚重与沧桑,而且用第一人称的口吻讲述,真实而动人心弦。

倒叙的好处是使文章开卷生波,一开头就紧紧地抓住读者,但也要根据内容的需要来使用,不能不看内容而以此为巧。同时,"倒叙"和"顺叙"的衔接要自然,避免突兀。

(三) 插叙

插叙是在叙述主要事件的过程中,根据表达的需要,暂时中断主线而插入另一些与中心事件有关的内容。插叙完了,仍按照原线索继续叙述。插叙的内容,有的是回忆过去、追述往事,有的是由近及远、由今至古地介绍人物、事件,有的是对情况或事件的某些解释或说明,等等。

例如,鲁迅先生在《故乡》中主要使用的是顺叙的方式,但当母亲和"我"谈到闰土时,"我的脑子里忽然闪出一幅神异的图画来",然后插入一段"我"和少年闰土交往的叙写,之后又回到叙述的主线上。这段插叙展现的少年闰土的形象和"我"现在见到的中年闰土的形象形成极大反差和强烈对比,从而突出了中年闰土的麻木不仁、世事的沧桑变化。

《三国演义》中写到刘备出场时,有一段对他的叙述:"那人不甚好读书;性宽和,寡言语,喜怒不形于色;素有大志,专好结交天下豪杰。"[1]这段插叙是对刘备个性的概括,说明他是一个胸怀大志、以礼待人、喜怒哀乐不随意显露的人,城府极深。后来发生的"三顾茅庐",将刘备礼下于人的一面表现得很到位,而后园学圃以避曹操谋害和青梅煮酒话英雄则可见其城府,尤其是当赵云把阿斗交给刘备时,竟被其"掷之于地",并说"为汝这孺

---

[1] 罗贯中:《三国演义》,人民文学出版社2002年版,第3页。

子,几损吾一员大将"。他把真实的爱子之情深深地按捺住,一席话赢得赵云"虽肝胆涂地,不能报也",将其城府之深表现得淋漓尽致。这样的插叙不仅为人物的个性定下基调,而且也对后文有伏笔预示作用,将一人之性格贯穿于一书之中。

插叙可以使文章内容充实,显得曲折有致。但也应该注意,插叙的使用不宜过多,以免破坏主线的自然顺畅和阅读的完整性,而且插叙要适时,回到主线时要自然过渡、巧妙衔接。

三、叙述的视角

叙述视角一般可以分为主观视角和客观视角两类。主观叙述视角中作者一般以亲历者的身份出现,常常采用第一人称。作者直接站在事件之中,不管表述的对象是不是自己,都以"我"的口吻出现。例如:鲁迅《故乡》中的"我"是以作者自己为原型;《孔乙己》中的"我"就不是作者自己,而是酒店的"小伙计"。

采用主观视角的好处是便于表情达意,使人感到亲切自然,但它受到一定时间和空间的限制,"我"不能无所不在,因而叙述面较窄。

客观叙述视角中作者一般以旁观者的身份出现,常常采用第三人称。作者站在事件之外,以第三者的口吻叙述事件,因而作者常常是全知全能的。例如,《红楼梦》的作者曹雪芹在整个作品中就是一个无所不能的旁观者,他写林黛玉时知道林黛玉的心情,写薛宝钗时知道薛宝钗的处世方式,写贾母便知贾母之雅,写刘姥姥便知刘姥姥之俗。作者凌驾于整个作品之上,统领全局,洞悉始末。

客观视角的好处是不受时间、空间的限制,活动范围广泛,但缺乏主观视角叙述的亲切感。

有一些文章也使用第二人称展开叙述。所谓第二人称是指用"你"或"你们"的口吻叙述。在一部分诗歌(尤其是朗诵诗)、散文(以悼念性的文章居多)中应用较多。"你、你们"这些第二人称代词的运用,便于倾诉感情,容易打动读者,引起读者情感上的共鸣。例如,袁鹰的散文《井冈翠竹》:

你看,那边山路上走来了两位老表,一人提着一只竹筒。……
你看那毛竹做的扁担,多么坚韧,多么结实,再重的担子也挑得起。……

> 如今,你若是从井冈山许多山坳走过,便能看到一条条修长的竹滑道。……①

这篇文章是用第三人称叙述的,其中穿插使用了第二人称代词"你",指的是读者,拉近了作者与读者的距离,亲切、动人。

郭沫若的《银杏》用的是主观叙述视角,其中的"我"指的是作者自己,同时出现了第二人称"你",指的是"银杏"。请看:

> 银杏,我思念你,我不知道你为什么又叫公孙树。但一般人叫你是白果,那是容易了解的。
>
> 我知道,你的特征并不专在乎你有这和杏相仿佛的果实,核皮是纯白如银,核仁是富于营养——这不用说已经就足以为你的特征了。
>
> ……②

可见,作品中使用第二人称"你""你们"时,通常指的是作品中的人物、事物或是读者等,而且它在作品中可以与其他人称穿插使用,因而我们认为它并不是与第一人称、第三人称处于同一层次的叙述视角。

四、叙述的语言技巧

叙述要将事件的过程和人物的经历表达清楚,在语言运用方面要注意以下几个方面:

第一要准确。具体来说,用词要恰当,造句要合乎语法和逻辑事理。贾岛"僧敲月下门"中对"推"和"敲"的反复斟酌被传为佳话。

第二要简洁。莎士比亚说过:"简洁是智慧的结晶。"叙述要讲究用简洁的语言传递尽可能多的信息量,而忌讳拖泥带水、堆砌辞藻、繁复累赘。当然,简洁并不等同于篇幅短小或语言简略,而是根据表达的需要该长则长,当短则短,详略得当。

第三要生动。叙述不一定要平铺直叙,而要使故事情节跌宕起伏,故语言表达要形象、生动,选词造句要凸显情景和画面。

在运用叙述语言时,既要考虑表义精确、色彩得体等因素,还要选用适当的修辞方式增强词语及句子的表达效果。下面介绍几种常用的修辞技巧:

---

① 袁鹰:《袁鹰散文选集》,百花文艺出版社 2001 年版,第 51—52 页。
② 宫玺编:《中国现代百家千字文》,上海文艺出版社 1990 年版,第 36 页。

(一) 变文

变文就是为了避免行文单调、重复而变换语句中的同义词、近义词等，以达到富于变化的修辞效果。例如：

1. 山西的女人，是不屈的脊梁，<u>背着子女走</u>，<u>牵着家庭进</u>，<u>推着社会动</u>。(陈传意《山西女人》)

2. 华语无疑是最高大幽深的巨岳之一了……就是这种声音，就是这种词汇，就是这种腔调，<u>从原始巫觋口中唱出来</u>，<u>从孔子庄子那里说下来</u>，<u>从李白杜甫嘴里哼出来</u>，响起在塞北沙场，响起在江湖草泽，几千年改朝换代未曾改掉它……这么一座语言山，还不大么？(余秋雨《华语情结》)

(二) 降用

降用就是把词义范围较大的一些词降级使用的修辞技巧，如大词小用、重词轻用等。降用常以政治、军事或专业领域较为严肃、庄重的词语描写生活中的平常事。例如：

1. 一秃顶，脑袋上的风水就没了，别人看我不是先前的我，我也怯了交际活动，世界日趋沙漠化，<u>沙漠化</u>到我头上了，我感到了非常自卑。(贾平凹《秃顶》)

2. 占地近五平方米的拟态蛇园是邵南孙的骄傲，也是他的蛇伤研究所的财库。每周取两次蛇毒，凡取毒的日子，邵南孙都亲自<u>披挂上阵</u>。(蒋子龙《蛇神》)

(三) 体变

体变就是把具有特定语体色彩的词语或格式变体使用，使其在另一语境中产生新义的修辞技巧。例如：

1. 画家吴冠中，人称他"植物"类。他在野外写生，不畏风雨，更不怕烈日，他能够整天不吃不喝，靠<u>光合作用</u>就可以补充能量。(何燕屏《画家吴冠中》)

2. 以前他并不会唱歌，其关键就是他不识谱。但应酬多了，自然也就会了。因为所谓唱歌，就像人在苦闷的时候要叹息，悲痛的时候要哭泣一样，属于本性中的东西。再说流行歌不是《我的太阳》《重归苏莲托》等美声名曲，一般人也能唱：流行的<u>公分母</u>就是平庸。(钟道新《权利的界面》)

（四）别解

别解就是在特定的语境中，对特定词语的原义进行巧妙回避，并临时引申出其本来并不具有的意义的修辞技巧。例如：

1. 我虽然喜欢花，可是，对于花的爱好，又完全是情场浪子式的，感情不固定；又好喜新厌旧，随着意兴买回来的花，种到园子里去，从来没有好好呵护过，总是任它自生自灭。到末了，我也不敢"拈花惹草"，甚至连瓶子里的花都不买。（李蓝《我们看花去》）

2. 赵辛楣喉咙里干笑道："从我们干实际工作的人的眼光看来，学哲学跟什么都不学全没两样。"

"那么得赶紧找个眼科医生，把眼光验一下，会这样看东西的眼睛，一定有毛病。"方鸿渐为掩饰斗口的痕迹，有意哈哈大笑。（钱锺书《围城》）

第二节 描 写

一、描写的定义

描写就是用生动形象的语言，把人物、事件、环境的特征、状貌，具体地、绘声绘色地描摹和刻画出来。描写所要达到的表达效果是"如见其人，如闻其声，如临其境"。也就是说，写人，要使人闻其声，睹其容；写物，要使之可见、可闻、可触、可感；写景，要情景交融，以景衬人，以景寓情，景人合一，创造一种鲜明的意境。总之，使用描写的目的就在于使笔下的一切形象化，直接诉诸读者的感官，引起不同程度的美感或快感，进而产生思想感情上的共鸣。

描写和叙述经常合起来使用，特别是在文学作品中，有时交汇在一起不容易分开，所以将它们合二为一称为"描述"。例如：

队长披着夹袄，一手里拤着一块高粱面饼子，一手里捏着一棵剥皮的大葱，慢吞吞地朝着钟下走。走到钟下时，手里的东西全没了，只有两个腮帮子像秋田里搬运粮草的老田鼠一样饱满地鼓着。[①]

[①] 莫言：《透明的红萝卜》，浙江文艺出版社2020年版，第10页。

但作为两种表现方法,叙述与描写的含义和作用仍有明显的不同。

首先,叙述与描写虽然同是对具体事物的反映与表述,但叙述着眼于交代、介绍,重在总体概括和对事件过程的陈述;描写着眼于刻画、描摹,重在表现事物的细微之处,或某一个侧面、局部。

其次,叙述的作用在于使读者明白、了解某个客观事实;而描写的作用在于使读者感受客观对象,唤起想象、情感体验。比如:

> 小石匠吹着口哨,手指在黑孩头上轻轻地敲着鼓点,两人一起走上了九孔桥。①

这是叙述,主要在于交代事件过程。再比如:

> 小石匠的嘴非常灵巧,两片红润的嘴唇忽而噘起,忽而张开,从他唇间流出百灵鸟的婉转啼声,响,脆,直冲到云霄里去。②

这是描写,描摹了"小石匠"的神态和动作,其作用在于激发读者想象画面和声音,如见其人。

二、描写的主要类型

以描写对象为标准,描写分为人物描写、环境描写和场面描写:

(一) 人物描写

人物是作品展现的重要内容之一,每个人物都有其独特的外貌、语言、行为方式、内心世界等,从来没有两个完全相同的人。那么,描写人物时最重要的就是突出人物个性,避免千人一面,正如李渔在《闲情偶寄》中所说:"……说一人肖一人,勿使雷同,勿使浮泛。"古今中外的优秀作品中不乏描写人物的典范之作。例如,金圣叹在《水浒传·序三》中评论《水浒传》中的一百单八将"人有其性情,人有其气质,人有其形状,人有其声口"。这 108 个人物,即便个性属于同一类,又各有各的特点。同是粗鲁之人,"鲁达粗鲁是性急,史进粗鲁是少年任气,李逵粗鲁是蛮,武松粗鲁是豪杰不受羁绊,阮小七粗鲁是悲愤无处说,焦挺粗鲁是气质不好"。同时,即便描写同一个人物,因作者或观察者的视角、对人物的认知、跟人物的关系等的不同,呈现给读者的形象也是不同的。我们来看《红楼梦》中黛玉的形象:

王熙凤眼中的林黛玉:

---

① 莫言:《透明的红萝卜》,浙江文艺出版社 2020 年版,第 10 页。
② 同上。

这熙凤携着黛玉的手,上下细细打谅了一回,仍送至贾母身边坐下,因笑道:"天下真有这样标致的人物,我今儿才算见了!况且这通体的气派,竟不像老祖宗的外孙女儿,竟是个嫡亲的孙女,怨不得老祖宗天天口头心头一时不忘。"①

贾宝玉眼中的林黛玉:

宝玉早已看见了一个姊妹,便料定是林姑妈之女,忙来作揖。厮见毕归坐,细看形容,与众各别:两弯似蹙非蹙罥烟眉,一双似喜非喜含情目。态生两靥之愁,娇袭一身之病。泪光点点,娇喘微微。闲静时如娇花照水,行动处似弱柳扶风。心较比干多一窍,病如西子胜三分。宝玉看罢,因笑道:"这个妹妹我曾见过的。"②

王熙凤对黛玉的观察是表层的,对黛玉的评述是礼节性的,且具有明显的讨好贾母的性质,而宝玉对黛玉的关注是心灵层面的,侧重"眼中看,心中评"。两个不同的角度,刻画了同一人物的两个层次和侧面,立体感鲜明。宝玉眼里的黛玉是用心体会的,只字未提黛玉的服饰,这正是作者的匠心独运之处。衣裙装饰正是宝玉眼中不屑之物,故不曾看见。宝玉生在富贵之家,对于各色女子服饰司空见惯,习以为常,而真正令宝玉动容的是黛玉的"一段自然的风流态度",黛玉之智、之媚、之娇、之弱、之愁尽收眼底。这里虽对黛玉服饰"不着一字",却写出了黛玉的神韵,同时也间接地刻画了宝玉性格的一个侧面。

我们再看萧红和阿累眼中的鲁迅先生:

鲁迅先生的笑声是明朗的,是从心里的欢喜。若有人说了什么可笑的话,鲁迅先生笑得连烟卷都拿不住了,常常是笑得咳嗽起来。

鲁迅先生走路很轻捷,尤其使人记得清楚的,是他刚抓起帽子来往头上一扣,同时左腿就伸出去了,仿佛不顾一切的走去。③

……那个老人咬着烟嘴走了出来。

他的面孔是黄里带白,瘦得教人担心,好象大病初愈的人,但精神很好又有一点颓唐的样子。头发约摸一寸长,原是瓦片头,显然好久没

---

① 曹雪芹、高鹗:《红楼梦》,人民文学出版社1982年版,第42页。
② 同上书,第50—51页。
③ 萧红:《回忆鲁迅先生》,生活·读书·新知三联书店2014年版,第1页。

剪了,却一根一根精神抖擞地直竖着。胡须很打眼,好像浓墨写的隶书"一"字。①

从上面两段文字可以看出,萧红对鲁迅先生是熟悉的,描写的是生活中的鲁迅,而阿累跟鲁迅一生只是一面之缘,是从观察者的角度客观描写其外貌。

人物描写通常可以分为肖像描写、行动描写、语言描写和心理描写等,下面分别加以介绍。

1. 肖像描写

肖像描写也叫外貌描写,是对人物的容貌、服饰、表情、姿态、声音和风度等所作的描写。人物之外形大体相似而又各不相同,凡女子都是闭月羞花、倾国倾城之貌,凡男子皆为玉树临风、风流倜傥之辈,这种模式化的描写并不能给人以新鲜之感,反而有窠臼之嫌。请看流潋紫的网络小说《后宫·甄嬛传》中华妃的肖像描写:

> 一双丹凤眼微微向上飞起,说不出的妩媚与凌厉。华妃衣饰华贵仅在皇后之下,体态纤秾合度,肌肤细腻,面似桃花带露,指若春葱凝唇,万缕青丝梳成华丽繁复的缕鹿髻,只以赤金与红宝石的簪钗装点,反而更觉光彩耀目。果然是丽质天成,明艳不可方物。②

这段肖像描写突出了华妃的明艳与凌厉,而小说中对安陵容的描写则侧重表现其娇柔:

> 她的粉色衣衫被湖风吹动,衣袂翩翩如举,波光天影激潋之间,倒映她纤弱的身影于水中,如菡萏初开,轻盈似蕊,凌波恍若水中仙,大有飘飘不胜清风之态,风致清丽难言。③

> 那女子矜持行礼,柔荑轻挥间面纱已被掀起,眉如翠羽扫,肌如白雪光,腰若束素,齿似含贝,纤柔有飞燕临风之姿。④

所以,肖像描写绝不是简单的临摹,也不能面面俱到,胡子眉毛一把抓,而是要抓住足以表现人物思想性格的特征,做到"以形传神"。描写要凸显的是人物的特征,而不是全部,正如鲁迅先生所说的"画眼法"。下面是三

---

① 阿累:《一面》,宋庆龄、周建人、茅盾等《鲁迅回忆录》(一集),上海文艺出版社1978年版,第139页。
② 流潋紫:《后宫·甄嬛传》,花山文艺出版社2007年版,第70页。
③ 同上书,第1050页。
④ 同上书,第1052页。

段对"鼻子"的描写,分别写出了尖鼻子、长鼻子、大鼻子的特征:

(1)来了一个驼背的小老太婆,嘴大得咧到耳根,下巴颏哆嗦着,像鱼似的张着嘴,尖尖的鼻子好像越过上唇朝嘴里探视似的。①

(2)一说起禅智内供的鼻子,池尾地方是没一个不知道的。长有五六寸,从上唇的上面直拖到下颏的下面去。形状是从顶到底,一样的粗细。简洁说,便是一条细长的香肠似的东西,在脸中央拖着罢了。②

(3)桑丘第一眼就看见了林中侍从的鼻子,那鼻子之大,衬得全身都小了。据说实在是大得出奇,鼻梁是拱起的,鼻上全是疙瘩,颜色青紫,像茄子那样,鼻尖盖过嘴巴两三指宽。这样一个颜色青紫、疙疙瘩瘩的拱梁大鼻,使他那张脸奇丑不堪。③

2. 行动描写

行动描写是对人物的行为和动作所作的描摹。行动,指的是人的社会行为,是判断一个人思想、性格的重要依据。

一般情况下,通过人物的举止行动,我们可以了解他的性格特点及思想品格。例如,《红楼梦》对"晴雯撕扇"的描写:

晴雯听了,笑道:"既这么说,你就拿了扇子来我撕。我最喜欢撕的。"宝玉听了,便笑着递与她。晴雯果然接过来,嗤的一声,撕了两半,接着嗤嗤又听几声。宝玉在旁笑着说:"响的好,再撕响些!"正说着,只见麝月走过来,笑道:"少作些孽罢。"宝玉赶上来,一把将他手里的扇子也夺了递与晴雯。晴雯接了,也撕了几半子,二人都大笑。④

《红楼梦》中对晴雯的评价是"勇"。这个"勇"字,就是晴雯敢于表现自己的真实情感,里面没有任何挟带藏掖,也从不计较会得到什么样的后果,通过"撕扇"时一系列动作和行为,率真可爱的晴雯的形象跃然纸上。

3. 语言描写

语言描写是对人物的对话和独白所作的描写。"言为心声",就是说,一个人说什么话、怎样说话,往往是一定的思想性格和心理状态的具体体现。

---

① 〔苏〕马克西姆·高尔基:《童年》,刘辽逸译,译林出版社2018年版,第236页。
② 〔日〕芥川龙之介:《罗生门》,鲁迅译,时代文艺出版社2017年版,第9页。
③ 〔西〕塞万提斯:《堂吉诃德》,杨绛译,人民文学出版社2015年版,第1418—1419页。
④ 曹雪芹、高鹗:《红楼梦》,人民文学出版社1982年版,第434—435页。

金圣叹曾说,"一样人,便还他一样说话",说的正是人物语言跟其性格的一致性。语言描写要注意避免人物语言不符合人物身份,避免用写作者自己的语言代替人物语言,做到一人有一人语言。

《红楼梦》第八回写道,一日天寒,因宝钗在家养病,宝玉前往探视,正巧黛玉也来看望,看到宝玉要尝宝钗的冷香丸,心里很不是滋味。原文是这样的:

> 一语未了,忽听外面人说:"林姑娘来了。"话犹未了,林黛玉已摇摇的走了进来,一见了宝玉,便笑道:"嗳哟,我来的不巧了!"宝玉等忙起身笑让坐,宝钗因笑道:"这话怎么说?"黛玉笑道:"早知他来,我就不来了。"宝钗道:"我更不解这意。"黛玉笑道:"要来一群都来,要不来一个也不来;今儿他来了,明儿我再来,如此间错开了来着,岂不天天有人来了?也不至于太冷落,也不至于太热闹了。姐姐如何反不解这意思?"①

黛玉的一句"早知他来,我就不来了",说出了自己的心里话,宝钗应解其意,但仍装作不懂,黛玉接下来的解释可谓精妙,巧妙地将话锋一转,让宝钗无言以对。紧接着,当宝玉听宝钗说吃冷酒对身体不好而放下酒杯时,黛玉心生醋意,但仍不露声色,此时雪雁来送暖手炉,黛玉的一段话可谓一语双关,请看原文:

> 黛玉磕着瓜子儿,只抿着嘴笑。可巧黛玉的小丫鬟雪雁走来与黛玉送小手炉,黛玉因含笑问他:"谁叫你送来的?难为他费心,那里就冷死了我!"雪雁道:"紫鹃姐姐怕姑娘冷,使我送来的。"黛玉一面接了,抱在怀中,笑道:"也亏你倒听他的话。我平日和你说的,全当耳旁风;怎么他说了你就依,比圣旨还快些!"宝玉听这话,知是黛玉借此奚落他,也无回复之词,只嘻嘻的笑两阵罢了。②

聪敏的颦儿,几句话就把她的妒意表达得既锋利而又含蓄,机带双敲而又点滴不漏,而这正是黛玉性格特点在语言上的表露,倘若换了宝钗,纵使心生妒意也不会表露于色。

4. 心理描写

心理描写是对人物在特定情境下内心状态所作的描写。人物面对一定的客观环境而产生的感受、感触、思考、联想乃至幻觉、梦境等,都是心理描

---

① 曹雪芹、高鹗:《红楼梦》,人民文学出版社 1982 年版,第 126 页。
② 同上书,第 128 页。

写的内容。

直接剖析是心理描写中最常用的方法。由作者直接揭示、分析、披露人物的心理活动，使读者直接感知到人物的想法。如高晓声的小说《陈奂生上城》中对陈奂生交了住高级招待所的五块钱后复杂心理的描写：

> 啃完饼，想想又肉痛起来，究竟是五元钱哪！他昨晚上在百货店看中的帽子，实实在在是二元五一顶，为什么睡一夜要出两顶帽钱呢？连沈万山都要住穷的；他一个农业社员，去年工分单价七角，因一夜做七天还要倒贴一角，这不是开了大玩笑！从昨半夜到现在，总共不过七、八个钟头，几乎一个钟头要做一天工，贵死人！真是阴错阳差，他这副骨头能在那种床上躺尸吗！现在别的便宜拾不着，大姑娘说可以住到十二点，那就再困吧，困到足十二点走，这也是捞着多少算多少。对，就是这个主意。①

这段心理描写采用了人物的心理独白方式，直接表现出陈奂生的内心世界。

《红楼梦》中有一段对黛玉心理活动的描写也非常精彩：

> 林黛玉听了这话，不觉又惊又喜，又悲又叹。所喜者，果然自己眼力不错，素日认他是个知己，果然是个知己。所惊者，他在人前一片私心称扬于我，其亲热厚密，竟不避嫌疑。所叹者，你既为我之知己，自然我亦可为你之知己矣；既你我为知己，则又何必有金玉之论哉；既有金玉之论，亦该你我有之，则又何必来一宝钗哉！所悲者，父母早逝，虽有铭心刻骨之言，无人为我主张。况近日每觉神思恍惚，病已渐成，医者更云气弱血亏，恐致劳怯之症。你我虽为知己，但恐自不能久待；你纵为我知己，奈我薄命何！想到此间，不禁滚下泪来。②

作者写出了黛玉在一瞬之间惊、喜、悲、叹的复杂心情，集中体现了黛玉内心的敏感多疑、多愁善感，同时也反映了她对宝玉深沉的爱以及对自身命运的深切忧虑。

（二）环境描写

环境描写是指对自然景物和社会环境两方面的描写。除了单纯写景状物的文章，一般文章中的环境描写都不是单纯为了写环境而写环境，它对推

---

① 高晓声：《陈奂生上城》，甘肃人民出版社1981年版，第235页。
② 曹雪芹、高鹗：《红楼梦》，人民文学出版社1982年版，第446页。

动情节发展、表现时代风貌、展现风土人情、衬托人物心理、深化主题、渲染气氛等都有重要作用。也就是说，环境描写跟文章中人物、事件等是和谐统一、相辅相成的。

1. 自然风光描写

自然风光描写是指对山容水貌、林木花草、日月星辰等自然景色的描写。例如，《儒林外史》第一回中的景物描写：

> 那日，正是黄梅时候，天气烦躁。王冕放牛倦了，在绿草地上坐着。须臾，浓云密布，一阵大雨过了。那黑云边上镶着白云，渐渐散去，透出一派日光来，照耀得满湖通红。湖边山上，青一块，紫一块，绿一块。树枝上都像水洗过一番的，尤其绿得可爱。湖里有十来枝荷花，苞子上清水滴滴，荷叶上水珠滚来滚去。①

对自然景物的描写不仅可以使读者切身体会到故事发生或人物活动的环境场景，还可以渲染气氛，抒发感情，表现文章的主题思想。例如，戏剧《雷雨》的第一幕开头写道："方才落了一阵暴雨，天气还是郁热难堪"，"池塘里青蛙叫得更起劲，一直不停"，"无星的天空时而打着没有雷的闪电。蓝森森地一晃，闪露出来池塘的垂柳在水面颤动着。闪光过去，还是黑黝黝的一片"。这段文字描写了暴雨过后的天气状态，勾勒出一种沉闷的令人窒息的气氛，渲染了处于这种气氛中的剧中人普遍的郁闷烦躁心理。

2. 社会环境描写

社会环境描写的内容很丰富，小至布置陈设、房间住宅、街道市场，大到城市、地区乃至国度、社会关系、风土人情、时代风云，都在社会环境的描写范围之内。余秋雨的散文《抱愧山西》这样描写山西平遥古城的街道：

> 这实在是一条神奇的街，精雅的屋宇接连不断，森然的高墙紧密呼应，经过一二百年的风风雨雨，处处已显出苍老，但苍老而风骨犹在，竟然没有太多的破败感和潦倒感。许多与之年岁仿佛的文化宅第早已倾圮，而这些商用建筑却依然虎虎有生气，这使我联想到文士和商人的差别，从一般意义上说，后者的生命活力是否真的要大一些呢？街道并不宽，每个体面门庭的花岗岩门坎上都有两道很深的车辙印痕，可以想见当日这条街道上是如何车水马龙的热闹。这些车马来自全国各地，驮载着金钱驮载着风险驮载着骄傲，驮载着九州的风谷和方言，驮载出一

---

① 吴敬梓：《儒林外史》，华文出版社2018年版，第2页。

个南来北往经济血脉的大流畅。①

社会环境对于凸显作品的主题非常重要。同样是爱情故事,《罗密欧与朱丽叶》与《小二黑结婚》给人的审美感受就完全不同,而《安娜·卡列尼娜》与《魂断蓝桥》也各具特色,其中一个重要原因就是故事发生的社会环境差别较大。《穆斯林的葬礼》之所以打动人心,与其特定的回民背景与习俗也是分不开的。由此可见,社会环境的描写与刻画通常是与故事的叙述主线融为一体的。

(三) 场面描写

场面描写是作者对特定时间与地点内各类人物聚集活动所作的有点有面的描写。场面描写一般由"人、事、境"构成,描写人物在特定环境中的活动、人物相互之间的关系。场面描写往往以叙述和描写为主,也兼有抒情和议论。场面描写是训练叙述和描写能力的有效途径,是叙事类文章写作的基础。

下面是《红楼梦》第四十回中的一个场面描写,凤姐和鸳鸯撺掇刘姥姥出丑,引得众人忍俊不禁,在场的各位身份、性格不同,笑的情态也不尽相同,场面生动,描写传神:

> 凤姐儿偏拣了一碗鸽子蛋放在刘姥姥桌上。贾母这边说声"请",刘姥姥便站起身来,高声说道:"老刘,老刘,食量大似牛,吃一个老母猪不抬头。"自己却鼓着腮不语。众人先是发怔,后来一听,上上下下都哈哈的大笑起来。史湘云撑不住,一口饭都喷了出来;林黛玉笑岔了气,伏着桌子嗳哟;宝玉早滚到贾母怀里,贾母笑的搂着宝玉叫"心肝";王夫人笑的用手指着凤姐儿,只说不出话来;薛姨妈也撑不住,口里茶喷了探春一裙子;探春手里的饭碗都合在迎春身上;惜春离了坐位,拉着他奶母叫揉一揉肠子。地下的无一个不弯腰屈背,也有躲出去蹲着笑去的,也有忍着笑上来替他姊妹换衣裳的,独有凤姐鸳鸯二人撑着,还只管让刘姥姥。②

三、描写的方法

描写的方法很多,下面介绍几种常见的描写方法。

---

① 余秋雨:《世界华文散文精品·余秋雨卷》,广州出版社1998年版,第294页。
② 曹雪芹、高鹗:《红楼梦》,人民文学出版社1982年版,第550—551页。

（一）工笔与白描

工笔原是绘画中的术语，又叫细描，运用于写作中是指对描写对象作精雕细刻式的描写，特点是纤毫毕现、详尽细腻。请看《茶花女》中对玛格丽特外貌的描写：

> 的确，玛格丽特可真是个绝色女子。
>
> 她身材颀长苗条稍许过了点分，可她有一种非凡的才能，只要在穿着上稍稍花些功夫，就把这种造化的疏忽给掩饰过去了。她披着长可及地的开司米大披肩，两边露出绸子长裙的宽阔的镶边，她那紧贴在胸前藏手用的厚厚的暖手笼四周的褶裥都做得十分精巧，因此无论用什么挑剔的眼光来看，线条都是无可指摘的。
>
> 她的头样很美，是一件绝妙的珍品，它长得小巧玲珑，就像缪塞所说的那样，好像是经她母亲精心摩挲才成为这个模样的。
>
> 在一张流露着难以描绘其风韵的鹅蛋脸上，嵌着两只乌黑的大眼睛，上面两道弯弯细长的眉毛，纯净得犹如人工画就的一般，眼睛上盖着浓密的睫毛，当眼帘低垂时，给玫瑰色的脸颊投去一抹淡淡的阴影；俏皮的小鼻子细巧而挺秀，鼻翼微鼓，像是对情欲生活的强烈渴望；一张端正的小嘴轮廓分明，柔唇微启，露出一口洁白如奶的牙齿；皮肤颜色就像未经人手触摸过的蜜桃上的绒衣：这些就是这张美丽的脸蛋给你的大致印象。①

白描原也是绘画中的术语，在写作中是指用经济的笔墨、精炼质朴的文字对事物进行描写，寥寥几笔勾勒出事物的本质特征。白描不求细致与文饰，只求神似，给人一种返璞归真的感觉。例如，莫言《透明的红萝卜》中对小石匠的描写，三言两语突出了小石匠这个人物的特点：

> 小石匠长得很潇洒，眉毛黑黑的，牙齿是白的，一白一黑，衬托得满面英姿。他把脑袋轻轻摇了一下，一绺滑到额头上的头发轻轻地甩上去。②

（二）正面描写与侧面描写

正面描写，又叫直接描写，即直接对人物和景物进行的描写，前面所举各例基本都属于正面描写。

---

① 〔法〕小仲马：《茶花女》，王振孙译，外国文学出版社1980年版，第10—11页。
② 莫言：《透明的红萝卜》，浙江文艺出版社2020年版，第6页。

侧面描写,又叫间接描写,是通过描写其他人物的态度、议论和评价,达到间接表现人物和景物的目的。《小二黑结婚》中写到小芹的美时,并没有直接描写,而是借青年们的反应来侧面烘托小芹的魅力:

> 小芹今年十八了,村里的轻薄人说,比她娘年轻时候好得多。青年小伙子们,有事没事,总想跟小芹说句话。小芹去洗衣服,马上青年们也都去洗;小芹上树采野菜,马上青年们也都去采。
>
> 吃饭时候,邻居们端上碗爱到三仙姑那里坐一会,前庄上的人来回一里路,也并不觉得远。这已经是三十年来的老规矩,不过小青年们也这样热心,却是近二三年来才有的事。①

正面描写与侧面描写并不是截然分开的,很多作品中对人物、景物的刻画都是正面描写与侧面描写巧妙结合,多层次、多角度地揭示人物,立体感强,如《红楼梦》第三回对王熙凤的描写:

> 一语未了,只听后院中有人笑声,说:"我来迟了,不曾迎接远客!"黛玉纳罕道:"这些人个个皆敛声屏气,恭肃严整如此,这来者系谁,这样放诞无礼?"心下想时,只见一群媳妇丫鬟围拥着一个人从后房门进来。这个人打扮与众姑娘不同,彩绣辉煌,恍若神妃仙子:头上戴着金丝八宝攒珠髻,绾着朝阳五凤挂珠钗;项上带着赤金盘螭璎珞圈;裙边系着豆绿宫绦,双衡比目玫瑰佩;身上穿着缕金百蝶穿花大红洋缎窄裉袄,外罩五彩刻丝石青银鼠褂;下着翡翠撒花洋绉裙。一双丹凤三角眼,两弯柳叶吊梢眉,身量苗条,体格风骚,粉面含春威不露,丹唇未启笑先闻。②

王熙凤的出场声势不凡,别人皆屏息,她独放诞,未见其人,先闻其声,不仅使读者感到飞来一股泼气,还能体会到她那与泼气俱来的威严,她在贾府中的地位,也就可想而知了。作者对王熙凤的肖像描写不仅采用直接描写,还从侧面透过黛玉这个初入贾府者之眼来观察、感知、评价,增强表现人物的立体感。

(三) 客观描写和主观描写

客观描写,指的是按照人物或景物的本来面目做如实的描摹。写实性文章中的描写一般属于此类。

---

① 赵树理:《小二黑结婚》,江苏凤凰文艺出版社2018年版,第5页。
② 曹雪芹、高鹗:《红楼梦》,人民文学出版社1982年版,第40—41页。

主观描写，是指由于作者主观情感的渗入，使描写对象浸染了强烈的主观色彩。中国古典诗词讲究意象，借景抒情，情景交融，把作者的主观情感融入客观的景物，即"我见青山多妩媚，料青山见我应如是"或"登山则情满于山，观海则意溢于海"。因此，同样的景物，不同的人、不同的心境、不同的人生机遇下就会有不同的情感寄托。同是枫叶，在乐观逍遥的杜牧笔下，是"停车坐爱枫林晚，霜叶红于二月花"（《山行》）；而在长亭送别的崔莺莺眼中，却是"晓来谁染霜林醉，总是离人泪"（王实甫《西厢记》）。同是明月，晏殊说"明月不谙离恨苦，斜光到晓穿朱户"（《蝶恋花》）；张泌则说"多情只有春庭月，犹为离人照落花"（《寄人》）。同是夕阳，李商隐感叹"夕阳无限好，只是近黄昏"（《乐游原》）；刘禹锡却说"莫道桑榆晚，为霞尚满天"（《酬乐天咏老见示》）。同是杨柳，刘禹锡说"长安陌上无穷树，惟有垂杨管离别"（《杨柳枝》）；韦庄则说"无情最是台城柳，依旧烟笼十里堤"（《台城》）。

再如写雨，朱自清笔下的春雨美丽而安静，而在张爱玲的眼中，秋雨则增添了悲凉的色彩。

> 雨是最寻常的，一下就是两三天。可别恼。看，像牛毛，像花针，像细丝，密密地斜织着，人家屋顶上全笼着一层薄烟。树叶子却绿得发亮，小草也青得逼你的眼。傍晚时候，上灯了，一点点黄晕的光，烘托出一片安静而和平的夜。乡下去，小路上，石桥边，有撑起伞慢慢走着的人；还有地里工作的农夫，披着蓑，戴着笠。他们的房屋，稀稀疏疏的，在雨里静默着。①

> 雨，像银灰色黏湿的蛛丝，织成一片轻柔的网，网住了整个秋的世界。天也是暗沉沉的，像古老的住宅里缠满着蛛丝网的屋顶。那堆在天上的灰白色的云片，就像屋顶上剥落的白粉。在这古旧的屋顶的笼罩下，一切都是异常的沉闷。园子里绿翳翳的石榴、桑树、葡萄藤，都不过代表着过去盛夏的繁荣，现在已成了古罗马建筑的遗迹一样，在萧萧的雨声中瑟缩不宁，回忆着光荣的过去。草色已经转入忧郁的苍黄，地下找不出一点儿新鲜的花朵；宿舍墙外一带种的娇嫩的洋水仙，垂了头，含着满眼的泪珠，在那里叹息它们的薄命，才过了两天的晴美的好

---

① 朱自清：《春》，《朱自清经典散文》，山东文艺出版社2018年版，第384页。

日子又遇到这样霉气薰薰的雨天。只有墙角的桂花,枝头已经缀着几个黄金一样宝贵的嫩蕊,小心地隐藏在绿油油椭圆形的叶瓣下,透露出一点新生命萌芽的希望。①

四、描写的语言技巧

描写要使读者有如见其人、如临其境之感,在语言表达方面要力求逼真、生动,富有感染力和表现力。

臧克家《烙印》组诗首篇《难民》的开头一句:"日头坠在鸟巢里,黄昏还没熔尽归鸦的翅膀。"意境逼真而优美,作者在谈到自己的创作时说:

> 起头是想这样写的:"黄昏里扇动着归鸦的翅膀",后来又改为:"黄昏里还辨得出归鸦的翅膀",最后才写成现在的这个样子。我觉得,这定稿是比较好的。请闭上眼睛想一想这样一个景象:黄昏朦胧,归鸦满天,黄昏的颜色一霎一霎的浓,乌鸦的翅膀一霎一霎的淡,最后两者渐不可分,好似乌鸦翅膀的黑色被黄昏溶化了。当我在推敲这个句子的时候,并不是单单为了要把它造得漂亮,而且心里先有了黄昏时分那样的一个境界,力图使自己的诗句逼真地把它表现出来。②

在使用描写的表达方式时,经常使用一些修辞格来增强描写的效果,下面介绍常见的几种。

(一) 比喻

比喻是适用范围很广、使用频率很高、极有表现力的一种辞格。它是用与此事物本质不同但具有相似点的彼事物来形容、描绘此事物的一种修辞手法。"我们的祖国像花园"是个比喻,"祖国"和"花园"是两个本质不同的事物,但是,通过艺术的联想,可以发现二者有相似的地方,这个比喻即可以成立。

可以用浅显的、具体的比喻深奥的、抽象的,也可以用抽象的、深奥的比喻具体的、浅显的。被比的事物与作比的事物应该是不同类,两者可以在一个或多个方面具有相似点。两者的距离越远,越能获得意外的效果。

比喻一般包括三个部分:本体、喻体和比喻词。根据本体和喻体的关系以及比喻词的异同和隐现,比喻一般可分为明喻、暗喻、借喻三种类型。

---

① 张爱玲:《秋雨》,《流言》,中国戏剧出版社2005年版,第3页。
② 臧克家:《学诗过程中的点滴经验》,《学诗断想》,四川人民出版社1979年版,第166页。

1. 明喻

明喻是最典型的比喻,比喻关系很明显,结构方式最为完整:本体(被比的事物)、喻体(作比的事物)、比喻词("像""如""若""似的""好像""如同""仿佛""一样"等)都出现,有时还可以顺势写出两者的相似点;在语义关系上也最为显豁,一般不容易与其他修辞格混淆。如果用 A 表示本体,用 B 表示喻体,那么明喻的基本格式是:A 像 B,有时也有 B 像 A。例如:

(1)梅雨潭是一个瀑布潭……那溅着的水花,晶莹而多芒;远望去,像一朵朵小小的白梅,微雨似的纷纷落着。(朱自清《绿》)

(2)出洋好比出痘子、出痧子,非出不可。小孩子出过痧痘,就可以安全长大,以后碰见这两种毛病,不怕传染。我们出过洋,也算了了一桩心愿,灵魂健全,见了博士硕士这些微生虫,有抵抗力来自卫。(钱锺书《围城》)

2. 暗喻

暗喻是本体和喻体都出现而比喻词不出现的比喻,比喻关系比较隐蔽,比喻词一般用"是""成为"等;常见的有利用判断关系构成"A 是 B",利用修辞关系构成"A 的 B",利用并列关系构成"A,B"等。例如:

(1)卑鄙是卑鄙者的通行证,高尚是高尚者的墓志铭。(北岛《回答》)

(2)生得又高又胖并不就是伟人,做得多而且繁也决不就是名著。(鲁迅《由聋而哑》)

3. 借喻

借喻是本体和比喻词都不出现而借喻体来代替本体的比喻,借喻本体不出现,而是以喻体代替本体,也不用比喻词,实际上是借喻体来代本体,在形式上与借代有相似的地方,例如把"家庭"比作"女人的领土","眼泪"比作"珍珠"和"露":

(1)柔嘉到底是个女人,对于自己管辖的领土比他看得重。(钱锺书《围城》)

(2)说呵,是什么哀怨,什么寒冷摇撼,/你的心,如林叶颤抖于月光摩抚,/摇坠了你眼里纯洁的珍珠,悲哀的露?(何其芳《圆月夜》)

(二)比拟

比拟是把物当人来写或把人当物来写、把此物当作彼物来写的修辞手法。一般分为拟人和拟物两种。

1. 拟人

或称"人格化",是把人以外的物,甚至抽象的概念当作人来描写,赋予它们以人的动作行为或思想感情,达到使之具体生动的目的。例如:

(1) 夏天的夜色来得迟。黄昏拖着长长的裙裾,舒舒展展地踱步,把一天的暑气细心地收敛,然后才慢慢地隐去。(罗兰《夏夜繁星》)

(2) 那晚月儿已瘦削了三分。她晚妆才罢,盈盈的上了柳梢头。(朱自清《桨声灯影里的秦淮河》)

2. 拟物

是将人当物或把此物当彼物来描写,以表达作者的态度与感情,使读者对被描写的人或事有鲜明的印象。例如:

(1) 美国博士几个子儿一枚?我问他。(老舍《牺牲》)

(2) 宋朝的阳光,古老一如梦中,汴京,遥远有如太古。唯清明时节的表青,却染绿无数画家的乡愁。(张晓风《雨之调》)

(三) 借代

借代是不直接说出某人或某事物的名称,而是借用和他(它)有某种密切关系的人或事来代替的修辞手法。借代用一个能够反映本体特征的名称替换原来的名字,从而使形象突出、特征鲜明,给人留下生动深刻的印象。同时,用来代替原名的借体往往带有作者或人物的爱憎情感,使得表达更具感染力。

借代的方式很多,一般有以下几种:1. 借部分代整体;2. 借特征代本体;3. 借具体代抽象;4. 借专名代泛称;5. 借结果代原因;6. 借所在或所属代本体;7. 借作者或产地代本体。例如:

(1) 他带着很机密很严重的脸色——小声儿问那小胡子。(张天翼《华威先生》)

(2) 二女儿是个老干部,在福建省工作。老三就是英梅的丈夫,参加志愿军去了朝鲜……最近这些日子,福建照样有信,朝鲜可不来信了。(康濯《最高兴的时候》)

(四) 夸张

夸张是人们在具有强烈感受的情况下,为了突出某一事物或强调某一感受,有意采用"言过其实"的说法,对某些事物的特征作艺术上的夸大或

缩小的修辞手法。根据内容来分,夸张可以分为扩大、缩小、超前三类;而按照夸张的方式,又可以分为直接夸张和间接夸张。例如:

(1) 山上的草香得那样浓,让我想到,要不是有这样猛烈的风,恐怕空气都会给香得凝冻起来呢!(张晓风《地毯的那一端》)

(2) 凭他怎样,你老拔根寒毛比我们的腰还粗呢!(《红楼梦》)

(五) 移觉

人的视觉、听觉、触觉、味觉和嗅觉在感知外界事物时,一般彼此不能转移交错,但有时人们却可以用语言描写出五官功能互相补充、互相转化、彼此沟通的情形,这种修辞方法叫移觉。移觉是建立在感觉移借和丰富想象的生理、心理基础之上的。从感觉转移中强化人的感受,巧妙地传递感情。例如:

(1) 那笛声里,有故乡绿色平原上青草的香味。
有四月的龙眼花的香味。
有太阳的光明。(郭风《叶笛》)

(2) 方鸿渐看唐小姐不笑的时候,脸上还依恋着笑意,像音乐停止后袅袅空中的余音。许多女人会笑得这样甜,但她们的笑容只是面部肌肉的柔软操……(钱锺书《围城》)

(六) 对偶

对偶是将字数相等、结构相同或基本相同、意义相互关联的一对词组或句子排列在一起使用,以增强节律美和感染力。根据前后两部分意义关系的不同,对偶一般分为正对、反对、串对三种。

1. 正对

由两个意思相关的对称句子或词组构成。例如:

两个黄鹂鸣翠柳,一行白鹭上青天。(杜甫《绝句》)

2. 反对

由两个意思彼此对立的对称句子或词组构成。例如:

横眉冷对千夫指,俯首甘为孺子牛。(鲁迅《自嘲》)

3. 串对

又叫流水对,是由两个内容连贯或者有递进、因果等关系的对称句子或词组构成的对偶。例如:

野火烧不尽,春风吹又生。(白居易《赋得古原草送别》)

第三节　抒　情

一、抒情的定义

刘勰说:"繁采寡情,味之必厌。"(《文心雕龙·情采》)写作离不开抒情,它是一种重要的表达方式。具体来说,抒情是作者或作品中的人物抒发主观感受、表露感情的一种表达方式。宋人张戒说:"情动于中而形于言。"(《岁寒堂诗话》卷上)人们写文章总是有感而发,对所反映的客观事物总要持一定态度,伴随着某种感情体验,这种情感必然会渗透到文章或作品的人、事、景、物之中去,并通过一定方式表述出来,这就需要抒情。

抒情和议论都是作者对客观事理的某种态度在文章中的反映。区别在于,前者着重于感情的抒发、倾吐;后者着重于评论、阐明观点。

抒情是抒情诗、抒情散文的重要表达手段,在记叙文章和叙事作品中也经常运用。在议论性和说明性文章中,有时也用到抒情,但只是作为一种辅助手段,使用较少。

二、抒情的方法

(一) 直接抒情

直接抒情即直抒胸臆,就是作者或作品中的人物未借助其他表达手法,而是直截了当、不加掩饰地将内心的感情表现出来。

例如,舒婷的《致橡树》用诗歌的形式诠释了一种新的相爱模式,不同于低到尘埃里的爱、卑微之爱,而是一种平等、自信且深沉、理性之爱。全诗直抒胸臆,情感真挚而有力:

> 我如果爱你——/绝不像攀援的凌霄花,/借你的高枝炫耀自己;/我如果爱你——/绝不学痴情的鸟儿,/为绿荫重复单调的歌曲;/……/我们分担寒潮、风雷、霹雳;/我们共享雾霭、流岚、虹霓。/仿佛永远分离,/却又终身相依。/这才是伟大的爱情,/坚贞就在这里:/爱——/不仅爱你伟岸的身躯,/也爱你坚持的位置,/足下的土地。①

---

① 舒婷:《舒婷精选集》,北京燕山出版社 2006 年版,第 3—4 页。

余秀华的《阿乐,你又不幸地被我想起》这首诗,则表现了一种爱而不能的疼痛感,这种爱饱含直击灵魂的痛楚,又夹杂着无能与无奈,抒情直接,感情炽热而厚重:

> 我不敢把我的心给你/怕我一想你,你就疼/我不能把我的眼给你/怕我一哭,你就流泪/我无法把我的命给你/因为我一死去,你也会消逝//我要了你身后的位置/当我看你时,你看不见我/我要了你夜晚的影子/当我叫你时,你就听不见/我要下了你的暮年/从现在开始酿酒①

直接抒情是需要一定的预先铺垫的:非要到作者内心情感冲腾激荡、迫不及待地想要倾泻出来,且无暇从容考虑借用其他方式来传达时,才可一任情潮澎湃,一泻千里;否则会让人觉得情无所系,流于空泛。

直接抒情在抒情诗、抒情散文中比较常用,在其他文体中一般与叙述、描写等其他表达方式配合使用。例如,《城南旧事》中表达"英子"对宋妈的爱与不舍:

> 我简直想不出宋妈要是真的回老家去,我们家会成什么样儿?谁给我老早起来谁给我梳辫子上学去?谁喂燕燕吃饭?弟弟挨爸爸打的时候谁来护着?珠珠拉了屎谁来给擦?我们都离不开她呀!②

直接抒情能让读者迅速抓住作者的情感,融入文章。古人曾云:"动人心者,莫先乎情。"所以写文章如果开头直抒胸臆,那么有助于定下全文的感情基调,使文章和谐一致。

直接抒情往往有"黄河之水天上来"的气势,感情奔放,痛快淋漓,不过使用时应慎重,以免出现气势有余而内涵不足的毛病,令人感觉空洞浮夸。

(二)间接抒情

间接抒情就是依托于叙述、描写和议论,在叙事、写景、状物或论理中抒发情感。

1. 叙事性抒情

抒情常常与叙事结合起来,将情感的抒发蕴含于朴实的叙述之中,含蓄而深沉。例如,孙犁的《亡人逸事》中的结尾部分:

> 我们结婚四十年,我有许多事情,对不起她,可以说她没有一件事

---

① 余秀华:《我们爱过又忘记》,北京十月文艺出版社2020年版,第106页。
② 林海音:《城南旧事》,江苏凤凰文艺出版社2017年版,第126页。

是对不起我的。在夫妻的情分上,我做得很差。正因为如此,她对我们之间的恩爱,记忆很深。我在北平当小职员时,曾经买过两丈花布,直接寄至她家。临终之前,她还向我提起这一件小事,问道:

"你那时为什么把布寄到我娘家去啊?"

我说:

"为的是叫你做衣服方便呀!"

她闭上眼睛,久病的脸上,展现了一丝幸福的笑容。①

作者叙述了妻子临终前的一个片段,语言朴实但感人至深,作者没有直接抒情,而是通过夫妻二人的对话把平凡而又独特的夫妻情分蕴含其中,看似平凡,仔细体会却感人至深。

2. 描写性抒情

王国维在《人间词话》中说,"物皆著我之色彩","一切景语,皆情语也",说的是作者在描写客观景物的同时总是带着个人的主观情感,即移情入景、借景抒情,看似写景,实则抒情。

寓情于景的写法,关键在于对所描写的对象要有深刻、独特的感受,情与景要相互协调,这样才能情景相生、物我一体,产生特有的艺术魅力,切忌生硬牵强。例如,郑振铎在《海燕》中将美丽的景色与美好的心情巧妙地融合在一起:

> 海水是皎洁无比的蔚蓝色,海波是平稳得如春晨的西湖一样,偶有微风,只吹起了绝细绝细的千万个邹邹的小皱纹,这更使照晒于初夏之太阳光之下的、金光灿烂的水面显得温秀可喜。我没有见过那么美的海!天上也是皎洁无比的蔚蓝色,只有几片薄纱似的轻云,平贴于空中,就如一个女郎,穿了绝美的蓝色夏衣,而颈间却围绕了一段绝细绝轻的白纱巾。我没有见过那么美的天空!②

3. 议论性抒情

这种写法是将感情融注于议论之中,是一种富有情感色彩的议论,或者说是一种具有说服力和感染力的抒情。既能以理服人,又能以情感人,融情于理,使议论带有浓郁的感情色彩,使抒情具有哲理意味。例如,魏巍《寄故乡》中这段话既是对"人总是爱他的故乡的"这一话题的讨论,又饱含着

---

① 孙犁:《荷花淀》,山东文艺出版社2017年版,第40页。
② 郑振铎:《郑振铎文学精品选》,现代出版社2017年版,第3页。

对故乡深深的爱恋：

> 不论走到什么地方，人总是爱他的故乡的。尽管他乡的水更甜，山更青，他乡的少女更多情，他乡的花草湖光更温柔；然而，人仍然是爱他的故乡的，爱它的粗朴的茶饭更好吃，爱它的乡音更入耳，爱它的淳朴的丝弦更迷人！①

直接抒情与间接抒情也常常结合起来运用。可以在叙事、写景、状物之中或之后直接抒发情怀，也可以边叙述、描绘、边抒情，使事、人、景、物和情交织起来，以获得强烈的艺术效果。例如，郭沫若的抒情散文《丁东》：

> 我思慕着丁东——
> 可是并不是那环佩的丁东，铁马的丁东，而是清冽的泉水滴下深邃的井里的那种丁东。
> 清冽的泉水滴下深邃的井里，井上有大树罩荫，让你在那树下盘旋，倾听着那有节奏的一点一滴，那是多么清永的凉味呀！②

开头一句直抒胸臆，然后作者将对于人世间至真至纯的情感的思慕蕴含在对"丁东"的描写之中，其实也是对情感的一种具象化，融情于景，是间接抒情。

三、抒情的要求

（一）要有真情实感

刘勰在《文心雕龙·情采》中主张"为情而造文"，反对"为文而造情"。文章中的情感，应是从心底里"流"出来的，而不是硬"挤"出来的。只有真挚、自然的感情才能给人以感染。否则，就会显得矫揉造作、无病呻吟。孔子说："情欲信，辞欲巧。"信，是真实，因为不精不诚，不能感人。

辛弃疾在《丑奴儿》一词中写道：

> 少年不识愁滋味，爱上层楼。爱上层楼。为赋新词强说愁。
> 而今识尽愁滋味，欲说还休。欲说还休。却道"天凉好个秋"。③

心中不识愁，强说无用，心中有真愁，只一句"天凉好个秋"便真实地道

---

① 魏巍：《寄故乡》，《草原税务》2002年第4期。
② 郭沫若：《郭沫若散文选集》，百花文艺出版社2009年版，第235页。
③ 辛弃疾：《辛弃疾词集》，上海古籍出版社2014年版，第96页。

出了心中的愁怨和无奈。

（二）感情要丰富细腻

抒情强调感情的丰富、细腻，这样不仅有利于文意的更好传达，也有利于增强文章真实、感人的力度，给读者更多思考和揣摩的空间。

例如，席慕蓉的《一棵开花的树》既可以理解为男女间的情缘，又可以理解为人与大自然的遇见，情感的表达自然细腻而又让人心灵触动，回味良久：

如何让你遇见我/在我最美丽的时刻　为这/我已在佛前求了五百年/求它让我们结一段尘缘//佛于是把我化做一棵树/长在你必经的路旁/阳光下慎重地开满了花/朵朵都是我前世的盼望//当你走近　请你细听/那颤抖的叶是我等待的热情/而当你终于无视地走过/在你身后落了一地的/朋友啊　那不是花瓣/是我凋零的心①

（三）抒情要自然和谐

在抒情、叙事类的文章中，抒情往往依附于叙述、描写展开，要准确地把握住抒情的时机、火候。游离于文章内容之外的抒情，常常显得生硬、别扭。在议论性、说明性文章中，抒情更要慎重，仅在关键处画龙点睛地用上几笔，不可滥用。例如张爱玲的小说《金锁记》开头：

三十年前的上海，一个有月亮的晚上……我们也许没赶上看见三十年前的月亮。年轻的人想着三十年前的月亮该是铜钱大的一个红黄的湿晕，像朵云轩信笺上落了一滴泪水，陈旧而迷糊。老年人回忆中的三十年前的月亮是欢愉的，比眼前的月亮大、圆、白；然而隔着三十年的辛苦路往回看，再好的月色也不免带点凄凉。②

这段主要使用叙述和描写相结合的表达方式，这是作品的主要内容所在，而整个故事"凄凉"的情感基调，正是通过开头的一句点了出来，恰到好处。

四、抒情中常用的修辞方法

（一）拈连

拈连是借助上下文的联系，巧妙地将适用于甲事物的顺势用于乙事物

---

① 席慕蓉：《席慕蓉诗集》，鹭江出版社2005年版，第7页。
② 张爱玲：《倾城之恋》，中国文联出版公司1986年版，第1页。

的修辞方法。一般说来,甲事物是具体的,乙事物是抽象的,拈连的词则多为动词,用于连说甲乙两事物,能够起到特殊的表达效果。例如:

1. 惊心动魄的一九七六年,/新中国经受了最严峻的考验。/新年中刚撕下几页日历,/竟撕裂了八亿人民的肝胆!(光未然《惊心动魄的一九七六年》)

2. 剪断阳光的抚摸和知春鸟的啼声,剪断诱惑,生命的长廊阴暗悠长,爱情尽管使期待充溢着幸福,却往往是不祥的预兆。(韩嘉川《呓语》)

(二) 反复

反复是为了强调某一事物或某种思想感情而使同一词语或句子在文中一再出现的修辞手法。可分成连续反复和间隔反复,连续反复是词或句子连续重复出现,间隔反复是重复出现的词语或句子间有其他词语或句子,在诗歌里尤为常见。例如:

1. 周朴园:我看过去的事不必再提起来了吧。
   鲁侍萍:我要提,我要提,我闷了三十年了。
2. 离别三十年,/今日回延安,/宝塔迎朝阳,/延水金光闪。/啊!/离别三十年,/今日回延安,/阳光照大路,/红旗满山川。(陈宜、陈奎及《回延安》)

(三) 双关

双关是利用语音和语义条件,有意使句子具有表里两种意思,言在此而意在彼。双关可分为语义双关、谐音双关和语境相关。

1. 语义双关

是利用词句固有的多义或临时的多义(如比喻性使用)构成的双关。例如:

梁山伯:前面到了凤凰山。
祝英台:凤凰山上百花开。
梁山伯:缺少芍药和牡丹。
祝英台:梁兄若是爱牡丹,与我一同把家还,我家有枝好牡丹,梁兄要摘也不难。
梁山伯:你家牡丹虽然好,可惜路远迢迢怎来攀?(越剧《梁山伯与祝英台》)

2. 语音双关

即谐音双关,是利用语音上的相同或相似建立的双关。例如:

> 东边日出西边雨,道是无晴却有晴。(刘禹锡《竹枝词》)

3. 语境双关

即利用语境条件,一句话同时关涉两个对象的双关,即平常所谓的"指桑骂槐"。例如:

> "谁叫你送来的?难为他费心。那里就冷死了我!"……"也亏你倒听他的话。我平日和你说的,全当耳旁风;怎么他说了你就依,比圣旨还快些!"(曹雪芹《红楼梦》)

(四) 婉曲

婉曲是有意不直接说明,而借助另外的说法婉转曲折地把意思表达出来的修辞手法。它的特点是"意在言外,使人思而得之"(司马光语)。有利于表情达意,令人在品味中体察本意,受到感染。例如:

> 1. 周大勇说:"反正我们人少,坐无形,走无踪,要打就打,要走就走,利索得很。可是老虎也说得对:'不能蛮干。蛮干,鼻子和眼就得调换位置。"(杜鹏程《保卫延安》)

> 2. 聂耳以23岁的青春年华,过早地写下他生命的休止符。(何为《他的进军号》)

(五) 对比

对比是把两种不同的事物或同一事物的两个方面放在一起相互比较的修辞方法,也叫对照。对比可以使不同的事物或方面的差异更加鲜明突出,从而更具感染力量。中国民间的对联就经常使用这种方法,在诗歌、散文里,我们也不时能见到句与句、段与段等各种层次的对比,增强了语句和文章的表现力度,传达出作者的鲜明立场。例如:

> (1) 中国园林艺术是世界园林艺术中的奇葩。……北派以皇家园林为代表,布局博大庄严,中轴对称,富有宫殿气派,细部装饰采用琉璃瓦,雕龙画凤,金碧辉煌;南派则多以私家花园面目出现,布局小巧玲珑,亭台楼阁,曲径回廊,细部装饰采用青砖小瓦,色泽朴素而又淡雅。(《上海导游词》)

> (2) 这两首伟大的叙事诗,虽然同出于民间,但是产生的地域,显然各有不同:《孔雀东南飞》充满了南方的情调,温柔敦厚,凄婉缠绵,

可说是南方文学的代表作;而《木兰辞》却洋溢着北方的风格,豪雄跌宕,慷慨激昂,可说是北方文学的代表作。它们正展示了中国文学在南北朝以后的分裂情形。(冯明之《中国民间文学讲话》)

第四节 议 论

在议论说理的文章中,议论是主要的表达方式。比较完整的议论一般都具有"三要素":正确鲜明的论点、确凿充分的论据和严密有力的论证。在"三要素"中,熟练地掌握和运用论证的方法,是学习的重点。掌握议论方法需要在具体的写作实践中去体会运用,在研读各类论文中去学习借鉴。运用议论方法,除了掌握一些说理技巧之外,还必须加强自己的理论修养,多学点逻辑知识,养成勤于思考、善于分析的习惯。

一、议论的定义

议论就是有条理有次序地说理。它是作者通过事实材料和逻辑推理来明辨是非、阐发道理,表明自己见解、主张、态度的一种表达手段。

在写作中,议论主要应用于议论性、说理性文章中,由论点、论据、论证方法构成一个比较完整的论证体系。

(一)论点

论点是作者对所要论述问题提出的基本观点和主张,解决"论证什么"的问题。论点明确表示作者赞成什么或反对什么,决定着文章的价值,在文章中起着统帅作用。

在写作过程中,论点是论述的中心,是选择和组织材料的依据,也是论证的出发点和落脚点。论点的确立和表达是理论性文章的关键,论文的成败优劣首先取决于它。

(二)论据

论据是证明论点的理由和根据。它是议论的基础,解决"用什么来证明"的问题。

论据一般分为两类:一类是事实论据,包括具体事例、史实、经验和统计数字等;另一类是理论论据,包括放之四海而皆准的科学原理、名人名著中的言论、科学公理及定义、成语谚语乃至生活经验等。

(三)论证

论证是运用论据来证明论点的过程和方法,解决"怎么证明"的问题。

论证是一个复杂的过程,它主要是找出论据与论点之间的逻辑关系,显示出其内在联系,达到观点与材料的统一。

二、论证的方法

论证方法分为两类:一类是立论,是运用确凿的事实和充分的事理从正面树立自己的论点,并证明其正确性;另一类是驳论,是运用充分有力的论据来批驳他人的观点,从而证明他人观点是错误的。

论证是议论性文章最主要的环节,下面介绍一些常见的论证方法,它们在议论文中一般配合使用,从不同的角度和侧面来论证文章的论点。

(一)立论的方法

1. 归纳论证法

是从许多个别事例中归纳出一个一般结论的方法,其逻辑推理形式是从个别到一般。

运用归纳论证法时要注意论据的代表性,因为许多个别性的事例不可能一一列举,或者所举的事例不具有普遍性、典型性,那么得出的结论很可能就具有片面性。同时,在揭示论点和论据之间的联系时要分析透彻、深刻,避免牵强附会。

如《吕氏春秋》中的《察今》篇,为了证明制订法令应明察当前形势而不应死守旧法的论点,用了这样三个故事作为论据:

第一个故事《循表夜涉》说的是,楚国人准备在夜里渡过澭河偷袭宋国,他们白天在澭河上设立了水位标志,谁知夜间河水上涨,楚国人不知情,仍然顺着标志徒步过河,结果淹死一千多人。

第二个故事《刻舟求剑》的大意是,一个人过江时,他的剑掉进了江里,他立即在船身的剑落水处刻下记号,当船靠岸后,他从做记号的船边下水捞剑,结果自然落空。

第三个故事是《引婴投江》,说的是一个人正要把一个婴儿丢进江里,旁人问他为什么,他说:"这孩子的父亲很会游泳。"

文章选择的这三个论据非常有代表性:《循表夜涉》主要是从时间的角度来说明,即"夜间"与"白天"的情况不同;《刻舟求剑》是从地点的角度来说的,即"江心"与"江边"已经发生了位移;《引婴投江》则从人物的角度来说,即父亲与孩子不同。文章分别从"时""地""人"三个角度选择了论据,很典型也很有说服力,从而推出结论"世易时移,变法宜矣",是典型的归纳论证法。

再如曾经轰动全国的《光明日报》特约评论员的文章《实践是检验真理的唯一标准》中,在论证"检验真理的标准只能是社会实践"这个分论点时,从科学史上选择了三个典型的事实作为论据:

第一个事实是:门捷列夫根据原子量变化制定了元素周期表。有人赞同,有人怀疑,争论不休。后来人们根据元素周期发现了几种元素,它们的化学特性刚好符合元素周期的预测。这样,元素周期表才被证实是真理。

第二个事实是:哥白尼的太阳系学说在300年里一直是一种假说,后来勒维烈按照这个学说所提供的数据推算出太阳系一定还存在一个未知的行星,加勒在1946年确实发现了海王星,哥白尼的太阳系学说才被证实了,成了公认的真理。

第三个事实是:马克思主义之所以被看作真理,正是千百万群众长期实践证明的结果,马克思主义原是工人运动中的一个派别,反动派围攻它,资产阶级学者反对它,其他的社会主义流派攻击它,但是,长期的革命实践证明了马克思主义是真理,终于成为国际共产主义运动的指导思想。

作者很用心地选择这三个事实材料作为论据,三者都是科学史实,都是为了证明论点,但选择的角度却不同。我们知道,科学分为自然科学和社会科学。自然科学领域中又分为宏观研究和微观研究。第一和第二个材料属于自然科学领域,又分别属于微观自然科学和宏观自然科学,第三个材料则属于社会科学范畴。所以,作者以这三个典型材料作为论据,得出了一般性的结论——"检验真理的标准只能是社会实践",达到了个性与共性、具体性和普遍性的统一,令人信服。①

2. 演绎论证法

演绎论证是用普遍性原理证明特殊结论的论证方法,即从一般性结论演绎出一个个别的论断。论点与论据之间的关系是个别与一般的关系,常以完整的"三段论"推理形式进行论证。如毛泽东在《为人民服务》一文中说:

> 人总是要死的,但死的意义有不同。中国古时候有个文学家叫做司马迁的说过:"人固有一死,或重于泰山,或轻于鸿毛。"为人民利益而死,就比泰山还重;替法西斯卖力,替剥削人民和压迫人民的人去死,就比鸿毛还轻。张思德同志是为人民利益而死的,他的死是比泰山还要重的。②

---

① 见《光明日报》1978年5月11日。

② 中共中央整党工作指导委员会编:《毛泽东同志论党的作风和党的组织》,人民出版社1983年版,第94页。

在这段文字中,作者先提出一个为共产党人所公认的一般性结论:为人民利益而死,重于泰山;替反动派卖命,轻于鸿毛。之后,演绎到张思德的死重于泰山,因为他是为人民的利益而死的。

演绎法所使用的论据是名人名著中的话以及科学公理、科学定义、成语谚语等,一定要准确。另外,演绎法有利于增强议论的理论色彩,但也容易使文章显得呆板、不生动。因此,使用的同时可选用一些灵活的表达方式予以补救。

3. 类比论证法

也称比喻论证。所谓"类比",是指同类事物相比。此种论证法通过讲故事、打比方的办法,将相类似的两件事物加以比较,即"言此而说彼",然后得出结论。

这是一种形象化的论证方法。由于恰当的比喻可化抽象、深奥的逻辑论证为通俗易懂的形象说理,再加上精确的类比推理,读者会很自然地获得并同意某个结论,因而类比论证也是常见的论证方法之一。例如,毛泽东在《一个极其重要的政策》一文中说:

> 何以对付敌人的庞大机构呢?那就有孙行者对铁扇公主为例。铁扇公主虽然是一个厉害的妖精,孙行者却化为一个小虫钻进铁扇公主的心脏里去把她战败了。柳宗元曾经描写过的"黔驴之技",也是一个很好的教训。一个庞然大物的驴子跑进贵州去了,贵州的小老虎见了很有些害怕。但到后来,大驴子还是被小老虎吃掉了。我们八路军新四军是孙行者和小老虎,是很有办法对付这个日本妖精或日本驴子的。目前我们须得变一变,把我们的身体变得小些,我们就会变成无敌的了。[1]

这里,作者以孙行者、小老虎比喻八路军、新四军,以铁扇公主和驴子比喻日本侵略者,取其"短小精悍可以战胜庞然大物"的道理,证明"精兵简政"政策的重要性,生动形象,说服力强。

类比论证法虽然也是以具体事实为例,但却不同于归纳法。类比法是从个别到个别,以类似的事实推论对某事实的看法,也就是说,它的论点是对具体事实的看法。归纳法是从个别到一般,它的论点是具有共性的一般道理。

---

[1] 《毛泽东选集》第三卷,人民出版社1991年版,第882—883页。

类比论证法要注意两点:一要注意本体和喻体的可比性,比喻要恰当、贴切,也就是说,用来比喻的事物与要说明的观点之间须存在相同的道理,这样才能达到形象说理的目的;二是作者在使用比喻的前后须进行必要的、恰到好处的联系,就是用推理来显示使用比喻的用意。

4. 对比论证法

对比论证是将几种性质不同的事物,或同一事物的几个不同方面,或矛盾对立的观点进行对比的论证方法。用来对比的事物或观点就是论据。

对比论证是一种求异的思维方式,它比较事物相反或相异的属性来揭示需要论证的论点。对比论证方式中用以对比的可以是中与外、古与今、大与小、强与弱等,在比较中分析两者的差异和对立之后,是非昭然,自然就能够确立论点了。

对比分为横向比较和纵向比较,前者是不同对象之间的比较,后者是同一对象不同阶段的比较。

对比论证是一种常见的论证方法,使用很广泛。如荀子的《劝学》中便集中使用了对比论证:"骐骥一跃,不能十步;驽马十驾,功在不舍。锲而舍之,朽木不折;锲而不舍,金石可镂。蚓无爪牙之利,筋骨之强,上食埃土,下饮黄泉,用心一也。蟹六跪而二螯,非蛇鳝之穴无可寄托者,用心躁也。"

运用对比法可以强调论据的意义,使论点更加鲜明突出,增强议论的气势和说服力,但应注意所引的事例必须是性质相反或本质有差异的事物,这样才能真正起到对比的作用。

5. 因果论证法

因果论证是通过分析现象、解剖事理,揭示论点和论据之间的因果关系来证明论点。因果论证可以用因证果,或以果证因,还可以因果互证。例如,《析"和尚动得,我动不得?"》一文,先简述《阿Q正传》中的故事:阿Q伸手去摸小尼姑的头皮,说:"和尚动得,我动不得?"接着做进一步分析:

> 说"和尚动得",不免有诬蔑之嫌,且不去管它。但这句话实在警辟,它简洁又活脱脱地勾出了一些人的一种心理和处事原则。本来并不认为"动"得有理,但既然有人先动了,那么我也来动一动,便是理直气壮,至少无可非议的了。"和尚动得,我动不得?"能化非为是,变无理为有理,既有助于鼓起自己"动"的勇气,又可以充当抵御责难的挡箭牌,功能多样,效用明显,所以这一原则便被一些人广泛采用。
>
> ……
>
> "和尚动得,我动不得?"是一种泯灭良知的麻醉剂,一种自我欺骗

的借口,一种向邪恶看齐的哲学。这样一种心理或处事原则,如果在社会上弥漫开来,不但扶正祛邪难以实现,而且会形成一种破坏力量。[①]

这段文字充分揭示出一些人明知不可却偏要为之的心理原则和行为哲学,这种"和尚动得,我动不得?"的心理正是化是为非、变无理为有理的心理动因和依据,它本身就是错误的,因而这些行为更需要坚决制止。论证逻辑严密、分析准确、剖析深入。

运用因果论证,要注意论点与论据之间确实含有必然的而不是虚假的因果关系,分析要准确无误,逻辑严密。

(二) 驳论的方法

驳论除了遵循议论方法的一般要求外,还有其特殊要求。反驳的具体方法有:

1. 反驳论点

反驳论点既可以直接反驳,也可以间接反驳。直接反驳是直截了当地证明某一论点是错误的。间接反驳的方法有两种:一是反证法,二是归谬法。

(1) 反证法

反证法是提出与之相反的论点并证明新论点的正确性,从而证实原论点是荒谬的。辩论赛中经常用到这种方法。我们以1993年国际大专辩论会决赛的辩论为例来分析,正方台湾大学的辩题是"人性本善",反方复旦大学的辩题是"人性本恶"。在辩论中,正方首先提出"人性本善"的观点,然后反方提出与之相反的观点,并进行论证:

> 第一,人性是由社会属性和自然属性组成的,自然属性指的就是无节制的本能和欲望,这是人的天性,是与生俱来的;而社会属性则是通过社会生活、社会教化所获得的,它是后天属性。我们说人性本恶当然指的是人性本来的、先天的就是恶的。(点评:界定论点的内涵和外延。)
>
> 第二,提到善恶,正如一千个观点会有一千个"哈姆雷特",一千个人心目当中也许会有一千个善恶标准。但是,归根到底恶指的就是本能和欲望的无节制地扩张,而善则是对本能的合理节制。我们说人性本恶正是基于人的自然倾向的无限扩张的趋势。(点评:通过分析

[①] 谢云:《析"和尚动得,我动不得?"》,《新观察》1983年第14期,第21页。

"善""恶"之间的关系,进一步分析、阐释论点。)那个曹操不是说过"宁可我负天下人,不可天下人负我"吗?那个路易十五不是也说过:"在我死后哪怕洪水滔天。"还有一个英国男孩,他为了得到一辆自行车竟然卖掉自己三岁的妹妹。这些对方还能说人性本善吗?(点评:列举社会生活中的现实例证来证明论点。)

　　第三,虽然人性本恶,但是我们这个世界并没有在人欲横流中毁灭掉,这是因为人有理性。人性可以通过后天教化加以改造。当人的自然倾向无限向外扩张的时候,如果社会属性按照同一方面推波助澜,那么人性就会更加堕落;相反,如果我们整个社会倡导扬善避恶,那么人性就有可能向善的方向发展,这一点也不正说明了儒家思想所倡导的修齐、治平、内圣、外王是何等重要吗!(点评:通过论述"善""恶"之间动态的转化关系,完善对论点的陈述。)①

反方通过提出跟正方相反的观点并证明观点正确性的方法,达到证明对方观点错误的目的,使用的正是反证法。

(2) 归谬法

它先假定某一错误的观点是对的,然后加以引申,再充分证明其荒谬性。"二常"(常宝华、常贵田)的相声《帽子工厂》就是归谬法的应用:

　　　　……
　　甲:他们(指"四人帮")要说煤球是白的……
　　乙:煤球是白的?
　　甲:就冲这质问的态度,也得戴个小号帽子。
　　乙:那……
　　甲:得顺着说。
　　乙:那煤球,我看跟元宵一模样。
　　甲:他要说皮球是方的……
　　乙:凡是球都是见棱见角。
　　甲:外国的月亮比中国的亮。
　　乙:一个地方一个月亮。
　　甲:说得多准确呀。

---

① 王沪宁等主编:《狮城舌战:十年珍藏本》,复旦大学出版社2003年版,第321—342页。

乙：(旁白)我亏心不亏心哪！①

……

2. 反驳论据

反驳论据也叫"釜底抽薪"，它通过论证某些论据的虚假性来达到驳倒其论点的目的。在反驳情节性的论据中，要点是要考证论据是被误用了；反驳抽象理论性论据，要点是要考证论据失察。

美国的林肯在出任总统之前是一位能言善辩的律师。有一次，他获悉自己亡友的儿子小阿姆斯特朗被诬告犯了谋财害命罪。诬告者收买了证人福尔逊，他发誓说亲眼看到被告开枪打死被害者。林肯主动担任被告的律师，他查阅了案卷，勘查了现场，确认此案的关键问题在于证人作了伪证。在法庭上，林肯和原告证人福尔逊进行了当面对质：

林肯向证人福尔逊发问："你认清开枪杀人的的确是小阿姆斯特朗吗？"

福尔逊："是的。"

林肯："你在草堆后面，小阿姆斯特朗在大树下，相距二三十米，你能看得清楚吗？"

福尔逊："看得很清楚，因为当时月光很明亮。"

林肯："你肯定不是从衣着等方面认清的吗？"

福尔逊："不是从衣着方面看清楚的，我肯定是看清了他的脸，因为月光正照在他的脸上。"

林肯："具体时间能肯定吗？"

福尔逊："完全可以肯定。因为我回到屋里时看了时钟，那时是11点1刻。"

林肯问到这里，就转过身，发表了辩护演说："这个证人是一个彻头彻尾的骗子，他一口咬定10月18日晚上11点他在月光下认清了被告的脸。请大家想一想，10月18日那天是上弦，到了晚上11点，月亮早已下山了，哪里还有月光？退一步说，也许时间记得不十分准确，时间稍有提前，月亮还没有下山，但那时月光应是从西边往东边照射，草堆在东，大树在西，如果被告脸朝大树，月光可以照到脸上，可是证人就根本看不到被告的脸。如果被告脸朝草堆，那么月光只能照在被告的后脑上，证人又怎么能看到月光照

---

① 《"帽子工厂"》，四川人民出版社1977年版，第45—46页。

在被告的脸上呢？又怎么能从距离二三十米的地方看清被告的脸呢？"①就这样,法庭宣告小阿姆斯特朗无罪。

林肯通过反驳福尔逊的证言来证明他做的是伪证,因而小阿姆斯特朗的罪名无法成立,用的正是反驳对方论据的方法。

3. 反驳论证

这是一种"以子之矛攻子之盾"的方法,它是通过指出论点与论据之间逻辑关系上的矛盾来证明其论点不能成立。也就是说,论点与论据之间不存在必然的联系。反驳论证包括反驳循环论证,要点是突破对方互证的怪圈;反驳偷换概念,要点是可以重新界定概念,等等。

议论的表达方式除了用于议论性文章中之外,也可以出现在其他叙述性文章、抒情性文章之中。下面谈谈记叙类文章中的议论。

记叙类文章中的议论,是一种特殊的议论,它是作者在运用叙述、描写等手段的基础上,阐发自己对生活本质的思想认识和对事件意义的理性判断。记叙类文章的议论不要求具备"三要素",也不要求使用严密的推理形式,它往往是精辟深刻的哲理、画龙点睛式的概括。如张爱玲《爱》的结尾:

> 于千万人之中遇见你所遇见的人,于千万年之中,时间的无涯的荒野里,没有早一步,也没有晚一步,刚巧赶上了,那也没有别的话可说,唯有轻轻的问一声:"噢,你也在这里吗？"②

这一段富有哲理的议论,寓意深刻,使作品的主题得以升华。

在记叙类文章的写作中适当运用议论,可以帮助读者加深对文章思想内容的理解。但要注意议论不宜太多,不要空发议论,还要注意把握议论的节奏,议论文字应是文章整体的有机部分,而不应有游离之感。

三、议论的要求

在写作中,议论能体现出作者的理论修养、知识水平和逻辑思维能力。精彩的议论如同理智的诗篇,既有说服力、战斗力,又有感染力。议论的基本要求是:

(一) 论点正确、鲜明、深刻,有现实意义

论点正确是议论的第一要求。所谓正确就是能科学地反映客观事物的

---

① 〔美〕阿伯拉罕·林肯:《伪证案之辩》,匡吉立主编:《著名法学家演讲鉴赏》,山东人民出版社 1995 年版,第 76—77 页。

② 张爱玲:《张爱玲作品集》,北岳文艺出版社 2001 年版,第 519 页。

本质,符合事物发展的规律,符合现实。所谓鲜明,是指作者赞成什么、反对什么,应该明确地在文章中表示出来,不能模棱两可,忌讳左右摇摆,模糊不定。论点应力求深刻,有现实意义。

(二) 论据真实、充分、典型

所谓真实,是指作为论据的材料是客观存在的,不是假造杜撰的。所谓充分,是指需要提供足够数量的材料作为论据,使论点得到充分有力的支持。所谓典型,是指作为论据的材料应该具有代表性,能够较好地、较全面地反映事物的本质。生活中一些偶然的、个别的事例,不宜作为论据。

(三) 论证合乎逻辑、严密有力

论证过程就是把论据与论点联系起来的逻辑推理过程。论证要合乎逻辑,就是说在议论中,要具体运用逻辑推理方法,使论据与论点之间建立起必然的联系。

四、议论中常用的修辞方法

(一) 排比

排比是把结构相同或相似、意思密切相关、字数基本相同的三个或三个以上的句子或词组排列起来,以增强气势、加强语意的修辞手法。例如:

1. 不欺瞒、不狂诈、不掩饰,是友谊之树的根;互相搀扶、互相激励、互相信任、互相祝福,是友谊之河的星辰。(雷抒雁《写意人生》)

2. 男儿膝下有黄金,不跪权贵,不跪美色,不跪财富,也不跪命运之神。(周树山《由诗而思》)

(二) 顶真

顶真也叫"连珠",是前一句结尾的词语做下一句的开头,以使相邻的句子首尾蝉联、上递下接的修辞方式。例如:

1. 不闻不若闻之,闻之不若见之,见之不若知之,知之不若行之。(《荀子·儒效》)

2. 信言不美,美言不信。善者不辩,辩者不善。知者不博,博者不知。(《老子》)

(三) 设问

设问是一种自问自答的问句,说话人并不是真的有什么疑问,而是通过问的方式提起下文,引起注意。例如:

朋友们,当你听到这段英雄事迹的时候,你的感想如何呢?你不觉得我们的战士是可爱的吗?你不以我们的祖国有着这样的英雄而自豪吗?(魏巍《谁是最可爱的人》)

(四)反问

反问属于"明知故问",不同于设问的是,它只问不答,把要表达的确定意思包含在问句里。否定句用反问语气说出来,表达的是肯定的内容,肯定句用反问语气说出来,表达的是否定的内容。例如:

1. 在旧社会,多少从事科学文化事业的人们,向往着国家昌盛,民族复兴,科学文化繁荣。但是,在那黑暗的岁月里,哪里有科学的地位,又哪里有科学家的出路!(郭沫若《科学的春天》)

2. 啊,黄继光,刘胡兰……不都是党亲手培育的,共产主义甘霖灌溉出来的吗?人间还有什么花朵能同他们争妍呢?(曹靖华《花》)

(五)仿词

仿照现成的词语,更换其中的某个词或语素,临时造出新的词语,这种辞格叫作仿词。仿造词语大多以反义联想为基础,造出的新词语是语言中所没有的,属于临时使用。被仿词语和新造词语先后出现,形成反义相对,以达到互相映衬、启人联想的目的。

1. 被仿出现的仿拟:

"哈哈哈!"阿Q十分得意的笑。

"哈哈哈!"酒店的人也九分得意的笑。(《阿Q正传》)

2. 被仿不出现的仿拟:

才不在高,有官则名;学不在深,有权则灵;……(《陋官铭》,仿拟古典名篇《陋室铭》)

(六)反语

反语是用与本来意思相反的词语或句子来表达本意的辞格,俗称"说反话"。反语所表达的意思等于它的反义语句。一般有两种类型:反话正说、正话反说,二者的作用是完全不一样的。例如:

1. 当三个女子从容地辗转于文明人所发明的枪弹的攒射中的时候,这是怎样的一个惊心动魄的伟大呵!中国军人的屠戮妇婴的伟绩,八国联军的惩创学生的武功,不幸全被这几缕血痕抹杀了。(鲁迅《纪

念刘和珍君》)

2. 几个女人有点失望,也有些伤心,各人在心里骂着自己的狠心贼。(孙犁《荷花淀》)

第五节 说 明

一、说明的定义

说明就是用简洁明了的语言对事物的性质、形状、用途、成因、结构、功能、特征等加以解说或介绍。它是说明类文章的主要表达方式,如科普说明文、教科书、辞书、说明书等。

说明这种表达方式,不仅说明文要用它,记叙文和议论文也离不开它。说明的对象可以是具体的事物,如山川、河流、草木、虫鱼、工艺、文物、产品、机械等,也可以是抽象的事理,如观念、定义、法规、典章制度、学术流派等。

二、说明的方法

常见的说明方法有:

(一) 定义法

用下定义的方法对事物进行说明的方法,即用精炼简括的语言,对某一事物的本质属性,或某一概念的内涵和外延作出确切的说明,以确定事物的范围与界限。

(二) 分析法

分析,就是把完整的事物分解开来,一部分一部分地加以说明,使复杂的说明对象清清楚楚地呈现在读者面前。

有些比较复杂的说明对象,不便于进行概括说明,就要进行分析说明。分析说明,不仅可说明动态的说明对象,也可说明静态的说明对象。例如:

这是一张尺多宽的小小的横幅,马孟容君画的。上方的左角,斜着一卷绿色的帘子,稀疏而长;当纸的直处三分之一,横处三分之二。帘子中央,着一黄色的、茶壶嘴似的钩儿——就是所谓软金钩么?"钩弯"垂着双穗,石青色;丝缕微乱,若小曳于轻风中。纸右一圆月,淡淡的青光遍满纸上;月的纯净,柔软与平和,如一张睡美人的脸。从帘的上端向右斜伸而下,是一枝交缠的海棠花。花叶扶疏,上下错落着,共有五丛;或散或密,都玲珑有致。叶嫩绿色,仿佛掐得出水似的;在月光中掩映着,微微有浅深之别。花正盛开,红艳欲流;黄色的雄蕊历历的,闪闪的。衬托在丛绿之间,格外觉着妖娆了。枝欹斜而腾挪,如少女的一只臂膊。枝上歇着一对黑色的八哥,背着月光,向着帘里。一只歇得高些,小小的眼儿半睁半闭的,似乎在入梦之前,还有所留恋似的。那低些的一只别过脸来对着这一只,已缩着颈儿睡了。帘下是空空的,不着一些痕迹。①

这是朱自清《温州的踪迹》中的第一篇《月朦胧,鸟朦胧,帘卷海棠红》中对一幅花卉画的说明。这幅画是一件完整的艺术品,要把它完整地、真实地用文字介绍给读者,并能传达出原作的主旨和神韵,比较困难。作者在这里采用了分析说明的方法,把它分为帘、月、叶、花、枝、鸟几个部分,分别说明,既让读者看到这幅画的全貌,又让读者看清了画的各个细部,几乎达到了再现原作风貌的境地。值得注意的是,这本是一个静态的说明对象,作者却作了动态的说明,之所以这样说明,是由说明对象的特点和作者表达的需要所决定的。这篇文章采用的方法很能体现分析说明的特点。

(三) 分类法

分类说明是把复杂的说明对象,按一定的标准分成若干类,然后分别加以介绍的说明方法。对复杂对象,除了用分析说明外,还可用分类说明法。

用分类法说明应该注意:第一,被说明的对象必须是同属不同类或同类不同种的事物,不同属、不同类的事物不能用分类法说明;第二,分类标准必须统一,不可同时用两种不同的标准分类,也不可中途变换标准。

(四) 举例法

举例说明,就是选取典型的、有代表性的事例说明事物特征的说明方法。

对比较复杂、抽象的说明对象,光用下定义、解释的方法,只能给读者以概括的说明,要让读者有更具体的认识,还可举例说明。如茅以升的《中国石拱桥》中有这样一段介绍:

我国的石拱桥有悠久的历史。《水经注》里提到的"旅人桥",大约建成于公元 282 年,可能是有记载的最早的石拱桥了。我国的石拱桥几乎到处都有。这些桥大小不一,形式多样,有许多是惊人的杰作。其

---

① 朱自清:《朱自清散文》,人民文学出版社 2013 年版,第 32 页。

中最著名的当推河北省赵县的赵州桥,还有北京附近的卢沟桥。

接下来文章分别介绍了这两座桥的具体情况。在文章结尾,作者又写道:

> 两千年来,我国修建了无数杰出的石拱桥。解放后,全国大规模兴建起各种形式的公路桥与铁路桥,其中就有不少石拱桥。1961年,云南省建成了一座世界最长的独拱石桥,名叫"长虹大桥",长达112.5米。在传统的石拱桥的基础上,我们还造了大量的钢筋混凝土拱桥,其中"双曲拱桥"是我国劳动人民的新创造。①

以上两段文字,均用举例法说明,有点有面,点面结合,以面引出点,以点说明面,突出表明了中国石拱桥的历史与发展。

举例要注意用例的真实性,不能道听途说,信手拈来,更不能用虚假的材料。另外,举例还要注意例子的典型性、代表性。

(五)数字说明法

有些事物、现象的本质和特点表现在数量上,这就需要用数字加以说明。一篇介绍我国四川乐山大佛的文章,就用了数字说明的方法:

> 身高71米,肩宽24米,一个脚背可以停放20辆轿车,前几年光修补一只略有缺损的手指头就用了5000块砖。

运用数字说明,一要准确无误,二要来源可靠,用于文章之前必须经过认真的核实。

(六)引用法

引用说明是援引权威性资料、典籍、名言、诗词等对说明对象加以充分说明。引用说明不同于引用论证:引用论证的目的在于证明论点,引用说明的目的则在于充实说明的对象或者作为说明的依据。如,邓拓的《下雨趣闻》在谈到自然界的一种奇异现象"钱雨"时有这样一段文字:

> 例如,说到钱雨。《人民日报》登载的材料中,叙述"1940年的一天,苏联高尔基州突然下了一阵带有大量古老铜钱的雨,人们把这种雨叫做'铜钱雨'"。而在我们中国,这样的例子就很不少。据南北朝时代的任昉在《述异记》一书中载:"周时,咸阳雨钱,终日而绝。""王莽

---

① 茅以升:《茅以升全集》第2卷,天津教育出版社2015年版,第3、6页。该文原载《人民日报》1962年3月4日。

时,未央宫中雨五铢钱。"……又据《宋史·五行志》载:"绍兴二年七月,天雨钱,或从石凳中流出。"明代的《稗史汇编》也有这样的记载:"成化丁酉六月九日,京师大雨,雨中往往得钱。"可见钱雨并非奇事。①

引用说明,要有针对性,要贴切,要注明援引资料的名称、作者等,以便查找、核对。

(七) 换算法

顾名思义,就是换一个算法,把枯燥难记的或需要强调的数量加以形象化的换算。这种方法也是一种辞格。

说明文字中经常出现一些抽象的数字,不好理解也不好记,若是换一个具体些的计算方法,就能达到帮助理解和记忆的目的。如我们常说的"地球上的每4个人当中,就有1个是中国人",就是"中国人口占全世界人口的1/4"的另一种算法。

要注意的是,说明文字中的换算法,不等于数学里的换算,没那么精确无误,只是一个相似的说法而已。例如:

1. 现在我们知道,光在真空中的速度是 $3×10^5$ 千米/秒,这个速度相当于1秒钟绕地球赤道7圈半。

2. 一个体重70公斤的人,全身的毛细血管有40万公里长,可以绕地球一周。

除上举几种说明方法外,还有图表、比喻、对比等多种方法。这些方法,在写作时可根据说明的内容和写作目的灵活地选择使用。

三、说明的要求

(一) 抓住说明要点,准确把握事物特征

要写好说明文字,首先要抓住说明的要点作为说明的中心,才能使文章具有价值和说服力。如《死海不死》,作者抓住了两个要点来说明,一是说明其特点,二是说明其成因。如果放弃了这两点而去叙述2000年前古罗马的战争奇迹,大谈死海的神话传说,就不成其为说明文了。

要写好说明性文字,事先应对要说明的对象进行深入了解,力争准确把握此类事物的特征,才能写清楚此事物,给读者一个清晰明白的印象。

---

① 邓拓:《燕山夜话》,北京十月文艺出版社2010年版,第377—378页。

(二)理清说明层次

对象复杂、方法不一的长篇说明文字,最要紧的就是理清说明层次。或说明特征,由表及里;或说明过程,由始至终;或说明发展,由小到大;或说明变化,由初级到高级。总之,运动是有规律的,原理是有联系的,要清楚地说明这一切,就必须井然有序,层层铺开,从内在逻辑上理清说明的层次,做到说明原理,让人理解透彻;说明特点,给人印象清晰。如《花儿为什么这样红》这篇科学小品,其吸引人的原因除了题目巧妙、文笔生动外,作者精心结构、细心组织材料,有效把握其内在联系也是重要因素。

(三)掌握说明方法,注意语言运用

要写好说明文字,掌握好说明的方法是十分重要的。有时一篇较复杂的说明文字,还需要多种说明方法的综合运用才能完成。如《一次大型的泥石流》一文,就先后运用了定义法、诠解说明法、数字说明法等多种方法。

同时还要注意语言的浅显确切、简洁生动。运用说明的方法表现事物的特征,不能像写记叙、议论类文章那样,在语言中融入作者的主观感情。

思考与练习

一、要想叙述好,还须掌握一些技巧,如线索、脉络、断续、虚实、疏密、抑扬等。查看有关资料,了解相关知识,并从读过的文章中找出例子来加以分析。

二、侧面描写是一种什么样的描写方法?从你读过的文学作品中找出几个例子,说明这种描写方法的特点和好处。

三、对近期上映的某部影片和影片中的一个主要人物做简要介绍,写出两段叙述性文字;同时,从影片中选择一个人物或场面进行具体描写。

四、找一部动画短片或文艺短片,认真观看,并把看到的故事写出来。

五、情感体验是多种多样的,抒情散文既可以抒发欢欣之情、喜庆之情,也可以表达冷峻之情、沉郁之情、闲适之情。请你在阅读过程中,注意抒情散文的不同风格类型与文情基调。

六、议论文包括政论、思想评论、杂文和学术论文等。请以大学生学习情况调查为基础写作一篇议论文,不拘写法,但要有一定的思想性和哲理性。

七、请在"水""玫瑰花""月亮""静"中选一个为题,分别写出记叙、说明、议论三段文字。

例文:

风

记叙：

有人喜欢顺风，没有波折，随风而逝，可我倒有点偏爱逆风，因为只有在逆风逆流中才能锻炼自己的毅力，迎风而上，这才是我的风格。顶着大风，坚强地迈步前进，当最终到达避风港时，会感到回味无穷。因为这是自己奋斗的结果。

说明：

风是一种自然现象。它给人类带来许多有益之处，人们利用风能发电，让帆船乘风破浪，把城市中污浊的空气带走，把清新的气息送回人们的身边。可是，风也会带来灾难，海上的风暴，奇异的龙卷风会给人们带来悲痛，甚至家破人亡。这就是风，捉摸不定反复无常的风。

议论：

在自然界中有风的现象，可人类社会中也有"风"的存在。说得具体点就是"流行"。社会上时不时地吹起这种风或那种风，也是社会中不可避免的现象。流行歌曲，流行服装，流行思潮，甚至流行语言。可是我们有些人就是不加思考，盲目追求，就像墙头草，风往哪儿吹就向哪边倒，没有自己的观点和立场，我们应该用自己独立分析能力来辨别一下。因为"风"也有其两面性，无论哪里的风。

八、请将下面一段说明性文字改写成描写性文字：

5136号是一个高难度的跳水动作，要求从10米跳台上落下，在1秒钟的下落时间里完成一系列动作：向前翻腾1周半，同时伴随空中转体3周，然后，双手双腿保持紧绷状态，入水要有压水花的动作。

九、仔细阅读郭风的《桥》，分析一下作者写桥时运用了哪几种表达方式，对表达主题起到了哪些积极的作用。

桥

郭 风

在旅途生活的焦烦和不安里，突然在前面出现的一座桥，便是在零落的小村尽头出现的一座颓圮的板桥，都会给我的心以暂时的，片刻的休息。我知道，跋过了一座桥，旅途便移进了一程……虽然在无涯的人生旅途上，这是多么些微可笑的一程，但用自己的劳苦向前迈进了一程，这时你的心理应该是怎样的呢?也就在这时,我的幻想便飞越起来,我看见,桥,永远站在那里,一程又一程地,对于你的前进,用现在,把你的过去的足步和未来串系起来……

当我在这喧嚣的山城底郊外漫步时,对于著目地映现在视野里的那塔和桥,我却有这样强烈的爱和憎。那塔,是远远地便企冀人们注意地写在渺茫的天上;那塔,是虚幻的,可望不可及的谎言,写在渺茫的远天上;而且,我还有更奇妙的想头:那一层一层地堆叠起来的塔:是代表所谓"功勋"的本身么?于是,我对于这人世的虚伪有了更固执的憎恶。而那桥,却是那样平凡得没有人关心地,从溪流的这一边跨搭到那一边;地上有比它更真实,更亲切的形体么?我觉得是它完全不希冀人们说一声感谢地,沉默地像从没在那里一样地躺倒在那里;人们漠不关心地从桥上经过,我们能有法子去计算每天有多少无事忙的人从桥上经过,有多少奔忙的人从桥上经过呢?

而且,有谁来注意桥的坚贞呢?有谁来注意在艰险的溪流上守住最后一刻的木桥的坚贞呢?谁能想象到,那淫雨的夏夜,木桥怎样地和暴涨的溪洪抗逆的最后一刻的情景呢?……

而在第二天,当人们站在边岸上惊骇于桥的毁灭时,我们是宁愿去体验当它业已明白自己的命运,却有余暇去担心今后谁能继受自己的任务的那一刹那的心理,对于站在边岸上的那些假慈悲者的叹息,我们能说出些什么呢?

(选自张昌华《名人同题散文99》,
中国青年出版社1993年版,第163—164页)

拓展阅读

1.《谈叙述与描写——对北京大学中文系学生的讲话摘要》(老舍)
2.《透明的红萝卜》(莫言)

第六章
写作语言艺术

第一节 语言表达与修改

一、语言表达的重要性

语言是最重要的交际工具,会说的人常常出口成章,会写的人往往妙笔生花,能有效利用语言这一交际工具的人会更好地与人沟通,表达思想情感,展现自我的个性与魅力。写作过程的实质正是作者运用语言进行思想交流、信息传播的特殊劳动过程。因此,语言在写作过程中非常重要。

一篇文章的产生,要经过材料的收集和选择、主题的提炼与锤炼、结构的布局与安排等,但最终的成文还必须依赖于语言,用语言作为最终的表现形式。文章的好坏与语言表达是否准确、周密、畅达、贴切、生动密不可分。试比较下面两则材料:

材料1:益都西鄙人某,娶妾甚美,嫡(大老婆)遇之虐,日加鞭棰,妾甘受之无怨言。一夜,盗入其居。夫妇惶惧,不知所为。妾于暗中手一杖,开门径出,以杖击贼,磕(打倒)数人,余皆奔窜,妾厉声曰:"鼠子不足辱吾刀杖!且乞汝命,后勿复来送死。"贼去。(王渔洋《池北偶谈》)

材料2:益都西鄙之贵家某者,富有巨金,蓄一妾,颇婉丽,而冢室凌折之,鞭挞横施。妾奉事之惟谨。某怜之,往往私语慰抚。妾殊未尝有怨言。

一夜,数十人逾墙入,撞其屋扉几坏。某与妻惶遽丧魄,摇战不知所为。妾起,默无生息,暗摸屋中,得挑水木杖一,拔关(开门)遽出,群贼乱如蓬麻,妾舞杖动,风鸣钩响,击四五人仆地。贼尽靡,骇愕,乱奔,墙急不得上,倾跌咿哑,亡魂失命。妾拄杖于地,顾笑曰:"此等物事,不直下手插打得,亦学作贼!我不杀汝,杀嫌辱我。"悉纵之逸去。(蒲松龄《聊斋志异》)

材料 1 与材料 2 所写的内容基本相同,但材料 1 的语言表达较为平实、概括,有平铺直叙之感,材料 2 的语言表达形象、生动,富有波澜,详略得当,因而使整个故事显得有声有色。

二、语言表达的原则

在写作中,不同的文体会采用不同的语言风格,不同的作者也具有迥异的个人语言特色。在语言表达方面,可谓各具特色,没有统一的规范及标准,但有一些基本原则和常用技巧是值得我们关注和学习的。

(一) 精确原则

语言的精确是指语言的准确和精炼。所谓准确,即语言能够恰到好处地表现某一事物的性质、状态和色彩;所谓精炼,即以最经济的语言描绘和概括丰富的生活与思想。

古今中外的文学家,同时也是语言艺术的大师,他们在使用语言时特别注重语言的精确性,讲求选择最恰当的词语表现作品的内容。如杜甫在《江上值水如海势聊短述》中说:"为人性僻耽佳句,语不惊人死不休。"卢延让在《苦吟》中说:"吟安一个字,捻断数茎须。"曹雪芹在创作自述中说:"看来字字皆是血,十年辛苦不寻常。"袁枚在《随园诗话》中说:"余尝谓:一切诗文,总须字立纸上,不可字卧纸上。人活则立,人死则卧,用笔亦然。"这种能立纸上之字,当然也是选择最精当的字。老舍先生也曾说:"所谓语言的创造并不是自己闭门造车,硬造出只有自己能懂的一套语言,而是用普通的话,经过千锤百炼,使语言得到新的生命,新的光芒。就像人造丝那样,用的是极为平常的材料,而出来的是光泽柔美的丝。我们应当有点石成金的愿望,叫语言一经过我们的手就变了样儿,谁都能懂,谁又都感到惊异,拍案叫绝。"[1]

为了追求语言的准确性,古人往往反复"择炼""推敲"。如王安石的"春风又绿江南岸"中的"绿"字,初是"到"字,后相继改为"入""过""满"

---

[1] 老舍:《戏剧语言》,《出口成章:论文学语言及其他》增编本,辽宁人民出版社 2016 年版,第 41 页。

等十来个字后,才选定"绿"字。黄山谷的"高蝉正用一枝鸣"中的"用"字,初是"抱"字,后相继改为"占""在""带""要",最后选定为"用"字。这些语言技巧很值得我们传承和发扬。

要做到语言的精炼,避免芜杂、拖沓、冗繁,除了字词的"择炼",还要注意"炼意"。赵翼在《瓯北诗话》中说:"所谓炼者,不在于奇险诘曲,惊人耳目,而在乎言简意深,一语胜人千百。此真炼也。"邵雍在《论诗吟》中指出:"炼辞得奇句,炼意得余味。"我国古典诗词中擅用这种"片言明百意"的手法,现代作品中也不乏"炼意"的佳作。例如,老舍的中篇《月牙儿》是由原来的长篇《大明湖》浓缩而成,其5000字的短篇《断魂枪》是由10万字的长篇《二拳师》浓缩而成。

语言的精确性与形象性密不可分。我们经常会发现,作品中一两个字眼用得准确,就会使全句顿生神韵。王国维在《人间词话》中举例说:"'红杏枝头春意闹',着一'闹'字而境界全出。'云破月来花弄影',着一'弄'字而境界全出矣。"可见,语言的精确也使其意境更生动。

(二) 形象原则

刘勰在《文心雕龙·物色》中曾称赞《诗经》的语言"灼灼状桃花之鲜,依依尽杨柳之貌,杲杲为日出之容,瀌瀌拟雨雪之状,喈喈逐黄鸟之声,喓喓学草虫之韵"。刘勰这里很具体地指明了《诗经》语言的形象性。高尔基曾在赞叹列夫·托尔斯泰的语言艺术时说,他描写出来的形象,使人"真想用手指去碰碰",说明作者用形象的语言把人物写活了。

为增强语言的形象性,作者所运用的技巧和方法是多种多样的,各人有各人的招数、诀窍,如善于描摹、擅用修辞手法、善于抓住特征等。例如:

1. 她轻轻地跳上冰床子后尾,像一只雨后的蜻蜓爬上草叶。(孙犁《嘱咐》)

2. 三仙姑却和大家不同,虽然已经四五十岁,却偏爱当个老来俏,小鞋上仍要绣花,裤腿上仍要镶边,顶门上的头发脱光了,用黑手帕盖起来,只可惜官粉涂不平脸上的皱纹,看起来好像驴粪蛋上下了霜。(赵树理《小二黑结婚》)

(三) 抒情原则

写作过程反映了写作者对客观世界的主观认识,特别是文学作品,更是饱含着写作者的真情实感。白居易曾说"感人心者,莫先于情"。孙犁说过"没有真实的激动了的感情,就写不成好文章"。写作者有了真情实感,才能写出感人的作品来，而这些情感正是通过一个个蕴涵着情愫的词语、句子抒发倾吐出来，像一条彩桥，把作者和读者的心连在一起。

为增强语言的抒情性，可以采用直抒胸臆的方法，如郭沫若《屈原》中的"雷电颂"、《天安门诗抄》中的语言等。同时，由于汉语的"意美"特征以及汉族人含蓄的思维方式，我们在表现语言的抒情性时还常常使用"情景交融""情隐言外"、象征、暗示、空白等手法，给读者广阔的想象空间，让读者在揣摩、体会中增强审美感受。我国的古典诗词常将这些技巧熔于一炉，做到表情无痕、表意无言。例如：

1. 洞房昨夜停红烛，待晓堂前拜舅姑。
   妆罢低声问夫婿，画眉深浅入时无？
   （朱庆馀《近试上张籍水部》）
2. 银烛秋光冷画屏，轻罗小扇扑流萤。
   天街夜色凉如水，卧看牵牛织女星。
   （杜牧《秋夕》）

在现代写作中，我们仍然应该吸取古典作品的精华，古为今用。现代作品中不乏此类成功的范例。例如：

这女人编着席。不久在她的身子下面，就织成了一大片。她像坐在一片洁白的雪地上，也像坐在一片洁白的云彩上。她有时望望淀里，淀里也是一片银白世界。水面笼起一层薄薄透明的雾，风吹过来，带着新鲜的荷叶荷花香。（孙犁《荷花淀》）

（四）时代原则

语言是发展变化的，一百年前说"电脑"这个词，恐怕无人能懂，一百年后说"寻呼机"，恐怕所懂之人无几。文学具有时代性，这种时代精神也会渗透到语言中，使语言不可避免地带有时代特色。只要我们比较一下不同时代的作品，如明代的《水浒传》和清代的《红楼梦》，就不难发现其语言的时代特色。刘勰在《文心雕龙》里说"时运交移，质文代变""歌谣文理，与世推移"，其中即提到了语言随时代变化的观点。

1. 汉语的发展变化

任何语言都处于不断变化的动态发展过程之中，汉语从古到今亦发生了很大变化，其中，最能体现语言发展变化的是词汇，我们拿今天的词跟先秦时的词对照，就会发现其变化之大。在日新月异的现代社会，词语的动态变化在我们的日常生活中并不是新鲜事儿。根据《中国语言生活状况报告》对中国媒体新词语的统计，近几年的年度媒体十大新词语是：

2018年：进博会、直播答题、信联、政治站位、限竞房、消费降级、中国农民丰收节、贸易霸凌、大数据杀熟、冰屏

2019年：夜经济、5G元年、极限施压、止暴制乱、接诉即办、夸夸群、基层减负年、冰墩墩/雪容融、杀猪盘、乡字号/土字号

2020年：复工复产、新冠疫情、无症状感染者、方舱医院、健康码、数字人民币、服贸会、双循环、天问一号、无接触配送

可以看出，新词语记录生活新变化、社会经济新发展，串连着人们共同经历的点点滴滴。除了出现在媒体中的新词语外，网络用语也值得关注，像"逆行者""秋天的第一杯奶茶""带货""云监工""奥利给""夺冠""打工人""凡尔赛文学""爷青回""雨女无瓜"等，代表了网络语言使用的鲜明特征。

当然，新词语的特点是稳定性不够强，它往往产生快，消失也快，据统计，2006—2010年出现的2977条年度新词中，仅有41%留存了下来，34%的新词很快就从人们的口中、笔下消失。这一现象正反映了词汇的动态发展变化。

另外，随着时代的发展变化，一些在某一历史时期高频出现的词也会逐渐退出历史舞台，例如：

红卫兵　早请示晚汇报　串联　合作社　红袖章　黑五类

2. 汉语的规范化

语言在发展变化的同时又是需要不断规范的，中国人口众多、方言丰富，如果不加以规范，就会影响语言本身的健康运转。因此，我们要正确处理好语言发展与语言规范之间的关系，促进汉语的健康发展。语言规范化，就是根据汉语的发展规律来确定和推广汉语在语音、词汇、语法方面的标准，对其进行规范，把那些不合规律的、有分歧的语言现象加以淘汰，以便进一步地发挥汉语的社会交际作用，促使汉语朝着健康的方向发展。

现代汉语规范化的标准是：以北京语音为标准音、以北方话为基础方言、以典范的现代白话文著作为语法规范的普通话。它是占我国90%以上的人口的汉民族的共同语，也是我国各民族交往的工具，是我国广播电视、新闻媒体的主要民族语言。

以北京语音为标准音的"取音标准"，是讲求原则的，其原则主要体现为舍"寡"取"众"，舍"俗"取"雅"，舍弃个人习惯、求其意义区别。例如：

"从容"的"从"本来读cōng,因这个音只用于这个词,很多人容易误读,后来就"从众"读cóng了。以北方话为基础方言指的是普通话的词汇标准,它规定了普通话词汇取词的基本范围是北方话,但不是北方话的任何词都可以进入普通话,其主要原则是考虑到词汇的"通用性",例如"老头儿"一词,山西、陕西等地说"老汉",但北方大部分地区说"老头儿",所以普通话就选用这个通用的。同时,其他方言中一些有表现力的词也可以吸收进普通话,例如"垃圾""尴尬""的士"等。以典范的现代白话文著作为"语法规范",是要求其用例的取材范围是白话文著作,而且是"现代"的和"典范"的著作,以这种著作中的一般用例(不是特殊用例)作为语法规范。例如,鲁迅的作品中有一些文言色彩或方言色彩的词或句式表达,就应该作为特殊用例对待。

汉语对我国各族人民的相互了解、相互学习,对全国人民的大团结,都起到了很大的作用。在国际上,汉语是世界上使用人数最多的语言,差不多每五个人中就有一个是说汉语的。国外孔子学院的成立,更加速了汉语国际传播的脚步,对树立中国的国际形象有重要作用和深远意义。

在这个背景下,对内交往及对外传播的需要对汉语的规范化提出了越来越高的要求,人们越来越深刻地认识到汉语规范化的重要性和迫切性。但是,近年来,我国语言文字的应用现状与社会发展的要求相比,还存在不少滞后现象:有些地方方言盛行,社会上滥用繁体字,乱造简化字,乱造音译字,影视新闻媒体中也存在着大量的不规范现象。这些现象在一定程度上削弱了汉语作为交际工具的作用。在全国人大代表和政协委员多年的呼吁和努力下,《国家通用语言文字法》经全国人大常委会审议通过,于2001年1月1日起施行。这是我国第一部语言文字方面的专项法律,它的颁布实施将有力地促进现代汉语的规范化,使国家通用的语言文字在社会生活中更好地发挥作用。

广播、电视、网络等是现代化的传播媒介,具有传播速度快、受众范围广、影响力强的特点,以其崭新的传播手段使整个世界显得更加纷纭多彩、丰富多变。它还以不可抗拒的力量改变着人们的生活方式,强有力地影响着广大受众的语言实践。因此,推广普通话和促进汉语规范化是传媒工作者必须承担的光荣责任。《国家通用语言文字法》中第二章第十二条、第十四条、第十六条、第十九条,都对广播电视工作者以普通话为工作语言、普通话水平必须达到国家规定的等级标准作出了具体而严格的规定。

近年来,广电总局对影视作品中使用的语言也作出了具体而明确的规定,如《广电总局关于进一步重申电视剧使用规范语言的通知》(广发剧字[2005]560号)规定:"1. 电视剧的语言(地方戏曲片除外)应以普通话为主,一般情况下不得使用方言和不标准的普通话。2. 重大革命和历史题材电视剧、少儿题材电视剧以及宣传教育专题电视片等一律要使用普通话。3. 电视剧中出现的领袖人物的语言要使用普通话。"而且针对当前电视剧中使用语言的一些不规范现象,广电总局曾多次重申这一规定。

2014年初,国家新闻出版广电总局(2018年改组为国家广播电视总局)发出通知,要求播音员主持人除节目特殊需要外,一律使用标准普通话。不得模仿地域特点突出的发音和表达方式,不使用对规范语言有损害的俚语俗词等;用词造句要遵守现代汉语的语法规则,避免滥用生造词语和不规范网络用语;要规范使用外国语言文字,不在普通话中夹杂不必要的外文。

在当今互联网时代,语言的发展更是瞬息万变,与时俱进的语言政策和语言规范标准就显得更加重要。例如,随着网络的发展,许多网络用语迅速蹿红,但它的生命力如何,能不能进入口语,或者哪些可以进入,哪些不可以,这些语言生活实践中的具体问题都应该有一个较为科学可行的规范。有的学生在作文里这样写道:

"……在外太空我终于看见了这个走召弓虽的SP,一见到偶他居然使出了久已失传的KHBD,偶狂晕,kao,外星人也用这种X3L的招数,晕死了……"

这段文字在很多人看来不知所云,却是不少学生认为的时尚表达。网络语言正悄然冲击着校园,成为不少青少年的口头禅,并不时现身在学生的周记、作文、毕业留言甚至班级墙报中。对于此类现象我们不能不闻不问,听之任之,应当有适当的引导和相应的对策。

因此,作为传媒工作者,我们应该时刻关注语言生活,树立语言规范意识,实践语言政策,成为执行语言政策的楷模。

三、语言修改与写作

写作使用的是书面语,书面语的特点是可以反复修改。古今中外的优秀写作者无不重视修改的重要性。清代胡震亨的《唐音癸签》卷二十六中提到了白居易改诗的证据:"诗不改不工,老杜所谓'语不惊人死不休'是也。今人第哂白香山诗率易,不知其诗亦非草草就者。宋张文潜尝得公诗草真迹,点窜多与初作不侔(相同)云。"曹雪芹写《红楼梦》,于悼红轩中,披阅十载,增删五次,"字字看来皆是血,十年辛苦不寻常"。老舍的《春华秋实》,曾从头到尾重写过 10 次,手稿达 50 万字,相当于最后定稿字数的 10 倍。杨朔的《雪浪花》,全文仅 3000 字左右,发表前反复修改,共改动了两百多处,到发表时,初稿一字未改的只有 15 句。海明威写作《永别了,武器》时,最后一页修改了 39 遍才满意,另外,他把《老人与海》的手稿反复读过近两百遍才最后付印。列夫·托尔斯泰在《复活》中,为了塑造饱经忧患、受尽折磨的妇女玛丝洛娃的生动形象,光是她受审出场时的肖像描写就修改了 20 次。第一稿是这样的:

> 她是一个瘦削而丑陋的黑发女人,她所以丑陋,是因为她那个扁塌的鼻子。

后来托尔斯泰多次修改、增删材料,最后在第 20 次手稿上,终于描绘出了我们现在所见到的玛丝洛娃的形象:

> 一个身量不高、胸脯颇为丰满的年轻女人迈着矫健的步子走出牢门。……里边穿着白上衣和白裙子,外边套一件灰色的大衣。那个女人脚上穿着麻布袜子,袜子外面套着囚犯的棉鞋,头上扎着一块白头巾,分明故意让几绺鬈曲的黑发从头巾里滑下来。那个女人整个脸上现出长期幽禁的人们脸上那种特别惨白的颜色,使人联想到地窖里马铃薯的嫩芽。她那双短而且宽的手和她大衣的肥领口里露出来的丰满的白脖子都是这种颜色。在那张脸上,特别是由惨白无光的脸色衬托着,她的眼睛显得很黑,很亮,稍稍有点浮肿,可是非常有生气,其中一只眼睛略为带点斜睨的眼神。[①]

文章的修改既包括内容的修改,如主题的变化、材料的增删、结构的调整等,也包括语言的修改。这里主要谈语言的修改。

语言的修改包括两个层面:一是"通不通",即语言表达是否通顺、畅达,这是对写作语言最基本的要求,主要跟语法知识相关;二是"好不好",即是否能提高语言表达的效果,使语言更具艺术美,主要跟修辞知识相关。本章将从这两个方面重点加以分析。

[①] 〔俄〕列夫·托尔斯泰:《复活》,汝龙译,人民文学出版社 1979 年版,第 6—7 页。

第二节　语法知识及其运用

语言是交际工具,说话者必须根据一定的结构规律,把语言单位组合起来,构成一个一个的句子,再通过声音传达给对方,才能起到交流思想的作用。例如:"妹妹""不""吃""白菜"四个词,可以组成"妹妹不吃白菜",却不可说"不妹妹白菜吃",或"吃妹妹不白菜"。说明这些词组成句子时必须合乎一定的规律,语言的结构规律就是语法。

操母语者对于母语的语法规律往往习焉不察,也常常忽视语法方面的检视,但一旦疏忽大意,或缺乏对语法规律的敏感度,还是会经常出现语误。南方某地方报纸有一则新闻,标题是《市长盖宽和女儿结婚不收礼》,外地读者读后愕然,他们不了解当地情况,误认为市长名叫"盖宽"。但如在该标题"和"后加上"的"字,就可以消除歧解了。因此,掌握一些基本的语法知识是非常必要的。下面介绍一下语法知识运用方面常见的错误。

一、词类及其运用

汉语的词类分为实词和虚词两大类,实词包括名词、动词、形容词、区别词、数词、量词、代词、副词、拟声词、叹词,虚词包括介词、连词、助词、语气词。① 每一类词都有自己的语法特点,使用时要注意,避免造成词类的误用。

(一)名词的误用

在语言运用中,个人随意改变名词的语法功能,就会出现名词的误用,例如:

1. 胡适正在<u>早餐</u>,吃的是徽州饼。

2. 有一家出版社的负责人,一年竟主编或<u>副主编</u>了200余种图书。

例1中"早餐"是名词,这里误用作动词,应为"用早餐"或"吃早餐"。例2中"副主编"是名词,误用作动词,可改为"做了200余种图书的主编或副主编"。

---

① 关于词的分类,不同的语法书不尽相同,这里采用黄伯荣、廖序东《现代汉语》(增订四版)的分类。

(二) 动词的误用

1. 关于这事,他对她很赔礼道歉。

2. 现在一些人很注意包装自己……包装可以,但不能太包装。

例1中"赔礼道歉"为动词性短语,前面不可加"很",可改为"他很郑重地向她赔礼道歉"。例2中"包装"是动词,不能受程度副词"太"的修饰,可改为"过度包装"。

(三) 形容词的误用

1. 鸽哨宁静着一个个黎明,划亮行人的瞳孔。

2. 他们最终一致了意见。

例1中"宁静"是形容词,误用作动词,可改为"鸽哨伴着一个个宁静的黎明"。例2中"一致"是形容词,误用作动词,可改为"达成了一致的意见"。

(四) 数词、量词的误用

1. 因为改革措施得当,该厂产值、利润同步提高,到去年年底,总产值已经增长到百分之四十。

2. 去年报考这个专业的是6人,今年增加到18人,翻了三番。

例1中"百分之四十"是净增数,不能用"增长到",应为"增长了"。例2中的数字变化不能用翻番来表达,应为"增加了两倍"或"增加到原来的三倍"。

(五) 副词的误用

1. 他大哥还不是跟他一样,更怕老婆。

2. 他在工作中犯了这么大的错误不是偶尔的。

例1中副词"更"有比较的意思,与前面"一样"矛盾,可改为"也怕老婆"。例2中"偶尔"是副词,误用作形容词,可改为"偶然"。

(六) 代词的误用

1. 他(卢嘉川)知道敌人如果真正得到了他们的名单,便不会同他这么费劲了,正因为他不知道,所以他说"知道了"。

2. 妈妈确实在着急,因为四妹病了一些日子了。她渐渐地黄黄瘦瘦下来,总是一点精神气也没有。

例1中"他"一词多代,既代"卢嘉川",又代"敌人",可改为"正因为敌人/这些家伙不知道,所以才说'知道了'"。例2中指代不明,"她"应改为"四妹"。

(七) 介词的误用

1. 走<u>在</u>大街尽头,已是万家灯火。
2. 他们正在拯救道德世界免受物质凌虐而努力。

例1中"大街尽头"是动作行为发生的终点,应用介词"到"。例2中介词误缺,"拯救……而努力"格式中,前面应加介词"为"。

(八) 连词的误用

1. 师生进入本宿舍一律要出示工作证<u>和</u>学生证。
2. 大象、大象,你喜欢爸爸<u>或</u>妈妈?

例1中"和"应为"或"。例2为疑问句,"或"应改为"还是"。

(九) 助词的误用

1. 愿天下有情人都成<u>了</u>眷属。
2. 对广告法的实施,一些媒体采取<u>着</u>不以为然的态度。

例1中"愿……"是希望的,没有实现,不能用表示实现的助词"了"。例2中"采取"不能表示持续,故不能搭配助词"着"。

(十) 语气词的误用

1. 你有没有什么地方可以躲一躲<u>吗</u>?
2. 门神不敢当,但大小是国门,使命是神圣。

例1中"有没有"是反复问句形式,"……吗"是一般疑问句形式,疑问形式矛盾,可去掉"吗"。例2中助词残缺,可改为"使命是神圣的"。

二、单句及其运用

句子是具有特定语调、能够表达一个相对完整的意思的语言单位,它是语言的基本运用单位。在交际和交流思想的过程中,词和短语只能表示一个简单或复杂的概念,句子才可以表达一个完整的意思。正因为有了句子,人类的思维活动的结果、认识活动的成果才能记载下来,巩固起来,使人类社会中思想交流成为可能。

句子可以分为单句和复句,构成单句的句法成分有主语、谓语、宾语、定语、状语、补语,这些成分的排列、搭配要受到句法、语义规则的制约,不能随意组合、排列,也不能任意增删。单句运用方面常见的错误有以下几种:

(一) 搭配不当

1. 主谓搭配不当

  夜风吹来,密匝匝的树枝和明晃晃的月光轻轻摇曳着,发出沙沙的响声。

"明晃晃的月光"不能跟谓语动词"摇曳"搭配,更不能"发出沙沙的响声",可改为"在明晃晃的月光下,密匝匝的树枝轻轻摇曳着……"。

2. 主宾搭配不当

  《红楼梦》和《西厢记》是中国历史上描写男女爱情的优秀小说。

《西厢记》不是小说,可将宾语改为"优秀作品"。

3. 动宾搭配不当

  爱情可以弹奏出迷人的妙韵。

"弹奏"与"妙韵"搭配不当,可改为"旋律"。

4. 定语、状语、补语与中心语搭配不当

  (1) 中学时代打下的坚实的基础知识,为他进一步自学创造了条件。
  (2) 只有及时地和合理地发现问题,才能解决问题。

例(1)的定语"坚实"不能与中心语"基础知识"搭配,可改为"基础"。例(2)中状语"合理地"不能与"发现"搭配,可改为"只有及时地发现问题,才能合理地解决问题"。

总体来看,搭配不当的语病,有的是忽略了语义搭配的习惯,有的是弄混了某个成分在语法方面的管辖范围,这就告诉我们在组词造句时要从语义、功能、习惯等多方面把握句子成分之间的关系,并认真加以检查修改。

遇到搭配不当的语病,进行修改时应首先找出句子的主干,分析句子的主干是否搭配得当,如果主干没问题,再检查"枝叶",即定语、状语、补语跟中心语是否搭配。找到问题后,再确定具体的修改调整办法。

(二) 语序不当

语序是指语言单位的排列顺序。语序不同,语言单位组合后的结构关系和意义往往也就不同。例如"牛奶"和"奶牛","生产"和"产生","人为"和"为人","匆匆过客"和"过客匆匆"等。语序方面常见的语病有:

1. 多项定语语序不当

(1) 批评和自我批评是<u>有效的</u>改正错误提高思想水平的方法。
(2) 考古工作者对<u>两千多年前在长沙马王堆一号墓新出土</u>的文物进行了多方面的研究。

例(1)中定语"有效的"应放在"方法"之前。例(2)中定语的次序应为"在长沙马王堆一号墓新出土的两千多年前的"。

2. 多项状语语序不当

(1) 他<u>逐字逐句</u>地噙着泪水读完了这篇血肉丰满的文章。
(2) 林老师几次<u>主动老远就热情</u>地招呼他。

例(1)状语"逐字逐句"应放在"读"之前。例(2)"主动"应放在"热情"之前。

3. 其他语序不当

(1) <u>飞快的 18 次特快列车</u>向北京奔驰。
(2) 他终于叩开了<u>通向盲人</u>光明世界的大门。

例(1)中"飞快的"应加在"向北京"之前,将"的"改为"地"。例(2)中"通向盲人"应为"盲人通向"。

整体来看,造成语序不当的原因,主要是组织句子时偏重了语序的灵活性而忽略了它的强制性的一面,注意了词语排列的线条性而忽略了语义关系的层次性。

遇到语序不当、进行修改时,应先把握整体结构,在保持原意的基础上,确定问题所在,本着调整语序为主、尽量不增减词语的原则作出具体改动。

(三) 成分赘余

1. 主语赘余

(1) <u>往事</u>的<u>回忆</u>又像电影一样一幕一幕地在我的眼前映现。
(2) 马金龙的<u>成长</u>和<u>发展</u>,使他认识到平凡人也可以做出不平凡的事情。

例(1)"往事"和"回忆"重复,可将"的回忆"去掉。例(2)中应将"和发展"去掉。

2. 谓语赘余

(1) 读完这篇文章,读者就会被主题所感染,使<u>读者</u>感到余味无穷,不忍释手。

(2) 给学生订阅有关报纸,并对报上必读的文章进行勾勾画画,以帮助学生阅读。

例(1)中谓语赘余,可将"使读者"去掉。例(2)中应将"进行"去掉。

3. 宾语赘余

(1) 在他们的积极努力下,全部科研项目提前完成了任务。

(2) 参加修建红星渠的劳动大军,响应上级的号召,又快又好地进行施工任务,争取提前完成这项工程。

例(1)例(2)都应将多余的宾语"任务"去掉。

4. 定语、状语、补语赘余

(1) 这句话的后面,包含了多么丰富的"无声"的潜台词呵。

(2) 在旧社会,穷苦的劳动人民受着三座大山的压迫,是共产党把劳动人民从水深火热中将他们拯救出来。

例(1)应将多余的定语"无声的"去掉。例(2)可将多余的状语"把劳动人民"去掉。

整体来看,成分赘余的语病,有的是由于同义、近义词语堆砌造成的,有的是由于对某些语句结构的把握不当造成的,我们在写作时,要坚持经济、简明的原则,避免各种重复冗余。进行修改时,要删去多余的成分。应该注意的是,在两个同义或近义的词语或表达方式中,其去留不是随意的,要慎重取舍。

(四) 成分残缺

1. 主语残缺

(1) 风儿掠过稻田时,恰似波涛滚滚的黄河,上下起伏。

(2) 雨后新霁,彩虹横空,瀑布垂练于翠壁,万壑争流于其间,群峰碧绿,万木滴翠,格外清新。

例(1)主语残缺,可改为"风儿掠过的稻田",让"稻田"做主语。例(2)"格外清新"缺少主语,可补出其主语"空气"。

2. 谓语残缺

(1) 从古代神话《嫦娥奔月》到敦煌壁画《飞天》,处处都反映着我国古代人民远离地球、飞入太空的强烈愿望。

(2) 南堡人民经过一个冬天的苦战,一道四米高、二十米宽、七百米长的拦河大坝,巍然屹立在天目溪边。

例(1)谓语残缺,可改为"我国古代人民幻想远离地球、飞入太空的强烈愿望"。例(2)可将前面改为句首状语"经过南堡人民一个冬天的苦战"。

3. 宾语残缺

(1) 坝上草原的自然条件非常差,特别是风沙很大,严重影响农业生产,所以要彻底改变坝上地区贫穷落后,必须植树造林,防风固沙。

(2) 从中西医结合到完成新医学的过程,必须是中医、西医、中西医结合三种力量同时发展,不断使中西医结合向深度广度发展。

例(1)可将残缺的宾语补出"彻底改变坝上地区贫穷落后的面貌"。例(2)可将宾语补出"……发展的过程"。

4. 定语、状语、补语残缺

(1) 2月18日,最后一批滞留巴拿马的古巴难民被遣返美军在古巴的关塔那摩基地。

(2) 我们把学员集中在养猪场,同吃同住同劳动。

例(1)应补出"遣返"的补语"到"或"至"。例(2)应补出状语"跟养猪场工人"或"跟那里的工人"。

整体来看,成分残缺主要是随意省略、顾此失彼、暗中更换某些成分等造成的,写作时要在这些方面加以重视,不能因为简化句子而忽略语义表达的严密性、完整性、明确性。进行修改时,应从整句结构着手,根据句子成分之间的依存关系,找出残缺的成分,再结合原意补出适当的词语。

(五)句式杂糅

1. 两种说法混杂

同一内容,往往可以采用不同的说法。说话、写作时,由于拿不定主意,既想用这种说法,又想用那种说法,结果把两种说法糅到一起,形成两句混杂。

(1) 考场外来面试的考生人山人海,考试场设在一间古色古香的大厅里举行的。

(2) 住了几天,三连的同志们发觉,这个村为什么北山上采石叮叮当当,田地里生产却冷冷清清?

例(1)可改为"考试场设在一间古色古香的大厅里"或"考试是在一间古色古香的大厅里举行的"。例(2)"发觉"后不跟疑问形式,去掉"为什么",改为"这个村北山上采石叮叮当当……",将问号改为句号,也可将"发觉"改为"感到奇怪"。

2. 前后牵连

把前一句的后半句作后一句的开头,硬把前后两句连成一句。

（1）今天的节目中,我们邀请的是×××先生来到我们节目中。

（2）当上级宣布我们摄制组成立并交给我们任务的时候,我们大家感到既光荣又愉快的感觉是颇难形容的。

例（1）可改为"我们邀请到的是×××先生",或"我们邀请×××先生来到我们节目中"。例（2）可改为"我们大家感到既光荣又愉快,这种感觉是颇难形容的"。

从整体上看,造成句式杂糅的原因主要是对相近的表达方式的不同结构特点把握不准,再加上两种表达方案纠缠在一起,未能理清。因此,我们在写文章时要理清思路,对不同结构形式作出明确选择,不能犹豫不决、举棋不定。进行修改时,要首先弄清楚是哪两种结构（或句式）混杂（或牵连）了,然后再根据上下文选择其中一种合适的表达形式。

三、复句及其运用

复句是由两个或两个以上意义相关、结构上互不包含的单句形式组成的句子。构成复句的单句形式叫分句。分句之间结构上互不包含,就是说互相不作句子成分,没有句子成分之间的结构关系,这是复句的本质特征,也是单句和复句最根本的区别。请看下面例句:

1. 浓云重得像山,远山又淡得像云,是这里常见的景色。
2. 男人们一排一排的呆站着,女人们也时时从门里探出头来。
3. 我是一个学生,昨天下雪了。

例1是单句,因为虽然包含几个分句,但分句间有结构包含关系,"浓云重得像山,远山又淡得像云"做整句的主语。例2是复句,前后分句各自独立。例3的两个分句不能组成复句,因为二者没有意义上的关联。

复句运用中常见的错误有:

（一）分句之间缺乏密切联系

1. 中国人民是勤劳的,中国人民决心发展同世界各国人民之间的友谊。

2. 如果大家不认真学好语文,就不会有较高的思想水平。

例1中"勤劳"与"发展……友谊"意义上没有必然的联系。例2中"学好语文"跟"有较高的思想水平"在意义上也没有必然的联系。

(二)结构混乱,层次不清

  1. 在抢险防洪的战斗中,同志们奋不顾身地跳进汹涌澎湃的激流,经过四个多小时惊心动魄的搏斗,保住了大坝,战胜了洪水。
  2. 不要人云亦云,道听途说。

例1各分句的次序应为"战胜了洪水,保住了大坝"。例2的次序应为"道听途说,人云亦云"。

(三)关联词语使用错误

1. 关联词语搭配不当

  (1) 我爱故乡,那<u>不是</u>因为它是我出生的地方,<u>还因为</u>那里的一山一水,一草一木,都能引起我对许多美好生活的回忆。
  (2) 只要增加投入,才能使粮食生产稳步增长。

例(1)关联词语可改为"不仅……而且……"。例(2)中"只要"应改为"只有"。

2. 缺少必要的关联词语

  (1) 他的小说不仅脍炙人口,广为流传,同时,他的书画作品造诣也很深。
  (2) 新加坡的竹节虫,不仅体色几乎和竹子一样,体形在安静时完全像一根树枝。

例(1)的关联词语应为"不仅脍炙人口,而且广为流传"。例(2)在"体形"前补出关联词语"而且"。

3. 错用关联词语

  (1) <u>尽管</u>你的帮助那么微薄,但在他的心上,却像千斤重的砝码。
  (2) 谁要是犯了禁,<u>不管</u>他是豪门大族,<u>都</u>要用大棒责打。

例(1)的"尽管"应改为"虽然"。例(2)"不管"应改为"即使",同时将"都"改为"也"。

4. 滥用关联词语

  (1) 他性格孤僻,不爱说话,所以学习上死记硬背,成绩不好。

(2) 因为他今天感冒了,所以没来上班,因此,我要给他请个假。

例(1)例(2)中的关联词语"所以""因为""因此"都可以去掉。

5. 关联词语位置不对

(1) 不等大家到齐,就他一个人干起来了。

(2) 他不是照顾老人,而是老人照顾他。

例(1)中的"就"应移到"他"的后面。例(2)中的"不是"应移到句首。

在写作中,语言要合乎语法,做到文从字顺,这是对写作者最基本的要求,也是带有强制性质的要求,不符合语法规范,就会产生语病,使文章达意不顺畅,传情受阻碍。因此,我们在这方面一定要谨慎小心、严格修改,多锻炼语言方面的功夫。

第三节 修辞的综合运用

在汉语文献中,从先秦就开始了"修"和"辞"两个字连用。《周易》说"修辞立其诚",即"修饰文辞"。唐代学者孔颖达注释说:"'修辞立其诚,所以居业者','辞'谓文教,'诚'谓诚实,内外相成,则有功业可居,故云'居业'也。"

修辞是为适应特定的题旨情境,运用恰当的语言手段,以追求理想的表达效果的规律。陈望道先生在《修辞学发凡》中提出"修辞以适应题旨情境为第一义"的著名原则。作者把修辞中运用的语言作为工具,一再指出:"凡是成功的修辞,必定能够适合内容复杂的题旨,内容复杂的情境,极尽语言文字的可能性,使人觉得无可移易,至少写说者自己以为无可移易。"[1]题旨情境包括了修辞内容、接受对象和语言环境等要素,是提高语言表达效果的一个基本原则。

修辞学研究的对象存在于交际活动之中,它只研究交际活动中的语言问题,而且是同提高表达效果有关的语言问题,不是一切语言问题。修辞学的研究包括词语的选用和配合、句子的锤炼和选择、特定的修辞方式、篇章结构和语体风格等。这些研究既包括同义手段的选择,也包括某一手段的变异使用。修辞学研究的对象是为了提高语言表达效果而对语言进行的加工,其核心就是同义手段的选择,这种选择大都是在语言的各种变体之间进行的,如现代汉语的地域变体、言文变体、社会变体和风格变体等。综上,运用

---

[1] 陈望道:《修辞学发凡》,复旦大学出版社 2008 年版,第 9 页。

恰当的语言手段,适应特定的题旨情境,目的就是为了取得理想的表达效果。

一、修辞同语音、词汇、语法的关系

从语音方面看,修辞学利用谐音、叠音、拟声、双声叠韵、平仄、押韵、字调、重音、轻声、停顿、音节、节奏和儿化韵等语音现象,研究其在特定思想内容和语境中表现出来的感情色彩、意义的心理重心、音律美感和鲜明的民族风格。借用这些语音表现手段,可以构成语音双关、对偶、拈连、语音歇后、摹声、同字、谐音、讳饰、借代、飞白等修辞方式。

小燕子忽然发现一个成语,惊喊道:"哎呀……这句好厉害!简直就是皇后和容嬷嬷!"

"哪句?哪句?"永琪伸长脖子问。

"一发千钩!这一定是一种刑罚,一根头发,要用一千个钩子钩起来,你们说多厉害?"

"天啊!是'一发千钩'!"尔康喊着。(琼瑶《还珠格格》)

这则例子就是利用飞白的修辞方式,将明明知道是错误的语言,故意如实地记录,以达到语言滑稽、幽默,甚至是给人揶揄之感的效果。小燕子将"一发千钧"的"钧"字错念成"钩",而且丝毫不知其错误,将其"合情合理"地解释出来,这不但增加了文章的趣味性和语言的感染力,而且有助于体现人物形象的真实性。

在词汇方面,修辞学从筛选、锤炼的角度研究词语运用,从声音、形体、意义、色彩、用法等方面对词语加以调遣和安排。从这个角度研究修辞,涉及各种各样的语言建筑材料,如同义词、反义词、多义词、同音词、同形词、同素词、褒义词、贬义词、外来词、古语词、行业语以及熟语等。修辞学利用词语的特点,可以构成语义双关、反语、仿词、婉曲、对偶、对比、借代、通感、夸张、顶真、回环、拈连、反复、比喻、语义歇后等修辞格。

康熙二十三年,他有幸陪侍皇帝游览孔林,便乘机要求扩充土地,提出:林外版籍民田,欲扩不能,尚望皇上特恩。结果康熙点了龙头,孔族地主得了甜头,附近农民就吃了苦头。(黄天骥《孔尚任与桃花扇》)

上例有意把"龙头""甜头"和"苦头"这三个字面上既同又异的词语用在一个语言片段中,利用它们的互相对照、比较来反映当时社会的现状,突出所要表达的意思,引起别人注意。

修辞要以合乎语法为基础,合乎语法是讲究修辞的先决条件。话语和文章的气势、力量、精彩、跌宕等方面的效果往往要靠句式的选用和调整,要靠句群的有效组织,如讲求句的长短、句的整散、句的分合,讲求句的繁简、句的常式与变式等。语法为修辞现象、修辞规律的体现提供表现形式,没有句子和句群,也就没有体现修辞外在形式的语言模式。所以说,语法研究的是语言的结构规律,即"通不通";逻辑研究的是思维形式和思维规律,即"对不对";修辞则研究提高语言表达效果的规律,即"好不好"。

如果以做饭来打比方,一个人即使从来不会做饭,只要交给他一定的食材,并给他一本介绍详细的菜谱,他按照菜谱基本是能够把饭做熟的,但是他做的饭应该不会比一位资深的老厨师做出来的好吃。所以说,按照菜谱来做饭,就像我们说话符合语法规律一样,能够将意思表述清楚。但是,如果想把话说得动听、得体,就要像资深的厨师一样,会精准、独特地配料,做出一顿美味的饭菜,也就是要讲究修辞。

二、语音的锤炼

(一)锤炼语音的要求

1. 声调配合要抑扬顿挫

古代汉语中的声调分为平、上、去、入四声,而发展为现代汉语后,古代的平声分为阴平和阳平,入声分别进入平、上、去三声中。那么,以现代声调为基准,阴平和阳平声调被归为"平",上声和去声被归为"仄",平声读起来语调平缓,仄声读起来语调曲折多变,口气较重。在律诗里,平仄在本句中是重叠交替的,在对偶句中是相互对立的。这两大类声调在诗词中有规律地交替使用,也就造成了诗词音调抑扬起伏、悦耳动听的音乐美。如:

七律·送瘟神
毛泽东

春风杨柳万千条,六亿神州尽舜尧。红雨随心翻作浪,青山着意化为桥。天连五岭银锄落,地动三河铁臂摇。借问瘟君欲何往,纸船明烛照天烧。[①]

[①] 毛泽东:《毛泽东诗词集》,中央文献出版社1996年版,第104页。

这首诗中,平仄在一句中交替使用,在前后句中交错相对,使得全诗抑扬顿挫,情绪激昂。

2. 音节、节奏要匀称平稳

在古代汉语中单音节词占优势。而现代汉语中双音节词占大多数,四字格数量多,能产性比较强。尤其在诗歌、戏剧作品、抒情散文以及口号、对联、标语和标题中,词语的音节搭配特别重要,它能增强文章的节奏感和气势。

一般说来,单音节词要与单音节词配合使用,双音节词要与双音节词搭配运用。如:

> 我喜欢极目远眺多变的大海。季节不同,天气各异,早中晚阴晴风雨,大海呈现着各种姿态,变化着各种颜色。黑黝——翻滚;墨绿——潜流;发白——奔腾。(碧野《岭南秋日》)

上例中,"早中晚阴晴风雨"为单音节与单音节的连续搭配使用,"黑黝——翻滚;墨绿——潜流;发白——奔腾"是双音节与双音节的配合使用。这样读起来悦耳动听,朗朗上口,文章所表现的气势也自然流出。

在日常口语交际中,如果是单音节的词,往往会变化为双音节或多音节词来使用。如对姓氏的日常称呼,人们习惯于称呼"老张、小李",如果是复姓,一般就不会在前面加上"老""小"这一类词,如"欧阳、诸葛"等。

反之,如果是多音节的词,在日常运用时,则往往简缩为双音节词或单音节词。如"中国和印度"会简称为"中印","龙井茶"则只用"龙井"代替。

表示节奏的基本单位叫作"音步"或"顿"。节拍是由一定数量的音节构成的音律单位。调配节拍是造成节奏美的一种方法。诗歌和说唱文学中,都特别重视节拍。如:

沁园春·将止酒,戒酒杯使勿近
辛弃疾

> 杯汝来前,老子今朝,点检形骸。甚长年抱渴,咽如焦釜;于今喜睡,气似奔雷。汝说"刘伶,古今达者,醉后何妨死便埋"。浑如此,叹汝于知己,真少恩哉!
>
> 更凭歌舞为媒。算合作人间鸩毒猜。况怨无小大,生于所爱;物无美恶,过则为灾。与汝成言:"勿留亟退,吾力犹能肆汝杯。"杯再拜,道

"麾之即去,招则须来"。①

从上词中可以看出,节拍基本以四字构成一个单位,造成节奏美。

有一些词,自身并无意义,只起着协调音节的作用,叫作衬词。衬词虽然没有意义,但绝不是可有可无的,句子没有它就拗口,有了它就顺口、悦耳。日常口语中的衬词是很多的,比如"这个""那个"。讲究语言节奏的诗歌韵文中,为了节奏和谐,也有运用衬词的。如:

> 北风那个吹,雪花那个飘。雪花那个飘飘,年来到。(《白毛女》)

3. 韵脚要和谐自然

押韵就是有规则地交替使用韵母相同或相近的音节,利用相同或相近的声音有规则地回环往复,增加语言的节奏感和音乐美,使作品和谐统一。韵律是汉语诗歌的基本要素之一。

我国的古典诗歌中,从《诗经》起到后代的诗词没有不押韵的,可谓"无韵不成诗"。"五四"以后的新诗虽然有一些无韵的自由体诗,但大都还是押韵的,只不过用韵较宽。诗歌的押韵方式常见的有:

(1)偶韵:偶句押韵,隔句押韵。

(2)奇偶偶韵:四句一组的诗歌,第一句、第二句和第四句押韵。

(3)随韵:每两句(四句)一换韵,下句随上句押韵。

(4)排韵:数句押一韵,或"一韵到底"。

(5)交韵:四句一组的诗,第一、第三句一韵,第二、第四句一韵。

(6)抱韵:四句一组的诗歌,第一句、第四句一韵,第二句、第三句一韵,中间两句被其外两句所环抱。

(7)一字韵:每句的韵都相同。

(8)阴韵:某些句子之后加上某一虚词,以此构成全篇韵律。

如臧克家的《老马》:

> 总得叫大车装个够,
> 它横竖不说一句话,
> 背上的压力往肉里扣,
> 它把头沉重地垂下。

---

① 辛弃疾:《辛弃疾词集》,上海古籍出版社2014年版,第221页。

这刻不知道下刻的命，
　　它有泪只往心里咽，
　　眼里飘来一道鞭影，
　　它抬起头望望前面。①

这首诗中，第一节中的"够""扣"押 ou 韵，"话""下"押 a 韵，形成交韵。第二节中也是"命""影"押 ing 韵，"咽""面"押 an 韵。

（二）锤炼语音的技巧

1. 运用双声叠韵

运用汉语语音双声或叠韵的特点，构成传统的联绵词，即两个音节声母相同的叫作双声，两个音节韵母相同的叫作叠韵。双声叠韵能够形成一种回环的美。如：

　　整个旋律富有变化，极有活力，在尾音上还颤动不已，以致在尾音逐渐消失以后，使我觉得那最后一丝歌声尚<u>漂浮</u>在这<u>苍茫</u>大地的什么地方，<u>蜿蜒</u>在带着毛茸茸的茬口的稻根之间。（张贤亮《绿化树》）

上例中，"苍茫""蜿蜒"均为叠韵词，前后并排使用，音韵和谐，富于美感。

2. 选用叠音形式

叠音，古时叫作"重言"或"复字"。叠音手法的使用，能够突出词语的意义，加强对事物的形象描绘，增加音乐美感。如：

菩萨蛮·黄鹤楼
毛泽东

　　<u>茫茫</u>九派流中国，<u>沉沉</u>一线穿南北。烟雨莽<u>苍苍</u>，龟蛇锁大江。
　　黄鹤知何去？剩有游人处。把酒酹<u>滔滔</u>，心潮逐浪高！②

这首词运用了四组叠音词，从大处着眼，从远到近，层层展开，以其独有的胸襟及气概表达了作者对于所处时代的沉郁抱负和热切期待。

3. 拟声

拟声，也叫摹声、绘声，是对客观世界的声音的模仿。模仿客观世界的声音而构成的词，通常叫作象声词。象声词不是客观世界声音的简单再现，

---

① 臧克家：《臧克家诗选》，人民文学出版社 1994 年版，第 15 页。
② 毛泽东：《毛泽东诗词》，中央文献出版社 1996 年版，第 10 页。

而是根据一种语言的语音系统对客观世界的声音进行一番改造的结果,是客观世界的声音所固有的节律和一种语言所特有的语言特点相结合的产物。象声词的运用,能够使人感受到事物的生动性和内在的旋律,咖佛身临其境似的。如：

咩——山羊叫。哇——鲁胜利哭。司马凤司马凰哼唧。鸟仙两子哦呀呀。(《丰乳肥臀》)

这段文字中的"咩""哇""哼唧""哦呀呀",一连串拟声词的运用,烘托出了上官一家繁忙热闹的清晨。

三、词语的锤炼

(一) 简洁

文章应力求用简洁的词语、句子表达丰富的内容,做到"言简意赅"。意义上或字面上重复的词语,表达上不需要的修饰、限制语,以及一些不必要的助词等不用或删去;意义上大同小异的一些词语也宁可使用字数较少的。

1. 图书馆阅览室的座位总是座无虚席。
2. 中秋节的夜晚,月亮分外的圆,分外的大,分外的明亮和皎洁。

例1中,"座无虚席"已经包含了"座位"的意思,所以主语中的"座位"应删去。例2中,"明亮"和"皎洁"都有"明亮"的含义,语义显然出现了重复,应删去其中一个。

(二) 规范

行文中,尽量不滥用文言词、外来词、行业语等,对于方言词等的使用也要依据一定的行文环境来考虑。

1. 离校前夕,老师的临别赠言又在我耳边响起,是那么的诚挚、亲切,那么的勗勉。
2. 向西望去,马路两旁楼房顶上异常庞大的 NEON 广告牌排成两阵,蜿蜒而去。

例1中,"勗勉"也可写作"勖勉",是勉励的意思。老师的临别赠言是亲切的、语重心长的,词语应用应是普通、自然的,不能使用文言古语词。例2中,"NEON"在句中的使用有些怪异,对于不熟悉此种产品的读者来说,完全不知道这是怎么回事。

现代汉语普通话吸收和采用了各种成分来丰富自身,但是这种吸收是有标准、有条件的。普通话在吸收其他成分的时候,应遵循普遍性、需要性和意义明确的原则,杜绝一切生造词。

1. 著名美籍华人歌星费翔,已接受上海市青联的邀请,定于本月27、28、29日在市体育馆献演。

2. 剽袭别人的作品的行为,不仅是一种道德败坏的表现,也是犯罪行为。

例1中"献演"是一个生造词语,一般说"献唱"或"表演"。例2中的"剽袭"也是生造词,一般表述为"剽窃"或"抄袭"。

四、语义的锤炼

(一) 达意准确

准确贴切是选用词语的基本要求,它不仅要求用词能毫不含糊地反映客观事物,妥帖地表达思想感情,而且还要求所用词语能切合题旨情境的需要。用词准确妥帖,就会产生一种质朴的美感和力量。如:

> 七斤嫂听到书上写着,可真是完全绝望了;自己急得没法,便忽然又恨到七斤。伊用筷子指着他的鼻尖说:"这死尸自作自受!造反的时候,我本来说,不要撑船了,不要上城了。他偏要死进城去,滚进城去,进城便被人剪去了辫子……"[①]

在鲁迅先生的《风波》中,"死进城去,滚进城去"中的"死"和"滚"运用得非常精准恰当。七斤因经常往返城里,消息灵通,因此颇受鲁镇人尊敬。他被革命党剃了光头,刚开始还觉得没什么不好,可过不久,又惶惶不安起来,因为听说皇帝又坐了龙庭。七斤嫂心里非常恐慌七斤被剪了辫子,这种担心有一种爱恨交织的情绪,所以,一个"死"字、一个"滚"字将这种情绪表现得淋漓尽致。

(二) 色彩得体

词语的修辞色彩是人们在长期运用语言的过程中逐渐形成的,它不是个人运用语言的特殊表现,而是具有全民性和稳定性的。词语色彩是否分明直接关系用词是否确切,表达是否鲜明有力。

词语的色彩分为感情色彩和语体色彩。感情色彩是指词语反映客观事

[①] 鲁迅:《风波》,《鲁迅最传世小说》,北方文艺出版社2016年版,第41页。

物时,或表达者选用词语时表现出来的不同态度与感情。不同的感情色彩或通过词义的褒贬体现出来,或借助词语的配合体现出来,或靠语境、修辞手法体现出来。这种词语总有一定的使用范围和使用情境,要受一定条件的限制。如果故意使用与本来意思相反的词语或句子来表达本意,这种手法叫作反语,也称"倒反""反话"。

语体是在一定交际领域,根据交际任务、内容、对象经常地有规律地反复运用某些语言材料和语言组合方式形成的一系列特点的综合,它有相对稳定的组合体式,是言语的社会功能变体。正确地使用带有语体色彩的词语不仅可以确切地表达我们的思想感情,而且可以造成一个和表达内容相适应的言语气氛,增加语言的感染力。如果在使用中不注意区分语体风格色彩,就会使表达风格不伦不类,出现不和谐色彩。但某些带有语体色彩的词语,有时具有一定的灵活性。如:

> 他们谈到以后该怎么样办,燕燕仍然帮着艾艾和小晚想办法,他们两个也愿意帮着燕燕,叫她重跟小进好起来。用外交上的字眼说,也可以叫作"定下了互助条约"。(赵树理《登记》)

"定下了互助条约"本是公文语体用语,在此篇小说中,借用到日常生活的口语语体中,表达更为灵活生动,凸显出人物的个性特点。

五、句子的锤炼

(一) 锤炼句子的要求

行文过程中,作者切记保持叙述角度的一致,句子的顺序有章法,表达语气贯通一致。在句子与句子的搭配上,力求在结构、音步节奏等方面互相和谐一致,句式前后兼顾,风格统一。

> 现在,我又看到了阔别多年的乡亲,我从小就住惯了的山区特有的石头和茅草搭成的小屋,熟悉的乡音,胶东人所特有的幽默和爽朗的笑声。

上例句子在表意上不够清晰,实际上是"看到了乡亲,石头和小屋;听到了乡音和笑声"。句中缺少了必要的谓语。作者在行文时,没有顾及前后句子的搭配协调,致使出现语病。

(二) 句式的选择

句式的选择是指根据具体的语言环境恰当地选择和运用同义句式。同义句式是指一组基本意思相同而在修辞色彩上各有差别的句式。只有基本意思相同,才使同义句式的选择有了可能,只有它们在修辞色彩上有差别,才使同义句式的选择有了必要。

1. 长句与短句

长句是指词语多、结构复杂、形体较长的句子。短句则是词语少、结构简单、形体较短的句子。长句中的联合成分或限制、修饰成分较多,定语长、状语长,可以使主语、宾语和谓语中心描述或者限制得细致、精确;主语、宾语长可以容纳较多的内容。而短句中的修饰、限制、联合成分较少。长句的修辞效果严密周详、精确明晰、语意贯通、气势畅达,风格比较稳重。短句的句式短小,语音停顿较多,容易造成一种急促的气势,便于表达激动的情绪、强烈的感情,能收到简洁、明快、活泼、有力的修辞效果。长句多用于政治论文、科学论著中,而短句多用于文学作品、讲演中。

但在实际运用中,大多数文章是长短句连用,相互补充,形成波澜起伏、疏密有致的表现风格,增加了语言的表现力。如:

> 我这次是专为了别他而来的。我们多年聚族而居的老屋,已经公同卖给别姓了,交屋的期限,只在本年,所以必须赶在正月初一以前,永别了熟识的老屋,而且远离了熟识的故乡,搬家到我在谋食的异地去。①

2. 整句与散句

整句与散句是就一组句子而言,单个句子无所谓整散。整句是用若干个结构相同或相似、形式匀称整齐的句子排列在一起表述一个中心意思。散句则是用若干结构不一、字数不拘、形式错落的句子前后相续用以表达一个中心意思。整句的结构严谨,层次清楚,表意细腻,具有庄重典雅的风格色彩,多用来叙事、议论、抒情,语意畅达,感情奔放,常见于书面语。短句追求语言的自然形态,平实朴素,不拘一格。整齐和变化的统一,整句和散句的统一,才是美。在日常的使用中,句式往往还是参差交错,错综变换,既生动活泼,又语势连贯。如:

> 庐山的云雾,古今赞美。其动如烟,其静如练,其轻如絮,其厚如毯,其软如绵,其阔如海,其白如雪,其光如银。或绚丽云海滔滔滚滚,或万朵芙蓉姗姗来迟,或云流汹涌似瀑布倾泻,或彩霞映照若锦缎铺天。云

---

① 鲁迅:《故乡》,《鲁迅最传世小说》,北方文艺出版社 2016 年版,第 46—47 页。

霞的变幻有万千之妙。清代诗人舒天香,在庐山观云景,"百日不厌",陶醉得"欲绝粒而餐云,欲幪被而眠云,欲编竹而巢云,欲倚瑟而看云,欲扫迹而栖云,欲禁寒以衣云,欲负耒以犁云"。(邹敏才《庐山导游》)

3. 常式句与变式句

汉语语法结构的语序是较为稳定的,但为了收到积极的修辞效果,这个通常的语序规律也可以变动,叫倒语,这种句式叫倒装句。

倒装句有其自身的特点:首先,句子倒装后基本意思没有改变,只是在强调重点和情态上有所变化。思想的重点置于变动部分,对其加以强调,使句子的抒情意味增强,感情表达得格外深沉、浓烈,启人深思,引人入胜。其次,句子倒装后,句法关系没有改变,只是位置上有先后次序的不同,结构关系仍然不变。再次,句子次序的变化,往往有重音、语调和停顿等的配合,以加强表达效果。如:

(1) 灭了,风中的蜡;
　　僵了,井底的蛙;
　　倒了,泥塑的菩萨。(《郭小川诗选》)

(2) 天空变成了浅蓝色,很浅很浅的;转眼间天边出现了一道红霞,慢慢儿扩大了它的范围,加强了它的光亮。(巴金《海上的日出》)

例(1)采用主谓倒置的句式,突出强调谓语,更好地抒发作者的感情,干净利落,刚劲有力。诗歌里使用此种句式也可以使韵节匀称,和谐自然,具有音乐美。例(2)是定语倒置句,"很浅很浅"放在了"蓝色"的后面,突出强调了天空的浅蓝色,在某种程度上也补充、强调了事物的原型形态,语句精悍,节奏明快。

以上介绍了修辞与语言三要素的关系,即修辞是在语言三要素——语音、词汇、语法的基础上进行的,是三要素的综合运用。辞格部分因上文已介绍,此节不再赘述。

第四节　语体风格

一、语体与文体、风格的区别

(一) 语体的定义

"语体"一词源于英语 style,指书写或说话的表达方式、话语样式以及由民族、时代、个人等因素所形成的风格。在我国,以"语体"来指称言语的功能风格或功能变体,始于20世纪50年代。

语体是运用民族共同语的功能变体,是适应不同交际领域的需要所形成的语言运用特点的体系。

语体与语言表达有着密不可分的关系。语体是在语言运用中产生的,人们运用语言不能不受语体规律的制约和支配,语体系统和规律规范着人们的语言运用。人们只要用语言表达思想、进行交际,其言语成品必然从属于某一种语体。

(二)风格的定义

表现风格是由于表现手法的异同而形成的语言风格类型。不同的民族、不同的时代、不同的语体、不同的个人,在运用语言方面可以有某些共同之处;同一个民族、同一个时代、同一种语体,在不同的个人那里,在语言运用方面也可以表现出某些不同之处;同一个人,由于交际的内容、目的、对象、环境的不同,由于语体的不同,在语言运用方面也可以表现出某些不同之处。

(三)语体与文体、风格的区别

语体是言语成品具有的格式,是由语言运用特点所形成的体系,有着约定俗成的特点,具有强烈的系统规范性,是民族共同语的功能变体。语体研究要从语言的角度来观察分析,属于语言学的范畴,是语言学中的一个分支学科。

文体是以书面语为依据,以写作手法的不同而形成的一种文章体式,属于文章的范畴。文体可分为议论文、说明文、记叙文、抒情文等,文体讲求写作的章法,如主题提炼、结构布局、取材剪裁、描写叙事等。

风格指语言的风格,是言语成品在语言运用中所形成的特有格调和气派。风格具有独特的个性、变异性,表达者的主观作用特别明显,其民族习惯、文化积淀、时代印记、感情色彩、美学情趣都浸透在言语成品之中,显示出其特定的附丽性。

以叶圣陶的《多收了三五斗》和朱自清的《背影》为例,如果从语体角度划分,二者都属于文艺语体,但如果从文体的角度划分,叶圣陶的《多收了三五斗》是一篇小说,而朱自清的《背影》则是一篇散文。

二、语体的形成及构成

语体由外部因素和内部因素两方面构成。

(一) 外部因素

外部因素即交际领域。随着政治、经济、文化、科学的发展和进步,社会分工日益细密,语言交际日益频繁,语言运用的领域也不断扩展。人民群众在长期语言运用实践中,形成了不同的具有类型化特征的交际领域,直接影响和制约着语言的运用和语体的形成。但交际领域并不等同于语境,同一语体的言语成品,其语境可能是千差万别的,同一个语境也可以出现不同语体的言语成品。例如法庭审案,在同一语境中,可能出现法医鉴定书、律师辩护词、法院判决书等不同语体的言语成品。

(二) 内部因素

构成语体的内部因素即语言运用所形成的特点体系,包括语言要素和非语言要素。

1. 语言要素

是指语音、词汇和语法等构成的特点体系。如词语在语体中的分布并不完全相同,分布的固定化使得词语带上了某种语体的色彩,而又为另一种语体所排斥。"心潮、心扉、情思、惆怅"这类词比较常见于文艺语体,"审批、严禁、拟于、参照办理"常见于公文语体,"克隆、嫁接、坐标、厄尔尼诺"则是科技语体中的常见词。又如辞格要素,在不同的语体中,出现的频率有很大差异。文艺语体中,辞格应用最多,谈话语体、广告语体、新闻语体、演讲语体等次之,而科技语体、公文语体则少有辞格使用。不同的辞格在不同的语体中分布也不一样。

2. 非语言要素

又叫超语言要素,也是构成语体的内部因素之一。语体中语言因素之外副语言、体态语以及书面语中的图画、符号、表格、公式等,有的是有声语言的辅助形式,有的是有声语言个别成分的替代物。

副语言是人们在说话时伴随语言而出现的一些发音特征和语音现象,包括个人的音域、说话速度、节奏等,往往是不自觉的,都有一定的辅助表达作用。体态语是人们在说话时辅助出现的身体动作、姿势、面部表情等,具有辅助的交际作用,个别时候也能独立完成交际任务。副语言和体态语可以成为谈话语体、演讲语体和广告语体的重要语体要素。而符号、表格、图形、公式等主要出现在书面语中,科技语体、公文语体中最常见,具有简明醒目的示意作用。

三、语体的分类

采用袁晖、李熙宗先生主编的《汉语语体概论》(2005)中对于语体的分类，我们将语体分为六大类：

（一）谈话语体

可分为随意谈话体和专题谈话体，随意谈话体又包括自在体和拘束体，专题谈话体包括征询体、辩论体、商谈体、串说体、说服体。

（二）公文语体

又可分为通报体、法规体、条据体和函电体。

（三）文艺语体

分为散言体、韵文体、对白体。

（四）科技语体

可再分为论著体、报告体、辞书体、科普体、科技新闻体。

（五）新闻语体

包含报道体和时评体。

（六）融合语体

这是一种中间语体，是不同种类语体的交叉融合。如演讲体，可能融合了谈话语体、新闻语体和文艺语体的要素。演讲体还可再分为鼓动性演讲体、说明性演讲体、传授性演讲体。再如广告体，可以融合谈话语体、新闻语体、文艺语体，甚至融合科技语体等要素。广告体还可分为写实性广告体和写意性广告体。

对于不同语体的全面认识和准确适用，可以提高人们语言运用的能力，适应社会生活对语体的多方位要求；还可以丰富和深化语言学研究的内容，提高语文教学水平。

四、语体风格的类型

语体风格一般分为四组八种，即藻丽与平实、明快与含蓄、简洁与繁丰、典雅与通俗。

（一）藻丽

古人云："言而无文，行之不远。"藻丽的表现风格多用形容词之类的附加成分，多用比喻、夸张等修辞方式，力求华丽绚烂，生动细致。常见于文艺语体，尤其是抒情作品。政论语体中的文艺政论体和公文语体中的鼓动文体及科技语体中的通俗科技体，也有藻丽的风格。如茅盾的《春蚕》片段：

"真是天也变了!"

老通宝心里说,就吐一口浓厚的唾沫。在他面前那条"官河"内,水是绿油油的,来往的船也不多,镜子一样的水面这里那里起了几道皱纹或是小小的涡旋,那时候,倒影在水里的泥岸和岸边成排的桑树,都晃乱成灰暗的一片。可是不会很长久的。渐渐儿那些树影又在水面上显现,一弯一曲地蠕动,像是醉汉,再过一会儿,终于站定了,依然是很清晰的倒影。那拳头模样的丫枝顶都已经簇生着小手指儿那么大的嫩绿叶。这密密层层的桑树,沿着那"官河"一直望去,好像没有尽头。田里现在还只有干裂的泥块,这一带,现在是桑树的势力!在老通宝背后,也是大片的桑林,矮矮的,静穆的,在热烘烘的太阳光下,似乎那"桑拳"上的嫩绿叶过一秒钟就会大一些。①

上例中运用了较多的形容词修饰成分,以及大量的比喻句、拟人句等,语言形象生动,极富表现力。

(二)平实

《老子》中说:"信言不美,美言不信。"《论语》中也提道:"辞达而已矣。"孔安国注曰:"凡事莫过于实,辞达则足矣,不烦文艳之辞。"这说明平实也是一种重要的表现风格。这种风格不用或少用形容词之类的附加成分,不用或少用比喻、夸张之类的修辞方式,老老实实地叙述事实,铺陈景物,解剖事理。公文语体尤其是事务公文体,科技语体尤其是专门科技体,大都是平实风格。在文艺语体中,平实风格和藻丽风格各有千秋。如赵树理的《小经理》:

小经理叫三喜,是村里合作社的经理。说他"小",有三个原因,第一是他的年纪小,才二十三岁;第二是小村子的小合作社,只有一个经理和一个掌柜;第三是掌柜王忠瞧不起他——有人找掌柜谈什么生意里边的问题,掌柜常好说:"不很清楚就回来问一问俺那小经理。"说了就吐一吐舌头做个鬼脸。

这三喜从小就是个伶俐孩子,爱做个巧活:过年过节,搭个彩棚,糊个花灯,比别人玩得高;说个话,编个歌,都是出口成章,非常得劲;什么活一看就懂,木匠、石匠、铁匠缺了人他都能配手;村里人都说他是个"百家子弟"。因为家穷,从小没有念过书,不识字,长大了不甘心,逢

---

① 茅盾:《茅盾短篇小说集》,湖南文艺出版社1997年版,第160页。

人便好问个字,也认了好多。不过字太多了,学起来跟学别的不一样,他东问西问,数起数来也认了好几百,可是一翻开书,自己认得的那些字都不集中,一张上碰不到几个;这是他最不满意的一件事。①

此两段文字没用任何修辞手法,语言轻松自然。作者用非常口语化的字词将一个农村合作事业发展形势下的既平凡又新型的年轻人写得活灵活现。

(三) 明快

东汉王充在《论衡自纪》中说:"口则务在明言,笔则务在露文。"有什么说什么,有多少说多少,让人一听就懂,一看就明白,给人以明朗、舒畅的感觉,这就是明快的风格。公文语体和科技语体大都是明快的。

> 不知为什么,自己亲手埋下的种子,看它冒芽、绽叶,而后甩蔓,而后开花,也许由于这一个小小的新生命,是由自己劳动抚养而开始生长的吧,因此对它总有一种特殊的喜爱。但我在那时又恢复了灯下工作,因而睡得较晚,每天起来看时,牵牛花往往已过了盛开的时间。花朵在晨光之中热烈而尽情地开放之后,已经疲倦萎缩,失去那青春的美丽了。没想到我很快又进了医院,便不知自己窗外的牵牛花该怎样了。可是最近起得特别早,并且又能够在医院的花园中散步,于是在一个僻静角落,我突然发现一架繁荣茂盛的牵牛花。我仔细观赏着,我觉得最好看的是那种深蓝颜色的,它十分淡雅,而又有着最活跃的青春的颜色。花瓣上闪着钻石一样亮晶晶的露珠,整个儿就像一个蓝色晴空的缩影。我站在牵牛花架前,这时空气清新、朝阳乍露,一切都令人欣然喜悦。是的,早晨是多么美好呀!牵牛花是早晨的花,这紫的、蓝的、白的、红的花,是专门开给那些和黎明、和早霞、和朝阳一起开始生活与工作的人看的,是为早起的人祝福的。②

刘白羽《早晨的花》中的这段文字采用时间顺序叙述,清清楚楚、明明白白,作者看到什么就写什么,就展现给读者什么,坦率、毫不保留。这种行文方式使得读者轻松明快地看到了作者的内心世界。

(四) 含蓄

苏轼云:"意尽而言止者,天下之至言也。然而言止而意不尽,尤为极致。"(《东坡文谈录》)刘熙载在《艺概》中说:"词之妙,莫妙于以不言言之。

---

① 赵树理:《赵树理选集》,人民文学出版社2002年版,第217页。
② 刘白羽:《刘白羽文集》第6卷,华文出版社1995年版,第258页。

非不言也,寄言也。如寄深于浅,寄厚于轻,寄劲于婉,寄直于曲,寄实于虚,寄正于余,皆是。"要说的话不直接说出来或不全部说出来,使对方不得不揣摩揣摩,而且越揣摩含义越多,可谓言有尽而意无穷,使作品显得深沉、厚重、有味儿。这就是含蓄的表现风格。

很多古典或现代的诗词歌赋都运用含蓄的表现风格创作。如闻一多的《死水》:

> 这是一沟绝望的死水,
> 清风吹不起半点漪沦。
> 不如多扔些破铜烂铁,
> 爽性泼你的剩菜残羹。
>
> 也许铜的要绿成翡翠,
> 铁罐上锈出几瓣桃花;
> 再让油腻织一层罗绮,
> 霉菌给他蒸出些云霞。
>
> 让死水酵成一沟绿酒,
> 飘满了珍珠似的白沫;
> 小珠们笑声变成大珠,
> 又被偷酒的花蚊咬破。
>
> 那么一沟绝望的死水,
> 也就夸得上几分鲜明。
> 如果青蛙耐不住寂寞,
> 又算死水叫出了歌声。
>
> 这是一沟绝望的死水,
> 这里断不是美的所在,
> 不如让给丑恶来开垦,
> 看他造出个什么世界。①

---

① 闻一多:《闻一多选集》第 1 卷,四川文艺出版社 1987 年版,第 94—95 页。

目睹国内军阀混战、民不聊生的惨状后,闻一多通过对"死水"这一具有象征意义的意象,揭露和讽刺腐败不堪的旧社会,表达了对丑恶现实的绝望、愤慨和深沉的爱国主义感情。

(五)繁丰

繁丰的表现风格就是毫不吝惜笔墨,有话通通说出来,甚至反反复复地说,并且尽量往细处说。小说,特别是长篇小说的景物描写,繁丰的风格是比较常见的,但繁丰绝不是啰唆或冗长。如郭沫若的《凤凰涅槃》:

> 我们欢唱,
> 我们欢唱。
> 一切的一,常在欢唱!
> 一的一切,常在欢唱!
> 是你在欢唱?是我在欢唱?
> 是"他"在欢唱?是火在欢唱?
> 欢唱在欢唱!
> 只有欢唱!
> 只有欢唱!
> 只有欢唱!
> 欢唱!
> 欢唱!
> 欢唱![1]

这首诗以凤凰的传说为素材,通过凤凰集体自焚、从死灰中更生的故事,表达了彻底埋葬旧社会、争取祖国自由解放的思想。诗的最后,作者多次使用"欢唱"一词,并多次运用相同的句式,热情地抒发其看到祖国解放新生后的澎湃激情。

(六)简洁

清代刘大櫆在《论文偶记》中说:"文贵简。凡文笔老则简,意真则简,辞切则简,理当则简,味淡则简,气蕴则简,品贵则简,神远而藏不尽则简,故简为文章尽境。"简洁的风格是指全篇没有一句多余的话,全句没有一个多余的词,话虽然少,内容却很多,含义却很丰富。

> 生长在乡间,失去了父母与几亩薄田,十八岁的时候便跑到城里

---

[1] 郭沫若:《郭沫若诗文经典》,二十一世纪出版社集团2016年版,第39—40页。

来。带着乡间小伙子的足壮与诚实,凡是以卖力气就能吃饭的事他几乎全作过了。可是,不久他就看出来,拉车是件更容易挣钱的事;作别的苦工,收入是有限的;拉车多着一些变化与机会,不知道在什么时候与地点就会遇到一些多于所希望的报酬。①

在《骆驼祥子》中,作者老舍用短短两句话概括介绍了祥子做拉车营生前的生活历程,可谓简之极简。然后用三个小分句道出祥子选择拉车营生的缘由,又为接下来的故事做好了铺垫。文笔简洁,干净利落。

(七) 典雅

这是典范而高雅的风格。追寻书面语言的传统,努力回避现代口语,排斥方言土语口语词语,尽量拉大同日常生活语言之间的距离。文言词语或句式的运用,能够创造出一种典雅而庄重的风格。如鲁迅《韦素园墓记》:

> 韦君素园之墓。
>
> 君以一九又二年六月十八日生,一九三二年八月一日卒。呜呼,宏才远志,厄于短年。文苑失英,明者永悼。弟丛芜,友静农,霁野立表;鲁迅书。②

(八) 通俗

通俗的风格即尽量接近日常生活用语,不避俚语粗俗,甚至追求粗俗。各种社会用语,特别是新兴的网络语言,都是以通俗风格为特色的。如:

> 会做不如会说,会说不如会吹,会吹不如会拍,会拍不如会塞。
>
> 说你行你就行,不行也行;说你不行你就不行,行也不行。

思考与练习

一、请结合具体作品谈谈语言表达的重要性。

二、语言表达的技巧有哪些?你认为中国古典文学中有哪些语言技巧值得我们继承和发扬?请结合具体例子加以说明。

三、语法知识在语言运用中有何作用?请结合你的写作实践加以阐释。

四、指出下列单句或复句运用中的语法错误,并加以改正。

1. 老时是全国劳动模范,他的好思想、好品德,永远是我们学习的榜样。

---

① 老舍:《骆驼祥子》,人民文学出版社 2017 年版,第 4 页。
② 鲁迅:《朝花夕拾》,中国言实出版社 2016 年版,第 126 页。

2. 学校办得好不好,取决于学校领导强烈的事业心。

3. 我们要采取有力措施,扩大和加快各类学校发展的规模和速度。

4. 这个经验值得文教工作者特别是中小学教师的重视。

5. 人们都以亲切的目光倾听着他发言。

6. 作家亲身经历了战火的洗礼,与人民大众有较多的接触和了解。

7. 看了华山抢险英雄事迹的报道,令人十分感动。

8. 这以后,谢文华已受伤致残,但仍强迫他干重活。

9. 观众将拭目以待你的新角色。

10. 由于采购员能合理使用资金,促使品种不断增加。

11. 他"朝为工,夜习画",说明他对艺术的饥渴与勤奋。

12. 他们姐妹俩从小就爱生病,姐姐不是发烧了,就是妹妹咳嗽了。

13. 我国发明的指南针,不仅促进了世界文明的发展,而且在航海事业中很有实用价值。

14. 这篇文章虽然不长,但层次非常清楚。

15. 由于《古文观止》选本具有特色,自问世以来近三百年中,广为流布,经久不衰,至今仍不失为一部有参考价值的书。

五、请从语音锤炼、词语锤炼或句子锤炼的角度,找出并修改下列句子中的不妥之处。

1. 我们进入村子的时候,看见一位中年农民正在跟许多人商谈有关第二天送公粮的问题。

2. 一般来说把一部小说搬上银幕,需要经过再创造的过程:既要忠实于原著,保持原有的主题和风格,又要撮其精华,删剪其枝叶,并且根据视觉形象的要求,更为鲜明、形象地再现原著的内容。

3. 传说挂壁的这条大鲤鱼,本是天宫瑶池里的鱼精。因嫌瑶池太小,生活单调,跑出来游览人间的山水。当它游到漓江的时候,美丽的风景迷住了它,不愿再返回天堂。

4. 她的心潮像起伏的海洋,大海的波涛,汹涌澎湃,久久不能平静,她决心抓紧时间学习,不放松学习,为社会贡献一切力量。

5. 我常常是自己推门进去以后才意识到做错了,往回走又不是,只好对他苦笑一下,或者自嘲自己不懂礼貌。

六、从句式选择的角度看,下列句子是何种类型?它们有什么修辞效果?

1. 红花岗,是他们的刑场,是他们的战场,也是他们举行那庄严而高尚的婚礼的礼堂。

2. 一直走到紧跟前,罗盛教才看清是一位朝鲜老大娘,手里提着一盏灯。她全身都被雨水淋透了。她的嘴抿成一条线,一绺白发紧贴在额角上,雨水顺着白发流下来,她一手提着灯,一手指着自己的脚边。

七、选择两篇作品,分析它们在语言艺术运用方面的特色和长处,思考一下对提高自己的写作语言表达能力有何帮助。

八、仔细阅读何其芳的《谈修改文章》(片段),请找出自己以前的习作,认真对照思考,并试着进行修改完善。

客观事物不是一下子就能够认识清楚认识完全,多一次修改就是多一次认识。表达我们的认识的文字也不是一下子就能够选择适当,多一次修改就是多一次选择。能否做到内容完全正确,自然要看我们的思想水平怎样;但如果我们采取谨慎态度去修改,自己多用脑筋,加上向别人请教,对每一个论点每一个看法都不随便放过,也就可以去掉或减少许多内容上的错误。内容正确,就具备了说服读者的基本条件。不过要读者容易接受,也还依靠好的表现形式。还得在布局上、逻辑上、修辞上再花些功夫,才能够使文章的每一句、每一段,一直到全篇,一下子打进读者的脑筋。能否做到表现形式很完美,自然要看我们的写作水平怎样;但如果我们采取替读者着想的态度去修改,总是想着我们所写的一般读者能不能完全了解,会不会相信赞成,是不是感到枯燥沉闷,也就可以去掉或减少许多表现形式上的缺点。

一般文章的毛病,根本成问题的大概不外乎观点错误,不合事实,教条主义,空洞无物等项。并不是整篇要不得,而是局部内容或表现形式有缺点,必须加以修改的却相当多。就我所能想到的缺点列举出来,就有这些:

一、抽象笼统,叙事不具体,说理不分析。

二、根据不足,就下断语,我要怎样说就怎样说,信不信由你。

三、强调一点,不加限制,反驳别人,易走极端,没有分寸,不够周密。

四、大家都知道的事情说得很多,以为只有自己知道别人不知道。

五、别人不知道的事情说得很少,以为自己知道别人也应该知道。

六、许多事情或问题,随便放在一起,没有中心,没有层次,逐段读时也还可以,读完以后一片模糊。

七、写好下句不管上句,写到后面不管前面。

八、信手写来,离题万里,偏又爱惜,舍不得割弃。

九、抄书太多,使人昏昏欲睡。

十、生造词头,乱用术语,疙里疙瘩,词不达意。

十一、没有吸取说话里面的单纯易懂,生动亲切等好处,只剩下说话里面的啰唆重复,马虎破碎等缺点。

十二、没有学到外国语法的精密,却摹仿翻译文字造长句子,想把天下的事情一口气说完,一直是逗点到底。

……

内容要正确,表现形式要恰当,都是为了读者。好文章不仅读者容易懂得,相信,并且还能够吸引读者,使读者能够得到一种提高,一种愉快。这个境界不易达到,但我们总应该努力把文章写得讲究一点。

(选自何其芳《西范集》,
人民文学出版社1952年版,第1—5页)

拓展阅读

1. 《譬喻之花》(秦牧)
2. 《围城》(钱锺书)

下 编

第七章
文学文体写作

第一节 散文写作

  散文以表现性情见长,形式自由,结构灵活,手法丰富多样,抒情、叙事、议论各主其事,也可兼而有之。①

  散文是文学的一大样式。中国六朝以来,为区别于韵文和骈文,把凡不押韵、不重排偶的散体文章,包括经传史书在内,概称"散文"。后又泛指除诗歌以外的所有文学体裁。五四以后,现代散文与小说、诗歌、戏剧等并称为最重要的文体。其中又有广义和狭义之分。广义的包括杂文、小品文、随笔、报告文学等;狭义的专指表现作者情思的叙事、抒情散文。

  本节主要介绍狭义散文的特点及其写作规律。

一、散文的特点

(一) 抒情主观性

  南北朝著名文学评论家刘勰在《文心雕龙·神思》中说:"观山则情满于山,观海则意溢于海。"所谓借景生情、睹物思人、直抒胸臆,这些都是用来说明情感表现的主观性。散文的形式灵活,但是作品中贯穿始终的是作者的情感与思想。

  例如,现代作家梁实秋的散文《寂寞》抒发了作者与众不同的心境,即不为寂寞所困,而视之为一种清福:

    寂寞是一种清福。我在小小的书斋里,焚起一炉香,袅袅的一缕烟

---

① 夏征农、陈对立主编:《辞海》第六版缩印本,上海辞书出版社2010年版,第1609页。

线笔直的上升,一直戳到顶棚,好像屋里的空气是绝对的静止,我的呼吸都没有搅动出一点波澜似的。我独自暗暗的望着那条烟线发怔。屋外庭院中的紫丁香还带着不少嫣红焦黄的叶子,枯叶乱枝的声响可以很清晰的听到,先是一小声清脆的折断声,然后是撞击着枝干的磕碰声,最后是落到空阶上的拍打声。这时节,我感到了寂寞。在这寂寞中我意识到了我自己的存在——片刻的孤立的存在。这种境界并不太易得,与环境有关,但更与心境有关。寂寞不一定要到深山大泽里去寻求,只要内心清净,随便在市廛里、陋巷里,都可以感觉到一种空灵悠逸的境界,所谓"心远地自偏"是也。在这种境界中,我们可以在想象中翱翔,跳出尘世的渣滓,与古人游。所以我说,寂寞是一种清福。①

相比而言,"寂寞"在当代也被赋予了新的意义。所谓"寂寞"体,兴起于网络上一系列的调侃与自嘲,如"哥吃的不是面,是寂寞"。据媒体报道,四川省成都市的一名语文老师还将之引入课堂,以"寂寞"为主题来阐释明末清初散文家张岱的《湖心亭看雪》。

崇祯五年十二月,余住西湖。大雪三日,湖中人鸟声俱绝。是日更定矣,余挐一小舟,拥毳衣炉火,独往湖心亭看雪。雾凇沆砀,天与云与山与水,上下一白,湖上影子,惟长堤一痕、湖心亭一点,与余舟一芥,舟中人两三粒而已。②

这位语文老师将作者在深夜独自看雪的心境总结为"一种寂寞,属于明朝晚期的寂寞",并声称"有句话说越寂寞,越美丽,我们这节课,就和张岱一起去体会寂寞,因为哥们儿上的不是课,是寂寞……"③

可见,同一主题,在不同"人"的表现下,体现出不同的意趣。也就是说,情感并不是看不见、摸不着的,也不是凭空出现的,而是基于人们深刻的情思与感悟。

(二) 形式灵活性

从形式上来看,散文的写作最为灵活,可以采取多种表达方式来抒发感情。比如说,朱自清的散文《背影》就采用了白描的手法重现出父亲为了给

---

① 梁实秋:《雅舍小品》,天津人民出版社 2011 年版,第 43 页。
② 张岱:《张岱散文选集》,夏咸淳选注,百花文艺出版社 2009 年版,第 46 页。
③ http://sichuan.scol.com.cn/cddt/content/2010-12/18/content_1706774.htm? node=965,2022 年 3 月 1 日访问。

他买橘子而在月台攀上爬下的情景：

> 我看见他戴着黑布小帽,穿着黑布大马褂,深青布棉袍,蹒跚地走到铁道边,慢慢探身下去,尚不大难。可是他穿过铁道,要爬上那边月台,就不容易了。他用两手攀着上面,两脚再向上缩;他肥胖的身子向左微倾,显出努力的样子。这时我看见他的背影,我的泪很快地流下来了。我赶紧拭干了泪,怕他看见,也怕别人看见。我再向外看时,他已抱了朱红的橘子望回走了。过铁道时,他先将橘子散放在地上,自己慢慢爬下,再抱起橘子走,到这边时,我赶紧去搀他。①

再比如,贾平凹的散文《丑石》,用叙事的手法表现出丑石的命运是如何逆转的:

> 终有一日,村子里来了一个天文学家。他在我家门前路过,突然发现了这块石头,眼光立即就拉直了。他再没有走去,就住了下来;以后又来了好些人,说这是一块陨石,从天上落下来已经有二三百年了,是一件了不起的东西。不久便来了车,小心翼翼地将它运走了。②

最后,再来欣赏张爱玲的散文《爱》。这篇文章篇幅很短,大部分是叙事性文字,结尾处生发出一点感想。全文没有一个"爱"字,却在字里行间表达了"爱"的炽烈与短暂:

> 这是真的。
>
> 有个村庄的小康之家的女孩子,生得美,有许多人来做媒,但都没有说成。那年她不过十五六岁吧,是春天的晚上,她立在后门口,手扶着桃树。她记得她穿的是一件月白的衫子。对门住的年轻人同她见过面,可是从来没有打过招呼的,他走了过来,离得不远,站定了,轻轻的说了一声:"噢,你也在这里吗?"她没有说什么,他也没有再说什么,站了一会,各自走开了。
>
> 就这样就完了。
>
> 后来这女子被亲眷拐子卖到他乡外县去作妾,又几次三番地被转卖,经过无数的惊险的风波,老了的时候她还记得从前那一回事,常常说起,在那春天的晚上,在后门口的桃树下,那年轻人。

---

① 朱自清:《背影》,中国文史出版社2016年版,第54页。
② 贾平凹:《丑石》,译林出版社2015年版,第25—26页。

于千万人之中遇见你所要遇见的人,于千万年之中,时间的无涯的荒野里,没有早一步,也没有晚一步,刚巧赶上了,那也没有别的话可说,惟有轻轻的问一声:"噢,你也在这里吗?"①

(三) 语言节奏性

美学家朱光潜先生提出散文应该讲求声音节奏。他认为:"古文的声音节奏容易分析,语体文的声音节奏却不易分析。刘海峰所说的'无一定之律,而有一定之妙',用在语体文②比用在古文上面还更恰当。我因为要举例说明语体文的声音节奏,拿《红楼梦》和《儒林外史》来分析,又拿老舍、朱自清、沈从文几位的文字写得比较好的作品来分析,我没有发现旁的诀窍,除掉'自然''干净''浏朗'几个优点以外。"③

例如,汪曾祺的《胡同文化》就极具代表性:

北京城像一块大豆腐,四方四正。城里有大街,有胡同,大街、胡同都是正南正北,正东正西。北京人的方位意识极强。过去拉洋车的,逢转弯处都高叫一声"东去!""西去!"以防碰着行人。老两口睡觉,老太太嫌老头子挤着她了,说"你往南边去一点"。这是外地少有的。街道如是斜的,就特别标明是斜街,如烟袋斜街、杨梅竹斜街。大街、胡同,把北京切成一个又一个方块。这种方正不但影响了北京人的生活,也影响北京人的思想。

胡同原是蒙古语,据说原意是水井,未知确否。胡同的取名,有各种来源。有的是计数的,如东单三条、东四十条。有的原是皇家储存物件的地方,如皮库胡同、惜薪司胡同(存放柴炭的地方),有的是这条胡同里曾住过一个有名的人物,如无量大人胡同、石老娘(老娘是接生婆)胡同。大雅宝胡同原名大哑巴胡同,大概胡同里曾住过一个哑巴。王皮胡同是因为有一个姓王的皮匠。王广福胡同原名王寡妇胡同。有的是某种行业集中的地方。手帕胡同大概是卖手帕的。羊肉胡同当初想必是卖羊肉的。有的胡同是像其形状的。高义伯胡同原名狗尾巴胡同。小羊宜宾胡同原名羊尾巴胡同。大概是因为这两条胡同的样子有点像羊尾巴,狗尾巴。有些胡同则不知道何所取义,如大绿纱帽胡同。

胡同有的很宽阔,如东总布胡同、铁狮子胡同。这些胡同两边大都

---

① 张爱玲:《张爱玲作品集》,北岳文艺出版社2001年版,第519页。
② 这里的"语体文"就是指"白话文"。
③ 朱光潜:《谈文学》,北京大学出版社2013年版,第131页。

是"宅门",到现在房屋都还挺整齐。有些胡同很小,如耳朵眼胡同。北京到底有多少胡同?北京人说:有名的胡同三千六,没名的胡同数不清。通常提起"胡同",多指的是小胡同。①

上例中,文章语言风格京味儿十足,并选用短句与长句相结合,显得节奏鲜明。并且巧妙利用标点符号来表达内容,富于节奏感。

二、散文的写作要求

(一) 抒发内心的情感

散文旨在抒发作者的情思,那么如何能够将心中所想、所思进行提炼并化为文字来进行表达呢?文学家王鼎钧先生在《作文三书》里指出,青年人面对这一问题有三个优势,即新鲜的角度、丰富的感应和率性的真诚。从这三个方面,我们可以窥见散文写作的门路,即抒发作者内心的真挚的情感。王先生还认为,人有七情,在小说戏剧中七情俱到,散文似乎有所选择。"喜""乐""爱"与"哀"是散文的主要基调。而"怒"较为少见,"恶"和"欲"更是极力避免的主题。散文要"抒"的是人的"高尚感情"。作家为了"精于艺事",必得努力提升自己,这是写作对人的良好影响之一。

例如,作家贾平凹的《丑石》在结尾点出主题,从丑石的美,到丑石的伟大,再到"不屈于误解、寂寞的生存的伟大":

> 这使我们都很惊奇!这又怪又丑的石头,原来是天上的呢!它补过天,在天上发过热、闪过光,我们的先祖或许仰望过它,它给了他们光明、向往、憧憬;而它落下来了,在污土里、荒草里,一躺就是几百年了?!
>
> 奶奶说:"真看不出!它那么不一般,却怎么连墙也垒不成,台阶也垒不成呢?"
>
> "它是太丑了。"天文学家说。
>
> "真的,是太丑了。"
>
> "可这正是它的美,"天文学家说,"它是以丑为美的。"
>
> "以丑为美?"
>
> "是的,丑到极处,便是美到极处。正因为它不是一般的顽石,当然不能去做墙、做台阶,不能去雕刻、捶布。它不是做这些玩意儿的,所以常常就遭到一般世俗的讥讽。"

---

① 汪曾祺:《汪曾祺散文精选》,长江文艺出版社 2017 年版,第 244—245 页。

奶奶脸红了,我也脸红了。

我感到自己的可耻,也感到了丑石的伟大;我甚至怨恨它这么多年竟会默默地忍受着这一切?而我又立即深沉地感到它那种不屈于误解、寂寞的生存的伟大。①

再如,前央视主持人柴静的《娃娃》展现了大人世界里孩子们葆有的那一份纯净、美好的心灵:

王军的儿子五岁。

在幼儿园洗手,被另一个男生挤到一边。

小娃娃没作声,等在边上。

老师看见了,批评那男生:"你怎么回事?"

那男生说:"不是我挤他,是他挤我。"

小娃娃还是没作声。

老师怕小孩儿心里不舒服,把这事儿给王军说了。

回来的路上,他对儿子说:"别人要挤你你别当回事儿。"

娃娃说:"我没觉得他要挤我,他只是特别想在那个龙头那儿洗手。"②

(二) 重视语言的声音美

汉语是一种具有音乐美的语言。一般而言,一个字就是一个音节,界限清楚、节奏鲜明;每个字的语音又以元音占据优势地位,使得字音洪亮、优美动听;再者,每个字都有声调,听起来自然抑扬顿挫、铿锵有力。散文在形式上没有过多的约束,所谓"形散",其实在语音上也具有一定的节奏,起到烘托情感的作用。要实现节奏上抑扬顿挫,我们可以采用以下方法:

1. 妙用标点符号

古文中,用句和读来表示停顿的地方。句相当于句号,读相当于逗号。在散文中,逗号与句号的使用可以区分出句子的层次,构成不同长度的句子,也就构成不同轻重的节奏。所以说,我们可以利用句号尤其是逗号的停顿来表达情感。例如,梁实秋在《中年》一文中应用标点符号来体现文章的节奏与气势。

别以为人到中年,就算完事。不。譬如登临,人到中年像是攀跻到

---

① 贾平凹:《丑石》,译林出版社2012年版,第26页。
② 《散文选刊》2011年第6期。

了最高峰。回头看看,一串串的小伙子正在"头也不回呀汗也不揩"的往上爬。再仔细看看,路上有好多块绊脚石,曾把自己磕碰得鼻青脸肿,有好多处陷阱,使自己做了若干年的井底蛙。回想从前,自己做过扑灯蛾,惹火焚身,自己做过撞窗户纸的苍蝇,一心想奔光明,结果落在粘苍蝇的胶纸上!这种种景象的观察,只有站在最高峰上才有可能。向前看,前面是下坡路,好走得多。①

如上段第二句所示,一个"不"字单独成句,语气铿锵有力,突出了作者的态度。后面"头也不回呀汗也不揩"虽然包含两个完整的主谓结构,但是中间并没有停顿,语气连贯,表现出紧迫的气势。

2. 搭配运用长短句

在散文中,长句和短句的交错使用可以使文章形成一种抑扬顿挫、错落有致的格局。例如,郁达夫的散文《故都的秋》就利用了这一方式:

秋天,无论在什么地方的秋天,总是好的;可是啊,北国的秋,却特别地来得清,来得静,来得悲凉。我的不远千里,要从杭州赶上青岛,更要从青岛赶上北平来的理由,也不过想饱尝一尝这"秋",这故都的秋味。

江南,秋当然也是有的;但草木凋得慢,空气来得润,天的颜色显得淡,并且又时常多雨而少风;一个人夹在苏州上海杭州,或厦门香港广州的市民中间,浑浑沌沌地过去,只能感到一点点清凉,秋的味,秋的色,秋的意境与姿态,总看不饱,尝不透,赏玩不到十足。秋并不是名花,也并不是美酒,那一种半开,半醉的状态,在领略秋的过程上,是不合式的。②

3. 交替使用整散句

整句句式整齐,音节匀称,而散句句式灵活,音节富有变化。二者的结合可以造成文章一张一弛的节奏感。例如,老舍在《济南的冬天》中写道:

对于一个在北平住惯的人,像我,冬天要是不刮大风,便是奇迹;济南的冬天是没有风声的。对于一个刚由伦敦回来的,像我,冬天要能看得见日光,便是怪事;济南的冬天是响晴的。自然,在热带的地方,日光是永远那么毒,响亮的天气反有点叫人害怕。可是,在北中国的冬天,

---

① 梁实秋:《雅舍小品》,天津人民出版社2011年版,第15—16页。
② 郁达夫:《故都的秋》,中国画报出版社2016年版,第1页。

而能有温晴的天气,济南真得算个宝地。①

第二节　剧本写作

一、剧本的分类

(一) 剧本的定义

剧本是表现舞台剧或影视剧故事情节的文学样式,是戏剧艺术创作的文本基础。与剧本类似的词汇还有脚本、剧作等。

剧本主要由台词和舞台提示组成。对话、独白、旁白都采用代言体,在戏曲、歌剧中则常用唱词来表现。剧本中的舞台提示是以剧作者的口吻来写的叙述性的文字说明,包括交代剧情发生的时间、地点,描述剧中人物的形象特征、形体动作及内心活动,说明场景、气氛以及布景、灯光、音响效果等。

剧本的写作,最重要的是能够被搬上舞台演出或以影视剧呈现。戏剧文本不算是艺术的完成,只能说完成了一半。导演与演员根据剧本排练演出或拍摄,直到舞台演出或影视剧拍摄完成之后才是最终的艺术呈现。

历代文人中,也有人创作过不适合舞台演出甚至根本不能演出的剧本。这类的戏剧文本称为案头戏(也叫书斋剧),比较著名的如王尔德的《莎乐美》等。好的剧本,具备既适合阅读也能创造杰出舞台表演或影视剧表现的双重价值。

(二) 剧本的分类

按照应用范围可将剧本分为以下几类:

1. 话剧剧本

是创作者为话剧演出所创作的剧本。有四个基本的构成要素:场景、人物、对话和动作描写。最重要的叙述手段为演员在台上无伴奏的对白或独白。

2. 电影剧本

泛指以文字描述整部影片的人物和动作内容的创作蓝本。构成要素与话剧类似,由于不受时空局限,反映的内外部环境更为广阔。

3. 电视剧剧本

是为电视剧这种专为在电视上播映的演剧形式而创作的剧本。由于篇

---

① 老舍:《人间天真,幽默洁尘:老舍作品精选集》,江苏凤凰文艺出版社2018年版,第32页。

幅可长可短,有电视剧集的特殊表现特征,因而在创作中呈现出许多与电视剧相对应的特征。

4. 动画剧本

是为动画电影或动画片所创作的剧本。与话剧剧本、电影剧本不同,动画剧本中应尽量避免复杂的对话,更侧重用画面、动作讲故事,以便于观众理解。越少的台词,越能够最大限度地激发观众的想象。

5. 微电影剧本

在电影和电视剧艺术的基础上衍生出来的小型影片剧本。其特点是短小、精练、灵活,具有完整的故事情节和可观赏性。

6. 小品剧本

是为小品这种短小的舞台表演形式所创作的剧本。形式短小、情节简单,具有戏剧性或喜剧性,用幽默夸张的语言反映生活、折射事物。它和话剧剧本的区别在于内容:话剧的内涵丰富,时空较长,思想性突出;而小品通常只需要将具体事物的某一方面表现得活灵活现即可。

二、剧本的写作和要求

(一) 主题明确有力

每一个剧本都有其主题。编剧常被问到这样一个问题:你的剧本讲了些什么?一个强有力的主题将成为作者回答的重要组成部分。

每个故事都来源于人们的情感,因此故事主题主要与情感有关,或者是一种感情,或者是一种状态,应该能够用一个名词来表述它,例如:爱、恨、勇气、内疚或者救赎,等等。

接下来就要决定,这一情感将在你的主角身上引发什么样的行为。表述主角行为的最好方式,是选取一个动词。例如:寻觅、和解、原谅、保护,等等。

1. 选取有吸引力的主角

主角是编剧和观众进入剧情的通道。当编剧有一个相对不错的创意时,把观众吸引到故事世界的主角塑造工作便至关重要。这就是为什么所有优秀的故事线中,总会包含一些形容词:一个没心没肺的面点师、一个率真的非职业"二奶",或者一个失意的男作家等。形容词越鲜明独特越好。

主角未必只有一个,通常是两个或许更多。有了"他"或"他们"的轮廓,编剧便可以开始思考其所牵涉的事物并期待其为故事作出贡献了。

2. 展示主角的行动意图

基本动作和目的构成了一个完整的主题陈述。

如果这出戏剧是《哈姆雷特》,那么简单地说,它的主题是复仇:哈姆雷特要向克劳迪厄斯国王复仇。如果这部电影是《E.T.外星人》,那么简单地说,它的主题是求帮助:E.T.希望一个男孩帮助他回家。

　　而观众大部分时间观赏的是在实现这个目的的过程中所发生的一切。如《哈姆雷特》,复仇过程的曲折性是观众所欣赏的内容:丹麦王子哈姆雷特遇到一个自称是他被谋杀了的父亲的灵魂,灵魂告诉哈姆雷特,他的叔叔、现在的国王克劳迪厄斯制造了这一切。(哈姆雷特会杀了克劳迪厄斯吗?)哈姆雷特为了能光明正大地复仇,雇了一些演员当着国王的面表演了那次谋杀,使得克劳迪厄斯警觉。(克劳迪厄斯会杀哈姆雷特吗?)克劳迪厄斯内心感到一点点心虚与愧疚,哈姆雷特准备复仇。(哈姆雷特会杀了克劳迪厄斯吗?)

　　又如电影《闻香识女人》,它的主题是救赎,其间的起承转合是作品令人动容的原因:为了筹钱上学,年轻的学生接受了一份照顾盲人上校的工作。(这两个人能合得来吗?)上校准备用尽最后精力享受一次美好的生活,他带着年轻人出游,吃佳肴、开飞车、跳探戈、住豪华酒店,然后想就此结束自己的生命。(这个年轻人能够帮助上校面对现实生活的残酷并重燃生活热情吗?)这次疯狂的举动使年轻学生在学校里遇到了麻烦,这促使上校决定要帮助他。(上校能帮助学生解决现实生活中的问题吗?)

(二) 结构严谨多变

　　一部较长的剧本,往往由许多不同的层次所组成,而在不同种类的戏剧中,会使用不同的单位区分层次。剧本的结构一般可分为"开端、发展、转折、高潮、结局"或者"开端、发展、转折、高潮、再高潮、结局"。当然根据故事的进展和编剧技巧的不同,结构会有很多变化。

　　1. 条式结构

　　众所周知,传统的戏剧结构手段是根据主题、人物性格来组织戏剧冲突和安排情节的,它是戏剧创作的重要一环,是按照戏剧规律来结构剧本的。由于生活本身是有节奏有规律向前发展的,反映在戏剧冲突上的结构必然形成一条由冲突动作所引起的开端、发展、高潮、结局亦即起承转合的情节链,而且是按时间顺序安排的。

　　这种结构的特点表现在分场上,整出戏就是由一场一场的戏组成的,若干场戏组成全剧,而且每一场有一个小高潮,若干个小高潮形成大高潮。传统的戏剧结构,既然是以戏剧冲突的发展为依据,又少不了冲突对立两个方面贯穿始终的对立人物和一个中心事件。因此,它是纵向发展的,也可称之为条式结构。

无论是单一条式结构还是多条并列的条式结构,大多数故事片都以条式结构作为创作方式。如美剧《24小时》,每集开篇交代剧情的男主人公独白:现在,恐怖分子正密谋刺杀一位总统候选人,"我"的妻子和女儿也成为目标,"我"的同事可能都牵涉进去,"我"是联邦特工杰克·鲍尔,这是"我"生命中最漫长的一天。

2. 团块结构

顾名思义,它的情节是横向发展的,同纵向发展的条式结构大相径庭。

团块结构不是以外部冲突为依据,而是依据人物意识活动进行结构,所以几乎全剧都没有明显的大高潮。还有一些剧作,全剧没有一个有头有尾的故事,也没有比较完整的情节,更看不到冲突对立到底的人物,有的只是几个生活片段或几组不规则的情节。这些剧作,在场景之间毫无因果依存关系,在结构上显得很不规则,然而它又"形散而神不散",层次段落之间具有十分讲究的必然内在联系。

团块结构通常都不分场和幕,所以又称其为无场次戏剧。这是由不同题材内容和不同作家的构思所形成的。如电影《2046》用现实和幻想交错的方式,让镜头中的痴男怨女在两个世界平行相处,探讨爱情与时间的关系:

虚拟空间——列车上

Tak(小说《2046》男主人公):2046年,全球密布着无限延伸的空间铁路网,一列神秘专车定期开往2046。去2046的乘客都只有一个目的,就是找回失去的记忆。因为在2046,一切事物永不改变。没人知道这是不是真的,因为从来没有人回来过。我是唯一的一个。一个人要离开2046,需要多长的时间?有人可以毫不费力地离开,有人就要花很长的时间。我已想不起我在这列车上待了多久,我开始深深地感到寂寞。

车长:在我的记忆里,去过2046的人很多,从那边回来的,你还是第一人。呃呃,可不可以告诉我,你离开2046的原因啊?

Tak:每次有人问我为什么离开2046,我都含糊其辞。在从前,当一个人心里有个不可告人的秘密,他会跑到深山里,找一棵树,在树上挖个洞,将秘密告诉那个洞,再用泥土封起来,这个秘密就永远没人知道。我曾经爱上一个人,后来她走了。我去2046,是因为我以为她在那里等我,但我找不到她。我很想知道她到底喜不喜欢我,但我始终得不到答案。她的答案就像一个秘密,永远不会有人知道。

字幕:所有的记忆都是潮湿的。

现实空间——街边

苏丽珍:你不是答应我以后永远也不会来了吗?

周慕云:我想见你!

苏丽珍:什么事啊?

周慕云:反正我在这里没什么发展,所以想回香港,看看有没有机会。

苏丽珍:什么时候走啊?

周慕云:碰巧有船,过两天就走。

苏丽珍:跟我说这些干吗?

周慕云:我想你跟我一起走。

苏丽珍:你了解我的过去吗?

周慕云:你不想说,我不知道也无所谓。

苏丽珍:你赢了,我跟你走。

周慕云:她用了个很婉转的方法拒绝我。在我的记忆里,那个晚上是我们最后一次见面。没多久,我就离开了新加坡。我在1966年底回到香港,不久因为船价加价,九龙发生骚动。我不知道自己会停留多久,我在湾仔一间公寓长租了一个房间,为不同的报纸写专栏,那时候的稿费是1000个字10块钱。开始的那段日子,生活很艰难。后来我终于想通了,为了生活,我决定什么都写。火山一周日记,六国新星柳菲菲,风情万种,玲珑浮凸,深受火山孝子欢迎。嘿!老兄,混饭吃当然要这么写啦!难道书摊上的书是假的啊?我很快就适应这种生活,开始懂得逢场作戏,虽然有许多只是露水情人,不过,没关系啦,哪来那么多的一生一世?

当前流行的团块结构有如下两种形式:

(1) 散文结构

这种戏剧结构类似文学体裁散文的结构形式。这类剧作没有完整的故事情节,没有高度集中的矛盾冲突,一切都是自然而然地展开,又自然而然地结束。它不仅强调生活的纪实性,而且强调情感的真实性,偏重于抒发人物的真实情感。它写事写人只选取几个看似零散的侧面,但却能做到"形散而神不散"。

这类剧作的结构特点,第一是场与场之间没有必然的依存关系;第二是没有强烈的高潮和结束;第三是没有完整的故事情节和一个中心事件;第四是按照生活本身的时序横向发展,属于时序结构,很少用"闪回"。如电影

《站台》中如同流水账一般的生活场景,追忆了20世纪80年代一个北方小城里年轻人的生活:

外景—农村露天舞台—夜
女报幕员兼演员:汾阳县农村文化工作队慰问演出现在开始。
村民鼓掌。
女报幕员兼演员:请观赏表演《火车向着韶山跑》。
村民鼓掌。
女报幕员兼演员:一列南下的火车,正奔驰在洒满阳光的土地上,正奔向韶山,奔向我们伟大领袖毛主席的故乡,瞧,他们来了……
文化工作队演出。
演出后文化工作队点名……

(2) 心理结构
这类剧作的戏剧结构就是依据人物的意识活动来进行结构。

心理结构在叙述方式上不同于条式结构,也不同于散文式结构,后两者一般均按时间顺序进行。心理结构是根据人物的心理活动变化,把过去、当下和未来相互穿插起来进行。所以也叫时间交错式结构。

心理结构的特点是:

① 剖析人物内在感情

心理结构着力表现人物的内心世界和对人物内在感情的剖析,以达到刻画人物的目的。它没有一个完整的故事,没有激动人心的矛盾冲突,更谈不上一浪高过一浪的戏剧高潮,甚至连时间顺序也不规则,更多的是人物意识活动。

② 主观叙述

心理结构追求叙述上的主观性。把现实和过去交织起来,以此进行布局和剪裁。这种结构之所以不遵循时间顺序,把现实和过去互相穿插起来,并能让观众理解,是依据了这样一条原理:人物心理活动(回忆、联想、梦幻等)是不受时间、空间约束的。

如电影《东邪西毒》中人物内心独白与对白的穿插:

欧阳锋(独白):初六日,惊蛰。每年这个时候,都会有一个人来找我喝酒,他的名字叫黄药师。这个人很奇怪,每次总从东边而来,这习惯已经维持了好多年。今年,他给我带了一份手信。

黄药师:不久前,我遇上一个人,送给我一坛酒,她说那叫"醉生梦死",喝了之后,可以叫你忘掉以前做过的任何事。我很奇怪,为什么会有这样的酒。她说人最大的烦恼,就是记性太好,如果什么都可以忘掉,以后的每一天将会是一个新的开始,那你说这有多开心。这坛酒本来打算送给你的,看起来,我们要分来喝了。

欧阳锋(独白):对于太古怪的东西,我向来很难接受,所以这坛"醉生梦死"我一直没有喝。可能这酒真的有效,从那天晚上开始,黄药师开始忘记了很多事情。

欧阳锋:你还记得我们怎样认识的吗?

黄药师:我想不起来了。

欧阳锋:那你还记得是怎样来这儿的吗?

黄药师:我也不记得了。

欧阳锋:你为什么老看着那鸟笼。

黄药师:因为很眼熟。

欧阳锋(独白):那天晚上他喝得大醉,第二天大清早就走了。我不知道他为什么要拿那坛"醉生梦死"给我,但我看得出他有心事,每次见了我之后,他都去见一个人。

(三)文字形式兼顾对话和舞台提示

剧本主要由两部分构成:人物对话(或唱词)和舞台提示。舞台提示一般指出人物说话的语气、动作或人物上下场,说明场景变换等。剧本写作遵从的原则是能够让阅读者顺利地将语言文字转化为宛如在眼前的形象和场景。

剧本写作有别于小说创作,没有了描述,编剧如何传达感情、意义和人物行动?关键在于以下几个方面:

1. 将场景视觉化(如同在脑海里重现)
2. 决定好想要观众看到什么样的环境和行为
3. 写下可以传达意义的视觉形象,而不是解释
4. 只写下摄影机能拍下的细节和演员能表演的动作

如电影《让子弹飞》的开场:

车厢内,火锅巨大,如八仙圆桌卧于车中。

沿锅环坐新任县太爷马邦德、县太爷夫人、师爷。师爷背对,连吃带喝。

三人合唱。

合唱:天之涯,海之角,知交半零落。一壶浊酒尽余欢,夕阳山外山。

师爷衔着筷子,热烈鼓掌。

县太爷:汤师爷,是好吃,还是好听?

师爷:也好听,也好吃!都好,都好!

县太爷:我马某人走南闯北,靠的就是能文能武,与众不同。不光吃喝玩乐,更要风花雪月。

三人大笑。

(四)掌握故事叙述的技巧

与小说不同,写剧本的目的是要用文字去表达一连串的画面,让看剧本的人见到文字便能即时联想到银幕、荧屏或舞台上的动态画面。因此,如何用电影语言来叙述故事就需要掌握一些技巧:

1. 用画面语言以及对话交代剧情

如电影《肖申克的救赎》片段:

一扇铁门。

随着一声巨响铁门打开,远端是一间屋子,镜头推近。七个人一本正经地在一张长长的桌子边挨着坐着,对面放着一把空椅子。

镜头推进房子:

内景——听讯室——白天

瑞德进入,拿下帽子,站在椅子边。

男1:坐下。

椅子很不舒服,瑞德努力摆正坐姿。

男2:我们从档案上看到你已服了二十年的终身监禁?

瑞德:是的,先生。

男3:你觉得你已经悔过了吗?

瑞德:哦,是的,先生,的确如此。我是说我已经接受教训。我真的已是个改过自新的人,不再对社会有害,上帝作证。

那些人只是看着他,一个人抑制住打呵欠。

镜头推近——假释表

图章猛地盖下,红色的章印"驳回"。

2. 适当运用画外音

再如电影《肖申克的救赎》片段:

外景—操场—肖申克监狱—黄昏

顶部装着蛇腹式铁丝网的高高的石墙,被渐渐隐现的哨塔隔开。院子里是百余号犯人。玩投接球的、掷骰子的、闲聊的、做交易的,是放风的时间。

瑞德慢慢地出现在日光下,戴上他的帽子,无精打采地穿过活动的人群,与人打着招呼并做些小交易,他是这里的一个重要人物。

瑞德(旁白):美国的每所监狱一定都会有我这样的犯人。我就是为你弄到东西的人。香烟、大麻,如果是自己人,还可以弄瓶白兰地来庆祝孩子的中学毕业,简直可以是你能用得到的任何东西。

他驾轻就熟地顺手塞给某个犯人一包烟。

瑞德(旁白):是的,先生,我就是监狱里的百货商店。

两声急促的警报从主哨塔响起,所有人的注意力转向停车处。外面的大门旋开,露出一辆灰色囚车。

瑞德(旁白):所以当安迪·杜弗兰在1949年要我把丽塔·海华丝带进监狱时,我告诉他没问题,事实证明也的确如此。

第三节 小说写作

一、小说的分类

(一)小说的定义

小说是以塑造人物形象为中心,通过完整的故事情节和具体环境的描写,形象、深刻、多方位地反映社会生活的叙事性的文学体裁。

小说反映社会生活的主要手段是塑造人物形象。古今中外文学艺术长廊中所涌现出的人物,如武松、贾宝玉、阿Q、冉·阿让、安娜·卡列尼娜等,无一不是既具有突出的个性又具有普遍社会意义的有血有肉、呼之欲出的艺术形象。

(二)小说的分类

1. 以内容为标准分类

(1)历史小说

是以历史人物和事件为题材所创作,反映一定历史时期的生活面貌以及历史发展趋势的小说。通常所描写的主要人物和事件都有历史根据,但容许适当的虚构。

历史小说既可以给读者提供历史知识,也能够给读者以启示和教育。罗贯中的《三国演义》、二月河的《雍正皇帝》、当年明月的《明朝那些事儿》等都是脍炙人口的历史小说。

(2) 科幻小说

是主要描写想象的科学或技术对社会或个人影响的虚构性文学作品,是西方近代文学的一种新体裁。

科幻小说的情节并不发生于人们已知的世界上,但它的基础是有关人类或宇宙起源的某种设想,或者有关科技领域的某种虚构出来的新发现,如法国作家凡尔纳的《海底两万里》。刘慈欣的《三体》是近年来国内较有影响的科幻小说。

(3) 侦探推理小说

是西方通俗文学的一种体裁,由于传统侦探小说中的破案大多采取推理方式,所以也有人称它为推理小说。

严格意义上来讲,由于侦探、犯罪、警察、间谍这四类小说都具备"罪案—侦查—解谜—破案"的模式,所以都属于侦探推理小说。英国作家柯南·道尔的《福尔摩斯探案全集》是全世界读者熟悉的侦探推理小说集。

(4) 武侠小说

是中国通俗小说的一种重要类型,多以侠客和义士为主人公,描写他们的身怀绝技以及见义勇为寻求正义的行为,营造波澜诡谲的江湖世界。

武侠小说在中国具有悠久的历史,而为当代人所熟知的是梁羽生、金庸、古龙等作家的作品。

(5) 言情小说

以讲述男女相爱为中心,通过完整的故事情节和具体的环境描写讲述爱情故事并反映社会生活的一种文学体裁。

言情小说又称才子佳人小说,是中国旧体小说的一种。其源头是唐代的爱情传奇,民国时期的鸳鸯蝴蝶派是言情小说的中兴之碑,而当代读者较为熟悉的是以琼瑶为代表的港台言情小说。

2. 按篇幅长短和容量大小为标准分类

(1) 长篇小说

指篇幅长,描写错综复杂的事件和众多的人物,反映比较广阔的社会历史画面的作品。

(2) 中篇小说

指介乎长篇与短篇之间,描写若干人物和不太复杂的故事情节,具有比短篇更有深度和广度而生活容量又不及长篇的作品。其字数一般在三万字到十万字之间。不过在短的中篇和长的短篇之间、长的中篇和短的长篇之间,并没有绝对的界限。

(3) 短篇小说

篇幅和容量比较短小,一般两千字以上、两万字以下,人物集中、故事单纯、结构紧凑。往往截取生活中富有典型性的某一侧面或片断加以集中描绘,以揭示社会生活的意义。它一般通过一个主人公、一条线索,只写几个小时或几天之内集中发生的事,但却令读者读完以后能联想到更远更多的人与事。

(4) 微型小说

比短篇小说更短小,也称小小说。一般几十、几百字,多则一两千字,多为一两个人物和瞬息场景的扫描,同时寓有褒贬或哲理。

由于篇幅的差异,在写作上,这四类小说便有了不同的特点和表现方法。在实际创作中,了解各自微妙的差别是很重要的事情。比如,选材上,如果你要用一个适合长篇小说的主题写成一篇微型小说,其意蕴必然表达不充分。

二、小说的创作要素

> 他是个老人,独自划着船,在湾流中捕鱼,84天来,他没打到鱼。

这是小说《老人与海》的开篇,作者海明威用简练的语言进行了概括叙述,交代了小说的三个要素,引发读者的阅读兴趣。

小说的三个创作要素是人物形象、故事情节和环境。

(一) 人物形象塑造

中外小说发展史证明小说创作的中心课题是塑造鲜活又富有典型性的人物形象。

小说人物形象来源于现实生活。作者创造的艺术形象与现实生活形象有着千丝万缕的直接联系,小说的审美规范首先要求小说人物要"形似"于生活人物。

但是,小说人物形象不是生活原型的翻版与复制。

生活原型在演变成为小说人物时有三种情况。第一种是作者将生活中感受最深的人物原型直接写进小说。第二种是作者根据现实生活创作出来的，杂取种种合为一个，"往往嘴在浙江，脸在北京，衣服在山西，是一个拼凑起来的脚色"[①]，即作者将几个人物形象分解后重组为一个新的人物形象，小说中大多数人物创造属于这种情况。第三种是作家通过想象虚构去创造新的生活中并不存在的人物形象，这种虚构型人物为作者发挥创作才能提供了广阔的艺术空间。

这三种塑造小说人物的方法，都能使作者更好地表达他对生活原型的理解，突出小说人物的个性特征，使小说人物不仅在外表上"形似"于生活原型，而且丰富了自己的生命和神韵。

小说中的人物，我们称为典型人物。通过塑造典型人物形象反映生活，更集中、更有普遍的代表性。小说作者孜孜以求的艺术理想就是创造出一系列栩栩如生的典型人物。典型人物在形似与神肖上高度统一，共性与个性有机结合，更充分、更深刻、更生动地反映出生活的真实面貌和本质规律，因而也具有了历史厚度和思想深度。贾宝玉、阿Q、高老头、安娜·卡列尼娜等都是这样的典型人物。

小说作者是人物灵魂的探索家和解剖家，他得钻进每一个人物的灵魂深处，把他们各自隐蔽的内心奥秘、精神品格以及各种外部特征活灵活现地揭示出来。例如小说《围城》的主人公方鸿渐，既善良又迂执，既正直又软弱，既不谙世事又玩世不恭。他的种种特点在小说所描绘的爱情、事业、人际关系中得到了淋漓尽致的表现，反映了当时一部分知识分子的精神面貌，其遭遇也正是这部分知识分子遭遇和困厄的反映。

（二）故事情节安排

小说主要通过故事情节来展现人物性格、表现主题。故事来源于现实生活，但通过整理、提炼和安排，就比现实生活中发生的真事更集中、更完整、更具有代表性。

小说情节是人物性格的发展史，也是作者对故事进行因果安排而形成的艺术性结构。小说情节作为小说的构成内容和要素，它存在的基础是具体的生活事件。但生活事件并不等同于小说情节，现实生活事件林林总总，千头万绪，作者并不能照单全收。

1. 情节创造方式

同小说人物创造一样，小说情节的创造也有一个从生活真实到艺术真

[①] 鲁迅：《我怎么做起小说来》，《鲁迅全集》第4卷，人民文学出版社1981年版，第513页。

实的演变过程。这一过程的完成,大体有以下三种方式:

(1) 选择素材

生活事件中有些比较具有典型性,有些是无意义的琐事和一般性的事件,那么作者就要根据表现主题和塑造人物的需要,把生活素材中的精粹内容分解出来,把那些不能表现生活本质的假象或一般化的素材剔除出去,这就是通过分解方法使情节典型化。

(2) 组合材料

情节组合分为两种,一是生活事件按本来的时空状态组合,通过一定的艺术加工形成一个更集中、更有艺术表现力的情节单元;一是打乱素材的时空顺序重新组合其时空形态,使情节更理想、更完美。这就是通过组合的方法使情节典型化。

(3) 虚构情节

通过想象、虚构来提炼和完善情节,这是小说创作的一个基本功。在分解和组合的作用下,有了比较好的核心情节或情节环节,但有时在作者的素材库里并没有某种特殊的材料来构置情节,必须调动丰富的艺术想象,去虚构特定的情节,使小说能够完满地表达作者的审美理想。

古今中外大量的小说创作现象表明:许多精妙绝伦的小说情节是作者通过天马行空的丰富想象和奇幻虚构得来的。

2. 情节审美特点

小说事件经过作者的选择、组合与虚构,超越了生活事件,实现了小说情节的陌生化与新奇化。这时,小说情节就具有以下审美特点:

(1) 完整细致

完整是指小说情节具有整体感,不中断;细致是指小说情节具有丰满感,不干瘪。好像一个健康的人,既有完美的骨骼,又有丰满的血肉。

情节作为生活中矛盾运动的艺术反映,是对过程的展开。完整细致的小说情节一般呈现出"开端、发展、高潮、结局"这样一个动态过程。这就是为什么传统小说往往有一个"有头有尾""从头到尾"的结构模式的原因。

(2) 多变连贯

文似看山不喜平,作者不能完全按照生活时空的客观发展来铺排情节,而要根据艺术需要去分解、组合和虚构,使情节生动曲折,具有变化美。或惊涛拍岸,流风回云;或平波展镜,潜流暗滚;或余波涟漪,荡漾回环;或路转峰回,柳暗花明……只有千变万化的情节铺叙,才能使情节产生"出人意料"的变化美。

但是,无论怎样变化,小说情节一定要符合情理,要使情节呈现出一定的逻辑关系,或因果,或条件,或假设,等等,这既是情节连贯的审美要求,也是小说情节美的一大特征。

(三) 环境氛围渲染

小说的环境描写、人物塑造与主题表达有极其重要的关系。在环境描写中,社会环境是重点,它揭示了种种复杂的社会关系,如人物的身份、地位、成长的历史背景等。自然环境包括人物活动的地点、时间、季节、气候以及景物等。自然环境描写对表达人物内心、渲染气氛都有重要作用。

作者在塑造人物性格时,不能脱离特定的历史条件和社会环境。人物总是在特定的环境和情境态势中生活、行动、思考,离开了特定的环境和情境态势,人物的情绪心态、个性命运就无法得到充分的展现和外化。因此,小说总是叙述特定环境里的人和事。

小说环境一般可分为正常环境与非常环境。有时候,把人物放在这一个环境里,性格的特点未必能充分显现出来,换了一个环境,情况便发生了变化。在小说叙述时,作者可根据塑造人物性格的需要,对环境作出大胆的假定性设计,有意创造出一种非常态的,甚至是现实中找不到原型的生活环境。设置这种非常环境的目的,是为了表现人物深层的思维和情感,让读者在这种非常环境的叙述中,认识到人的真正本性和本质。

作者进行假定性设计时,无论环境怎样变化,它的内涵都包括两个方面:时间和空间。世界上不存在没有时间的空间,也不存在没有空间的时间。时间性和空间性的统一,构成环境的基本要素和特定内涵。

虽然小说事件来源于现实生活的事件,但在小说创作中,作者须重建艺术时空,改造生活事件的空间呈现形态。现实生活里的情节一般被称为"经验性的情节",这种情节比较感性。因为社会动荡,生活多灾多难,作者往往有着丰富的阅历,供他们积累起可观又可贵的人生经验。这些"经验性的情节"使得小说呈现出一种特别鲜活的状态,因为这些人们亲身经历的故事有着贴肤的亲近感、可遇不可求的奇特感和强烈的生活气息,这种先天优良的"经验性情节"就是作者最需要的东西。自己的故事用完了,就用人家的,周围的用完了就去远处找。作者体验生活、搜集素材、社会调查,实际上都是在寻找这些东西。

三、小说的叙述方式

小说在本质上是叙事的艺术。叙述的水平和效果直接关系到作品的可读性和艺术价值。

由于小说是作者心灵和语言的外化,它表现了作者对生活事件因果关系的认识与理解。现实生活中事件的存在形态是立体的、无序的,它和自然界、社会生活界的无数人、事、境发生着千丝万缕、错综复杂的联系。而在小说中,生活事件的这种立体形态变成了作者以时间为序的线性叙述。小说叙述与生活事件的这一特点,使得作者在运用文学语言叙述生活事件时,既要遵循特定的叙述规范,又要充分地发挥作者的能动性,使小说呈现出不同的叙述策略与风格。

(一)小说叙述人形式

在从生活事件演变为小说叙述时,作者要在小说里创造一个叙述人的形象。通过这个叙述人的话语,作者将生活事件用语言外化。他可以是第一人称,也可以是第三人称,还可以是第二人称。有的是故事中人,有的也可游离于故事之外。有的不露声色,隐藏在情节和人物背后;有的通过各种艺术方法把自己的意向透露给读者;有的借助于人物的内心独白再现人物的灵魂激荡;有的在刻画人物肖像和行为时加上分析性的审美评述。

常见的小说叙述人形式有三种:

1. 主人公叙述

叙述人由作品的主人公充当,他叙述自己亲身经历的事情,多用第一人称。叙述人与作者的关系可以是同一关系,如法国作家杜拉斯的《情人》,以回忆的方式娓娓道来;也可能与作者毫不相干,如鲁迅的《伤逝》;更多的是既有联系又不完全等同。以主人公叙述的方式可以酣畅地抒发情感,发表议论,表现自我,容易对读者产生较强的艺术感染力。

2. 次要人物叙述

如美国作家菲茨杰拉德《了不起的盖茨比》中的"我"是一个配角、旁观者,带领读者完整地感受、想象和评判一个人和在他身上所发生的故事。

3. 作者叙述

一般第三人称都是作家叙述。中国古代小说中的叙述人往往以说书人的身份出现,可以说是一种局外人叙述。如王小波《红拂夜奔》中的我——一个写隋唐故事的叙述者。伴随着事件的全过程,读者能时时意识到作者的存在,意识到作者的态度和情感。

(二)叙述视角形式

在小说创作中,叙述者从不同的视角去看待事件和叙述事件,又将产生不同的叙述效果。一般来讲,小说的叙述视角有两种:

1. 全知外视角

也称"全知全能视角"。对于小说中的情节、人物、细节,这个叙述人仿佛都已全悉掌握,他直接把故事和人物介绍给读者。这种叙述角度的运用,在古今中外的小说创作中占有很大的比例。

2. 限知内视角

把叙述角度从局外人转移到作品中的某个人物的身上,叙述人的感知和了解仅限于自身。这种叙述方式有一个突出优点,那就是不再有一个万能的"上帝"在那里预先安排一切,而是以目击者身份身临其境地感受,增加主观抒情性和艺术描绘的真实性,使读者感到真切自然。

内视角运用得比较成熟的作家,大都是主观抒情性作家,他们选择的题材都带有个人风格,生活的容量和涵盖面不大,人物不多,线索单纯,抒情色彩浓郁。如法国作家加缪的《局外人》就以一种客观记录式的风格粗线条地描述了主人公默尔索在荒谬的世界中经历的种种荒谬之事,以及自身的荒诞体验。

当然,比起全知全能的外视角叙述,内视角叙述既有其主观抒情、表现自我的一面,有时也有其视野较窄、心理开掘的对象受到各种限制的一面。

优秀作者在实际创作中,往往能利用各种叙述视角之长去弥补其短,这种综合运用的方法,一般称为内外视角的交叉互补。在同一个叙述文本中,作者采用全知视角来结构全篇人物、事件,而在具体的某一段叙述流程中,又巧妙切换为限知视角。或者作者从限知视角结构全篇,但叙述进入关键环节时,为了更充分自由地展示作者对叙述事件因果关系的理解,又可机智地切换为全知视角。如托尔斯泰的《安娜·卡列尼娜》,全书总体采用的是全知外视角,但是其中很多情节又改用内视角叙事,如开始部分的舞会情节,是以年轻姑娘吉提的视角来叙述,将读者直接带入了故事中,具有强烈的现场感。

第四节　诗歌写作

一、诗歌的分类

(一) 诗歌的定义

诗是一种文学体裁,它按照一定的音节、声调和韵律的要求,用凝练的语言、充沛的情感以及丰富的想象,高度集中地表现社会生活和人的精神世界。

诗歌是文学的基本类型之一,是最古老也是最具有文学特质的文学样式。早期诗歌与音乐、舞蹈相互融合,后来自成一体。在中国古代,诗和歌有别,诗供朗诵,歌是歌唱的,即不合乐的称为诗,合乐的称为歌。现在诗和歌统称为诗歌。

请欣赏诗人北岛的《时间的玫瑰》:

  当守门人沉睡
  你和风暴一起转身
  拥抱中老去的是
  时间的玫瑰

  当鸟路界定天空
  你回望那落日
  消失中呈现的是
  时间的玫瑰

  当刀在水中折弯
  你踏笛声过桥
  密谋中哭喊的是
  时间的玫瑰

  当笔划出地平线
  你被东方之锣惊醒
  回声中开放的是
  时间的玫瑰

  镜中永远是此刻
  此刻通向重生之门
  那门开向大海
  时间的玫瑰①

---

① 北岛:《在天涯:诗选 1989~2008》,生活·读书·新知三联书店 2015 年版,第 179—180 页。

此诗具有朦胧诗的显著特征,以内在精神为表现对象,采用形象象征、逐步意象感发的艺术策略来表达情思,呈现出诗境模糊朦胧、主题多义莫名的特征。玫瑰是美好的象征,"时间的玫瑰"在诗歌中反复出现,五处"时间的玫瑰"含义各不相同,诗人赋予玫瑰更多的象征意义:第一处是"老去的玫瑰",第二处是"可能即将会消失的玫瑰",第三处是"呼喊渴求的玫瑰",第四处是"希望的玫瑰",第五处是"期盼中永恒的玫瑰"。

(二)诗歌的分类

1. 按内容的表达方式分类

(1)叙事诗

诗中有比较完整的故事情节和人物形象,通常以诗人满怀激情的歌唱方式来表现。史诗、故事诗、诗体小说等都属于这一类。史诗如古希腊荷马的《伊利亚特》和《奥德赛》;故事诗如我国诗人李季的《王贵与李香香》;诗体小说如英国诗人拜伦的《唐璜》、俄国诗人普希金的《叶甫盖尼·奥涅金》。

(2)抒情诗

主要通过直接抒发诗人的思想感情来反映社会生活,不要求描述完整的故事情节和人物形象。如情歌、颂歌、哀歌、挽歌、牧歌和讽刺诗等。

当然,叙事和抒情也不是截然分割的。叙事诗也有一定的抒情性,不过它的抒情要与叙事紧密结合。抒情诗也常有对某些生活片段的叙述,但不能铺展,应服从抒情的需要。

2. 按语言的音韵格律和结构形式分类

(1)格律诗

是按照一定格式和规则写成的诗歌。它对诗的行数、诗句的字数(或音节)、声调音韵、词语对仗、句式排列等都有严格规定,如我国古代诗歌中的"律诗""绝句"和"词""曲"、欧洲的"十四行诗"。

(2)自由诗

是近代欧美新发展起来的一种诗体。它不受格律限制,无固定格式,注重自然的、内在的节奏,押大致相近的韵或不押韵,字数、行数、句式、音调都比较自由,语言比较通俗。美国诗人惠特曼是欧美自由诗的创始人。我国"五四"以来也流行这种诗体。

(3)散文诗

是兼有散文和诗的特点的一种文学体裁。作品中有诗的意境和激情,常常富有哲理,注重自然的节奏感和音乐美,篇幅短小,像散文一样不分行、不押韵,如屠格涅夫的《门槛》、鲁迅的《野草》。

(4) 韵脚诗

泛指每一行诗的结尾均须押韵,读起来朗朗上口如同歌谣。这里的韵脚诗指现代韵脚诗,属于一种新型诗体,最大限度地避免了其倒向现代诗歌自由散漫和无章法可循的口语化写作,让诗歌创作有章可依,有律可循。

二、诗歌的基本特点

(一) 浓郁的抒情性

诗歌最集中、精练、概括地反映社会生活,语言中充满诗人充沛的情感和丰富的想象。

如爱尔兰诗人叶芝的《当你老了》:

当你老了,头发花白,
在炉火边昏昏欲睡,请拿起这本书,
仔细品读,回想你那双曾经饱含温柔的双眼,
如今却已眼窝凹陷。

很多人曾经爱你那短暂的风华,
爱你那动人的美貌,不论假意还是真心,
但只有一个人爱慕你那不断追寻的灵魂,
更爱你那刻满憔悴与痛苦的容颜。

之后你会靠在通红的炉挡旁,
略带忧伤地抱怨,爱已逝,
它飘到了远山中,
隐藏在群星背后。[1]

古往今来,爱情似乎总是与青春、美貌联系在一起。当人们沐浴在爱情的光辉中,脑海里只有当下,总是潜藏着一种拒绝时间、拒绝变化、将瞬间化为永恒的欲望,而诗人偏要穿越悠远的时光隧道,想到红颜少女的垂暮之年,想象她白发苍苍、身躯佝偻的样子。《当你老了》与其说是诗人在想象中讲述少女的暮年,不如说是诗人在向少女、向滔滔流逝的岁月剖白自己天

---

[1] 〔爱尔兰〕叶芝:《世间的玫瑰:叶芝诗选》,文竹译,天地出版社2019年版,第35—36页。

地可鉴的真情。从这个意义上讲,打动读者的正是诗中流溢出的那股哀伤无望却又矢志无悔的真挚情感。

(二) 和谐的音乐美

诗歌的节奏鲜明、音调铿锵,讲究押韵,一般分行排列。

下面是徐志摩的《我不知道风是在哪一个方向吹》:

> 我不知道风
> 是在哪一个方向吹——
> 我是在梦中,
> 在梦的轻波里依洄。
>
> 我不知道风
> 是在哪一个方向吹——
> 我是在梦中,
> 她的温存,我的迷醉。
>
> 我不知道风
> 是在哪一个方向吹——
> 我是在梦中,
> 甜美是梦里的光辉。
>
> 我不知道风
> 是在哪一个方向吹——
> 我是在梦中,
> 她的负心,我的伤悲。
>
> 我不知道风
> 是在哪一个方向吹——
> 我是在梦中,
> 在梦的悲哀里心碎!
>
> 我不知道风
> 是在哪一个方向吹——
> 我是在梦中,

黯淡是梦里的光辉。①

全诗共六节,每节的前三句相同,辗转反复,余音袅袅,诗人用这种刻意经营的旋律组合,渲染了"梦"的氛围。

(三) 多彩的画面感

诗歌常采用赋、比、兴等手法。诗歌的创作,一般要求作者在生活中激发起丰富、强烈的感情,鲜明地表现出他的独特个性和情感色彩,使诗的形式的外在节奏与情感的内在节奏相一致,同时,语言需刻苦锤炼和精心推敲,形象、含蓄,运用灵活。

请欣赏方文山的《三角习题》:

从来就不止是伤心
那些细微如针头落地的声音
确切的名称
或许比较接近
你我已被穿刺的坚定
等边的三角形
等边被扎伤的
爱情②

寥寥几笔,诗人对爱情的描绘富有强烈的代入感,令人立刻引发联想,贴切的笔调将三角关系的痛苦呈现在诗作中。

三、诗歌的写作要求

(一) 诗歌语义强调经验直觉性

这里的经验直觉,是指当文字出现在面前时,人们根据自己的经历和经验,凭直觉对文字赋予含义。作者凭经验直觉赋予诗句含义,而读者又凭自己的经验直觉对诗句及空白进行理解。这样,诗成了经验直觉交流的载体。

如法国诗人兰波的《元音》:

A 黑,E 白,I 红,U 绿,O 蓝:
元音呵,有朝一日我要说出你们的潜在生命,
A,绕着恶臭嗡营钻窜的

---

① 徐志摩:《徐志摩作品集》,北岳文艺出版社 2002 年版,第 191—192 页。
② 方文山:《如诗一样》,作家出版社 2017 年版,第 39 页。

　　　　苍蝇的黑绒背心,
　　　　阴晦的海湾;
　　E,蒸汽和帐篷的憨朴,
　　　　自豪冰川的峰尖,白袍王子,伞形花的颤栗;
　　I,殷红,喀血,美人
　　　　嗔怪和醉酒时朱唇上浮动的美意;
　　U,圆圈,碧海清波的神妙震颤,
　　　　牛羊遍野的牧场的宁静,荡漾在
　　　　炼金术士勤奋的宽额皱纹里的安详;
　　O,发出聒耳尖叫的高昂的号角,
　　　　星球和仙人遨游的寂寥太空,
　　　　奥米加,她眼中泄着幽蓝的秋波!①

　　这首诗集中地对"联觉"作了发挥,诗人赋予 AEIUO 五个元音以不同的色彩、音响、气味和形象。但为什么"A,E,I"这些元音会产生这些神秘的形象呢?这些问题并非理性思维所能解答,而只有诗人才能洞察其中的奥妙。

　　联觉在诗中的运用古已有之,在中国古典诗词中也屡见不鲜,如"春意闹""莺声圆滑""酸风刺眼""敲日玻璃声"等,视觉、听觉、触觉、冷暖等感觉都沟通了,给读者以新鲜独特的感受。但《元音》这首诗的联觉效应已超越了人们能共同体验到的生理到心理联觉的范畴,创造了象征主义诗中的联觉特殊的审美效应。

　　按拉丁字母的排列顺序,五大元音的顺序应是 AEIOU,兰波把字母 O 调到最后,是袭用了希腊字母表。希腊字母表中的 Ω(Oméga,奥美加)发音与拉丁字母 O 相当,但在字母表中排在最后,常用于象征"终极"。兰波以此达到全诗的高潮,追求形式与内容的统一,同时深化了诗中的神秘色彩。

　　《元音》一诗,通过联觉,从人们熟悉的五个元音中,先导出色彩,从色彩中再导出形象,从形象中让人们悟出各种有关的情态、气味甚至音响——与原来的元音不同的音响(例如从 A 引出的"嗡营"声),这种联觉效应就越出常人的经验范围,给象征主义诗歌插上了神秘的翅膀。

(二) 表达效果追求感染性

　　这也是诗歌的一个基本特性,是指诗要具有最能感染读者的特性。

---

① 〔法〕兰波:《兰波诗全集》,葛雷、梁栋译,浙江文艺出版社 1997 年版,第 93 页。

自古到今,只有打动人、感染人的诗才是好诗。如日本童谣诗人金子美铃的《野玫瑰》:

> 白花瓣
> 荆棘间
> "嘿,痛了吧"
> 小风奔来
> 伸出援手
> 却见花瓣簌簌坠落
> 散了一地
>
> 白花瓣
> 落满地
> "嘿,冷了吧"
> 阳光静静照射
> 送来温暖
> 却见花瓣化为茶色
> 枯了一地①

最早时,诗的感染性要求的可能只是情感的感染。哲理诗出现后,诗又兼具美的感染。但感染不只是诗所特有,小说、散文也需要,但诗更强调这一点。为此,诗反对朦胧诗以后以象征和隐喻为主的不必要的隐晦诗,也反对运用常人见不到的不可感觉更谈不上感染人的物象。

(三) 思维符号注重物象性

这里的物象性是指诗歌创作的思维应该特别注重运用一些具体物体的形状或特性来作为思维符号。

请欣赏黎巴嫩诗人纪伯伦的《论婚姻》:

> 你们俩同生,相伴到永远。
> 当死神的双翼带走你的岁月时,你们俩在一起。
> 是的,同样在默默思忆上帝之时,你们俩也在一起。
> 不过,你们俩结合中要有空隙,
> 让天风在你们俩间翩翩起舞。

---

① 〔日〕金子美铃:《我、小鸟和铃铛》,白雪译,中国妇女出版社2020年版,第4页。

你们俩要彼此相爱,但不要使爱变成桎梏;
而要使爱成为你们俩灵魂岸边之间的波澜起伏的大海。
你们要相互斟满杯子,但不要用同一杯子饮吮。
你们俩要互相递送面包,但不要同食一个面包。
一道唱歌、跳舞、娱乐,但要各忙其事;
须知琴弦要各自绷紧,虽然共奏一支乐曲。

要心心相印,却不可相互拥有。
因为只有"生命"的手才能容纳你们俩的心。
要互相搀扶着站起来,但不要紧紧相贴。
须知神殿的柱子也是分开站立着的。
橡树和松树也不在彼此的阴影里生长。[①]

在这首诗里,诗人与其说是在"论"不如说是在"感"。用"物象"这个词而不用"形象"这个词,主要是为了更加突出诗歌以物象作为思维符号的特点。因为,人们最持久的记忆和最能被打动的主要是物体的物象及其所表现出来的情或理。为此,诗反对抽象思维,反对不具备物象的所谓完全口语诗。

(四)语言形式突出跳跃性和节奏性

这是指为了简练和节奏。诗歌的句与句间、节与节间往往省略了不必要的交代,导致其联系及思维感觉有跳跃性。为了使读者在阅读时能跟上诗歌的思维,所以用分行留下的空间代替思维跳跃留下的空白,给读者以思维时间。

如海子的《春天,十个海子》:

春天,十个海子全都复活
在光明的景色中
嘲笑这一个野蛮而悲伤的海子
你这么长久地沉睡究竟为了什么?

春天,十个海子低低地怒吼
围着你和我跳舞、唱歌

---

① 《北方人》2021年第20期。

扯乱你的黑头发,骑上你飞奔而去,尘土飞扬
你被劈开的疼痛在大地弥漫

在春天,野蛮而悲伤的海子
就剩下这一个,最后一个
这是一个黑夜的儿子,沉浸于冬天,倾心死亡
不能自拔,热爱着空虚而寒冷的乡村

那里的谷物高高堆起,遮住了窗户
他们把一半用于一家六口人的嘴,吃和胃
一半用于农业,他们自己的繁殖
大风从东刮到西,从北刮到南,无视黑夜和黎明
你所说的曙光究竟是什么意思①

　　分裂而破碎的意象,不连贯的呓语,传达着伤痛而荒凉的心境,诗句带来了不祥的惊恐。复活了的十个海子,它们都在"低低地怒吼"着。他是这个春天的幸存者,是剩下的最后一个海子,一个黑夜的孩子,他几乎是变态地"沉浸于冬天,倾心死亡",他一往情深,不能自拔。

思考与练习

　　一、下面是梁实秋的散文《谦让》,请分析文中表达方式的运用,并说明其作用。

谦　让

　　谦让仿佛是一种美德,若想在眼前的实际生活里寻一个具体的例证,却不容易。类似谦让的事情近来似很难得发生一次。就我个人的经验说,在一般宴会里,客人入席之际,我们最容易看见类似谦让的事情。
　　一群客人挤在客厅里,谁也不肯先坐,谁也不肯坐首座,好像"常常登上座,渐渐入祠堂"的道理是人人所不能忘的。于是你推我让,人声鼎沸。辈分小的,官职低的,垂着手远远的立在屋角,听候调遣。自以为有占首座或次座资格的人,无不攘臂而前,拉拉扯扯,不肯放过他们表现谦让的美德

---

① 海子:《海子最美的100首抒情短诗》,湖南文艺出版社2009年版,第111页。

的机会。有的说:"我们叙齿,你年长!"有的说:"我常来,你是稀客!"有的说:"今天非你上座不可!"事实固然是为让座,但是当时的声浪和唾沫星子却都表示像在争座。主人觍着一张笑脸,偶然插一两句嘴,作鹭鸶笑。这场纷扰,要直到大家的兴致均已低落,该说的话差不多都已说完,然后急转直下,突然平息,本就该坐上座的人便去就了上座,并无苦恼之相,而往往是显着踌躇满志顾盼自雄的样子。

  我每次遇到这样谦让的场合,便首先想起聊斋上的一个故事:一伙人在热烈地让座,有一位扯着另一位的袖子,硬往上拉,被拉的人硬往后躲,双方势均力敌,突然间拉着袖子的手一松,被拉的那只胳臂猛然向后一缩,胳臂肘尖正撞在后面站着的一位驼背朋友的两只特别凸出的大门牙上,喀吱一声,双牙落地!我每忆起这个乐极生悲的故事,为明哲保身起见,在让座时我总躲得远远的。等风波过后,剩下的位置是我的,首座也可以,坐上去并不头晕,末座亦无妨,我也并不因此少吃一嘴。我不谦让。

  考让座之风之所以如此地盛行,其故有二。第一,让来让去,每人总有一个位置,所以一面谦让,一面稳有把握。假如主人宣布,位置只有十二个,客人却有十四位,那便没有让座之事了。第二,所让者是个虚荣,本来无关宏旨,凡是半径都是一般长,所以坐在任何位置(假如是圆桌)都可以享受同样的利益。假如明文规定,凡坐过首席若干次者,在铨叙上特别有利,我想让座的事情也就少了。我从不曾看见,在长途公共汽车车站售票的地方,如果没有木制的长栅栏,而还能够保留一点谦让之风!因此我发现了一般人处世的一条道理,那便是:可以无须让的时候,则无妨谦让一番,于人无利,于己无损;在该让的时候,则不谦让,以免损己;在应该不让的时候,则必定谦让,于己有利,于人无损。

  小时候读到孔融让梨的故事,觉得实在难能可贵,自愧弗如。一只梨的大小,虽然是微不足道,但对于一个四五岁的孩子,其重要或者并不下于一个公务员之心理盘算简、荐、委。有人猜想,孔融那几天也许肚皮不好,怕吃生冷,乐得谦让一番。我不敢这样妄加揣测。不过我们要承认,利之所在,可以使人忘形,谦让不是一件容易的事。孔融让梨的故事,发扬光大起来,确有教育价值,可惜并未发生多少实际的效果:今之孔融,并不多见。

  谦让作为一种仪式,并不是坏事,像天主教会选任主教时所举行的仪式就满有趣。就职的主教照例地当众谦逊三回,口说"nolo episcopari"意即"我不要当主教",然后照例地敦促三回终于勉为其难了。我觉得这样的仪式比宣誓就职之后再打通电声明固辞不获要好得多。谦让的仪式行久了之后,也许对于人心有潜移默化之功,使人在争权夺利奋不顾身之际,不知不觉的也举行起谦让的仪式。可惜我们人类的文明史尚短,潜移默化尚未能奏大效,露出原始人的狰狞面目的时候要比雍雍穆穆的举行谦让仪式的时候多些。我每次从公共汽车售票处杀进杀出,心里就想先王以礼治天下,实在有理。

(选自梁实秋《雅舍小品》,
上海文艺出版社 2018 年版,第 28—30 页)

二、阅读或观看话剧名篇 3 部以上,重点关注话剧的结构情节安排、人物塑造、语言艺术等。

三、从一部小说中选出大约 7~10 页的内容(必须包括两个以上的人物和一些对话),将它改写成剧本并排练演出。

四、给这篇篇幅极短的微型小说加一个题目,并尝试将其扩充为一篇 1000 字左右的作品。

我因车祸而失明,所以我从不知女友长什么样。那年,她得了胃癌,临终前她将眼角膜移植给了我。我恢复光明后的第一件事就是找她的照片,然而我只找到她留给我的一封信,信里有一张空白照片,照片上写有一句话:"别再想我长什么样,下一个你爱上的人,就是我的模样。"(作者:信天云)

五、以自己的日常生活为背景,选取一个抽象主题作为小说的开篇,尝试构思一部小说。

六、看一部 DVD 或网络视频格式的电影,写下最初 5 分钟的剧本内容。

七、尝试创作一首现代白话文诗歌。

八、阅读下面的这首诗,分析其形象和声音的美。

等你,在雨中

余光中

等你,在雨中,在造虹的雨中
 蝉声沉落,蛙声升起
一池的红莲如红焰,在雨中

你来不来都一样,竟感觉
 每朵莲都像你
尤其隔着黄昏,隔着这样的细雨

永恒,刹那,刹那,永恒
　等你,在时间之外,
在时间之内,等你,在刹那,在永恒

如果你的手在我的手里,此刻
　如果你的清芬
在我的鼻孔,我会说,小情人

诺,这只手应该采莲,在吴宫
　这只手应该
摇一柄桂桨,在木兰舟中

一颗星悬在科学馆的飞檐
　耳坠子一般地悬着
瑞士表说都七点了。忽然你走来

步雨后的红莲,翩翩,你走来
　像一首小令
从一则爱情的典故里你走来

从姜白石的词里,有韵地,你走来

(选自余光中《余光中作品精选》,
长江文艺出版社2012年版,第28—29页)

九、下面是俄国作家列夫·托尔斯泰的小说《穷人》,这篇小说是作者根据法国作家雨果的叙事诗《穷人》改编创作的。请你找到雨果的诗作,仔细研读、分析两部作品在人物塑造、故事叙述等方面的异同,再以该故事为基础,创作一部剧本。

穷　人

〔俄〕列夫·托尔斯泰

火炉旁,渔夫的妻子桑娜正在补一张破旧的帆。屋外,寒风正呼啸得厉害,汹涌的海浪拍击着海岸,溅起来一阵阵的浪花。海上正起着大风暴,外面漆黑寒冷,但这间渔家的小屋中却显得十分温暖和舒适。房间里,地上被打扫得干干净净,火炉里的火还没有熄,餐具整整齐齐地码在隔板上,发出净洁的亮光。一张挂着白色帐子的床上,五个孩子正在呼啸的海风声中安静地睡者。丈夫一大早便驾着小船出海捕鱼去了,可到了这时分还没有回来。桑娜听着屋外汹涌的浪涛声以及狂风的怒吼声,不禁心惊肉跳起来。

古老的钟表嘶哑地响着,敲了十下、十一下……可始终不见丈夫归来。担惊受怕的桑娜陷入了沉思:丈夫不顾自己的身体,在如此寒冷的天气中不惜冒着风暴出去打鱼,而她自己也是从早到晚地干活,却也只能勉强填饱肚子。五个孩子常年没有鞋穿,不论冬夏都光着脚跑来跑去;吃的也只有黑面包和鱼。不过,还是要感谢上帝的,毕竟孩子们都还健康,只这一点,就没什么可抱怨的了。桑娜听着屋外肆虐的风暴,一脸的担忧。"他现在在哪儿呢?上帝啊,请您保佑他,救救他,开开恩吧!"她一边自言自语,一边在胸前划着十字。

休息尚早。桑娜站起身来,用一块很厚的围巾包在头上,提着马灯便走出门去。她想看看灯塔上的灯是不是还亮着,也不知道能不能看见丈夫的小船。

出了门,海面上什么也看不见。狂风掀起她的围巾,卷着被刮断的什么东西敲打着邻居家的门。桑娜想起了那个正在生病的邻居,原本她傍晚就想去探望的。

"唉,她身边没有一个人照顾她啊!"桑娜这么想着,便敲响了邻居家的门。她侧着耳朵听,只是屋内没有人答应。

"寡妇的日子真是艰难啊!"桑娜站在门口想,"孩子虽然不多——只有两个,但是全靠她一个人张罗照顾,如今她又生了病。唉,寡妇的日子真是难熬啊!还是先进去看看吧!"

桑娜再次敲响了门,之后又反复数次,仍旧没有人答应。

"喂,西蒙!"桑娜向着屋内喊了一声,心里不禁思量,难道是出什么事了?想到这里,她猛地推开门。

屋里没有生炉子,又潮湿又阴冷。桑娜高举着马灯,想看清楚病人到底在什么地方。首先她看到的是对着门的地方放着一张床,而床上仰面躺着的正是她的女邻居。此时,她已经一动不动,是那种只有死人才有的一副模样。桑娜想看清楚些,便把马灯举得更近一点儿,不错,正是西蒙。她头往后仰着,一张发青的脸上显出死一般的宁静,一只苍白僵硬的手仿佛要抓住什么似的,从稻草铺上垂了下来。就在这个死去的母亲旁边,两个很小的孩子正沉沉地睡着,他们都是卷曲的头发,圆圆的脸蛋,一件破旧的衣服盖在他们蜷缩着的身子上,两个浅黄色头发的小脑袋紧紧地靠在一起。

显然,是这个母亲在临死的时候,用自己的衣服盖在了他们的身上,还用一条旧头巾包住了他们的小脚。现在,两个孩子睡得又香又甜,他们的呼吸均匀而平稳。

桑娜解下自己的头巾,用来裹住这两个正睡着的孩子,把他们抱回了自己家里。她的心跳得很厉害,她自己也不明白为什么要这样做,只是觉得一定得这样做不可。她把两个熟睡的孩子放在了床上,让他们和自己的孩子们睡在一起,之后,她赶快又把帐子拉好。

此刻的桑娜脸色苍白,神情也十分激动。她有些忐忑起来,不安地想:"如果让丈夫看到了,他会说什么呢?这难道是闹着玩的吗?自己的五个孩子已经够让他为难的了……呀,是他回来啦?……不,不是,他还没回来!……为什么要把他们抱过来呢?……他一定会打我的!唉,那也是我活该,是我自作自受……被他打一顿也许心里会好过些!"

吱嘎一声,门开了,仿佛有人进来了。桑娜不禁一惊,忙从椅子上站起来。

"不,没有人!上帝啊,我为什么要这样做?……现在我要怎么对他说呢?"……桑娜坐在床前,久久地沉思着。

就在这个时候,突然,门开了,一股清新的海风直扑进屋子。又壮又黑的渔夫拖着湿淋淋的已经撕破了的渔网走了进来,他一边走,一边说:"嗨,我回来啦,桑娜!"

"哦,是你!"桑娜紧张地站起来,低着头,不敢抬起眼睛看丈夫。

"瞧,这样的夜晚!可真可怕!"

"是啊,是啊,天气简直坏透了!哦,今天鱼打得怎么样?"

"糟糕,很糟糕!什么也没有打到,你看,还把网给撕破了。倒霉,真是倒霉!这天气可真是坏得厉害!我都已经记不起几时有过这样的夜晚了。这样凶险的天气,还谈得上什么打鱼呢!不过还是要谢谢上帝,总算让我活着回来啦。……我不在,你今天在家里都做些什么呢?"

渔夫说着,把撕破的网拖进屋里,然后在炉子旁边坐了下来。

"我?"被丈夫这么一问,桑娜脸色立刻就发白了,她支吾着说,"我嘛……缝缝补补……风吼得这么厉害,真是让人害怕得紧。我可真是担心死你了!"

"是啊,是啊,"丈夫应和着说,"这天气真是活见鬼!可是有什么办法呢!"

两个人突然都不说话了,他们沉默了一阵。

"你知道吗?"沉默一阵后,桑娜先开口说话了,"咱们的邻居西蒙死了。"

"哦？什么时候的事情？"

"我也不知道,也许是昨天吧。唉！她死得真是惨哪！两个孩子都在她身边,睡着了。他们还那么小……一个还不会说话,另一个刚会爬……"说到这里,桑娜沉默了。

渔夫听了,皱起眉来,他的脸突然变得十分严肃和忧虑。"哦,这真是个问题！"他说着挠了挠后脑勺,又继续说,"那,你看怎么办？得把他们抱过来才行啊,和死人待在一起怎么行呢！哦,我们,我们总能熬过去的！快去！趁着他们还没有醒来。"

但桑娜只是坐着,一动不动。

"你是怎么啦？你难道不愿意吗？你这是怎么啦,桑娜？"

"你看,他们已经在这里啦。"桑娜说着拉开了帐子。

(选自〔俄〕列夫·托尔斯泰《野果:托尔斯泰短篇小说集》,央金译,北京时代华文书局2015年版,第10—15页)

拓展阅读

1.《平淡的境界》(周国平)
2.《妖猫传》(王蕙玲)

第八章
传媒文体写作

第一节 消息写作

新闻是对新近发生、发现或变化的有价值的事实的及时报道,真实性第一、时效性强是新闻的基本特点。新闻要素是构成新闻不可缺少的事实材料,通常认为是五个 W 和一个 H,即何时(When)、何地(Where)、何人(Who)、何事(What)、何因(Why)与何果(How),将这几个要素叙述清楚,新闻才能表述完整。某些要素只有在众所周知的情况下才可以省略。

新闻写作主要有消息、通讯、特写、专访、评论等文体。其中,消息是最典型、最常见的新闻文体。

一、消息的特点

消息又称新闻或新闻消息,是关于最近发生的新鲜而重要的事实的简要报道。它是报纸、电台、电视和互联网中最常用的新闻文体,以叙述为主,有时也进行局部的描写或精确的议论。消息注重高度的真实性、时效性,因而能准确迅速地反映事实真相和出现的新问题。

消息是最早出现的新闻文体,体现了新闻的基本特点。作为最迅速报道新闻的文体,消息的特点主要有:

(一)快速及时

新闻的竞争是时间和时效的竞争。消息是最近发生事实的报道,所以它对时间性的要求强于其他新闻文体。它最先将事实传达给读者,因此它的时效性最强,对时间要素的要求也最高。在消息中,应当以最快的速度把新近发生的舆论热点和突发事件等事实传播出去,避免将新闻变成"旧闻",因此对时间的表述应为"今天""今日×时"等,而不应使用"不久前""最近"等时效性差和含义模糊的词汇。

(二) 篇幅简短

这与信息的时效性有关,时效性强决定了消息无法长篇大论。为了以最快的速度进行报道,来不及也不可能对事件进行详细调查。此外,为增加信息量,在有限的篇幅和时间里满足受众的信息需求,消息的篇幅比较短小,以清楚说明事实为标准,通常以数百字为宜。一些标题新闻或一句话新闻往往只有一二十字,是消息篇幅短小的典型体现。

消息以叙述为主,并且追求时效性,它对事件的报道并不致力于细枝末节的渲染,也不必像通讯、报告文学等需要详细展开情节,而是简明扼要地交代事件过程。

(三) 内容真实

真实是新闻的生命,也是新闻报道的基本原则。内容真实、用事实说话是消息和其他新闻文体的突出特点。消息是报道事实的,而且是最新的真实的事实。这也是新闻客观性的体现。消息的内容是真实客观的,消息报道的方式也是真实客观的。作者应站在客观的立场上如实报道现实生活中发生的事件。内容真实包含的范围主要有:消息的六个要素必须真实、消息的整体事实必须符合客观事实、消息中引用的事实资料等必须准确、对事件的解释必须真实并符合逻辑。

总之,及时传达事实是消息的突出特点,也是消息写作应遵循的规则:真实、迅速、简要。

二、消息的种类

消息的种类繁多,不同的标准有不同的分类,不同的标准之间也会有一些交叉与重合,以下介绍两种分类:

(一) 以内容不同为标准分类

1. 动态消息

这类消息主要报道国内外发生的重大事件,如国家领导人的国事活动、经济、军事等社会生活各方面的发展动态、科技文体活动等。这些消息又称重大信息,报道时常常占据显著地位。

动态消息的主要特点是由单独一件事或一次活动构成一篇消息,篇幅短、内容直接简明,给人以动态的现场感。

2. 综合消息

这类消息主要围绕一个中心,综合、概括一个地区或一个行业的若干事实进行报道,如《各行劳动者的新年愿望:挣钱多物价稳工作顺》。节日动态的报道也属此类。

综合消息的主要特点是概括性强,报道面广,事实丰富,报道主题鲜明单一。

3. 典型消息

即经验消息,主要报道一些具体部门、单位的典型经验和做法,以典型带动一般,促进工作的开展。如《(引题)提高开放动态条件下社会管理服务水平(正题)贵州12条措施推进社会管理创新》。

4. 评述消息

又称新闻评述,即在陈述事实的基础上加以评论,提出看法和见解。这是一种夹叙夹议的写作方法,以事实为铺垫,分析事物发展变化的原因,揭示事物本质。如《百姓年终奖面面观:年终奖何时不再给人添堵》。

评述消息的主要特点是既有客观事实又有主观评述,事实具体,议论精辟。

(二)以性质不同为标准分类

1. 例行消息

主要是对一些有固定时间的事件的报道,如高考、重要节日等。这些报道具有时令性,媒体可以事先计划和安排,进行充足的时间准备和策划,而发表时间也有固定的周期。

2. 热点消息

主要是报道公众关心的热点事件。这些事件往往影响重大,涉及许多地区和许多人的利益,因而广受关注。如每年的两会报道、周正龙拍虎事件等。针对热点事件的报道数量大、内容丰富,常常形成一股舆论热潮。对热点消息的报道,媒体也可以有针对性和有计划地组织与报道。

3. 突发消息

主要是对无法预测的突发情况的报道,如突如其来的重大自然灾害、重大事故和其他突发事件等。这些报道无法事先准备和策划,如何了解真实信息、从什么角度报道等,需要作出准确的判断和迅速的反应,因而对作者的职业水准和写作要求很高。

4. 公共消息

主要是报道服务公众的信息和社会信息,如预报气象和灾害、发布道路交通信息、消费休闲信息等。

以上几类消息只是一种简单区别,其中常常互有转化,如有些常态消息的集中报道就成了热点消息,而对突发事件的持续报道也会演变成为热点新闻。

三、消息的写作和要求

消息写作的基本要求是报道客观事实,因此应该避免使用带有感情色彩的词语,而应尽量使用客观的词语准确地叙述事实。

(一) 标题的制作

标题是文章的名称,是文章的有机组成部分。好标题能给读者留下鲜明印象,引起读者阅读兴趣。

消息的标题除了具备一般文章标题的概括、准确、鲜明等特点外,还是消息的内容提要。

消息的标题使用频率最高的是单行标题,即只有一个正标题,是消息内容的精华,准确概括消息的主要内容,简洁明快,一目了然。如:

聂海胜成首位在轨100天的中国航天员

也有很多标题采用双行或三行标题,即在正题外还有引题和副题。引题又称眉题,在正题的上行,起引发提挈的作用,可交代背景、揭示意义、烘托气氛。副题也叫辅题,在正题的下行,补充说明正题或说明事件来源及依据。如:

(引题)孩子们的创意惊艳了这个夏天!
(正题)抗疫海报十佳"网络人气奖"出炉

(正题)四级法院审级职能定位改革试点或将启动
(副题)全国人大常委会拟授权在最高法院和12省市试水

(眉题)山东栖霞笏山金矿救援现场,救援人员敲击钻杆后,代表生命奇迹的回音响起
(正题)9声"啾啾"后传回纸条,至少12人还在
(辅题)"五中段"现有11人,"六中段"有1人,另有10人情况不明,后续救援全力紧张推进中

三行以上的标题也时有所见。一般来说,重要信息越多,标题越多,因为要尽量地通过标题传达内容。

消息标题是根据内容拟定的,它反映了消息的主要内容,揭示事实的本质,表明作者的观点和态度,这是标题制作的基本原则。读者往往先浏览标题,然后再决定是否阅读内容。好的标题引人入胜,富有吸引力,反之则平庸乏味,难以引起读者的阅读兴趣。

消息标题拟定的要求是准确、简洁、生动。

准确:标题应对消息内容进行准确概括和提炼,反映消息的主要事实和中心思想。这是标题制作的主要要求。对事实不能任意夸大或歪曲,标题与事实不符便会导致报道失实。

简洁:标题要概括、凝练,尽可能用简练的文字表达消息的内容和观点,使人一目了然。标题是否简洁反映了作者对消息内容的理解深度和语言的概括能力。

生动:标题是读者最先接触的部分,要吸引读者的阅读兴趣,标题的拟定就要生动形象,给人以美的享受。

要想使标题生动,可借助修辞方式以及引用古诗、成语、谚语等富于表现力的语言,为标题增色。如《火车儿童票标准"长高"10cm》运用了拟人的修辞格,比用"提高"更生动。《江海横流显本色 人间正道是沧桑》运用了齐整的对偶句,读来有强烈的节奏感。

(二)正文安排

消息写作一般包括导语、主体和结语三部分。

1. 导语写作

导语是消息的开头,即用一段文字或几句话简明扼要地写出消息中最重要、最新鲜、最吸引人的事实。它的任务是将消息中最重要的部分用精炼的文字概括地表达出来,并启发、吸引读者阅读全篇。导语写得好坏关系到整篇消息的成败。

导语的写作没有固定的模式,依报道的内容和角度不同,导语的形式也多种多样,常见的有:

(1)叙述式

用简练的文字将消息中最重要的事实概括地表述出来。这种形式也称直叙式,是消息中最常用的导语。如2021年8月2日《扬子晚报》报道的《江苏全省关闭55个高速公路出入口》的导语:

> 因疫情管控需要,连日来江苏多个高速公路及普通国省道实施临

时封闭的管控措施。截至 8 月 1 日，南京、淮安、扬州、泰州、南通、苏州等地区 55 个高速公路收费站出口或入口暂时关闭。

叙述式导语最适于动态消息。用叙述式导语写作时，应将最重要、最新鲜的主要事实写得具体生动准确，不能抽象枯燥空洞。

（2）描写式

对消息的主要事实的高潮部分或事实的某个侧面作形象的描写，以突出消息报道的人物或事件的特点。如 2021 年 9 月 6 日《北京晚报》报道的《胡同斑马线有群"花甲守护神"》的导语：

新学期伊始，陶然亭街道龙泉胡同里又热闹起来，陶然亭小学及周边学校的孩子们重返校园。早晨不到 8 时，几位老人穿着蓝色制服，戴着红袖标，拿着小红旗，站到胡同口的斑马线前，见有孩子过马路，老人们有的挥旗提醒机动车礼让，有的迎上前去，护送孩子过马路……老人们是"胡同斑马线"党群志愿服务队队员，这样的护送，他们已坚持了 5 年。服务队一共 31 人，平均年龄超过 65 岁。

使用描写式导语，可以对全篇起到烘托气氛、引发下文的作用，把消息中富有特色的人或事勾画得形象生动，给人以深刻的现场感。但使用时应注意适当，描写不宜过长，稍作渲染后即应转入叙述。

（3）评论式

以叙述事实为基础，对报道的事实进行简要评论，或褒或贬，扼要地分析是非曲直，有鲜明的倾向性。如 2021 年 4 月 1 日《新华日报》报道的《15 天"冷静期"，破解交钱容易退钱难》的导语：

在教育培训、美容美发、体育健身等多个领域，预付式消费越来越常见，预付卡也成为消费纠纷"重灾区"。针对商家"拒绝退卡退费""超限额发放预付卡"等共性问题，4 月 1 日起施行的《江苏省预付卡管理办法》，将破解预付卡管理难题，保护消费者合法权益。

评论式导语是对所报道的事实进行精辟的评论，以揭示事物的本质，唤起读者的关注。这种形式常常用于报道重大事件或国际新闻，一开始就点明意义，增强消息的指导性。

（4）设问式

这类导语的开始并不直接写出消息的主要信息，而是将消息的内容归结为一个问题，以提问的方式引起读者的注意，然后以解答方式陈述导语，说明事实,作出结论。如2021年9月1日《深圳晚报》报道的《"神兽"归笼！这些事项要上心》的导语：

  9月1日,深圳市2021—2022学年普通中小学校、幼儿园秋季新学期开学！开学了,家长要准备哪些资料？家长应该如何引导学生们调整自己的心理迎接新学期？开学后,学校防疫工作如何开展？深晚记者采访了深圳市疾病预防控制中心和深圳中小学了解相关情况。

  设问式导语不同于普通提问,它是作者知道答案不说,却故意先提出实质性问题,然后再根据事实作出明确回答。这种方法可以引起读者思考,突出消息主题,针对性强。这种形式常常用于典型消息和评述消息的写作。

  设问式导语的写作应注意概括消息的主要内容,就实质性的中心问题提出设问。

  导语的形式还有对比式、引用式等。无论采用何种导语形式,都应该提炼消息最主要的事实,以最精练的语言概括和浓缩最重要、最新鲜、最有意义的事实。而事实应该具体、肯定和准确,杜绝空洞无物。如"今年以来,××市委市政府为群众所想,为民众办实事,受到了民众的热情称赞"等八股式的空洞言辞应该抛弃。除此之外,还应具备一定的分析能力,从众多的信息中找到具体新鲜的最重要的事实核心。

2. 主体写作

  主体是对新闻事实作进一步的具体报道和说明,详尽叙述事实发生的原因、经过和结果。主体是导语之后的展开部分,是消息的主要部分和核心。写作时要选择具有充分说服力的具体材料,对导语中的概括内容进行细致阐发,提供详细的情况和材料,同时补充新的事实,以使读者更清楚地了解新闻事实的来龙去脉、具体内容。一条消息的质量主要由导语和主体部分的写作来决定。

  主体的写作常常包含背景介绍。新近发生的事件必然有历史联系或现实原因,介绍事实产生的特定环境和历史条件以及纵横联系就是背景的主要内容。背景材料是主体写作中的有机组成部分,它解释事实发生的原因、历史,与周围事物的关系等。事实通过背景的解释、补充和衬托,可以充实消息主体,更便于读者理解消息内容。没有背景材料,一篇消息报道将单薄无力。以内容区分,背景介绍主要有历史背景、政治背景、地理背景、社会背景、行业背景等。

  使用背景材料时应注意要紧密联系消息主题,有针对性地介绍读者关心和需要了解的信息。

主体部分的写作结构主要有两种：

一种是时序结构。主要是按照事实发生的时间先后顺序安排层次。如果是倒叙结构，则先写结局或事实发展过程中的一个精彩场面，然后再依照时间先后顺序安排材料。如 2014 年 3 月 11 日《京华时报》题为《租客三进房东家行窃被擒》的主体部分：

> 秦某刚满 20 岁，来京打工却一时找不到工作，就在丰台区租了一间房子。去年 9 月 20 日上午 10 点，秦某起身上厕所，发现房东屋内亮着灯但是没有人也没有锁门，就蹑手蹑脚地进入了房东屋内。他在床上找到一个挎包，打开挎包从装满零钱的钱包里拿了 80 元，然后将钱包放回了挎包，回到了自己的房间。
>
> 过了四天，秦某还没找到工作，出门上厕所时，发现房东屋内的情况和几天前一样，就又走了进去，这回他拿了 100 元。
>
> 两次盗窃得逞的秦某在 9 月 30 日中午去厕所时，发现房东屋里黑着灯，以为屋内没人，就又起了贪念。可是这回他刚进屋，就被房东的喊声吓了出来，秦某惊魂未定，出去溜达了一圈回到自己的屋内。岂料，已对秦某心存怀疑的房东用钥匙将秦某的房门反锁，并报警。民警前来将秦某抓获。

采用时序结构的好处是层次清晰，事实的来龙去脉清楚明了，但在安排材料时要注意提炼和选择，注意重点突出、详略得当、主次分明，避免平铺直叙写成流水账。

二是逻辑结构。即按照事物之间的内在联系安排层次。如以因果关系、并列关系、主次关系等组织材料，达到最恰当、准确地表达主题的目的。

如新华社 2021 年 2 月 19 日的报道《春节假期全国社会大局稳定治安秩序良好》，导语后的主体部分如下：

> 各地公安机关与武警部队密切配合，实施公安武警联巡联防联勤联控，落实"1、3、5 分钟"快速反应处置，日均投入民警辅警 107 万人次，组织群防群治力量 360 万人次，强化党政机关、繁华街区、公园景点、医疗机构、集中隔离观察点等重点部位安全防范控制，提高见警率、增强控制力，有效维护了良好社会治安秩序。
>
> 针对春节期间举办的各类大型活动，各地公安机关严格安全管理，从严审批文艺演出、体育比赛、展览展销等活动，全力做好迎新祈福等

群众自发性聚集活动安保工作，扎实抓好烟花爆竹全链条安全监管。145场大型群众性活动和31场烟火燃放活动均安全顺利，2.56亿人次游客安全有序游览。

节日期间，铁路、民航公安机关应势分时段启动高等级安保勤务等工作机制，持续强化指挥调度、辖区防范、打击犯罪、疫情防控、应急处置等措施，扁平指挥作战、全程把控关键，针对性作出工作部署，有力确保了1695.5万人次铁路旅客，以及4.7万余架次进出港航班、357万人次民航旅客的出行安全。

针对今年春节期间群众包车拼车、中短途出行增多等新特点，以及部分地区出现雨雪雾霾恶劣天气等情况，公安交管部门日均出动警力15.4万人次，警车5.3万余辆次，启动交警执法服务站4000余个，设置临时执勤点1.2万余个，全面强化路面指挥疏导和执法管控，发送出行安全提示信息7350万条。全国未发生长时间长距离交通拥堵，未发生因恶劣天气导致的严重交通事故和多车相撞事故。

该消息是报道公安部新闻发布会的通报情况，导语强调节日期间社会秩序良好，主体部分对导语内容作了具体陈述，从几个方面分别叙述公安部门开展的工作，以说明其工作全面、有序和有效。如严格管理、从严审批群众活动，保证了各项活动安全顺利；与武警部队配合，实施联巡联防联勤联控的各项举措，维护了社会秩序；强化路面指挥疏导保证交通安全，交通事故起数明显下降；铁路、民航强化调度，确保了民众出行安全。

使用逻辑结构要注意把握好材料之间的逻辑关系，合理安排结构，正确反映事物之间的内在联系。

结构无定型，以上只是主体写作时最基本的两种结构形式，时空交叉、时空变换、时序和逻辑顺序交叉运用等结构方法也都较为常用。

主体部分的写作是关系消息写作质量的重要环节。对主体的写作要求是以客观叙述事实为主。消息写作切记要用事实说话，要力求事实具体、内容充实，只有做到具体，才能使内容形象生动。

消息主体部分的写作没有一定之规。同导语相比，主体部分的内容更加丰富具体，包括主要事实的叙述、导语中一些信息的补充和具体化、背景资料的介绍说明等，分段也较多。写作时应围绕主题，叙事具体充实，注意条理性和逻辑性，层次安排要清楚明白。

3. 结语写作

结语是消息的结束部分，是消息的最后一段或最后一句话。

结语的形式多样,有小结式、展望式、评论式等,应视写作情形而定,选择最合适的结尾方法。

总体而言,结语也是消息的组成部分,要力求精练,内容安排适当,不应空谈泛论,不应使用概念化、公式化的语言,也不应重复导语和主体的内容。

结语是为了使事实完整、逻辑严密。好的结尾可以使消息叙述圆满,深化和进一步揭示主题。

四、消息的主要结构类型

在数百年的现代新闻事业发展过程中,消息写作渐渐形成了比较常用的几种结构类型,即使在通信工具和信息交流极为发达的当代社会,消息写作也依然延续了最基本和最主要的结构形式。

(一)倒金字塔结构

这种结构的特征是将消息中最重要、最有价值的信息放在开头,并且按照重要程度逐步递减的顺序安排内容先后:最重要的内容放在开头导语,最不重要的内容放在结尾,就像一座倒放的金字塔。

如2021年8月30日《央视新闻》题为《北京环球度假区将于9月20日正式向公众开放》的报道:

北京环球度假区将于9月20日正式向公众开放
(题目:消息的主要内容)

北京环球度假区今日(8月30日)宣布,将于2021年9月20日盛大开园,北京环球影城主题公园、两家度假酒店、北京环球城市大道将面向公众正式开放。在正式开园后,北京环球影城主题公园需凭门票进入,而在北京环球城市大道,游客无需购票即可前往,届时入园客流量将根据疫情防控需要进行管理与调整。

(导语:北京环球度假区将于2021年9月20日盛大开园)

北京环球度假区开园之时,将包括北京环球影城主题公园、北京环球城市大道以及两家品质卓越的度假酒店——环球影城大酒店及诺金度假酒店。游客可尽情享受这座开园时规模最大的环球影城主题公园,畅游主题公园内7大主题景区,包括37个骑乘设施及地标景点,欣赏度假区内24个精彩纷呈的娱乐演出,邂逅卓越非凡的沉浸式体验。

(主体部分:内容的展开,北京环球度假区情况介绍)

北京环球度假区郑重提醒广大游客,9月1日—9月19日期间为北京环球度假区试运行阶段,北京环球影城试运行门票不会对公众售卖,且不可转让。游客从市场上购买所谓的试运营"体验票""内部票"或"预售票"存在无法入园的风险。请广大游客警惕相关风险,以免造成损失。

(继续主体内容:北京环球度假区针对试运行阶段对广大游客的相关提醒)

北京环球度假区一直以来都将游客的健康与安全作为首要目标,将密切关注疫情防控动态,及时根据疫情防控要求适时调整开园活动及相关筹备工作,包括在必要时对开园日期进行动态调整,并确保提前告知游客。为了确保正式开园后每位游客及工作人员的健康和安全,园区各处将细致落实疫情防控的相关要求。根据北京疫情防控相关要求,为保障游客快乐、安全的游玩体验,请游客密切关注疫情防控的相关风险提示,在出行前须通过官方移动应用提前注册个人信息,查看各项安全指南,并提前预约入园时段,分时段有序入园。在入园时需出示有效的健康宝及行程码,进行验码测温等必要的健康筛查,并确保在游览过程中戴好口罩、保持社交距离、游玩中及时更换口罩、建议随身携带消毒纸巾及备用口罩。来自或途经国家公布的疫情中高风险地区的游客应在到访北京环球度假区之前遵守政府对于旅行、隔离和检测的相关规定和要求。(总台央视记者:王小节、许梦哲)

(结语部分:北京环球度假区在疫情防控背景下对广大游客的相关提醒)

倒金字塔结构是消息写作中最基本的结构形式,也是相当独特的文体结构特点。这种结构形式与新闻的时效性有很大关系,便于最快地传递信息,也容易引起读者的关注。

(二)金字塔结构

金字塔结构也叫编年体结构,其特点主要是按照事件发生发展的顺序安排材料,类似于顺叙的写法。开头的导语是事件的开始,内容按时间顺序叙述,结语是事件的结果。

如2021年8月4日《北京日报》题为《这家超市,消毒记录竟然"早产"》的报道:

这家超市,消毒记录竟然"早产"
(题目:消息的主要内容)
本报记者 李博

昨天,城管执法队员来到位于宋家庄的首开福茂购物中心,开展疫情防控检查。

(导语:准备开展防控检查)

在地下一层超市入口处,地面已新贴了黄色的"一米线"标识。在门口工作人员的指引下,市民自觉排队进行测温,进入超市。"大妈,注意脚下一米线,离远一点儿更安全。"听到工作人员劝导,大妈后退了两步,保持了安全距离。

(主体部分:开始检查工作,此段与后两段内容按工作顺序叙述检查的具体情况)

对入口处码放整齐的购物手推车,执法队员进行了详细检查。"手推车要随用随消,这是顾客经常接触的区域,要按照要求专人消毒,做好消毒记录。"执法人员提醒超市负责人,要严格按照规定落实清洁消毒和记录制度,做好疫情防控工作,特别是顾客接触较多的冷柜、把手,要保证两小时消毒一次,按时向顾客公示消毒记录。

在主食档口,执法队员发现一名操作人员没有按照规定佩戴手套。随后,执法队员又拿出档口内张贴的消毒记录进行检查。"现在是10时30分,怎么就已经把14时、18时的消毒记录写上了?"面对执法队员的提问,超市工作人员哑口无言。"消毒情况要按实际情况记录,别让清洁消毒流于形式!"执法队员提醒超市负责人。

检查完成后,针对此次检查发现的情况,执法队员对超市进行了通报,并要求超市进行整改。超市负责人表示将第一时间整改,要求员工严格遵守防疫相关守则,做好疫情防控工作。

(结语:检查结束,交代结果)

此外还有"螺丝钉"式结构、悬念式结构、散文结构等。"螺丝钉"式结构是倒金字塔结构和金字塔结构的结合。悬念式结构是开头留下悬念以吸引读者。散文结构借鉴了散文等一些文学写作的特点,写作比较自由,如开头可以使用环境描写烘托气氛,也可以设置悬念等,增强形象性和可读性。

这些基本的结构形式在消息写作实务中并非只能单独使用,而是可以结合起来使用。我们应该做的就是不要固定写作格式和套路,而是要放开手脚,突破固有的结构框框,灵活自由地写作。

第二节　解说词写作

解说词是对人物、事物或景物进行说明、介绍或讲解的应用性文体。这种文体常见于对文物、商品、艺术品的说明之中,也见于展览展销会的背景介绍与事件讲解之中,更常见于电视纪录片、幻灯片以及录音作品中的解释说明性话语,也就是我们通常所说的"旁白"。限于篇幅,本节只探讨电视纪录片中解说词的基本特点与写作方法。

一、解说词的特点

(一) 简明性与通俗性

电视纪录片中,解说词需要配合电视画面来说明人物、事物或景物,便于观众在看到画面的同时获得明确的信息,消除信息的不确定性,从而达成信息的传递。这就要求解说词具有简洁明确的特点。例如,科普纪录片《我们的宇宙》用简单的语言来说明和解释复杂的天体知识,如下所示:

> 太阳由大约79%的氢和19%的氦构成,平均密度只是水的1.4倍,但核心区域在3000亿个大气压的作用下,密度比黄金还要大8倍。作为一个庞大而炽热的等离子气态球体,太阳不能像地球那样整体转动。有人打比喻说,拿一只汤匙搅动几下,茶杯中转动的水就类似太阳的自转。观测表明,太阳自西向东的自转在赤道上周期最短,两极最长。我们一般说太阳25.38天自转一周,是以日面纬度17度的地方为标准的。

如上例所示,对于专业性的知识而言,术语式的讲解难以让受众理解和掌握。纪录片虽然是纪实性的作品,但是要考虑到大众传播的本质,要考虑到不同背景的受众的理解能力,其内容设定也应该满足具有不同知识水平人们的需要。这样,我们就需要更为通俗的说法。所谓"故君子之教,喻也"(《学记》)。好教师会打比方,好的解说词也要用恰当的比喻来说明复杂的事物。如上面用茶杯中被搅动的水来说明太阳的自转,就是一个通俗易懂的说法。

(二) 同步性与连续性

纪录片中的解说词不仅是为了配合画面的说明,还是整个片子故事性的一种体现。这就使得解说词既具备与画面同步的特点,也具有整段甚至整篇的连续性。例如,在纪录片《台北故宫》中,关于文物基本信息的介绍都是采用与画面同步的方式进行的。

  青花莲瓣平纹漏斗,近距离地观赏后能发现,它的制作非常精致,莲瓣边清晰自然,中间还有六个过滤小孔,这种款式的青花瓷盘,相传是当时的阿拉伯地区常用的医疗器具,除了台北故宫今天已经几乎不能再找到类似的器形,更让人着迷的是这个时期的青花像水墨画般醇厚的色泽。而这种青中泛紫的渲染效果和颗粒的结晶,也要归功于从大洋彼岸带回来的苏麻离青。

以上一段文字是对这件文物的详细描述,几乎每一小句都对应于一个或几个画面。再者,与之相关的一系列画面是对这件文物各个角度的介绍,相对应的这一整段解说词也都是围绕着同一对象来陈述的。

而在不同内容的切换之间,解说词也应该保持一定的独立性,即同一内容,用同一自然段来表示,而过渡的内容,也可以用一个自然段来表示。比如说,上面一段解说词的下文引进新的内容,画面随之推移,解说词单独列为一段。

  宣德官窑的大气和典雅,带给人们那个气势恢弘的时代,我们还能领略到宣德官窑的五彩斑斓。

(三) 形象性与代入性

作为表示人物、事物或景物的声画语言,解说词往往在说明的基础上增加多种手段来表达画面和声音之外的信息,从而让人产生身临其境的感觉。例如,在《大国崛起》(葡萄牙篇)中对罗卡角的介绍采用了比喻的修辞手法,将"巨石"比作"孤独的老人"来烘托出少人问津的气氛。这种气氛或者说感觉,就是画面或者声音想要表达的,配上这样的文字内容可以更好地将这种感觉表现出来,还会引发人们超越画面的联想,引发更深层次的共鸣:

  刚刚进入秋天,冰冷的海风已经吹打得游人无法立足!

  千百年来,这块伸入海水的巨石就像一个孤独的老人,无奈地守望着波涛汹涌的大西洋,守望着欧洲的梦魇。直到16世纪,葡萄牙有史以来最伟大的诗人卡蒙斯在搏击大海的征程中创作了史诗《葡萄牙人之歌》,罗卡角才一扫往日荒凉、失落的阴霾,一跃而成为欧洲人开拓新世界的支点。

"陆地在这里结束,海洋从这里开始。"

此外,在动物纪录片中,解说词往往采用拟人的修辞方法来介绍动物的习性,如觅食、哺育、求偶,等等。例如,《海洋捕食者》中,鲨鱼的觅食行为被称作"寻找下一餐",而虎鲨的栖居地被称为"家":

> 鲨鱼对食物的欲望尚未结束。它继续在水里潜行,寻找下一餐。
> ……
> 虎鲨的家在印度太平洋地区尤其是大洋洲以及靠近墨西哥湾的巴哈马。它的受害者和竞争者在游过它的地盘时,都很害怕。

这类解说词的写作存有争议,有人认为动物本身不具备这些词语意义上所指的行为,用拟人的方法是不太妥当的。但是,也有人认同这种写法,说它将动物与人的距离拉近,毕竟解说词无法做到百分之百的客观。

二、解说词的写作要求

(一)内容忠于事实

解说词的写作不同于文学创作,它一定是在历史事实的基础上进行的创作。尤其是要避免常识性错误,因为解说词的载体纪录片是面向大众传播的,影响较为广泛。比如说,豆瓣网的评论中就有人提出了《台北故宫》所犯的常识性错误。

> "文房清供"一集中解说词里竟然说安徽的松烟墨是竹子做的,太傻了!大家留心下还有没有什么错误出现,希望再次剪辑播放的时候能够修改好。

实际上,松烟墨是用松木烧出烟灰作原料而制成的。这类谬误是应该极力避免的。

(二)结构善于安排

解说词的结构安排要考虑到与画面的时序关系。在与画面同步进行解说的时候,解说词往往穿插于画面之中。下面以《风味人间》第七集《万家灯火》时长1分钟的片头为例,说明画面与解说词之间的对应关系。

序号	时间轴	画面内容	解说词
1	01:12—01:21	割肉、麦穗、收麦子、扬谷子、稻米、取下卤货	无
2	01:23—01:24	三口之家围站在厨房的灶台边,老母亲在锅里搅拌食物;两口子在炕上包饺子	每当灶火燃起
3	01:25—01:26	老两口在筛面、削面	香气弥漫
4	01:27	一行人担着粽叶走来	无
5	01:28	(俯视视角)这一行人走在陇上,两边是浅滩	熟悉的味道
6	01:29—01:31	在荒野的大地上晾米粉	植入记忆深处
7	01:32	在家中的空地上晒菜	家
8	01:33	一排排挂着的熏肉	才获得完整的意义
9	01:34—01:37	某少数民族的人们在野外聚餐	无
10	01:38—01:39	一大块酱肉(特写)	平淡的食材
11	01:40—01:43	家中的妇女做花馍	经过一双巧手和细密的心思
12	01:44	一家人在饭桌上敬酒	点亮日常
13	01:45—01:47	一桌人吃火锅;乡席上互相敬酒;	温暖彼此
14	01:48—01:57	新年堂会、舞灯龙、放烟花、跳秧歌;乡村俯视图	无
15	01:58—01:59	红烧肉、煎饼、炒菜	万户千家
16	02:00—02:01	烧鱼、蒸虾、打鸡蛋	味道迥异
17	02:02—02:03	一碗鲜虾汤、醪糟、血肠蘸蒜汁	但幸福的滋味
18	02:04	切酱肉;三口之家在一起吃晚饭	却何其相同
19	02:08—02:12	夜晚万家灯火的俯视画面逐渐推远,东北雪镇的上空放出绚丽的烟花,随之放出"万家灯火"四个汉字。	无

与同步性相联系的是,解说词并不完全是独立的,但从整体上来看是一篇完整的文章。这就要求解说词要有开头、主体和结尾。下面选取《唐之韵》(杜甫篇)来举例说明。

杜甫,字子美,与李白同为唐代诗坛上的两个巨人。唐代是中华农业文明发展的顶峰,而盛唐又是唐代的尖顶。安史之乱,是唐代由盛转衰的分界线,也是中华农业文明由盛转衰的分界线。这条分界线,把这两个巨人分隔在山顶的两侧:李白站在往上走的一侧,头是仰着的,看到的是无穷尽的蓝天、悠悠的白云和翱翔的雄鹰,因而心胸开阔,歌声豪放;杜甫站在往下走的一侧,头是低着的,看到的是小径的崎岖、深沟的阴暗,因而忧心忡忡,歌声凄苦。李白是盛唐气象的标志,盛唐过去以后,他就凝固成一座无法攀登的危峰,使后人感到可望而不可即;杜甫是由盛唐转入中唐的代表,他从忠君爱国的立场出发,痛斥祸乱,关心人民,因而随着封建秩序的日益强化,他成了后代诗人学习的楷模,成了我国古代影响最大的诗人。

……

杜甫虽然只能算中唐诗人,但一生59岁,将近3/4的时间是在盛唐度过的。盛唐既是出狂人的时代,他又和李白、高适和岑参这样的狂人交往,也就不可能不染上几分狂气:

岱宗夫如何?齐鲁青未了。造化钟神秀,阴阳割昏晓。荡胸生层云,决眦入归鸟。会当凌绝顶,一览众山小。(《望岳》)

睁大眼睛,看鸟往泰山上飞,看着看着,觉得山上的云在胸中回荡,使人有一种飘然高举的感觉。于是决心要攀上山顶,去感受居高临下欣赏风景的快慰。

……

杜甫的七律有一个显著的特点,就是境界雄阔,音调响亮:

风急天高猿啸哀,渚清沙白鸟飞回。无边落木萧萧下,不尽长江滚滚来。万里悲秋常作客,百年多病独登台。艰难苦恨繁霜鬓,潦倒新停浊酒杯。(《登高》)

后人认为这是唐诗中最杰出的一首七律。"不尽长江滚滚来",抽出来单独看也很有些李白"黄河之水天上来"的气势,但前面有"无边落木萧萧下",有一种肃杀的气象,似乎长江之水流得很艰难,就与李诗的意趣大不相同了。这首诗就像流过平原的江河,低沉而宽广,看似平缓,却有一股不可抵挡的冲力。

最为难得的是,杜甫捧着时代的血泪,反复提炼,用沉重的笔触写出了"朱门酒肉臭,路有冻死骨"。(《自京赴奉先咏怀五百字》)世界上只要还有不合理的贫富对立,这两句用红宝石拼成的诗句,就将永远使人警醒。

解说词的开头谈论杜甫,就一定会提及李白,这对中国文学史上分别被称为"诗圣"与"诗仙"之人,其作品的风格与做人的秉性都不相同。主体部分选择了杜甫的几首有代表性的诗句,并结合历史背景等因素进行分析。结尾落笔在杜甫的诗圣品格上,使作品的旨趣得到了升华。

(三)语言风格多变

解说词是一种有声语言,它不仅要符合表达内容的需要,还要符合音律优美、声画相配等要求。这样,解说词的语言风格自然体现出多种多样的特点。例如,对于《大国崛起》这种历史题材的纪录片,题材本身视角开阔,情节波澜壮阔,充满冒险故事与奇迹时刻。其解说词的风格好似展开一幅壮丽的画卷,带领观众走进那个时代:

> 绝大多数历史学家认为:公元1500年前后是人类历史的一个重要分水岭,从那个时候开始,人类的历史才称得上是真正意义上的世界史。在此之前,人类生活在相互隔绝而又各自独立的几块陆地上,没有哪一块大陆上的人能确切地知道,地球究竟是方的还是圆的,而几乎每一块陆地上的人都认为自己生活在世界的中心。

而像《故宫》这种既涉及历史事件、又涉及文化艺术的题材,其语言风格沉稳隽永,时而灵光乍现,充满艺术的美感与灵气:

> 瓷器,是我们这个善于创造,并深赋美感的民族曾经所独有的。它有火的刚烈、水的优雅、土的敦厚。中国人把那个看似普通的泥土,在水与火的灵动下,在中国人心灵与精神的升华中,成就出这种美丽的器皿。

再来看《壮丽的长江三峡》的解说,这类风景题材的解说词还要符合景物本身的特点,即气势磅礴,引人入胜:

> 这三个峡各有其特点。瞿塘峡以宏伟雄壮著称。巫峡以其幽深秀丽而闻名。西陵峡则是滩多险峻惊人。三峡胜景丰富多姿。更有许许多多的名胜古迹,流传着奇妙动人的神话故事,令人无限神往。古往今来,多少诗人画家、名士高人慕名而来,为其吟诗作画,描绘和赞美它的千姿万态。游览三峡,饱览奇光异景,是一种非常美妙的享受。

还需要说明的是,像《壮丽的长江三峡》《话说长江》《让历史告诉未来》《运河人》等纪录片作品都属于"文学作品",即其解说词本身就具有较高的可读性和文学性。但是,纪实类纪录片对解说词的要求不同,像《望长城》《广东行》,以及近年来流行的《舌尖上的中国》《风味人间》这类作品,更注重对事物本身的表现,而不是用画去配文字。这就要求解说词的写作避免冗赘,即避免画蛇添足似的解说,不用去解释画面中已经呈现的内容。尤其是在重现事件发生现场时,要避免记者式的讲述或转述,因为这无法替代事发现场本身,即它无法表现出其中的所有细节信息。也就是说,不要喧宾夺主,而是要把信息的解释权完完全全地交给观众。

第三节　报告文学写作

一、报告文学的特征

(一) 报告文学的定义

报告文学(reportage)兼有新闻和文学两种特点,是用文学语言和表现手法,及时、迅速地"报告"现实生活中具有典型意义的人物、事件、问题等的一种纪实性文学体裁。①

报告文学作为一种文学体裁,能够把新闻事实充分地形象化、生动化,将事件和人物活灵活现地描写出来,并使读者产生身临其境的经验,与作者所要表达的思想形成共鸣,达到较高层次的阅读体验。在新时期,报告文学以其哲理的深度、优美的笔法以及庄严的使命,向读者报道动人心魄的事件、个性鲜明的人物、触目惊心的社会问题,为新闻史、文学史增添了浓墨重彩的一笔。

(二) 报告文学的特征

1. 新闻性

(1) 纪实性

报告文学所报道的事件必须是真实的,是现实社会出现的人物、发生的事件、存在的问题。报告文学严格地忠实于事实,不允许有任何虚构、造假,所以被许多人看作"社会史的信实资料"。相对于其他文学形式,报告文学与现实的联系也更为紧密,紧跟时代脉搏,追踪报道事实。

(2) 及时性

报告文学要尽可能及时反映现实生活中的典型事件,用较快的速度生动地描摹事态、传播信息,作"文学的轻骑兵"。

---

① 参见 http://baike.baidu.com/view/16751.htm,2022 年 3 月 1 日访问。

（3）新鲜感

报告文学所报道的事实有时候并不一定具有很强的时效性，但报道出来仍能给人以新鲜感。如环境问题早已存在，罗布泊也已沉寂多年，但《罗布泊 消逝的仙湖》对罗布泊的报道仍给人新鲜和震撼的感觉。

2. 文学性

报告文学虽然具有鲜明的新闻性，但与新闻报道、通讯相比，报告文学时效性较弱，且具有更多的文学色彩，十分注意细节的刻画与描写，发挥和运用多种艺术手法。

（1）综合运用文学手法

报告文学的写作需要叙述、描写、抒情、议论等多种表现手法，以便跌宕起伏地叙述事件，轻描淡写或浓墨重彩地描摹环境、人物，饱含深情地表达情感，一语中地地发表议论，还会使用各种修辞手法生动描绘事物、表达充沛感情。

（2）精心设计结构

在真实性的基础上，报告文学可以像小说、戏剧的结构安排那样，精心进行结构设计。不过虽然报告文学具有文学性，需要塑造丰满的人物形象，刻画生动形象的细节，会吸收小说的描写技巧、对话艺术以及电影的分镜头叙述的方法，但不同于小说，它要严守真实性原则，不能虚构，所有的艺术概括与加工都不能违背真实性的原则，时间、地点、事件、人物、情节、语言都真实存在，确有其人、其事、其景、其情。

报告文学以表达主题为主，在揭示主题时努力刻画人物，描绘景物，直接表达作者的思想感情、观点立场。

3. 评论性

报告文学的创作源于对人物、事件、问题的思考，具有深刻的评论性。报告文学的作者在向读者报告事件和人物的时候，站在评论者的立场，以理性的、历史的进步眼光去评判事态，明辨是非，抒发感情，发表议论，表达对民族、对人的关怀，对人的生存意义、价值的确认与追求等人文精神。作者有时会直接站出来发表意见，因此报告文学能更直接地表达思想倾向。

二、报告文学的类别

（一）以叙述事件为主的报告文学

这类报告文学在真实的基础上，报道事件的发生、发展、过程和结局，在叙述事件的过程中刻画不同的人物形象，运用多种叙述、描写手法，以突出文学性。如冯锐的《亮剑湄公河》描写我国警方跨国擒拿残忍杀害我公民的泰国毒枭糯康及其团伙,情节生动,波澜曲折。黄传会的《大国行动——中国海军也门撤侨》描绘了"军情急"状态下我国海军如何组织、实施撤侨的活动。

(二) 以刻画人物为主的报告文学

这类报告文学主要刻画人物形象,通过典型情节和具体细节展示人物的性格命运。塑造人物,可以写人物一生的坎坷经历或光辉业绩,也可以只写人物一生的某个阶段的历程;可以正面叙述,也可以侧面描绘;不仅写人物的经历和事迹,更要展现人物丰富的内心世界和精神境界,唤起人们对高尚者的崇敬、对平凡者的感悟、对弱者的同情。

刻画人物时,一般把人物放到广阔的社会背景中,通过叙述和描绘人物的经历和命运,揭示时代历程和历史变迁,挖掘人物形象普遍的社会意义。如叶多多《一个人的滇池保卫战》生动记述了普通公民张正祥以一己之力无私抗争的故事。他百折不挠地与污染、破坏滇池的各种行为坚决斗争,捍卫一座湖泊的清洁与尊严,为建设美丽中国竭尽全力,乃至倾家荡产两手空空。

(三) 以揭示问题为主的报告文学

这类报告文学从某一社会问题出发,调查采访,综合分析,循循善诱,找出症结,发表看法,以宏观的表现和理论的升华见长。

随着改革开放的深化,人们的思想观念发生了巨变,原来社会的平衡被打破,各种社会矛盾一一暴露出来,诸如高房价、吸毒、环境污染、留守儿童、食品安全、司法公正等问题。在经济转型、社会剧变的今天,越来越多的有识之士开始正视、揭示并试图解决这些问题。报告文学的写作者也越来越关注此类问题,通过大量收集同属于一个社会问题的社会现象,在对问题的认识的主导下进行选择、提炼、加工成文,以引起全社会的关注。

这类报告文学继承了我国报告文学作为五四以来新文学运动分支的优秀传统,忠实于生活的本质,坚持题材严格的纪实性,或讲述故事、或刻画人物、或叙述事件,提醒人们正视现实、思考问题。如《民以何食为天:中国食品安全现状调查》揭示了制作假冒伪劣食品的详尽过程,警示人们关注在食品安全中出现的伤天害理行径。侠子《生命的最后一站——老年病房采访记》是作者"潜伏"老年病房三年,将所见所闻所思所想记录下来,把生命即将消逝者的故事呈现给人们,使人们思考老年"生命最后一站"这个发人深省的普遍性、现实性问题。

三、报告文学的写作

（一）标题写作

报告文学的标题力争产生一种吸引力和震撼力。标题写作的要求是：求实、概括、生动。

以叙述事件为主的报告文学的标题一般会对重大事件的内容进行概括，如《震撼世界的十天》。以塑造人物为主的报告文学的标题或直接点明人物，如《人民的好医生李月华》，或选取与人物密切相关的典型事物，如《哥德巴赫猜想》《大雁情》等。以揭示社会问题为主的报告文学的标题一般直接标出所探讨的社会问题，如《民以何食为天：中国食品安全现状调查》，也常采用虚实结合的标题，如《神圣忧思录——中小学教育危境纪实》《白夜——性问题采访札记》。

（二）开头写作

任何文体写作的开头都十分重要，报告文学的开头应凸显文章的思想水平和艺术质量。不同形式的报告文学的开头不尽统一，或以惊心动魄的场景开始，或以细致入微的描写起头，或以发人深省的议论发端，尽可能在一开始就把主题呈现给读者。以下是常用的开头方法：

1. 场面或景物描写

这种开头给人以强烈的现场感。如《亚洲大陆的新崛起》，开头描绘了李四光从国外回来的场面。再如《县委书记的榜样——焦裕禄》，开头描写的是兰考艰苦的自然环境。

2. 事件的高潮或结局

先交代事件的高潮或结局，起到先发制人、引人入胜的效果，然后将事件始末徐徐道来。如《扬眉剑出鞘》，开头描述了栾菊杰剑击受伤、被救护车送往医院的情节。

3. 议论或抒发感情

这种开头开门见山，直接或间接地表达作者的观点和态度，尽快地引入正题。如冯振东的《土地与书桌》，以陕西吴起实施的均衡免费教育为重点，探讨了农民的流动带来的孩子就学难的问题以及解决问题的思路和举措。开头便抒发了思考的乐与苦的感受：

> 想事情有时是一件愉快的事。
>
> 忙里偷闲的空当儿，仰躺在椅子上，让思绪信马由缰，不再受一点

尘世的约束,像天上的白云随兴舒卷。什么都可以想,什么也都可以不想。这是最自由的时刻。这一刻你摆脱了一切日常的庸杂,回归本原。这一刻的你才是真正的你。①

(三) 主体写作

写好开头之后,接下来的结构安排非常关键。精心安排报告文学的结构,要注意以下几点:第一,报告文学的主题比文学作品更为直接、鲜明、集中,因此,安排结构不但要在主题统率下进行,而且应直接表现和明显贯穿主题;第二,结构的安排要与不同的内容材料相适应;第三,尽可能地求新、求变。

报告文学主要采用以下结构方式:

1. 纵向结构

即根据事物发展的一般顺序安排材料,有开端、发展、高潮、结局。为了造成悬念,还可以采用倒叙的手法。以事件为主的报告文学多用于这种方法。

2. 横向结构

即采用一般散文"以线穿珠"的结构形式,依靠主题思想的论述或空间的不同来直接组合互不相关的材料。

3. 以认识和感情上的变化安排结构

即主要依据作者认识的深化和感情的变化组织内容材料。以塑造人物和揭示问题为主的报告文学多采用这种方法。

4. 纵横交叉结构

即借用影视"蒙太奇"的镜头连缀手法,以时间为经、空间为纬,灵活跳跃,变换镜头似地展现内容。

(四) 结尾写作

报告文学的结尾常给人酣畅淋漓、意犹未尽的感觉,或令读者唏嘘叹息,或催人奋进,或深思警醒。经常采用的方式有:鼓舞展望,发表感慨;强化问题,引人深思;深化主题,呼吁大众。

四、报告文学的写作要求

(一) 精心选择新鲜题材

报告文学的写作要重视选题,选题应注重新闻性、文学性和时代性的统一。

---

① 《十月》2012 年第 1 期。

对时政的报道是报告文学的重要题材之一,追新闻、跟时政、写大事是很多作者关注的题材,如描写载人航天工程的《中国宇航员准备出征》、描写南水北调工程的《大江北去》等。还有一些应对灾难的报道,在抗洪、抗非典、抗冰雪、抗震救灾的过程中,涌现出一批优秀的报告文学,如记述抗击非典的《瘟疫:人类的影子》。对层出不穷的社会问题的报道永远是报告文学不朽的话题,如聚焦进城农民工及其子女生存状况的《中国新生代农民工》、反映现阶段农村状况的《梁庄》等。还有一些历史题材,如传记和对相关历史的再现式呈现。

报告文学要精心选择题材,以便及时报告人们关心的问题,触及时代最敏感的神经,反映新时代的风貌。

(二) 做好调查采访工作

报告文学是"用脚走出来"的文学,需要靠实地采访、积累素材才能写出好作品。报告文学作家理由非常强调调查采访的重要性,他主张:"报告文学写作过程的正常比例似乎应当是:六分跑,三分想,一分写。"①

作者采访前要精心准备问题,采访时细致观察对象,根据对象的回答随时补充问题,尽可能全面地收集素材。在采访与主题相关的人物时,还要观察与人相关的事物,做到细致采访,面面俱到,仔细鉴别,万勿遗漏。在对收集来的素材进行鉴别时,要剔除与主题无关的材料,争取做到不遗漏重要问题、关键细节。

实地调查和面对面的采访往往能给我们最真切的感受,写出的东西才能活灵活现。但是要杜绝应某些部门、机构、组织或企业、个人的约请,专门撰写指定题材、内容或对象的作品的现象。这样做采写效率高,但容易写成纯粹的"记功簿""表扬稿",乃至沦为"有偿报告""广告文学"。②

(三) 正确运用合理想象

报告文学反对虚构,但并不排斥联想和想象。报告文学不允许虚构情节、编造事实,但允许作者在刻画人物及其心理活动、描绘环境、渲染气氛的时候,运用合理的艺术想象,把新闻性和文学性完美统一起来。

捷克报告文学作家基希赞赏"合乎逻辑的想象",他认为,我们无法亲历描写对象在特定环境里的具体行为、相互对话与心理活动。这些只能在

---

① 理由:《报告文学的写作——在石家庄业余作者会上的讲话》,《作家谈创作》(下),花城出版社 1981 年版,第 912 页。
② 参见李朝全:《报告文学"写什么"与"怎么写"》,见《文艺报》2012 年 11 月 14 日。

已有材料的基础上加以推想、补充,借助艺术想象,构成生动形象的生活画面,表现人物性格的发展过程。作者在抒发感情、发表议论的过程中,往往需要调动脑中的各种知识,关于历史的、现在的、将来的景象也会呈现眼前,各种经验相互联系,主观与客观融为一体,能更生动地表达作者所感所想。《基希及其报告文学》的作者 T. 巴克指出:在小说里,人生是反映在人物的意识上,而在报告文学里,人生却反映在报告者的意识上。这点也决定了报告者的意识的主观能动性。如黄宗英的《大雁情》运用丰富的艺术联想,从眼前的秦官属想到天上南飞的大雁,想到西安植物园附近的大雁塔,而这一切又都被赋予了一定的象征意义。一切合情合理,水到渠成。

(四)巧妙运用艺术手法

报告文学在纪实性的基础上,可以运用多种艺术技巧和手段。如面对真人真事,可以选取典型的情节和环境进行叙述,注意详略得当,允许适当的艺术加工。在刻画人物时,要注意细节刻画和性格勾勒以及个性化语言的运用。在描绘现场时,注意正面描写和侧面描写的结合,力求使读者产生亲临现场的真实感。在安排结构的时候,要求新求变,达到令人耳目一新的效果。在议论、抒情时,灵活运用多种修辞手法。如《在大海中永生》叙述将邓小平同志的骨灰撒向大海的情时,先后写到三次"飞机盘旋,鲜花伴着骨灰,撒向无垠的大海;大海鸣咽,寒风卷着浪花,痛悼伟人的离去……"运用了拟人、反复、对偶等修辞手法,抒发了人们的不舍和痛悼之情。

第四节　广告文案写作

广告,是由可识别的出资人通过各种媒介进行的,有关商品、产品、服务或观念的,通常是有偿的、有组织的、综合的和劝服性的非人员信息传播活动。

在我国,大约 19 世纪末叶,报刊上开始出现"广告"这个术语,20 世纪 20 年代起,"广告"一词方被普遍采用。

一、广告的分类

广告有多种分类方法和标准,主要有以下几种:

(一)根据传播媒介分类

1. 印刷类广告

主要包括印刷品广告和印刷绘制广告。印刷品广告有报纸广告、杂志广告、图书广告、招贴广告、传单广告、产品目录、组织介绍等。印刷绘制广告有墙壁广告、路牌广告、工具广告、包装广告、挂历广告等。

2. 电子类广告

主要有广播广告、电视广告、电影广告、电脑网络广告、电子显示屏幕广告、霓虹灯广告等。

3. 实体广告

主要包括实物广告、橱窗广告、赠品广告等。

(二) 根据广告内容分类

1. 商业广告

商业广告是广告中最常见的形式,是广告学理论研究的重点对象。商业广告以推销商品为目的,是以向消费者提供商品信息为主的广告。

2. 文化广告

以传播科学、文化、教育、体育、新闻出版等为内容的广告。

3. 社会广告

指提供社会服务的广告。例如:社会福利、医疗保健、社会保险以及征婚、寻人、挂失、招聘工作、住房调换等。

4. 政府公告

指政府部门发布的公告,也具有广告的作用。例如:公安、交通、法院、财政、税务、工商、卫生等部门发布的公告性信息。

(三) 根据广告目的分类

1. 产品广告

指向消费者介绍产品的特性,直接推销产品,目的是打开销路、提高市场占有率的广告。

2. 公共关系广告

指以树立组织良好社会形象为目的的广告,使社会公众对组织增加信心。

(四) 根据广告表现形式分类

1. 图片广告

主要包括摄影广告和信息广告,表现为写实和创作两种形式。

2. 文字广告

指通过文字创意来达到推广目的的广告。文字广告能够给人以形象和联想的空间。

3. 表演广告

指利用各种表演艺术形式,通过表演人的艺术化渲染来达到推广目的广告形式。

4. 说词广告

指利用语言艺术和技巧来影响社会公众的广告形式。大多数广告形式都会采用游说性语言,重点宣传企业或产品中某一个方面甚至某一点的特性,在特定范围内利用夸张手法进行广告渲染。

5. 综合性广告

这是把几种广告表现形式结合在一起,以弥补单一艺术形式不足的广告。

此外,还有许多其他分类方法,如根据传播时间分类、按照目标对象分类、按照产生效果的时间快慢分类等。

二、广告的功能

广告的功能是指广告的基本效能,是指广告以其所传播的内容对所传播的对象和社会环境所产生的作用和影响。现代广告的功能是多元化的,主要有以下几个方面:

(一) 营销功能

广告从诞生之日起,就与商品销售紧密相连。广告作为营销手段而存在,最终的目的就是有效实现商品销售。因此,营销功能是广告的根本功能,是其他功能实现的基础与条件。

(二) 经济功能

广告属于社会经济范畴,它的产生和发展给经济和商业带来了巨大的效应。

广告的信息流通时刻与经济活动相联系,促进产品销售和经济发展,有助于社会生产与商品流通的良性循环,加速商品流通和资金周转,提高社会生产活动的效率,为社会创造更多的财富等。广告能有效地促进产品销售,指导消费,同时又能指导生产,对企业发展具有不可估量的作用,是社会经济发展的强大推动力,在某种程度上指引着经济发展的风向。

(三) 社会文化功能

广告是向公众告知的以反映经济信息和其他社会内容为目的的文化传播形式,具有一定的新知识与新技术的实惠教育功能。广告有利于开拓社会大众的视野,活跃人们的思想,丰富物资和文化生活。广告作为一种特殊的精神产品,要使消费大众接受,必须具有一定的文化审美价值,在一定程度上满足消费者的文化审美需要。

三、广告文案写作与要求

不同的广告媒体,其文案结构也不尽相同。撰稿人应在标题、正文、广告口号和附文这四大部分的基础上进行适应性的操作,以使广告文案体现出相应的特点,适合于不同媒体的需求。

(一)广告标题写作

广告标题是整个广告最重要的部分,是放在广告正文之前起引导作用的简要语句。广告标题旨在传达最为重要的信息内容,激发受众继续关注的兴趣。

1. 广告标题的类型

广告标题可以从不同角度进行划分。

(1) 以有无具体信息为标准

① 直接标题

直接标题是以简明的语言直接表明广告内容,使人们一看便知要推销什么,会给消费者带来什么利益。如:

  今日宜潮(宜家)

这类标题直接传播广告信息,将产品的情况、效果直截了当地告诉消费者。不过,虽然简单明了,但它往往不能引起消费者的足够注意。

② 间接标题

间接标题不直接出现所要推销的商品的内容,而是利用艺术手法暗示或诱导消费者,引起消费者的兴趣与好奇心理,从而进一步注意广告正文。如:

  煮酒论英雄,才子赢天下(才子男装)

该标题采用谐音双关的形式,传递出穿"才子"男装的男人博学、智慧的形象,意指此类消费人群会给人带来信任和景仰之感。

③ 复合标题

复合标题是将直接标题与间接标题组合起来。一则复合标题一般由两个或两个以上标题组成,除了有一个主标题外,还有一或两个副标题,位于主标题的上下左右。主标题一般以艺术的手法表明一个引人入胜的思想,副标题则是说明产品的名称、型号、性能等。如:

  独居不惧孤单作祟
  入手一套精致餐具

————也是一种爱自己
————爱自己就是了不起 天猫38节

该则复合标题将直接和间接两种标题糅在一起,各取所长。前一部分为间接标题,饱富情感,给人积极乐观、温暖包容的感觉;后一部分为直接标题,清楚明白地告知具体信息。

(2) 以句式结构为标准

① 单词组结构标题

指标题由一个词组构成。这类广告标题有些用品牌名称做标题,有些用成语或自由短语描绘产品特性。如:

诚待天下(口子窖酒)
灵感点亮生活(西门子)

② 多词组结构标题

指由多个词组组合而成的标题。这些词组间可以呈现联合、递进、转折等多种关系。如:

晶晶亮 透心凉(雪碧饮料)
小身材 大味道(Kisses 巧克力)

广告标题运用这样的关系来表现商品或服务的核心价值。由于此类标题一般讲究音韵的安排,结构上也注重均衡美观,所以适合记忆、流传,应用较为广泛。

③ 单句式结构标题

是以一个独立完整的句子结构形成的广告标题,是广告中使用最多的标题结构形式,如:

知识分子网上家园(光明网)
让心意先到家(天猫年货节)

④ 多句式结构标题

指由两个或两个以上的句子形成的一种内在逻辑关系,而这种逻辑关系又不属于复合结构标题的形式。这种标题的各个句子之间的关系也有多种可能,如联合、顺承、递进、转折等。例如:

让孩子去爱,是给孩子最好的爱(华为 Mate10 pro)
所有的精打细算,都是在为爱打算(支付宝)

多句式结构标题一般在音韵和结构上也讲究平衡对称,很多标题即为对偶、对联的形式。

⑤ 复合式结构标题

主要有三种表现结构:引题+正题+副题、引题+正题、正题+副题。如:

(引题)用了油烟机,厨房还有油烟

用了油烟机,拆卸清洗困难怎么办?

(正题)科宝排烟柜,将油烟控制在柜内,一抽而净

科宝油烟机带集油盆,确保三年免清洗

(副题)全方位优质服务:免费送货安装(南三环至北四环),三年保修,终身维修

上例的引题交代了广告信息的背景,提出一般油烟机抽不净油烟且清洗困难等问题;引出正标题,回答了引题中提出的问题;副题是对正题内容的补充,作附加说明。

2. 广告标题的写作要求

广告标题的构思要在汉语的传播体系和传播环境中,运用汉语语言风格进行恰当的、有针对性的写作。

(1) 体现广告主题

广告标题是广告内容的高度概括,要使人们看到标题就能理解广告的信息内容。因此,必须鲜明地体现广告主题,不能与内容毫无关联。

风雨欲来天做海　同舟共济两相偎(可口可乐抗疫广告)

联想有爱　共克时艰(联想抗疫广告)

这两则广告的标题都清晰地表现了广告的主题和主要内容,给消费者传递了较为直观的信息。

(2) 表现消费者利益

广告标题应表现消费者心目中的商品消费利益,更应使消费者了解商品或服务给自己带来的利益。广告标题要针对诉求对象的兴趣爱好、消费渴望和消费理想,选准诉求点,诱发消费者的关心、好奇、喜悦等情绪,这样才能够充分地发挥广告的宣传效果,进而达到销售商品的目的。

女人更年要静心(太太静心口服液)

过敏一粒就舒坦(开瑞坦,治疗过敏性鼻炎的药)

这两则广告的标题诉求点非常明确,清晰地传达出产品能带给消费者

怎样的利益,对应了消费者的消费心态,体现了商品满足消费的有效性。

(3) 用语精炼,简洁明快

广告标题的写作一定要让受众一目了然,清晰易懂,用最精炼的文字告诉消费者商品的功能、效用,或企业的形象、产品等。

据统计,广告标题的字数少于6个字,识记率为34%;多于6个字,识记率为10%;多于12个字,注目率接近于零。可见,用最简洁明确的语言突出强调商品的某个诉求点,让受众获得第一直观认知,是创作广告标题重要的原则之一。

> 相信小的伟大(阿里巴巴韩国平昌冬奥会宣传片)
> 真诚到永远(海尔集团)

这两则广告标题均短小精炼。第一则标题意为小可以被计算,但不能被忽视,旨在传递阿里巴巴公司对每一个个体的关注和用科技服务奥运的使命。第二则标题则向受众传递着企业的经营理念。

(4) 新颖独特,引人注目

广告语言是介绍商品或者服务特性的个性化语言。广告标题自然也应注意其用语的个性化,新颖独特,超越常规,发掘悬念,凸显情感。成功的广告标题一定是新鲜的、有创意的、富有独创性的,以此吸引更多的读者。

因此,广告标题在字体、字形和位置等各方面,都应考虑视觉化和艺术化,引人注意。同时,对不同的广告宣传对象,广告标题的拟写也要有针对性,充分发挥广告的说服力。如:

> 与狼共舞,尽显英雄本色(七匹狼服饰)
> 我们相遇就是奇迹(京东超市)

从第一则广告标题来看,狼是一种复杂的动物,它凶残、狡诈,但也同时代表着拼搏进取、智慧机敏。七匹狼个性化的广告标题,带给受众极强的感染力和振奋力。第二则广告的标题也非常鲜明独特。我们生活的世界很大,一个人与另一个人相遇的概率极低,但有些人就相遇了;世界上的万物也很多,不同属性、不同性能、不同地域的物种也可以相遇。相遇就是奇迹,其背后折射出一种哲学的思考,凸显了相遇的珍贵。

(5) 注意声韵和谐

汉语语音音乐性强,讲究声韵和节奏。广告标题要尽量合辙押韵,节奏鲜明,读起来才声调和谐,朗朗上口,便于传播和记忆。

一品黄山　天高云淡("黄山"牌香烟)

　　头屑去无踪　秀发更出众(海飞丝洗发露)

　　第一则广告标题既直接表述了产品信息,形式上又均匀对称,上下句尾押韵,读起来顺畅上口。第二则广告标题前后文字结构对称,句尾 ong 押韵。

　　(6) 善于借势手法

　　从修辞学的角度看,借势是"引用"和"仿拟"的修辞方式,是指借用或仿用古今中外的名诗、名言、典故等,表达广告商品的特征或内涵、企业的理念或形象,以此扩大影响力,加深受众的印象。

　　何以解忧　唯有杜康(杜康酒)

　　快速加热,让沐浴随心所浴(樱花牌热水器)

　　第一则广告的标题直接引用曹操的《短歌行》,并在标题中直接包含产品的品牌,既展现文化风韵,又传递产品信息。第二则广告标题对成语"随心所欲"进行了同音改字,既新颖活泼,又能传递产品特性。

　　(二) 广告正文写作

　　广告正文是指广告文案中处于中心地位的部分,大都占有较大的篇幅,以突出其主体地位。

　　1. 广告正文的功能

　　广告正文的主要功能是:说明或解释广告主题,翔实地介绍在广告标题中引出的广告信息,对目标消费者展开细部诉求。广告正文的写作可以使受众了解到各种希望了解的信息,受众在广告正文的阅读中建立了对产品的了解和兴趣、信任,并产生购买欲望,促进购买行为的产生。在标题奠定了广告风格的基础上,完整展现广告风格,营造特定氛围。

　　2. 广告正文的结构

　　与基础性写作一样,广告正文可以分为开头、中间、结尾三部分:

　　(1) 开头部分

　　广告正文的开头大多起着承上启下的作用,承接广告标题的信息,启发正文主要内容的叙述,是重要的衔接过渡部分。

　　(2) 中间部分

　　广告正文的中间部分是整个广告文案的核心,所包含的产品、服务或企业信息量最大、最完整,是发挥广告效力的关键部分。一般情况下,这部分要详细阐述产品、服务或企业的特征,给出相关的支撑理由,完善承诺。

(3) 结尾部分

广告正文的结尾一般是全文的总结概括或评价建议,以推动购买行为的产生。此外,结尾也要与标题或正文的开头呼应,做到首尾相连,相互关照。

如台湾诚品书店新店开业文案《抛开书本到街上去》的广告正文:

(开头)抛开阿莫多娃的高跟鞋到街上去。
抛开村上春树的弹珠游戏到街上去。
抛开徐四金的低音大提琴到街上去。
抛开彼得梅尔的山居岁月到街上去。

(中间)街是开放的、没有边限的书;
太阳底下永远都有新鲜事。
请你暂时抛开书本到街上来,
看舞、看人、看街、看音乐。

(结尾)诚品书店敦南店新开幕,
有一连串节庆在这里发生,
3月29、30日,音乐、
文化、安和路全民活动,
日以继夜,逢场作乐,
计时24小时,请你及时行乐!

这则广告非常诗意,且带有很强的鼓动性。正文的开头部分直接将受众"赶出书店",让其走向街头,那么,走向街头做什么呢?中间部分就告诉受众,街上有很多"新鲜事",大家可以"看舞""看人""看街""看音乐"。书店的广告不将读者留在店里,却鼓动其走出去。紧接着,结尾部分顺理成章地给出理由,即有新店开业,有一系列庆祝活动等待读者参与。

3. 广告正文的写作要求

(1) 有力支持标题,突出重要信息

正文信息要承接标题,进一步深入、详细地介绍标题所给出的信息。同时,正文内容所介绍的信息可长可短,可以把产品、服务或企业信息全面介绍出来,也可以只涉及某一产品或服务的特性,因此,在正文中一定要突出重点信息,广告的诉求重点必须在正文中给予完整的阐述。

(2)增加说服力,加深受众印象

正文应强调提及品牌名称和带给消费者的主要消费利益,以加深受众印象。无论采用何种表现手法,都必须具有较强的说服力,以刺激消费者产生购买冲动,进而发生购买行为。

(3)逻辑合理,通俗易懂

正文内容要以合理的逻辑顺序展开,条理清晰,格式简洁紧凑,用词通俗易懂。

广告文案以语言文字为主要媒介,无论是语言文字还是结构篇章都应适应广告传播的特点。对于较长的文案正文,要安排好逻辑关系,叙述条理清楚;结构安排要简练紧凑,避免松散无序;在用词造句上,简单、明白、准确。例如:

唯一能够感知您的脸形并且随之调整的剃须刀

吉列传感剃须刀,适合于每个男人特性的剃须刀。

它内含双层刀片,各自与高度灵敏的弹簧相连,能够连续地感觉并根据您脸部的不同曲线和独特需要而自动调整。革新比比皆是。其精致的脊部、匀称的造型足能使您体会至深。简单的装卸系统和方便的剃刮功能任您享用。创新还在于剃刀的清洗。其新型刀片的宽度仅为一般刀片的一半——可用水自由冲涤,毫不费力。

诸多传感技术的融合,给您富有个性的脸颊一把特制的剃须刀——最贴切、最顺滑、最安全、最舒适。

男人所能选用的最佳剃须刀!

这则广告主要宣传产品功能,标题直接揭示产品最重要的特征:随脸形调整的剃须刀。正文采用描写和说明相结合的方式,层层递进地介绍标题中提及的产品功能,并说明其构造原理。语言轻松、自然,第二人称"您"的使用更与受众拉近了关系,极具亲和力。正文的最后一句话是对全文的总结和评价,以加深受众的印象,使其产生购买冲动和行为。

(三)广告口号写作

广告口号也被称作广告标语、广告语,是广告文案的重要构成要素。

广告口号是广告中长期、反复使用的语言。相较于广告标题,广告口号可以单独存在,可以在一种商品或者该商品的多个广告或系列广告中连续使用,具有一定的稳定性和连贯性。

1. 广告口号的特点

(1) 传达核心价值和理念

通过广告口号,传达企业理念、商品或服务的核心价值,强化受众对企业、商品或服务的印象,帮助树立企业、商品或服务的形象。如:

  新生代,演绎时代新生(宝马汽车)
  中国平安 平安中国(平安保险)

宝马汽车的广告口号明确表达了其产品设计的宗旨和理念。平安保险公司的广告语中包含了企业名称,巧妙地运用回环的修辞方式,传达出企业经营理念与核心价值,树立企业形象。

(2) 着眼长远利益

好的广告口号具有战略眼光,由于阐述了产品或服务的个性与消费者需求间的内在关系,能够达到长远销售的目的。

  只溶在口,不溶在手(M&M巧克力)
  车到山前必有路,有路必有丰田车(丰田汽车)

这两则经典的广告语均使用了几十年时间,已经将产品的特性和企业的营销观念深深植根在广大受众心里。

(3) 富有感染力

广告口号的语言一般都是高度凝练、通俗易记、富有强烈的感染力。

  什么样的水源,孕育什么样的生命(农夫山泉)
  横扫饥饿(士力架)

这两则广告口号语言质朴、简洁明快、通俗易懂,在平平常常的宣告中传递着商品的特性和企业的自信,以感染消费者。

2. 广告口号的类型

(1) 按不同的宣传对象,广告口号可分为:

① 产品形象口号:用感性诉求言语直接描绘产品特征,塑造出可亲可信的产品形象。如:

  滴滴香浓,意犹未尽(麦斯威尔咖啡)
  世界再大,不过你我之间(微信)

② 品牌形象口号:运用商标品牌直叙商品特性,提升商品知名度。如:

  每个人都是生活的导演(土豆网)

爱是一种能力,需要一辈子练习(I Do)

③ 企业口号:从企业的经营思想、服务宗旨和发展目标中,挖掘出企业精神,展现企业的鲜明个性,树立企业形象。如:

为求人类共荣,做全球企业公民(佳能公司)
让我们做得更好!(飞利浦公司)

(2) 按不同的写作内容及心理效应,广告口号可分为:

① 标题型口号:以广告口号代替广告标题。如:

时尚即主流(《南方体育》杂志)
活力之源,欢动无限(青岛啤酒)

② 号召型口号:以宣传鼓动性词语,诱发欲望,督促购买。如:

喝可口可乐吧!(可口可乐饮料)
拥有春兰空调,春天永伴您(春兰空调)

③ 情感型口号:用充满人情味、幽默风趣的词句,宣传商品或服务的特征和优点。如:

离开家
是为了好好回家
把好久不见的思念
都变成一句谢谢(江小白白酒)
生活就是偶尔小事上不合,大事上不谋而合(方太)

(3) 按不同的结构形式,广告口号可分为:

① 单句型口号:不用标点,全句是一个独立的句式,简单凝练,铿锵有力。如:

把心意做进生意里(微店)
一切皆有可能!(李宁产品)

② 双句型口号:全句由两个相互关联的句式组成,它们之间可以是因果、转折、承接、递进等关系,前后呼应搭配,节奏和谐优美。如:

较量　只为争夺一辆凯迪拉克(凯迪拉克汽车)
人们声称的最美好的岁月其实都是最痛苦的,只是事后回忆起来的时候才那么幸福。——柴静《看见》(Kindle 中国)

③ 短语型口号：由各种形式的短语构成，如联合式、偏正式、动宾式、补充式，等等。

活得精彩（福特福克斯汽车）

新一代的选择（百事可乐）

3. 广告口号的写作要求

（1）简短凝练，易读易记

广告口号应该简洁有力，字数不宜太多。广告语要注意声韵上的配合，读起来朗朗上口，这样对受众的记忆有很大帮助。如：

感动常在（佳能产品）

发现生活更多选项（网易严选生活社区）

（2）个性独特，突出主题

被舒适圈住了　就先窝一会儿呗（松下按摩椅，出自京东超级品类日）

碰上硬茬　实力碾压（飞利浦剃须刀，出自京东超级品类日）

（3）善用情感，号召力强

青春的梦在青春做完（腾讯视频《创造101》）

只要你想（联想公司平面广告）

（4）嵌入品牌，印象深刻

不是所有的牛奶都叫特仑苏（特仑苏牛奶）

爱上彩虹，吃定彩虹（彩虹糖）

（四）广告随文的写作

广告随文也称为广告附文，是广告文案的附属部分，是广告中那些较次要的、备查备用的信息，一般包括企业及其销售点名称、地址、电话、传真、邮政编码、开户银行、户头、账号、联系人、网址、商品价格、销售时地、购买方式等。

1. 广告随文的结构

广告附文一般在正文之后，有的则分开编排。随文的结构类型包括两种：

（1）从属结构

指随文中的内容有主次之分和从属之分，每一层次都有一个提示性的标志，相关信息均并列在某一层次下。

（2）并列结构

指随文中的所有内容都并列于一个层次上，没有主次从属之别。

2. 广告随文的写作要求

同广告文案的其他内容相比，随文的写作不太需要新颖的创意，一般都是客观信息的陈述，但也需要遵循一定的写作要求：

（1）清楚说明受众最想知道的信息

（2）条理清晰，表述分明

（3）信息准确无偏差

思考与练习

一、选择几则消息实例分析说明消息写作的特点。

二、写一则关于校园活动的消息，注意背景材料的运用。

三、请仔细阅读以下一则消息，说说看该消息的写作有问题吗？如果有，问题在哪儿？

公务员笔试成绩今日公布

合格分数线已经划定；国考 359 违纪考生被处理，出现 98 份雷同试卷

综合新华社电 记者 16 日从国家公务员局获悉，中央机关及其直属机构 2011 年度考试录用公务员公共科目笔试合格分数线已经划定。

据国家公务员局考试录用司负责人介绍，今年在划定合格分数线时，对中央、省（区、市）、市（地）和县（区）职位采取了分层划线的方法，同时对西部地区、艰苦边远地区、基层职位和专业性较强的职位予以政策倾斜。

中央机关及其直属机构 2011 年度考试录用公务员公共科目笔试成绩将于 17 日公布。

国家公务员考试面试工作即将展开，据透露，整个面试工作将在今年春节后启动。

据悉，2011 年度的国家公务员考试，全国共有 103 万人参加了笔试，最终处理的违纪违规考生为 359 人，与 2010 年度的 561 人、2009 年度的近千人相比，再次下降。

此外，2011 年度国家公务员考试共发现雷同试卷 98 份，相关考生已按违纪违规进行了处理。

（2011 年 1 月 17 日《新京报》）

四、以下分别是《故宫》和《台北故宫》第一集的解说词节选,请比较、分析二者在结构安排、叙事顺序以及语言风格等方面的区别与联系。

1.《故宫》第一集《肇建紫禁城》(撰稿:周兵、宋立芳)

是谁创造了历史?又是谁在历史中创造了伟大的文明?

公元1403年1月23日,中国农历癸未年的元月一日。这一天,生活在这块土地上的人们,依然延续着自古以来的传统,度过他们一年中最重要的节日——农历元旦。

这一年,人们收到的类似今天的贺年卡上,不再有建文的年号了。建文帝四年的统治,在一场史称靖难之变的战争后,成为了往事。

公元1403年的大年初一,大明朝第三个皇帝朱棣,正式启用永乐作为自己的年号。这一年为永乐元年。年号的更替,随之带来的将是这个王朝的更多变化。

永乐元年,明朝的首都在今天中国南京。这座六朝古都自东汉时代起就被认为有王者之气。明太祖朱元璋将都城定在这里,并集中国两千年宫殿建筑之精华,建造了皇家宫殿。今天这座宫殿仅留下了这些遗址,但仍不失当年的气魄。

而此时的北京城在大明的版图上,还是朝廷的一个布政司,叫作北平。这里人烟稀少。朱棣11岁时被封为燕王,他和他的旧部们熟悉这里,对这个地方充满着感情。

永乐元年的农历正月十三这一天,朱棣按祖制祭祀完天地回到皇宫。当君臣们相聚一堂时,一个叫李至刚的礼部尚书,提出了一个建议。他说,我以为北平这个地方,是皇上承运龙兴之地。应该遵循太祖高皇帝,另设一个都城的制度,把北平立为京都。永乐皇帝当即非常高兴地答应了下来。在这之后的几个小时里,将北平升为北京,成为王朝第二个京都的一道圣旨昭告了天下。

这个消息很快传遍了全国,而一座伟大宫殿将由此诞生。

刚刚登基不久的永乐皇帝,用这样一道圣旨昭示天下,表达自己治理天下的理念。

从目前看到的史料中,我们可以发现,公元1403年的朱棣正处于一种十分微妙而不安的气氛中。作为一个从侄儿手中夺取皇权,刚登大极的皇帝,他面临太多棘手的问题。对反对他的建文帝旧臣的杀戮仍在继续。

杀了很多人以后,朱棣感到十分不安。他也曾询问身边的一位大臣茹常,我这样做会不会得罪了天地祖宗?

更让他感到不安的是,攻入南京城时,他的侄儿建文帝就在一场大火中神秘失踪,生死不明。尽管他按天子礼仪,给这位侄儿举行了隆重的葬礼。但后世的很多历史学家认为,当时被下葬的并不是建文帝本人。真正的建文帝,很可能已经逃亡在外。这件事成为朱棣最大的一块心病。

之后有一天上朝时,朱棣差点被御史大夫景清刺杀。

此事之后,朱棣在南京城里经常做噩梦。他或许更加强烈地开始怀念他的故地北京。

站在南京皇宫的遗迹中,我们不难想象,曾经在北方生活多年的永乐皇帝,可能越来越不喜欢住在南京。他开始谋划将第一京都迁往北京的行动。

很快,当年的5月份,在一次临朝时,他对大臣们说,北京是我旧时的封国。有国社国稷,将实施国都的礼治。然而皇上的建议,却遭到了大臣们的激烈反对。从那以后,朱棣谨慎了很多,他开始以迂回而秘密的方式,为迁都进行系统而缜密的准备。

公元1403年,由北平刚刚改称为北京的城市里,突然多了很多来自江浙等地的南方人。他们得到朝廷的应允,迁至北京,即可获得五年免缴税赋的优待条件。这些人普遍比较富有,很快便在北京做起他们以往在南方所经营的生意。同时在北京的郊区,也多了很多农民开始垦荒种地,大规模的移民工程开始了。

当浩浩荡荡的移民队伍涌向北京时,在距北京万里之遥的西北草原上,蒙古帖木儿大汗指挥的铁骑大军,已经向中原开拔。大明朝的北方又面临着威胁。

然而正当永乐皇帝,准备布防迎战时,帖木儿却突然在行军途中病故。一场大战消于无形。

公元1405年6月,东南风吹起的时候,郑和受永乐皇帝的派遣率一支船队作远洋航行。带着永乐皇帝向世界展现大明国威的使命驶向茫茫的海洋。据说这次航行,也是为了寻找失踪的建文帝。

公元1406年8月,当郑和的舰队浩荡行进时,南京皇宫里发生了一件让朱棣高兴的事。我们已经无法考证,是出于永乐皇帝本人的暗中授意,还是大臣们自己揣摩上意的结果。总之在这一天的朝堂上,以丘福为首的一群大臣,建议在北京修建一座新的宫殿,永乐皇帝非常愉快地接受了这个建议。

于是一场浩大的工程拉开了序幕。

……

2.《台北故宫》第一集《国宝迁台》(总撰稿:胡骁)

是谁创造了历史?又是谁在历史中薪火相传着我们的文明?

1948年12月21日,在南京下关码头上,静静地躺着七百多个神秘的箱子,它们正在等待着离开这个港口。

不久,国民党海军"中鼎号"运输舰悄然驶进码头,它将执行一个极为秘密而特殊的任务。

1948年11月6日,淮海战役正式打响。这是1948年至1950年拍摄的纪录片《中国人民的胜利》。

随着解放战争中,国民党部队的节节败退,此时的南京城里,很多国民党官兵家属想着离开这个城市,撤往台湾。搭乘飞机已经成了奢望,水路更是人满为患。

"中鼎号"靠岸的消息不胫而走,船刚停稳,国民党海军司令部的官兵家属就一拥而上,把船占得满满当当。

下关码头的混乱局面,急坏了一个人,他就是杭立武。

杭立武时任国民党政府教育部政务次长兼故宫博物院理事会秘书,他的任务就是让这700多个箱子能尽快出港。

情急之下,他打电话给海军总司令桂永清。

桂永清赶到码头,登上"中鼎号",劝大家说,箱子里都是非同一般的珍宝,急需运走。终于,人们听了桂永清的话,下了船。

1948年12月22日清晨,"中鼎号"装载完毕,终于起航了,这次航行的终点是台湾岛的基隆港。

这些箱子共有712个,里面装的是来自五个机构的顶级国宝,此外,60箱重要的外交档案和国际条约文本也随船前往,这里就有那份著名的《南京条约》。

1948年11月10日,南京市一处不寻常的院落中正在召开一个秘密的会议。

来开会的一共8个人:国民党政府行政院院长翁文灏,这所官邸的主人、教育部次长杭立武,这次会议的倡导者、中央研究院史语所所长傅斯年,教育部长朱家骅,外交部长王世杰,考古学家李济,中央图书馆馆长蒋复璁,故宫博物院的古物馆馆长徐鸿宝。

这是一次非正式的秘密会议,会议气氛异常紧张,由于时局非常混乱,这八个人一致主张将文物迅速迁往台湾。

这就是翁文灏的寓所,它位于南京市鼓楼区。60年前,文物迁台的重大决策就是在这里酝酿成熟的。这份1950年杭立武在台湾撰写的报告中,详细地叙述了这次会议的决定。

上面标示着:会议决定先抢运故宫600箱精品,并推举杭立武全权负责文物迁移的事。

翁宅会议短短一个月后,五个机构的第一批文物登上了驶向台湾的"中鼎号"。跟随这些文物一同驶向台湾的一共有九个人,这其中包括一对夫妇,他们是来自故宫博物院的庄严和申若侠。

他就是庄严的小儿子庄灵,现在住在台北郊外的观音山上,庄严夫妇在护送文物途中的一站贵州生下了他,庄灵从小就与这些文物为伴,当年坐上"中鼎号"的时候,他只有10岁,那是庄灵第一次漂洋过海的经历。庄灵知道这些大箱子里面装的都是皇宫中的宝贝,但是他并不知道,这里面的80箱文物还有一段特别的经历。

1936年,这80箱国宝曾经远赴英国参加伦敦·中国艺术国际展览会,它们是中国历史上第一批大规模出国展览的国宝。

这张图片让我们看到,当年伦敦展厅的模样。

在参加伦敦展的国宝中有中国彩瓷烧制史上最美丽的作品。这件珐琅彩山水楼阁碗,小丘奇石,山水环绕,是乾隆年间珐琅彩瓷中的极品。而这件东汉的玉辟邪是传世最精美的一件,距今已有两千多年的历史。这件良渚文化的玉琮,散发着四千多年前的神秘气息。此外,170多件中国书画史上的精品也在这次伦敦艺展上汇聚一堂。这幅《富春山居图》长六米多,被后世称为中国山水画长卷"第一神品"。如今,这些无价的瑰宝全部都收藏在台北故宫博物院中。

1948年12月26日,"中鼎号"在海上颠簸了四天,终于驶进了台湾北部重要港口——基隆。

庄灵还记得他刚到基隆港的那一天,奇迹般地见到了大把大把的香蕉,因为在南京时,通常是一根香蕉切成薄片由全家人分着吃。

1948年12月底的这些日子里,台湾的报纸上登出了这样几条消息,在他们到港的前一天,基隆港的吞吐量创造了新的纪录,台湾花莲水稻丰收,同时台湾大部分地区正在酝酿着土地改革,而台北则要在元旦进行一场规模很大的集体婚礼,"中鼎号"上的中华珍宝就在这样的气氛下登上了台湾这片土地。

……

五、阅读与思考以下作家关于报告文学的阐述,并谈谈你对报告文学的理解。

用怎样简单、明了、迅速而有力的文学形式来直接反映并批判现实,是作家们应当考虑而且也有人考虑了的事情。报告就是这种文学形式的一种。(周立波《谈谈报告》)

"报告"是我们这匆忙而多变的时代所产生的特殊的文学式样。读者大众急不可耐地要求知道生活在昨天所起的变化,作家迫切地要将社会上最新发生的现象(而这是差不多天天有的)解剖给读者大众看……(茅盾《关于"报告文学"》)

报章报告文学其实还很有我们传统意义上所理解的报告文学母体的特性——具有鲜明的新闻性和文学性。……只有那些真正具有了浓烈的文学性的作品才可能真正引起人们的关注。同样,报章上发表的报告文学基本上要有很强的新闻性,而这也是报告文学基本的属性之一。现在我们的报告文学恰恰少了太多的新闻性,写几年前、几十年前甚至上百年前的事都可称为"报告文学",这让读者和行外人弄不清到底什么是报告文学,什么是纪实文学,什么是纪实作品了。

报章上的报告文学,其实在写作上的要求也是很高的。这不仅因为文字少和主题突出等特点需要作者有能力把控结构和内容之间的矛盾,同时也要在文学性和新闻性的结合上下苦功。(何建明《当前报告文学创作中值得注意的几个问题》)

六、阅读经典报告文学名篇,分析其采写思路和结构安排方式。

七、以小组为单位,分工合作,撰写一篇报告文学,字数约为5000—10000字。

八、假设你有机会采访一位你感兴趣的名人,请拟写一份完整的采访大纲。

九、请选择一则你认为最好的广告文案和一则你认为最差的广告文案,进行评析。

十、选择一个日常食用类产品,为其设计分别适用于广告片、海报和户外广告的广告文案。

十一、以下是长城葡萄酒的广告,请分析其创意和风格特点。

3 毫米的旅程,一颗好葡萄要走 10 年

3 毫米,瓶壁外面到里面的距离,一颗葡萄到一瓶好酒之间的距离。不是每颗葡萄,都有资格踏上这 3 毫米的旅程。它必是葡萄园中的贵族,占据区区几平方公里的沙砾土地。

坡地的方位像为它静心计量过,刚好能迎上远道而来的季风。

它小时候,没遇到一场霜冻和冷雨;旺盛的青春期,碰上了十几年最好的太阳;临近成熟,没有雨水冲淡它酝酿已久的糖分;甚至山雀也从未打它的主意。

摘了 35 年葡萄的老工人,耐心地等到糖分和酸度完全平衡的一刻才把它摘下;酒庄里最德高望重的酿酒师,每个环节都要亲手控制,小心翼翼。

而现在,一切光环都被隔绝在外。

黑暗、潮湿的地窖里,葡萄要完成最后 3 毫米的推进。

天堂并非遥不可及,再走 10 年而已。

拓展阅读

《我与报告文学》(夏衍)

第九章
论说文体写作

第一节 短评写作

一、短评的分类

(一) 短评的定义

短评,指短小精悍的评论,是对人、事、观点、文艺作品、新闻事件进行的简短评论,属于评论的一种。以短小精悍、内容集中、分析扼要、形式灵活著称,广泛运用在报纸、杂志、广播、电视、网络平台中。其篇幅一般在500字左右,网络短评的字数一般为200字以内。

短评可以表彰新人新事、新思想、新风尚,也可以批评错误观点或言行。短评在发表时有署名与不署名两种。署名短评以个人身份发言,形式自由,手法多样。如报纸中的"评论员观察"等版块。不署名短评代表媒介编辑部发言,是编辑部评论中比较短小、灵便的一种体裁。

短评在运用时有两种形式:一为针对某一事物或问题发表的独立成篇的简短评论,可能就以往发生的事情进行后续评论;一为配合新闻报道就实务虚、就事论理的短小评论。其中,配发式短评的运用更为经常和普遍,如电视新闻评论。

(二) 短评的分类

1. 短评对象分类

(1) 新闻短评

新闻短评是针对国内外新闻事件进行的简短评论。帮助读者透过新闻事件,进一步理解新闻事件的背景、意义、政策导向及社会价值,目的在于以公正的态度、公开的见解、理性的思维向受众进行解读和引导。

（2）思想短评

思想短评是对不同观点、思潮进行的简短评论。

（3）文艺短评

文艺短评是针对电影、电视剧、文学作品、文艺思潮等进行的简短评论，如《"大片"单一，折射审美匮乏》一文，指出当前引入中国的欧美大片题材单一，不是超级英雄拯救世界就是宇宙飞船满天飞，这些都是典型的充斥着娱乐性商业片元素、缺乏文艺性和艺术性的大片，认为"引进片类型单一，人们更愿意消费娱乐性强的影片，这和当下一些观众的审美以及精神文化生活的匮乏有关"。

2. 短评创作主体分类

（1）记者短评

记者短评主要是记者就新闻事件发表看法，多见于报纸和新闻评论节目中。

（2）专家短评

是专家接受媒体邀请，就公众关心的某个事件或观点发表具有专业眼光的看法，常见于各类媒体中。

（3）大众短评

是广大读者或网民，对自己感兴趣的事件或思想发表看法，写作较自由，多见于报纸和网络平台中。如新浪微博中的一些短评。再如《新华每日电讯》援引十月山河的微博："湖北枣阳小伙病危欲好心捐遗体，遭红会冷言相向：自己来填表，不提供上门服务，是制度规定还是工作人员不作为？记得红会在跌入'信任低谷'后，负责人信誓旦旦说要重筑社会信任。可为何还出现'让病危者登门填表'的怪事？少点衙门做派，多点服务意识，好心人或许才不会因此而寒心。"

3. 以短评的作用和目的分类

（1）赞扬型短评

是以赞扬新事物、新风尚、新思想、先进人物为主的评论，目的在于表扬先进、倡导新风、引导文明、促进和加强社会主义精神文明建设。

如2021年7月29日《人民日报》评论版的《致敬"每一毫米的细心"》，赞扬了全国劳动模范白芝勇，他组织和参加了攻克竖井定向测量系统应用等关键技术，推动了我国工程精密测量水平的提升，先后参与了三千余公里高铁工程测量，占我国高铁运营里程的近十分之一。

（2）批评型短评

是以揭露落后风气、批评错误观点和行为为主的评论，目的在于说明其落后和错误的思想行为的破坏性、危害性，找出克服它们的办法和措施，力求敲响警钟，给读者以警醒并指出正确的道路。

如《"租客"心态要不得》对当前一些基层干部存在的租客心态进行剖析，指出"在工作中时常接触选调基层的年轻干部。他们中有的好高骛远、拈轻怕重，不愿下基层吃苦，即便被安排到基层工作，也把自己当'租客'，如此心态令人担忧"。同时提出建议，"有什么样的心态，就有什么样的人生。不管在哪里工作，心中的舞台有多大，个人能发挥出的价值就会有多大。基层工作虽然苦累烦琐，却是磨砺品行和能力的重要平台，年轻干部摆正心态，以'主人翁'的姿态奋发有为，定能收获一片广阔天空"。

（3）启示型短评

通过对某种思想和社会现象的分析研究，揭示其背后的意义，目的在于启迪人们的思想、擦亮人们的双眼、增强世人的辨别力。

如2021年7月27日《人民日报》的《线上点餐消费也要提倡"光盘"》指出线上点餐不同于线下堂食，消费者很难直观感受外卖食物的分量，点得过多、不合自己口味，就容易造成浪费。此外，有的商家常常使用"凑单满减"等方式诱导消费者超量点餐，造成餐饮浪费。针对这种现象，提倡每个人都要身体力行，将"光盘"理念内植于心、外化于行，让线上餐饮节约消费蔚然成风，推动线上"光盘"取得实效。

二、短评的特点

（一）时效性

短评一般是对新近发生的新闻事件、出现的新现象思潮、最近关注的焦点人物、流行的文艺作品简短发表观点，表明立场，表达看法，引起人们对人物、思潮或事件的更深解读，具有很强的时效性。

短评的力量在于它关注当下，解读的是人们最近关注的事物，一般在新闻事件报告或文艺作品展示之后，立即会有短评出现。也有可能在新闻事件发生后的几天内，短评持续对事件进行解读和评论。如2013年《新快报》记者陈永洲涉嫌损害商业信誉罪被刑拘的事件引发了媒体的轩然大波，关于此事件的解读报道比比皆是。下面是2013年10月27日《人民日报》关于此事件的一篇短评：

守住记者的职业底线

马 原

新快报记者陈永洲因涉嫌损害商业信誉罪,被依法刑事拘留。陈永洲"要以我为戒"的追悔,可谓发人深省。

从报社呼吁"请放人",到警方决定刑事拘留,在这起事件中,有许多值得关注的问题。就陈永洲本人而言,根据其供述,有一点已经很明确,那就是他的行为不仅令企业声誉严重受损、股民损失惨重,也辜负了那些信任他的人们,更败坏了新闻工作者的形象。

类似行为并非个案。这些年来,媒体高度介入社会生活,舆论监督的影响进一步扩大。然而,当许多记者怀着理想和道义,追问事实与真相的同时,也有一些害群之马,打着舆论监督的旗号,吃拿卡要、敲诈勒索,把本是服务大众的媒体,当成谋取个人、小团体利益的私器。这种行为,让公众厌恶,令同行不齿,也使新闻媒体的公信力受到损害。坚决反对新闻敲诈,是维护法纪的需要,也是行业整风的需要。

今天,身处资讯高度发达的社会,媒体人理应秉持专业素养和职业操守,出于公心、守住底线,在价值多元中呵护良知;新闻工作者只有恪守敬畏事实、秉持正义的道德伦理,才能善用记者权利,不辜负社会寄予的厚望。

(二)大众性

每天出现的新信息层出不穷,不是每件事情都具有评论的价值。短评的对象一般是大众关心的事件和问题,具有跨行业、跨群体的特点。

各大报纸都开辟了供广大读者发表评论的栏目版块,如《人民日报》的"顾网闻之""快评""民声"等版块,《新华每日电讯》的"锐评论"等,深受读者欢迎。广播、电视等媒体设置了新闻热点评论栏目,如中央电视台每晚播出的《晚间新闻》栏目,主持人在栏目结束时会对新闻中大家关注的问题进行简短的口头评论。

(三)思想性

评论不是无病呻吟和无理取闹,而是要传达新思想、新观点、新看法,具有鲜明的思想性。短评的对象往往是具有政治意义、经济价值、文化导向和广泛社会意义的事件,评论者针对这些事件阐明立场和主张,提出观点和看法,指出解决问题的合适方法。

短评的思想性对各类报道起到了画龙点睛的作用,深化了各类报道的主题,让大众对事件和人物等有多角度、多维度的深入认识。

(四) 启示性

短评不需长篇大论，但一向站在制高点击中社会绷得最紧的那根弦，对人对事客观公正地给予正确的导向，体现社会主流价值观，对社会发展具有发人深省的启示意义。只有以主流价值观作参照，有了思想的力量，才能看得更本质、更全面、更长久，而不是人云亦云，或者只见树木不见森林。

(五) 情感性

写短评需要具有情感性，这样才能爱憎分明、忠奸明辨，写出立场明确、掷地有声、充满号召力和感情色彩的评论。

但要把握好情感性的度，切忌让感性完全占据头脑，那样会说出不受理性约束的评论，产生难以控制的后果，电视直播的短评尤其要注意这一点。评论终究是要用理性来说话的，要理智地辨别、分析、推理，只有这样，才能写出有深度、有思想的短评。

三、短评的写作要求

(一) 确定评论对象

短评对象要新，要及时抓住最具实效性的新闻报道或新鲜事实作出分析和评价，这就要求我们对新闻事实进行分析鉴别，找出大家关注的有评论价值的新闻事实。

作者要眼光敏锐，抓住任何可评论的社会事件。时事、历史、政治、经济、文化、军事、外交、教育、工农业等几乎所有领域的事件都可以进行评论。具体来说，可以从报纸、广播、电视、网络上的热点和焦点入手寻找评论对象，也可以从自己的亲身经历和从别处听说的见闻入手，通过鉴别核实后纳入评论对象。

如马天云的《辱骂的是群众，丢失的是民心》以网络上曝光的河北兴隆县孤山子镇党委书记梁文勇辱骂百姓的视频为评论对象，梁文勇称"老百姓手里端着米饭，嘴里吃着猪肉，最后还得骂娘，老百姓就是这副德行"。作者认为党委书记的言辞是群众意识淡漠和官僚主义作风在作祟，同时指出："人民群众是国家的主人，端正对人民群众的根本立场和态度，是做好一切工作的根本前提。只有放下官架子，才能 hold 住人心。"[①]

寻找和确定评论对象要求我们不断培养自己感悟和捕捉的能力，提高对评论对象的感受力、思考力和判断力，还要多关注生活，思考人生，要学会

---

① 马天云：《辱骂的是群众，丢失的是民心》，见《新华每日电讯》2013年9月17日。

发现、善于发现，从寻常事物中发现别人没有注意到的东西，独具慧眼，这样才能产生新观点、新思想，写出新意。

（二）选好角度和切入口

确定了评论对象，接着就要确立分析角度。这要求作者透过现象直击本质，表明立场和态度，还要能够从新的视角观察事物，确立新颖的角度和独到的观点，作出与众不同的分析并得出具有个性的见解和结论。

选择角度本着"以小见大，一事一议"的原则，从大家熟知的小事入手，抓住选题中最值得议论之处，评其一点，一事一议。目的是使行文精粹，不蔓不枝，不拖泥带水。短评的角度或是分析事情产生的背景，或是揭示事物的本质内涵和意义，或是分析产生的正负影响，或是指出与其他事物的联系。

如"人脸识别"问题，由于涉及个人隐私安全，大众极为关注，2021年8月4日《人民日报》的一篇短评就此给民众指点了迷津。

对滥用人脸识别说"不"

郑 规

近日，最高人民法院发布关于审理使用人脸识别技术处理个人信息相关民事案件适用法律若干问题的规定，对滥用人脸识别说"不"。这一司法解释，对各级人民法院正确审理相关案件、统一裁判标准、维护法律统一正确实施、实现高质量司法，具有重要的现实意义。

近年来，随着信息技术飞速发展，人脸识别逐步渗透到人们生活的方方面面。但由于信息泄露风险大、安全漏洞难消除等问题，人脸识别技术带来的个人信息保护问题也日益凸显，强化人脸信息保护的呼声日益高涨。百姓有所呼，司法有所应。从今年"人脸识别第一案"的宣判，到此次最高法发布司法解释，都彰显了遏制人脸识别技术滥用趋势的司法努力。

然而，在人工智能发展的风口上，强化用户人脸信息保护，会不会影响数字经济发展？此次司法解释，很好地实现了两者平衡。一方面，在依法保护自然人人脸信息的同时，明确规定了使用人脸识别不承担民事责任的情形，实现了个人利益和公共利益的平衡。另一方面，充分考量人脸识别技术的积极作用，明确不溯及既往的基本规则，以规范促应用，实现惩戒侵权和鼓励数字科技发展之间的平衡。可以说，这一司法解释既保护了当事人合法权益，又有利于数字经济健康发展。

繁荣数字经济,是为了共享数字红利。依法应对新技术带来的新挑战,让人脸识别应用规范起来,实现技术运用与商业伦理、社会价值的良性互动,用户体验必将更加便利,数字经济也必将拥有健康发展的新助力。

(三) 层层分析问题

选好角度后便进入论述阶段。作者要根据材料提炼观点,补充论据,层层深入地分析问题。

1. 抓住重点

短评的分析要抓住关键,开门见山。必须抓重点、抓中心、抓要害,集中论述选题中涉及的问题。

2. 观点鲜明

对问题明确表明立场,是就是是,非就是非。论述的过程要虚实结合,就实论虚。"实"指短评依托的新闻事实或社会事件,"虚"指观点、思想。依托报道而发的短评,应就事务虚,缘事议理,依托个别指导一般。通过层层分析,把评论的具体事情提升到一定的理论高度,引起社会各界的思考和广泛关注。

3. 论证严密

评论时切忌孤立地看待问题,要注意运用联系的、发展的、全面的观点思考问题。要灵活地运用各种逻辑方法,如归纳法、演绎法、对比法、反证法、归谬法、例证法等,争取做到逻辑严密、不留破绽,使好的、正确的东西更加凸显,坏的、错误的东西不攻自破。

(四) 语言生动

短评不仅要观点新颖,言之有理,还要评得生动、风趣。如果只叙不讲,只是简单重复,短评也会变得言之无味。

短评往往像匕首一样能一语中的,直逼要害之处,这就要求短评的语言灵活泼辣,使文章在简短地指出要害的同时做到生动有趣。

一篇短评,要在"评"上下工夫,要看是否有新角度、新观点,是不是见解独到、语言精辟。也要在"短"上下工夫,在有限的字数内阐明观点,这就要语言精练、长话短说、评在实处。如短评的标题灵活,但往往直接切中要害,如《对早恋不应"防卫过当"》《村干部角色不可"跑偏"》《马路秧歌折射养老困境》等,都直接切中要评论的对象,并明确提出了自己的观点。

第二节　杂文写作

一、杂文的特点

（一）杂文的定义

《辞海》对"杂文"的定义为："散文的一种。是随感式的杂体文章。一般以短小、活泼、犀利为其特点。内容无所不包，格式丰富多样，有杂感、杂谈、短评、随笔、札记等。"

《现代汉语词典》对杂文的解释是："一种散文体裁，不拘泥于某一种形式，偏重议论，也可以叙事。"

上述两种定义都把杂文归为散文体裁。我们认为，杂文有广义和狭义之分。

广义的杂文是大散文中的一种，包括评论、杂感、随笔、札记、跋序等。正如鲁迅在《且介亭杂文》序言中所说："其实'杂文'也不是现在的新货色，是'古已有之'的，凡有文章，倘若分类，都有类可归，如果编年，那就只按作成的年月，不管文体，各种都夹在一处，于是成了'杂'。"[①]是故鲁迅杂文集子里不仅有杂感文字，更有通信、日记、序言、编后、题词、补白、书摘、宣言、小传，甚至还有广告、表格、书单、民谣、旧体诗词等。

狭义的杂文则是指以议论和评论为主而又具有文艺性的一种文体，是短小精悍的文艺性评论。它既能说理，表达观点和看法，又具有文学性因素，以或冷峻、或活泼、或幽默、或讽刺的文笔针砭时弊、剖析人生、揭露社会问题，以引起社会的关注和深思。

本节论及的杂文取狭义杂文概念。

（二）杂文的特点

杂文是文艺性的社会论文，是文学和评论密切结合的文体。既有揭露社会事物本质的评论性，又有运用文学语言和文艺手段的文艺性。

1. 评论性

杂文的评论性与其社会功用是相关的，针砭时弊、揭露社会弊病、理性剖析人生。这些使得杂文具有强烈的新闻性和评论性。杂文作者要以敏锐的观察力，围绕当前社会热点，进行深入的理性分析，提出自己的爱憎、看法

[①]　鲁迅：《且介亭杂文》，万卷出版公司2014年版，序言第1页。

和观点,力求给人们以对事物的正确指引,起到杂文"匕首"和"投枪"的作用。

杂文对社会热点问题进行评说,需要有鲜明的观点、坚定的立场,还要有一定的倾向性,赞成什么,反对什么,一目了然。对四川省汶川县映秀镇要创建国家5A级旅游景区,很多人不理解怎么能把灾难商业化,认为刚刚承受伤痛的地方怎么能摇身一变成为旅游精品,针对这个问题,王晶晶通过调查和对比,明确提出"映秀不该被道德洁癖绑架":

> 地震是映秀回避不了的过去,但这个小镇不可能永远是灾区。如果是在尊重映秀人意愿并且能实现利益共享的基础上,争创5A景区不值得大惊小怪。就像人们期待的那样,这个饱受磨难的地方不应该为地方政绩埋单,同样,它也不应该被我们的道德洁癖绑架。[①]

杂文和议论文一样,都有论点、论据和论证。写作过程中,还要进行准确的判断、严密的推理、透彻的分析、生动的比较和逻辑性的论述,只有这样,才能使评说更有力量,有更强的感召作用。

但杂文的论述不同于一般的议论文。如在选材上,论说文倾向于抓住现实生活中重大而有意义的事物本身,从理论上做全面的分析,阐明道理。而杂文往往选取现实中具体的事物,然后再把它放到广阔的社会背景中深入挖掘,即从小处入手,揭示事物的本质和意义。

2. 文艺性

杂文的基础是议论,但杂文的议论具有文艺性的特点。

杂文不像一般议论文那样抽象地说理,或者简单地举例说明,而是运用精炼活泼的形象化的方法,通过对具体事例的剖析,用比喻、征引、联想、引申、夹叙夹议等手法来阐发深刻的道理。如林少华的《"211"和出身论》一文从研究生因为本科院校不是"211"而找工作受阻这件事说开去,开始意识到"211"和出身论的关系,并通过联想和"文革"期间的阶级出身论相比较,警示眼下的本科出身论和几十年前的阶级出身论性质虽然截然不同,但同属出身论,因而可能是另一种血统论。[②]

杂文具有形象性,形式灵活,譬喻生动。只要结构安排得当,杂文可以旁征博引,时而古代,时而当下,时而海外,时而国内,可以粗笔勾勒,亦可以

---

① 王晶晶:《映秀不该被道德洁癖绑架》,《2012中国年度杂文》,漓江出版社2013年版,第171页。

② 林少华:《"211"和出身论》,见《东方早报》2012年5月11日。

精雕细琢，只要围绕主题，就能把散落的珍珠串成精美的项链。

杂文的文艺性贵在其"杂"，形式多样、联想多样、表现手法多样、修辞手法多样。形式的多样性指结构形式多样；联想的多样性指其不拘泥于写作环境，可以旁征博引；表现手法的多样性指议论、抒情、描写、叙述等多种手法的运用。但"杂"而不乱，字字珠玑。

杂文的文艺性还在于它的形象性，鲁迅在《准风月谈·后记》中说："我的杂文，所写的常是一鼻、一嘴、一毛，但合起来，已几乎是或一形象的全体。"杂文的形象性不同于小说、戏剧要求塑造完整形象，刻画人物性格的发展变化，杂文只要简单勾勒侧面，抓住典型即可。

与散文相比，杂文所涉猎的内容要窄。从评论性来看，杂文是议论文的佼佼者。杂文将议论文的评论性和散文的文艺性完美统一。

3. 讽刺性

杂文还以其幽默、讽刺性著称。针砭时弊，鞭挞丑恶，探索真理，对世事不加掩饰地鞭笞，对好的事物由衷地赞美，对恶的事物辛辣地披露，运用形象化的手段，使杂文具有漫画的功效、辛辣的意味。如吴晗《人和鬼》里的一段："蒲松龄和纪晓岚笔下的鬼，形形色色，什么样子脾气的都有，其中有些鬼写得实在好，很使人喜欢。他们通过鬼的故事来讽刺，教育活着的人，说的是鬼话，其实是人话。也写有一些活人，看着是活人，说的却是鬼话，做的是鬼事。"①

二、杂文的写作和要求

写作杂文要求作者具有良好的文化修养、敏锐的政治敏感度和较高的驾驭语言文字的能力。杂文写作时应注意以下几个方面：

（一）选材立意"小中见大"

杂文的题材多种多样，任何材料都可以作为写作的素材。初学者应多方涉猎，广博取材，这也是杂文之"杂"的一方面。

选材"杂"，但说理要有条理，所包含的信息量要大，知识要丰富。在选材立意方面要做到"小中见大"，做到从大处着眼，小处落笔，即我们常说的"大题小作"，想说明一个社会性的大问题，可以从大家关注的一件小事说起，一步步引导深入，提出自己的观点，循循善诱，使说理更充分。

马伯庸的《人民群众是不怕麻烦的》一文向我们讲述了这样一件小事：

---

① 鲁迅：《准风月谈》，北京师范大学出版社2014年版，第234页。

行人走出地铁站后只需走过街天桥，便能便捷地到达辅路人行道，但在地铁站口和过街天桥之间被人为地设置了一条极长的铁栅栏。如此一来，行人必须从两侧的楼梯下去，然后再走大约30米到40米的路程，绕过铁栅栏，再回到辅路旁的人行道。为此，行人和相关部门之间展开了"艰苦卓绝"的斗争，行人打开栅栏缺口，工作人员重新封锁，如此三番，工作人员干脆将垃圾桶设置在缺口处，怎料还是难以阻挡不怕麻烦的群众。作者通过这件小事，意在指出："他们宁愿跟行人死斗了两年多的时间，耗费大量资源在墙的修补上，却不肯只花上两个工人一天的工时，在铁栅栏上做一个正式的出口，一劳永逸。所以结论是，有关部门其实也是不怕麻烦的。"①如此举手之劳的事，却如此费周折，如果能人性化一点，岂不皆大欢喜。

（二）艺术构思"虚实结合"

杂文在说理的同时往往列举生动形象的例子来佐证，或者直接用实例来讲道理；抑或虚写一件事，而实指另一件事。在表达观点的时候，要做到虚实结合，以虚统实，以实带虚。单纯的讲道理容易流于说教，枯燥乏味缺乏可读性，适当的实例在映衬说理的同时，增加了文章的灵活性，增强了幽默讽刺性，使文章生动活泼。

张心阳在《想起了李勇奇》中写道：一乡村卫生院在两年前对新生儿身体筛查时，发现有一个叫洪敏的孩子患有"促甲状腺激素偏高"的疾病，如不及时医治，后果严重。医院多次催促孩子父亲治疗，均被拒绝。几经周折，医院发现父亲不给孩子医治是因为他认为这些人是合起伙来骗钱的，自己绝不能上当。由此作者想到了《智取威虎山》里的猎户李勇奇，因长期居住在土匪和国军领地，一直被人打劫、欺骗，所以当人民子弟兵突然来到眼前，也横眉冷对，要用匕首拼命。他们都对社会充满了不信任和警惕，但我们在某种程度上又何尝不是"李勇奇"？作者列举了"宰客店""毒胶囊"等，指出："其实我们哪个人生活得不像李勇奇，只是表现的程度和方式不同而已。"②阐述的道理和实例紧密结合，给人留下深刻印象。

（三）写作手法"多管齐下"

杂文在具体的写作过程中，多种写作手法的运用往往可以达到或控诉或讽刺或惊醒的作用，这些方法主要有运用曲笔、使用反语、使用对比方法以及采用归谬论证法等。

---

① http://blog.sina.com.cn/s/blog_561ee4750100093x.html，2022年3月21日访问。
② 张心阳：《想起了李勇奇》，见《今晚报》2012年6月6日。

涉及一些敏感度高的问题时,作者往往运用曲笔来表达立场观点。鲁迅在《两地书》中也认为写杂文时"造语还需曲折"。如在《春末闲谈》里,鲁迅原意在于揭露统治者对人民的"麻痹术",却是从《诗经》扯到小青虫,从小青虫说到细腰蜂,步步引向"不死不活"。又如沙叶新在《中国动物各阶级分析》中讥讽"人分十等",并顺手对"时时不忘阶级斗争"的"文革"流弊进行调侃。

杂文写作中反语应用比较普遍,"正话反说"与杂文讽刺幽默的基调相协调,反语力量更足、铿锵有声,往往比正面论述更有力,更震撼人心。

对比方法的使用,使清者更清,浊者更浊,卑鄙者更为丑陋,高尚者更为美好。美丑、正邪、贫富、苦乐立现,无需多做判断分析,顷刻间达到"此处无声胜有声"的效果。

杂文时常针砭时弊,揭露社会弊病,为了达到对丑恶事物更有力的"投击"效果,往往会按照丑恶事物的荒谬言行进行推理,从而达到不攻自破的目的。此种写法是以夸张为基调、漫话式的白描为手段,让被讽刺的对象"振振有词",达到"越抹越黑"的艺术效果。

吴启钱的《大妈,你的名字应该叫优雅》,运用正话反说、漫画式白描的笔法,指出"中国大妈"被人诟病的原因:

> 当然,一些中国大妈身上确实存在着许多让人讨厌的不太文明的地方。比如不守规则,不尊重别人,自私霸道,爱贪小便宜,甚至有"不听大妈话,就要你好看"导致重庆公交坠江的刘姓大妈这样害人害己的犯罪案例。为此网上甚至出现了"中国大妈已经成为一种'自然灾害'"这样的极端言论。
>
> 有钱有闲后的中国大妈,本应是一个自信从容、优雅端庄、温良谦和、宽厚内敛的群体啊!很遗憾,满中国满世界走的中国大妈们还没有达到这一步。
>
> 这背后,是教养的不足,是审美的缺陷,是角色的迷茫。……①

(四)语言文字"庄谐并作"

好的杂文时而嬉笑怒骂反驳,时而严肃冷静说理,时而含蓄,时而夸张,时而庄重严肃,时而谐趣横生,文采飞扬,令人叫绝。语言上雅俗共用,幽默诙谐,曲折冷峭;文笔骈散结合,庄谐并用。总之,杂文的语言体

---

① 吴启钱:《大妈,你的名字应该叫优雅》,见《杂文月刊》2019年第1期。

现了作者的思想深度和智慧,短小精悍的篇幅,在作者智慧的笔下,很容易收到以少胜多、意在言外、一波三折、迤逦不绝的效果。易中天的《中国最缺底线》一文,生动幽默,言语犀利,运用多种修辞手法,文字在他的笔下熠熠生辉:

  你问当下中国缺什么,我看最缺底线。这很可怕。一个人,没了底线,就什么都敢干。一个社会,没了底线,就什么都会发生。比方说,腐败变质的食品,也敢卖;还没咽气的病人,也敢埋;自己喝得五迷三道,那车也敢开;明明里面住着人,那房也敢拆。还有"共和国脊梁"这样的桂冠,也敢戴,全不管那奖多么野鸡,多么山寨。

  于是冲突迭起,于是舆论哗然。不是"当惊世界殊",是"世界当惊殊"——怎么会有这种事?怎么会这样?

  奇怪并不奇怪,不奇怪才怪,因为突破的都是底线,比如"恻隐之心",比如"敬畏之心",比如"己所不欲,勿施于人",比如"杀人偿命,借债还钱"。这些原本都是常识,却被丢到九霄云外。被严令禁止的"毒奶粉",自然会重现江湖。

  可见,底线是最重要的。没有了底线,企业就会弄虚作假,学者就会指鹿为马,裁判就会大吹黑哨,官员就会贪赃枉法,警察就会刑讯逼供,法院就会草菅人命。从这个角度说,底线就是生命线。

  人类为什么要有底线?为了生存。人,是社会的存在物。任何人,都不能一个人活在这世界上。所以,只有让别人生存,自己才能生存;让别人活得好,自己才活得好。希望所有的人都活得好,甚至为了别人的生存放弃自己的利益,这是"境界"。至少不妨碍别人的生存,不侵犯别人的利益,不破坏社会的环境,这是"底线"。其中,通过立法程序明文规定下来的,是"法律底线";在社会生活中约定俗成,大家都共同遵守的,是"道德底线";各行各业必须坚守的原则,比如商家不卖假货,会计不做假账,医生不开假药,是"行业底线"和"职业底线"。境界不一定人人都有或要有,底线却不能旦夕缺失。因为底线是基础,是根本,是不能再退的最后一道防线。基础不牢,地动山摇;防线失守,全盘崩溃。

  中国人从来就有底线。做生意,明码实价,童叟无欺;做学问,言之有据,持之有故;做官,不夺民财,不伤无辜;做人,不卖朋友,不丧天良。正是靠着底线的坚守,中华民族虽历尽苦难,中华文明却得以延续。

  要想守住底线,必须不唱高调。因为那些"道德高标",比如"毫不利己,专门利人",并非所有人都能做到,甚至是大多数人做不到的。做不到,又必须做,就只好做假。道德做假一开头,其他的造假就挡不住。假烟、假酒、假合同、假学历,就都来了。当下中国缺底线,这是重要原因。或者说,重要原因之一。

所以,我对未来中国的希望,就是八个字——守住底线,不唱高调。①

第三节 影视评论写作

影视评论是受众对电影和电视剧作品进行分析的评论性文字。一般来说,影视评论是广大受众在看过影视剧作品之后有所感而自发记录的言论,即"观后感"。从专业的角度来看,影视评论是专家通过分析影视作品,为读者理解电影和电视剧作品提供的专业性指导意见,如影视作品相关的背景知识、演员的表演功力、与同类型电影或电视剧的比较,等等。

一、影视评论的特点

(一)评论者的娱乐性与专业性

电影已经成为大众娱乐的主要方式之一,人人都看电影,但是人人都知道如何解释电影吗?对于电影系的学生来说,这是一个严肃的学术难题。但是对于大众来说,我们或多或少都会对电影或电视剧作品有一些自己的看法,并且这些影视作品已经不可避免地成为人们日常生活的一部分。电影的发明将人们聚集到宽阔而幽暗的电影院里。电视机的发明将人们的生活从广场转移到家中的客厅。人们习惯于在茶余饭后谈论新近播出的电影或电视剧中的人物或剧情,甚至将剧中的人物作为偶像来膜拜。所有这些变化都是因为那些画面与我们的回忆、我们的感受、我们的情感紧密相连,通过电视或电影,穿越时空的界限,重现在人们的眼前(不管是在现实中还是想象之中)。由此,每个人都愿意将心中所想用文字记录下来。尤其在这个信息时代,人们可以通过网络微博、豆瓣空间、微信等新媒体形式来传播自己的"观感"。例如在豆瓣官网的电影分栏下,几乎每部电影电视剧作品都有网友的评论。这些评论对影视作品褒贬不一,语言辛辣直接,有专业

---

① 《工友》2011年第12期。

的电影电视剧分析,也有专注于吐槽与找碴儿的,可谓百花齐放、精彩纷呈。

与大众的"娱乐性"相比,影视专家学者更注重从专业的角度对影视作品进行分析性的评价。美国著名学者科里根在《如何写影评》一书中强调专业评论不同于一般意义上对作品的讨论。他指出:"评写电影就是一种与读者更加凝练而审慎的交流。我们的评论可以针对演员的表演,也可以表达因某些场景而引发的兴奋,还可以泛泛地讨论所发生的故事及其原因,或是为什么影片没有明确回答这些问题,等等。"①对于这些问题的分析可以帮助读者更好地理解作品,使读者对在作品中体会到的某种莫名的感受有更为清晰与深刻的认识。正如富有争议的第78届奥斯卡金像奖最佳影片《撞车》,它击败了当年获奖的大热门影片——李安导演的《断背山》。对于这样一部反映种族主义的影片为什么会获此殊荣,科里根在其书中引用了一位电影系学生的评论,给我们提供了一个具有专业知识的答案:

> 保罗·哈吉斯的《撞车》(2004)对今天仍然存在于美国的种族主义作了客观而冷静的思考。它提到了生活在洛杉矶的各个民族,描绘了非洲裔、拉丁裔、波斯裔、高加索裔和亚裔美国人的日常生活:一些是上层社会的郊区居民,一些是年轻的专业人员或者正在奋斗着的创业者,还有一些是在大街上晃荡的穷苦孩子。但是,这部电影的精彩之处不在于它描绘了这么多众所周知的社会和种族差异,而在于它通过标题的隐喻意义和许多不同故事的偶然重叠来揭示这种差异。在《撞车》里,种族仇恨是个人自我封闭的结果,就像一辆封死了却仍然在行驶的车。尽管存在这种孤立感,电影展示了一个可怕却不可避免的结局:就像高速公路上超速行驶的车一样,这些人不断超出轨道,最终引发了爆炸性的撞车。电影向我们暗示了一种补救的可能性,因为相撞意味着接触,而相互接触将促使彼此间产生同情和理解。正如侦探唐·奇德尔在影片开头所说的那样,"我们总是藏在这些金属和玻璃的后面。我们如此地渴望彼此能够有所联系,以至于我们撞车,因为只有以这种方式,我们才能够有所感觉"。

从上文的评论中,我们可以获知感性体验之外的理性分析,这种分析也带给我们一种不同的观影体验,有助于读者重新认识与发现电影的意义,并且使这一过程充满乐趣。

---

① 〔美〕蒂莫西·科里根:《如何写影评》,陆绍阳译,世界图书出版公司2009年版,第4页。

（二）评论内容的启发性与导向性

正如文学作品中，读者对作品有不同的理解，影视评论也是如此，并不是所有人都欣赏同一部电影。对同一部电影而言，人们有着不同的意见。专业的评论不只限于对影片的推荐，也会有言辞激烈的反对意见。对于前述《撞车》的正面评价，科里根也在书中给出了负面评价的例子：

> 《撞车》(2004)是一部糟糕的影片，因为很少有一部美国电影试图讨论种族主义。尽管用意很好，但是，影片并没有脱离一种情节剧式的忧郁。这种忧郁根植于那些郊区富裕白人、野心勃勃的非洲裔警察局职员、波斯裔商人、愤怒的街道游荡者的绝望生活中。不仅这些人没有表现出任何心理上或者智力上的复杂性，而且，简单地用一部描述个人孤独的影片来解释种族主义并不合理，因为《撞车》并没有指出支撑美国种族主义背后强大的经济和政治力量。影片的结局具有暗示性：一群被释放的亚洲移民无助地走在纽约大街上，暗示了虽然影片的主角已经尽力争取正义，但是他并没有给这些无名外侨的未来带来任何希望。

可见，负面评论可以使人们对影片的理解更加全面，具有启发性和参考意义。

与影视作品的启发性相关的是，影视作品中蕴含的价值观也可以通过评论更清楚地表现出来，从而使得评论对大众而言具有一定的导向性。对于表达主旋律的影片和电视剧而言，其审美体验不仅是还原现实的真实，还要突出民族自身具有的精神与特质，从而起到宣传、教化的作用。例如，新时代军事题材剧《士兵突击》就是选取一个普通士兵成长为精英的小人物视角，来展现拼搏奋斗、坚持信念与铁血军魂的深刻思想。由于电视剧是面向大众传播的，电视剧的意识形态取向势必会影响大众的审美情趣，必要的引导与正能量的传递是符合时代需求的。

（三）评论目的的多样性与单一性

影视评论除了可以帮助读者对影片有更全面更深刻的理解，还可以发挥更多的功能。

针对读者不同的需求，影视评论的目的体现出多样性的特点。对于一部新电影或电视剧来说，影视评论往往是为没有看过这部作品的观众写的。那么，它的目的主要在于介绍影片或电视剧的内容。这样，影视评论往往也会概括地介绍故事梗概、参演演员、相关背景和特色，等等。而这种概括性的描述也需要考虑到读者不同的文化背景。如果向外国人介绍电影《卧虎藏龙》，你就需要多点笔墨谈谈功夫、江湖，而对中国观众，则不需要太多解释。另一方面，如果观众对影片非常熟悉，那么概述性的影评就难以满足观众的胃口。此时，需要更加专业性的评论来对作品进行深入的分析。比如说，《黑客帝国》是一部流行的影片，有人甚至看了很多遍。但是对影片中数字的寓意、宗教的寓意、创新的技术手段（如"子弹时间""定格旋转"），等等，则需要专业的影评人士来进行讲评。

除此之外，影视评论还有一个共同的目的，就是是否推荐这部作品，即是否要说服大众去观看这部电影或电视剧。传统意义上，这个工作由专业的影评人完成，他们负责对电影进行评价，并引导大众的审美导向。但是随着电影市场的迅猛发展，资本和市场影响了对电影的评价，也影响了电影产业的发展。再者，网络时代人人都可以发出自己的声音，这些网络影评也在一定程度上产生了影响。对于这一现状，戴锦华《呼唤影评人》①一文呼吁专业影评人的回归。原文节选如下：

> 而在我看来，电影批评无外乎有两种。一是广义的电影批评，近年来，我的看片量又重新恢复的时候，我开始再次肯定我当年专注于电影时的体会：电影仍然是望向今日世界最重要的窗口。透过这个窗口，我们几乎可以看到今日世界上发生中的一切，通过电影，我们甚至可以看到全球化的主流"大银幕"有意、无意地遮蔽的社会现实。电影作为望向世界的、社会的、文化的窗口，不仅是魅惑、也是祛魅，因此它可以介入、助益于各个学科、各种诉求、意图的研究。我们经常开的一个玩笑是，在北大哪个专业的教学没使用电影作为辅助教材？在电影专业内部，在电影批评的名目下，对影片的讨论可以是审美的，可以是电影语言的，可以是文化研究或社会批评的，可以借助电影，展开对中国社会，对全球化时代的整体研究和分析。后面这种，是我从属的场域。当然，网络时代，人人都是影评人，每个看电影爱电影人都可以写下、公开自己的观后感。
>
> 但严格意义上的"影评"——应该被严肃讨论的、可能多少涉及市场政策和创作层面的影评，是一个健康的、健全的市场机制的内在环节。职业影评人通过自己所谓的独立品格——相对于制片公司和发行公司的独立品格——建立自己市场信誉，确立自己电影品位和形象，借

---

① 戴锦华：《呼唤影评人》，《北京电影学院学报》2016年第1期，第18—19页。

此,他对观众、某一类观众形成信誉,他的评论因此对影片的票房形成影响。当中国电影突破了700部,现在向800部进军之时,市场的有效正态分布已成为问题。今天市场高票房低品质,是因为中国电影观众是特殊意义上的新观众——没有与之成长相伴随的连续的观影经验的观众,而今天"喂养"他们的中国市场是垄断性的,我想这是造成高品质低票房的内在原因之一。因此,呼唤更多的专业影评人,呼唤因不被市场买断而确立自己市场信誉的影评人,便显得颇为急切。当然,"烂片热卖"、"不烂不买"的现象绝不是影评人们可能逆转的,而必须通过多层次的规范和丰富中国电影市场来完成。这无疑是已如此庞大的中国电影业是否可持续的关键之一。

二、影视评论的写作要求

(一)确定作品的主题内容

主题是文章的灵魂,也是影视剧作品的灵魂。需要指出的是,这里的主题并不是电影的"道德"或者"启示",而是电影中用来帮助人们理解电影情节的大大小小的概念。① 为了找到这些概念,我们需要回答以下几个问题?

谁是主角?

角色本身及其与他人的关系意味着什么?个人或社会的重要性,还是人的坚毅或慈悲?

角色的行为如何呈现言之有物的故事,或是一个有无数种意义的故事?

故事强调改变或者坚持的好处了吗?

什么样的生活或行为是电影希望你肯定或批评的?为什么?

如果传递的信息或故事不是连贯的,为什么?

电影激发了你怎样的感觉?高兴?沮丧?困惑?为什么?

为了回答这些问题,作者需要用准确的词语来表示故事背后的主题。例如,对于卓别林的《城市之光》和昆汀·塔伦蒂诺的《杀死比尔》来说,"疏离感"较好地概括了作品中对人物命运的解读。这些主题将会为评论分析提供重要的基础和思路。

---

① 参见蒂莫西·科里根:《如何写影评》,陆绍阳译,世界图书出版公司2009年版,第38页。

(二)梳理作品的叙事形式

一般的影视作品(纪录片或实验电影除外)都具有一定的叙事形式。与之类似,在很多文学作品尤其是小说中,故事情节的发展也是重点关注的内容。为了挖掘出影视剧作品中的叙事线索与结构,我们可以提出一系列问题来进行分析,例如:

1. 影视剧作品是否具有故事性?如果不是,为什么?

2. 影视剧作品所讲述的故事是如何展开的?是按照时间先后顺序来安排故事情节的吗?为什么要采取这种方式来讲述故事?

3. 为什么选取剧中的情节?剧中忽略了哪些故事中应有的情节?为什么?

4. 影视剧中是否有旁白?是否有剧中的角色来表述旁白,为什么?

5. 作品中的情节是如何发展的?剧中安排的情节对推动故事的进展有何好处?

(三)挖掘作品的背景信息

为了帮助观众对影视剧作品有更深层次的理解,我们还需要对作品的相关背景进行挖掘。这些信息包括作品中历史事件的表现方式和原因、作品来源的交代、作品制作过程中的重要事件,等等。

例如,张艺谋的《归来》取材于严歌苓的小说《陆犯焉识》。对这类改编题材的影视剧作品,了解原著的内容有助于观众更好地理解作品。一方面,原著内容比影视剧作品更丰富,人物的来龙去脉交代得更清楚,而电影受限于篇幅,难以达到原著的全面性与精确性。另一方面,改编的作品与原著并不完全一致,这些不同也是影评人津津乐道的地方。例如,电视剧版《围城》跟原著相比,有人认为它难以重现原著中语言的精彩魅力。

再者,对于一些特定题材的影片,如功夫片,对拍摄技巧的讲解也易于吸引人。通过这些知识的介绍,可以帮助观众了解到片子的拍摄过程,使观众对影片的制作、演员的表演能有一个全面的认识。例如,在对成龙的作品《新警察故事》进行宣传的时候,就有作者提到成龙拍片从来不用替身的信息。这不仅是对成龙辛苦的一种认可,也是对观众的一种提醒,同时也是一种软性的推荐——为了真功夫,推荐大家去电影院捧场。

(四)关注作品的细节部分

1. 开头和结尾的设计

在影视剧作品中,最令人难以捉摸和具有技术含量的部分就是试图分析开头和结尾的设计、画面重复的意义以及摄影机技巧的运用。我们需要对影视剧中反复出现的镜头、台词、音乐、人物行为、故事情节等内容进行分析,并试图理解这一画面语言所蕴含的深意。例如,《绿野仙踪》中开场时高齐小姐骑着脚踏车,到了影片后面变成了奥兹国女巫骑着扫帚的画面。

2. 意象解读

影视剧作品中有许多涵义丰富的意象,对意象的解读是分析作品的重要环节。电影《黑客帝国》可以说处处皆有玄机,它不是简单的科幻动作片,而是一部严肃的探讨生命与死亡、人类与社会、过去与未来的真正意义上的大片。下面选取网络上的经典影评来举例说明:

（1）Trinity 的门牌号 303,Trinity 是"三位一体"的意思,即基督教的圣父、圣子、圣灵,同时 3 是一个稳定的数字,如 Reloaded 中,Morpheus 说:"我看到了三个目标,三艘飞船,三个船长……";Trinity 穿过窗户,那个窗户正好是 3 点的样子,又是 3,还有光。接着 Trinity 说了三声 Get up,又是双关,get up 除了起来还有醒来的意思;Get up 在影片中出现了三次,救 Morpheus 时 Neo 在直升机上喊了三次,Neo 复活时 Trinity 也喊了三次。

（2）Neo 的门牌是 101,因为他是"The One"。

（3）Neo 工作的公司叫作 Metacortex,要知道,这部电影的某个物品如果在画面上停留一定的时间,就一定有所说法。Meta-是构词成分,有表示"位于某物之后"的意思,cortex 有表层、表面的意思,连起来就是"位于表面之后"。即,真相在 Matrix 表象之后。①

3. 影视剧技术与特效

随着计算机技术的不断发展,电脑特效在影视剧作品中的应用起到了举足轻重的作用。对于这些技术的分析性文章,也是吸引观众的重要信息。例如,《黑客帝国》系列影片使得"子弹时间"这个技术大放异彩,为世人知晓。在影片中,主人公在躲避子弹的时候,好像时间突然静止,人们可以看到子弹飞行的轨迹。再如詹姆斯·卡梅隆的《阿凡达》中美轮美奂的 3D 技术,重新定义了 3D 市场,也得到了爆收 27.8 亿美元票房的奇迹。

---

① http://tieba.baidu.com/p/134442046,2022 年 3 月 22 日访问。

第四节　学术论文写作

一、学术论文的分类

（一）学术论文的含义

学术论文是为了论述新的科研成果或科研见解而使用的一种文章体裁。它对各学科领域中的某些问题或某些现象进行系统科学研究，以期得出理论性和规律性的见解。凡是专门讨论某领域中具有学术价值的问题并得出有创见性观点的文章，都可以称之为学术论文，简称论文。

学术论文是记录、保存、交流和传播科学技术及科学思想的主要形式，通过对科研或实际工作中得到的材料进行科学的归纳、分析、推理，而后形成文字记录。学术论文将人们在各个阶段的科研成果贮存下来，起到了传播科学知识和科学思想，进行科学交流的作用。这种文章形式对于推动科学技术、人文社科的发展，促进人类文明进步具有重要意义。

学术论文属于议论类文体，具有论点鲜明、论据充分、论证严密的特点。但其又不同于一般的议论文，学术论文是建立在对相关事实的科学分析论证基础上的，通过系统研究得出的创见性科研成果，区别于一般议论文的旨在发表看法和感想的随意性。学术论文的深度和广度，也是一般论说性文章难以企及的。

（二）学术论文的分类

根据不同的标准，学术论文可以划分为不同类别：

1. 以学科领域为标准分类

按照不同的学科领域，可把学术论文分为自然科学论文和社会科学论文两大类。每类可按各自的门类再细分下去，如社会科学论文又可分为文学、语言学、历史学、哲学、教育学、经济学、心理学等学科论文。

2. 以研究内容为标准分类

按照不同的研究内容，可将学术论文分为理论性研究论文和应用性研究论文。理论性研究论文着重阐述相关的学科概念、基本理论。应用性研究论文侧重于将理论知识转化为实际生产应用，可直接应用并服务于社会生产。

3. 以涉及问题的性质和范围为标准分类

以涉及问题的不同性质和范围，可将学术论文分为专题性学术论文和综合性学术论文。专题性论文是运用一种学科的知识,对某一学术问题或某一学术问题的某个方面进行分析研究,得出相关结论。综合性学术论文是指运用多学科知识,对某一学术问题或某一学术问题的某个方面进行综合研究,得出新颖全面的结论。

4. 以表现形式为标准分类

按照不同的表现形式,可以将学术论文分为研究报告、学术论著、学位论文。

5. 以社会功用和目的为标准分类

根据社会功用和目的不同,学术论文可分为学术报告、期刊论文和学位论文。

(1)学术报告

学术报告是指在相关的学术会议和交流会上现场宣读的论文。目的在于推动专业工作者进行学术探讨、发表最新研究成果,显示各学科发展的新动态。一般以口头形式进行汇报,可以是成熟的论文形态,也可以是初步的设想、想法。

(2)期刊论文

主要指各学科领域的专业人员为介绍自己最新的科研成果,在学术期刊上发表的论文。这类论文有一定的篇幅和字数要求,具有专业性、科研性、创新性等特点。

(3)学位论文

指学位申请者为了获得学位所撰写的论文,通常也指毕业论文。被授予学位的人要运用所学专业知识,分析和研究本领域的有关专业问题,撰写出有一定学术水平的论文。

根据《中华人民共和国学位条例》的规定,学位论文分为学士学位论文、硕士学位论文和博士学位论文三种。

学士学位论文是指高等学校的本科毕业生撰写的学位论文。要求被授予学位的人较好地掌握本门学科的基础理论、专门知识和基本技能,具有从事科学研究工作或担负专门技术工作的初步能力。达到上述水平者,授予学士学位。

硕士学位论文是指高等学校和科学研究机构的研究生,或具有研究生毕业同等学力的人员所撰写的学位论文。要求被授予学位者在本门学科上掌握坚实的基础理论和系统的专门知识;具有从事科学研究工作或独立担负专门技术工作的能力。达到上述要求并通过答辩者可授予硕士学位。

博士学位论文是指高等学校和科学研究机构的研究生,或具有研究生毕业同等学力的人员所撰写的学位论文。要求被授予学位者在本门学科上掌握坚实宽广的基础理论和系统深入的专门知识;具有独立从事科学研究工作的能力;在科学或专门技术上作出创造性的成果。达到上述要求并通过论文答辩者可授予博士学位。

就高等院校而言,除了学位论文,还有学年论文和课程论文。学年论文是在校学生的一种独立作业,目的在于考查学生初步运用专业知识进行科学研究、独立撰写论文的能力。课程论文是在校学生就某一专门课程,运用初步掌握的知识,提出对某一问题的见解,进而独立撰写出的有一定学术价值的文章。这是撰写学年论文和学位论文的基础。

二、学术论文的特征

(一) 理论性

学术论文主要探索各学科中的学术问题,作者通过对学科某领域某一问题的分析研究,依赖自己的学术功底,得出对该问题有价值的结论。

学术论文不同于资料综述、工作总结或者产品说明书,不只停留在对表象的归纳和整理上,而是要将科研成果提升到理论高度。在这个过程中,作者要通过对客观事物的观察和系统分析,揭示和论证客观事实的规律和对这些规律的认识。这是一种由感性上升到理性的认识,具有理论性。

(二) 科学性

学术论文的科学性是指其写作要在严谨的科学态度下,运用科学的研究方法对客观事实进行研究、分析和探索,采用规范化的格式得出理性的见解。

1. 内容客观

学术论文是对客观存在的事实进行研究,通过收集真实可信的资料进行分析,找出事物本质,揭示客观规律。

2. 方法科学

学术论文是运用数据、实验等方法,在合乎逻辑的基础上合理操控、严密论证,得出真实可靠的结论。

3. 格式规范

各学科的学术论文都要符合一定的规范标准。

4. 态度严谨

学术论文写作要秉承科学的态度,在真相面前实事求是,不允许任何的主观臆断和弄虚作假。

(三) 创见性

创见性是指就某一问题、某一现象提出有别于前人的独到见解;发现了某个新情况、新现象,提出了新观点;纠正和补充前人所提出观点的不足之处。

创见性是衡量学术论文价值的重要标准。或是理论上的革新,或是方法上的创新,或是获取材料的更新。学术论文必须具有创见性,坚决杜绝抄袭、重复和做无用功。

(四) 可读性

学术论文虽然是各学科就某些专业问题进行的理论性探讨,会涉及一些专业名词和术语,外行人可能会难以理解,但是,一篇好的学术论文还应该具有较强的可读性,非该专业领域的人读到时,应该很容易理解其中底细。这就需要作者具有较强的逻辑性和娴熟的驾控语言文字表达的技巧,能够把复杂问题简单化,把深奥的道理说得通俗易懂。而要坚决杜绝"贴标签"和"假高深",引用一堆翻译来的名词吓唬人。

三、学术论文的写作和要求

(一) 确定选题

选题的好坏,往往决定学术论文的价值。选题得当与否,也决定着科研的方向和路线,影响到整个科研工作的进程。所以,选题要慎重,要反复琢磨。选出有价值的、有创见性的适合自身所长和条件的题目,往往可以得到事半功倍的效果,否则,选题不当,做无用功,往往会产生挫败感。那么,面对万千变换的客观事实和浩如烟海的前人成果,如何进行选题呢?

1. 善于继承和发现

科学技术发展到今天,前人已经积累了相当多的成果,几乎对每一问题,前人都提出过或深或浅的见解,我们要想对问题进行深入探讨,就必须认真研读前人留下的宝贵材料,正如牛顿所说:"如果说我比别人看得远些的话,是因为我站在巨人的肩膀上。"

研读前人成果,可以让我们少走弯路,少做无用功。继承的目的是为了前行,在继承的过程中我们要善于发现,要带着问题去研读,要思考目前对此类问题的探讨已经发展到什么程度,有什么进展,还需要解决什么问题,这些都需要我们用发现的眼光去对待。

2. 敢于创新和挑战

选题过程中要继承前人成果,但是不能唯前人成果是真,不要过度迷信权威,要破除陈规。面对疑惑时,要敢于在客观事实和合理构想的前提下面对挑战,提出自己的独到见解,然后用科学的方法去验证。

亚里士多德提出"重物体比轻物体下落速度要快些",对此人们深信不疑。伽利略则勇敢挑战权威,对此提出质疑。1590 年,他在人们的不解和嘲讽声中走上比萨斜塔,用实验证明 10 磅重的铁球和 1 磅重的铁球同时落地,并由这个实验发现了自由落体定律,打破了科学禁区,证实了真理。

此外,对于前人没有涉及的问题,要敢为天下先,去填补空白。

3. 培养学术敏感性

在做学问的时候,很多人会面临选题难的尴尬境地,往往抱怨自己想写的题目别人都已写过,没有题目可写。其实并不是没有题目可写,而是我们缺乏对学术问题的敏感性。面对同样一个问题,我们可能会熟视无睹,而对学术大家来说可能就有很多切入角度。如去饭馆就餐,服务员会询问"你们几个"或"你们几位",就餐者多会相应回答"几个"或"几位"。对于这样的问题,我们经常遇到,但鲜有反思。语言学专家陆俭明先生则捕捉到了这个问题,联系会话中的礼貌原则进行了深入阐述。

培养学术敏感性,要多动手,善于记录;多动脑,善于思考;多读书,融会贯通。

选题的确定具有一定的偶然性和必然性,选题的偶然性源于偶然事件的触发,而其必然性要求作者要做一个"有心人",对相关学科领域有着丰富的知识储备和浓厚的兴趣,对问题有着锲而不舍的追求精神。

在具体的选题过程中,最好从小处着手,抓住一个小问题进行深入探讨,避免题目过大,空泛无力。

(二)搜集资料

确定了选题后,搜集资料是撰写论文的一个重要环节。这是因为论点的形成是建立在对大量资料分析研究的基础上。一般来讲,搜集资料的过程中,论点也在逐步形成。而且,搜集材料的过程,也是研究逐步深入的过程,有时掌握的新的资料可以完全推翻之前形成的论点。可见正确搜集资料、广泛占有资料、全面分析资料是何其重要。

1. 有效搜集资料

如何做到有效搜集资料?

(1) 有目的地搜集

要围绕所确定的选题搜集相关资料,可以做到少走弯路,避免做无用功。

（2）掌握一定的方法技巧

在查找文献资料的过程中，除了去传统的图书馆、资料室外，还应充分利用现代信息检索手段，通过互联网、信息库、电子图书等，最大限度地熟悉和掌握有关资料。

不同学科获取资料的方式不一，有的侧重于实验法，需要借助相关设备仪器，通过实验手段得出相关数据；有的侧重调查法，需要通过问卷调查、访谈、实地采访等方法获得有效资料；有的侧重检索，需要通过信息化手段或者阅读手段检索相关材料。前两个方法可以使作者搜集占有第一手资料，后一种方法主要用于搜集第二手资料。

此外，为防止遗漏与选题相关的主要资料，可参阅期刊论文后的参考文献，从参考文献中继续获取与选题相关的资料。

搜集材料要做个有心人，准备一个小本子，对与选题相关的资料，不论是别人的话语还是偶然看书得到的灵感，都应随时记录，勤动手、勤动脑。

2. 分析整理资料

资料搜集来以后，还要进行筛选、分类、比较、鉴别、归纳、整理等工作。

面对搜集来的众多资料，我们可能会感到头绪繁杂，无从下手，这时就需要对资料分门别类，归纳整理，理出头绪。整理材料可以做卡片进行记录，卡片内容包括作者、标题、期刊名、页码；也可以对重要的观点进行文字记录。如果搜集的材料有规律且信息量大，可建立一个小的数据库，对相关数据、资料分门别类进行记录，这样可以方便查找和重复利用。

对材料的分析整理，离不开对材料的归纳。归纳前人资料中的重要观点，归纳第一手材料中得出的重要论点，然后再对资料进行必要的取舍。

（三）列出论文提纲

提纲是论文内容的要点，包含着论文内容之间的逻辑关系，体现了论文的前期形态和最初形式。提纲写作的过程也是作者借助文字符号使思路系统化、定性化、完整化的过程，可以很好地呈现全文的内容逻辑关系。提纲写成之后，可以为整理思路、安排材料、调整结构提供一个视觉框架；还可以为论文写作和修改提供依据和参照，暴露行文中存在的不足和缺陷，从而便于作者修改。

提纲的内容，由题目、论点和内容纲要组成。题目是学术论文的标题，要能概括所讨论的问题，力求鲜明，切忌空泛和歧义。论点是学术论文所阐述的核心，是作者通过科学研究得出的观点和结论，也是学术论文最有价值的部分。如果所阐述的问题不是很复杂，形成的论点也会较单一。如果所阐述问题较复杂,则可以由总论点和分论点组成。总论点统率分论点,分论点印证阐述总论点。分论点之间也可以是并列关系,最终结合而成总论点。

提纲起到一个规划的作用,可以启发作者的能动性和创造性,但如果一味地拘泥于提纲,则不利于开拓思路。在具体的写作过程中,作者既要遵循提纲,有一个目标方向,又不应过分受提纲束缚,要边写作边思考,充分发挥具体问题具体分析的能动精神。

(四)安排论文结构

学术论文的撰写大体上遵循提出问题、分析问题、解决问题的思路,进而安排全文的结构。因此,学术论文一般分为绪论、正文和结论三个部分。

1. 绪论

绪论又称引论、引言,是学术论文的开头部分。绪论写在正文之前,用来说明论文研究的缘起、对象、目的、意义、研究方法以及论文的核心内容。学位论文还应在绪论中概括在相关学科领域内前人的研究成果。

在一般的学术论文中,绪论部分占用全文比例很小,要言简意赅地说明问题。但在学位论文中,可以把绪论单设一节或一章。

2. 正文

正文是学术论文的核心部分,又称本论。这部分要着重对提出的问题进行分析,对观点进行深入论证,集中展示作者的科研成果。结论的可信与否、观点的正确与否都依赖于正文的论证。

不同学科的学术论文由于研究方法、分析论证过程、表达方式的不同,正文内容没有统一要求,如需要调查的学术论文与实验性的学术论文正文内容相差很大。但一般来说,正文部分要对提出的问题进行多角度、多方位的阐述、分析和论证,并试图得出核心论点。

展示核心论点有三种方式,一是横向展开的并列式,二是纵向深入的层递式,三是结合并列式和层递式优点的综合式。并列式的各部分之间是并列平行的关系,各部分得出的分论点从不同角度印证总论点。层递式是一种层层推进、逐步深入的关系,通过一步步的分析论证得出总论点。在实际的论述过程中,还包含着论证的各种逻辑方式,如对立关系、连贯关系等。这些逻辑方法的运用旨在使论文的论点更为突出,论证更为严密。

3. 结论

结论是学术论文的结尾部分,对全文起着概括总结、强调和提高的作用,是整个学术论文的精华部分。所以要做到言简意赅、干净利索、一目了然,切忌拖泥带水,说不到重点。在学位论文中,一般还要在结尾部分指出全文的不足之处和需要改进与深入研究的部分。

（五）敲定稿件

论文定稿需要经过两个过程，一是完成初稿，二是修改定稿。

1. 完成初稿

万事开头难，初稿的写作过程是非常艰苦的，是呈现科研成果的过程，也是作者思想深化的过程。如何把想要陈述的内容表达出来，因客观条件和个人习惯不同，可以采用不同的方法。可以按照论文写作大纲的顺序，按次序来写，依次展示研究课题的内容。也可以根据论文提纲的逻辑关系，把论文分成几个相对独立的部分，从自己感觉准备最充分、最熟悉的部分开始动笔，一部分一部分地完成初稿。然后再对全篇论文进行整合，防止不成体系。

在初稿的写作过程中，要尽可能做到思路清晰、材料充分、行文规范。初稿写作时一定要想清楚全文的逻辑结构，理顺关系，下笔才能流畅。初稿字数一般都会多于定稿，要尽可能地使材料完整，之后再进行取舍，但查漏补缺难免疏忽。初稿中的符号、单位、图、表、公式以及标点符号的书写都要符合规范。

2. 修改定稿

初稿完成之后，并不意味着整个工作的结束。人们常说，好的稿子不是写出来的，而是改出来的。初稿经过反复修改之后才能最终定稿。修改是对初稿所写内容的深化认识，是对论文表达不断优化的过程。就修改内容而言，主要有观点的修改，检查观点是否前后矛盾、片面；论据的修改，查看材料能否有效印证观点；结构的修改，审查结构是否合理，是否此轻彼重。语言的修改，看用词是否准确、语法是否不当；格式的修改，看格式是否统一、符号是否正确。

此外，还要对内容进行必要的压缩和填补。就修改时间而言，依每个人个性习惯而不同，有人趁热打铁，初稿完成后马上修改；有人则是先把原稿搁置起来，让紧张的头脑暂时轻松一下，以后再改。就修改方法而言，也因个人习惯和思维方式不同各异，主要有以下一些方法：从整体着眼，通篇考虑；逐步推敲观点，精细雕琢词句；虚心求教于他人，毕竟有些问题旁人可能看得更清楚。

经过初稿的艰辛和修改的雕琢，我们才能呈现出一篇合格的学术论文。

四、学术论文的格式和规范

除了绪论、正文和结论外，一篇规范的学术论文，还应包括以下几个信息：

（一）标题

标题要简明扼要地概括全文内容，或鲜明地提出观点。标题不宜过长，中文标题一般不超过20个字，要避免使用不规范用语。标题有单双标题之分，单标题是常见形式，双标题是在单标题后加副标题，如《"城市异乡者"的梦想与现实——关于文明冲突中乡土描写的转型》。大多数论文要求标题有英文形式，注意中文标题和英文标题的一致性。

（二）摘要

学术论文要包含中英文摘要，二者的内容要一致。一般用150—200字概括写作目的或要解决的问题、所使用的方法、得出的结论和结果以及本文的闪光点——创新之处。如《汉语的句法演变与词汇化》的摘要：

> 提要：本文对汉语历史上由于句法演变所引起的词汇化的几种情况做了分析。实词功能的变化、虚词功能的变化、词序的改变等都有可能促使相应句法结构中的某些形式发生词汇化。不过句法演变并不是发生词汇化的必要条件。由句法演变所引起的词汇化和与句法演变无关的词汇化是可以分辨的，二者具有一系列不同之处。

（三）关键词

也称主题词，是最具实质意义的检索语言。它是从论文中选取出来的最能体现文章内容特征、意义和价值的单词或术语。

每篇论文的关键词数量一般3—6个为宜，对齐写在"摘要"下方，词与词之间可以用分号";"隔开。如《汉语的句法演变与词汇化》在提要后列出了："关键词：词汇化　句法演变　虚词"。

（四）正文和结论

这里主要介绍正文的层次。一般用分级标号的方法，如"一、""（一）""1.""（1）""①"。也可以用阿拉伯数字连续分级编码，不同层次的数字之间用圆点"."隔开，末尾数字不加标号，如"1""1.1""1.1.1"，依次类推。

（五）参考文献

参考文献包含作者在写作过程中参考的学术著作、重要论文等，它显示论文写作的主要材料来源，反映作者研究的深度和广度。论文中提到的文献必须出现在参考文献中，文章中没有出现的文献则不能列在参考文献中。

参考文献的格式没有统一的规定。连续出版物中的论文文献录入格式一般为:序号、作者、题名(文献类型标识)、被载刊物、刊登日期。专著的文献录入格式一般为:序号、作者、题名(文献类型标识)、出版地、出版社、出版日期、页码。

(六)附录

附录是论文的补充项目,必要时可附上,是将一些在正文中没有表达出来但有必要表达的内容写出来。主要包括调查的设计及所得的原始数据,对同行有参考价值的重要材料等,这些与论文密切相关,但限于篇幅未能收录。

(七)注释

根据要求,对于论文中需要解释或引用的条款设脚注或尾注。

(八)字数

论文字数无统一规定。依据《中华人民共和国学位条例》规定,学士论文字数要求在6000字至10000字左右,硕士学位论文字数一般在2万字至4万字左右,博士学位论文一般在5万字以上,有的甚至多达10万字至20万字,相当于学术专著的规模。

学术论文与一般文章不同,是在科学研究的基础上得出的新观点,所以论据要确凿,不能留漏洞;行文要严谨,引用的字句均要有出处,避免剽窃和抄袭。

思考与练习

一、根据下则新闻,自选角度,写作一篇短评。

"饭圈"为何屡屡失控互撕?

新华社北京8月10日电 新华社"新华视点"记者梁姊、张宇琪

北京某大学学生王潇点开微博,发现自家粉丝又和别人"撕"起来了。王潇的偶像是国内一个男团的成员。她无奈地说,这个团自带"腥风血雨"体质——即矛盾大、互撕多、粉丝之间积怨很深。

从"屠广场""刷黑词条""控评",到攻击、造谣、"人肉"搜索……不少明星"饭圈"常年"腥风血雨",粉丝动辄争斗不休。"饭圈"为何屡屡失控互撕?

(新华网2021年8月10日)

二、选择一部正在热映的电视剧,写一篇文艺短评。

三、根据下面的报道,写作一篇影评。

《私人订制》口碑两极 影迷股民皆关心

《金羊网—羊城晚报》2013年12月21日 14:30

羊城晚报记者　王正昱

备受瞩目的冯氏贺岁喜剧片《私人订制》日前公映，立即掀起"全民讨论"热潮。就电影本身，《私人订制》凭借片中的三个"小品"，被影评人称为是冯小刚执导的"马年春晚前传"；但另一方面，虽然有人骂《私人订制》是烂片，但它首日却斩获超过8000万元的票房，仅次于《西游·降魔篇》，位列华语电影开画纪录第二名。

还有一点值得一提，华谊兄弟的股票价格在《私人订制》遭遇差评后一度大跌，市值蒸发超过62亿元，这中间的资本市场运作内幕遭到网友热议。《私人订制》已不仅仅是一部电影那么简单，有关它的影评除了能影响观众的观影选择，还可能成为股票涨跌的导火索。

《私人订制》在12月19日公映后，关于这部电影的口碑也呈现两极化。有人说这不是一部电影，只是三个小品段子加上一个谢幕组成的"马年春晚前传"；也有人说看这电影就为图一乐，不用太挑剔。

四、请理解、分析以下关于杂文的观点，并谈谈你对杂文写作的看法。

有人劝我不要做这样的短评。那好意，我是很感激的，而且也并非不知道创作之可贵。然而要做这样的东西的时候，恐怕也还要做这样的东西，我以为如果艺术之宫里有这么麻烦的禁令，倒不如不进去。（鲁迅《华盖集·题记》）

我之所以不管人们轻蔑，自顾做我的"杂文"，就是因为相信在现在这个时代中，"杂文"对于社会实在很有点用处。（徐懋庸《打杂集·作者自记》）

杂文是一种很锋利的武器。它没有一定的体裁，也不受什么清规戒律的束缚，生动活泼，短小犀利。……当然，也应指出，被批评的单位或个人必须认识到作者与人为善的心情，不是存心为难，而是帮助改进、提高工作。要以有则改之、无则加勉的态度来对待善意的批评。要不是这样，一篇杂文发表了，这个提意见，那个忙于辩解，另一个则认为作者有意中伤，这样做的结果，杂文被扼杀了，批评也就没有了，绝非好事。（吴晗《多写一点杂文》）

文章写得很俏皮，但其风格和态度却是站在云端里看笑话的冷嘲式，丝毫没有"哀其不幸、怒其不争"的淑世精神。究其实这也是另一种形式的"玩杂文"，和本该是热烈地拥抱现实的批判艺术之杂文是有距离的。（何满子《杂文不景气两题之〈"玩杂文"〉》）

五、选择时下热门话题,遵循杂文尖锐、泼辣、幽默的特点,写作一篇杂文,给《杂文月刊》或《杂文报》投稿。

六、请结合教材中的内容分析以下影片的叙事形式。

《泰坦尼克号》《阿甘正传》《霸王别姬》《英雄》《建国大业》。

七、试分析电影《黑客帝国》中下列符号的意义。

1. 人物的姓名;
2. "Follow the rabbit"的意义;
3. "光"的运用;
4. "matrix"的意义;
5. 红色的寓意。

八、选择若干篇本专业的学术论文,认真研读,体会其观点阐述、结构安排和语言表达的特点。

九、结合自己所学专业和本学期所学课程,选择一个感兴趣的话题,按照学术论文的写作步骤、格式和要求,完成一篇不少于5000字的论文。

拓展阅读

1.《治学方法》(胡适)
2.《现实底色与类型策略——评〈我不是药神〉》(饶曙光)

第十章
应用文体写作

　　应用写作是作者运用书面语言和图标符号，为制作有实行管理、传递信息等社会效用的文字或文章而进行的一种写作活动。应用写作是一种最直接、最有效地为表述思维、交流思想、传播信息、解决问题，为现实社会服务的写作。

　　应用文体写作中最常用的是公务文书和事务文书两大类。

　　公文是机关、企事业单位在管理过程中所形成的具有法定效力和规范体式的公务文书，它是传达贯彻党和国家的方针、政策，发布法规和规章，施行行政措施，请示和答复问题，指导、布置和商洽工作，报告情况，交流经验的重要工具。

　　我国现行通用公文一般专指2012年7月1日起施行的《党政机关公文处理工作条例》中规定的我国各级行政机关使用的公文，其文种有"决议、决定、命令(令)、公报、公告、通告、意见、通知、通报、报告、请示、批复、议案、函、纪要"共15种。

　　根据行文关系，即发文单位与收文单位之间的组织关系与职权范围，可以将公文分为：上行文，即下级机关向上级机关报送的公文，包括请示、报告等文种；平行文，即同级机关或不相隶属的机关之间来往联系的公文，主要是函，也包括一些通知、通报、纪要；下行文，即上级机关向下级机关下达的公文，如命令、决议、决定、通知、通报、批复等。根据公文的机密情况，可将其分为：秘密公文，即指那些内容涉及党和国家安全，需要限制阅读范围的重要公文；非秘密公文，是向全社会公开发布的公文，如公告、通告以及其他一些周知性的公文。此外，根据公文使用范围，可以将其分为：通用公文，即党和政府机关、企事业单位普遍使用的公文；专用公文，指在一定的业务部门和业务范围内根据某些特殊需要而习惯使用的公文，如外交文书、司法文书、军事文书等。

事务文书是机关、团体、企事业单位以及个人在处理日常事务时用来沟通信息、安排工作、总结得失、研究问题的实用文体,是应用写作的重要组成部分。由于这类管理类文体处理的日常事务多数亦为公务,所以事务文书属于广义的公文范畴。它与狭义公文的区别在于:一是无统一规定的文本格式;二是不能单独作为文件发文,需要时只能作为公文的附件行文;三是必要时它可公开面向社会,或提供新闻线索,如简报,或通过传媒宣传,如经验性总结、调查报告等。

第一节 通知写作

一、通知的特点

(一)通知的概念

《党政机关公文处理工作条例》对通知所下的定义为:适用于发布、传达要求下级机关执行和有关单位周知或者执行的事项,批转、转发公文。

(二)通知的特点

1. 应用广泛,适用频率高

通知是运用范围最广、使用频率最高的一个文种,其原因有二:不受内容轻重繁简的限制,可以用于布置工作,传达重要指标,也可以用于交流信息,知照一般事项,或用于转发、批转公文,比较灵活、实用;作用广泛,一切机关与社会组织均可制发通知,不受机关或组织性质、级别的限制。

2. 内容单纯,行文简便

一份通知一般只布置或通报一件工作事项,对写作的格式无严格要求,与其他指令性公文相比较,显得灵活简便。

3. 具有执行性

多用于下行文,其内容是要求下属单位予以执行或办理的事项,如用于布置工作,用于转发或批转公文,要求所属单位予以学习讨论和执行、办理。即使是会议通知或任免干部的通知也同样要求受文者服从通知的安排,执行通知上所述的事项。

4. 具有时效性

所通知的都是需要立即办理、执行或应知的事项。布置的工作若时间性较强,则一定要在开展此项工作之前的一定时间内通知到下级机关,以便有所准备。

二、通知的分类

(一) 发布性通知

是上级机关发布一般行政法规、条例、办法等公文时所用的通知。如《教育部关于印发〈开展基础教育新课程实验推广工作的意见〉的通知》《中共中央办公厅 国务院办公厅关于印发〈党政机关公文处理工作条例〉的通知》。

(二) 批示性通知

是批转下级机关的公文,或者转发上级机关、同级机关和不相隶属机关的公文时所用的通知。如《关于转发〈高等学校学报管理办法〉的通知》《国务院办公厅转发人事部关于在事业单位试行人员聘用制度意见的通知》。

(三) 指示性通知

上级机关对下级机关的某项工作有所指示,要求办理或执行而根据公文内容又不适于用命令或指示时,则用指示性通知。如《国务院关于进一步加强住房公积金管理的通知》《国务院关于坚决制止乱砍滥伐森林的紧急通知》。

(四) 会议通知

上级机关召开比较重要的会议,不宜用电话或其他形式通知,可提前向所属有关单位发会议通知。

(五) 任免通知

上级机关在任免下级机关的领导人或上级机关的有关任免事项需要下级机关知道时,要发任免通知。

(六) 一般性通知

上级机关的有关事项需要使下级机关知道或办理时,用这种通知,如启用印章,成立、调整或撤销某个机构,催报材料、报表,变更作息时间,等等。

三、通知的写作结构

(一) 标题

通知的标题主要有三种写法:一为"发文机关+事由+文种";二为"事由+文种";三为只写"通知"二字,或者是"紧急通知"。

（二）主送机关

即被通知的单位名称。一般写在正文的第一行顶格，后加冒号，如"校属各部门、各单位："。

通知的发文对象比较广泛，因此，主送对象较多，要注意其排列的规范性。因为通知必须有明确的阅知对象，通常必须规范地标识出主送机关。即使是一定范围内的普发性通知，至少也必须在附注处标明文件的发送范围。

（三）正文

主要由"通知缘由+通知事项+通知要求"等内容组成，不同类别的通知内容略有差异：

1. 发布性通知的正文

正文很简短，只需写明发布的意义和目的，提出执行的要求。

2. 批示性通知的正文

先写发文的缘由；然后是对批转、转发文件的评价，有的不仅要表明本机关的态度，还要结合本地区、本单位、本部门的实际情况作出具体的指示性意见；最后是对下级机关要求的通常用语，有"参照执行""遵照执行""研究执行""认真贯彻执行"等不同的提法。

3. 指示性通知正文

一般先写缘由部分，可以写发出本通知的依据或目的，也可写发出本通知的意义，文字应力求简短概括；然后用"特作如下通知"或"特通知如下"转入通知的内容；接着写通知的事项，大多采用分条列项法，具体地提出要求和措施、办法；结尾部分可写可不写，如有结尾，可用"特此通知"这样的惯用词语。

4. 会议通知的正文

一般包括召开会议的机关、会议名称、会议起止时间、地点、会议内容和任务、参加会议人员的条件和人数、报到时间及地点、与会人员所携带的文件材料等内容。

5. 任免通知的正文

写清决定任免的时间、机关、会议或依据文件以及任免人员的具体职务。

6. 一般性通知的正文

要交代需办什么事、什么时间完成和要求等。

（四）落款和发文日期

如果发文机关的名称在标题中已经写明，正文之后可以不写落款，但应加盖机关印章。发文日期可写在全文末尾的右下方,有的也可以提前,置于标题之下。

如:

**文化和旅游部关于调整娱乐场所和
互联网上网服务营业场所审批有关事项的通知**

文旅市场发〔2021〕57号

各省、自治区、直辖市文化和旅游厅(局),新疆生产建设兵团文化体育广电和旅游局:

为贯彻实施《中华人民共和国未成年人保护法》和《国务院关于修改和废止部分行政法规的决定》,按照国务院"证照分离"改革要求,现就娱乐场所、互联网上网服务营业场所审批有关事项通知如下。

一、允许外国投资者依法在中国境内设立娱乐场所。根据《国务院关于修改和废止部分行政法规的决定》(中华人民共和国国务院令第732号),允许外国投资者依法在中国境内设立娱乐场所,取消外商投资比例限制。外国投资者申请从事娱乐场所经营活动,应当向省级文化和旅游行政部门提出申请,申请材料、设立条件和程序与内资一致。香港特别行政区、澳门特别行政区投资者在内地投资设立娱乐场所、台湾地区投资者在大陆投资设立娱乐场所参照执行。

二、幼儿园周边不得设置娱乐场所、互联网上网服务营业场所。根据《中华人民共和国未成年人保护法》第五十八条规定,学校、幼儿园周边不得设置娱乐场所、互联网上网服务营业场所。根据《全国人民代表大会常务委员会法制工作委员会关于未成年人保护法第五十八条中幼儿园周边不得设置有关场所规定含义理解和适用问题的答复意见》,幼儿园与娱乐场所、互联网上网服务营业场所距离及测量方法,由省级文化和旅游行政部门结合实际作出具体规定。《中华人民共和国未成年人保护法》施行前已开设在幼儿园周边的娱乐场所、互联网上网服务营业场所,审批机关在办理经营许可证延续或变更时,应当严格依照有关法律规定执行,切实落实不得在幼儿园周边设置娱乐场所、互联网上网服务营业场所的法定要求。

三、做好与相关部门行政审批改革的协同衔接。省级文化和旅游行政部门应当与同级应急管理、生态环境、公安等部门进行沟通会商,做好行政审批事项取消调整的衔接工作,探索申请人承诺制等方式,畅通审批流程,保障申请人的合法权益。

四、落实国务院"证照分离"改革要求。各地要根据国务院关于"证照分离"改革精神,统一使用全国文化市场技术监管与服务平台办理娱乐场所、互联网上网服务营业场所审批事项,压缩审批时限,提升审批效能,优化审批服务。

特此通知。

文化和旅游部

2021年5月27日

这是一则指示性通知,文化和旅游部要求各下级直属单位遵照执行。通知事项较多,分条列出,每条都提出了具体的要求。

再如:

关于召开基层党委、党总支、直属党支部书记会的通知

各基层党委、党总支、直属党支部,各党群职能部门:

经学校党委研究决定,将于2021年×月××日(星期×)上午召开基层党委、党总支、直属党支部书记会议,现将有关事项通知如下:

时间:2021年×月××日(周×)上午10:30

地点:××报告厅

会议主持:党委书记、校长×××

会议内容:

1. 纪委副书记×××同志通报中央巡视组巡视教育部及31所中管高校反馈情况

2. 党委宣传部部长×××同志传达第二十七次全国高校党的建设工作会议讲话精神

3. 党委宣传部部长×××同志传达北京高校党的建设工作会议讲话精神

4. 党委副书记×××同志传达北京市疫情防控相关文件精神

5. 党委副书记×××同志传达部署学校近期党建工作安排及工作要求

6. 党委书记、校长×××同志讲话

参会人员:

1. 学校党委书记、副书记；

2. 各基层党委、党总支、直属党支部书记；分管学生工作的副书记；

3. 各党群职能部门负责人。

请参会人员提前到达，签到后进入会场，并全程佩戴口罩。原则上无特殊情况不得请假，确有特殊原因不能参会者须向党政办公室党务科（联系人：×××；电话：××××××××）提交书面请假单（请假单见附件），经报请校领导同意后方予批准。

附件：会议请假单

党政办公室
2021年×月××日

这是一则会议通知。通知中写明了召开会议的名称、时间、地点、参会人员、会议内容等，信息较为全面、清晰明了。

四、通知写作的注意事项

（一）避免超越职权范围发文

通知是下行文，有的发文单位超越自己的职权范围，给不相隶属的单位发通知，这是错误的。例如：某市工商管理局给该市的高等院校发通知，限定某时到局开会，并带上指定的材料。这实际上是越权行文。

通知的主送单位是下级机关。平行机关或不相隶属机关需要了解的，可列入版记的抄送项目中。尤其注意，不可以给上级发通知。

（二）不要混淆与事务性文书的界限

通知是通用公务文书，有严格的文书写作规范和要求，与事务性文书有别，因此，不要将向公众告晓的"启示""广告"等写成"通知"。

（三）注意与通告的区别

通知与通告是两种公文，区别明显：

1. 受文对象不同

通知的对象是机关，通告的对象是社会公众。

2. 要求不同

通知除有"周知"外，有些还需要办理或执行；通告主要是遵守和周知。

3. 意义不同

通知的事项只限于受文机关知照或执行,通告的事项具有普遍意义。

第二节 调查报告写作

一、调查报告的特点

(一) 调查报告的定义

调查报告是对某项工作、某个事件、某个问题,经过深入细致的调查后,将调查中收集到的材料加以系统整理,分析研究,以书面形式向组织和领导汇报调查情况的一种文书。它是调查研究成果的概括和总结,是反映调查研究成果的一种应用文体。

调查报告亦有别称,如考察报告、调研报告及××调查等。

(二) 调查报告的特点

1. 写实性

调查报告是在占有大量现实和历史资料的基础上,用叙述性的语言实事求是地反映某一客观事物。

2. 针对性

调查报告一般有比较明确的意向,相关的调查取证都是针对和围绕某一综合性或是专题性问题展开的。

3. 逻辑性

调查报告离不开确凿的事实,但又不是材料的机械堆砌,而是对核实无误的数据和事实进行严密的逻辑论证。

二、调查报告的类型

(一) 专题型调查报告

指针对某个事情或问题撰写的调查报告。它及时揭露现实生活中的矛盾,反映群众的意见和要求,研究急需解决的具体的实际问题,并根据调查的结果提出处理意见或者对策和建议。

(二) 综合型调查报告

以综合调查众多的对象及其基本情况为内容的报告,具有全面、系统、深入和篇幅较长的特点。它与专题调查报告的主要区别点就在于它的综合性,它使读者可以从报告中看到事物相对完整的"鸟瞰图"。

(三) 理论研究型调查报告

是以学术研究为目的而撰写的报告,它以收集、分类、整理资料并提出问题、报告结论为特点,大多发表在学术刊物上或载于学术著作中。

(四) 实际建议型调查报告

是由于实际工作需要而写的调查报告,其主要内容是为预测、决策、制定政策、处理问题等进行调查所获得的材料及有关的建议。

(五) 历史情况型调查报告

指根据需要以历史情况为对象进行调查而形成的调查报告。它可以供人们了解某一事物或问题的历史资料和历史真相。

(六) 现实情况型调查报告

以正在发生、发展的一些现实生活为对象进行调查后所形成的调查报告。人们可以通过它了解和认识某些事物与问题的客观现实情况,以作为其他认识活动的依据或参考。

三、调查报告的写作

调查报告一般由标题、正文、落款三部分组成。

(一) 标题写作

从形式上来看,标题分为单标题和双标题。

1. 单标题

单标题有"文件式"标题和"文章式"标题两种。

文件式标题一般由调查机关、事由和文种组成,如《江苏省环境保护局关于环境监测质量的调查报告》;也可以直接由事由和文种构成,如《关于普通高等院校艺术教育现状的调查报告》。用于内部交流的调查报告,特别是作为行政公文的附件下发的调查报告一般都用文件式标题。

文章式标题有"问题式"标题和"内容式"标题两种。问题式标题是指针对调查的关键点在标题中提出问题,以引起读者注意,如《儿童究竟需要什么读物?》。内容式标题是指在标题中标明调查的中心内容,如《"航空母舰"逐浪经济海洋》。

2. 双标题

双标题一般由正题和副题构成。正题点明调查报告的主旨或揭示调查者对这个问题的看法,副题由调查对象和文种组成,如《情系水世界——对我市水位站、水文站的调查》。

(二) 正文写作

正文一般由开头、主体、结尾三部分组成。

1. 开头

开头又称前言。这部分一般简明扼要地介绍调查的基本情况,诸如调查的缘由、目的、时间、地点、对象、范围、方法、经过等,提出要解决的中心问题,或点出调查报告的主要内容。前言部分一般根据主体部分所选择的组织材料的结构顺序来写作。常见的开头有以下几种:

(1) 概括地交代调查的目的、时间、地点、方法、经过和要报告的问题。如《顺义区原板桥三期项目1#商务办公楼等12项工程"11·28"较大生产安全事故调查报告》的开头:

2020年11月28日13时23分许,位于顺义区赵全营镇的原板桥三期项目1#商务办公楼等12项(不含地下车库三段、四段、五段,以下简称1#商务办公楼等12项)工程施工现场,3#商务办公楼10层北侧卸料平台发生侧翻,造成3人死亡,直接经济损失482.76万元。

事故发生后,市委、市政府领导作出重要批示。依据《中华人民共和国安全生产法》《生产安全事故报告和调查处理条例》《生产安全事故应急条例》等有关法律法规,市政府成立由市应急局、市公安局、市住房城乡建设委、市总工会、市人力社保局和顺义区政府组成的事故调查组,并邀请市纪委市监委同步参与,全面开展事故调查处理工作。同时,事故调查组委托国家钢铁材料测试中心和国家建筑工程质量监督检验中心进行技术鉴定和事故直接原因分析。

事故调查组按照"四不放过"和"科学严谨、依法依规、实事求是、注重实效"的原则,通过现场勘查、调查取证、检测鉴定,查明了事故经过和原因,认定了事故性质和责任,提出了对有关责任人员和责任单位的处理建议,针对事故暴露出的问题提出了防范和整改措施建议。现将有关情况报告如下:

(2) 概括地介绍调查对象的基本情况,引出调查的结论。如《垃圾分类成效明显——北京市城乡居民垃圾分类意识及现状调查报告》的开头:

在《北京市生活垃圾管理条例》(以下简称《条例》)实施一周年之际,为了解北京市生活垃圾分类工作相关情况,市统计局在全市16个区开展了城乡居民垃圾分类意识及现状调查和专题调研,共访问居民3210名。调查和调研结果显示,超9成被访者对所在小区(村)的垃圾分类工作表示满意。

(3) 用设问的方法点出全文的内容或中心。如《农村发展社会主义市场经济的成功之路——贸工农一体化、产加销一条龙经营的调查》的开头:

  近些年,随着农村改革的深化和商品经济的发展,贸工农一体化、产加销一条龙的经营方式,正在我国农村迅速突起。它一出现,就显示出旺盛的生命力和巨大的优越性,为农村经济的发展注入新的活力。这种经营方式对我国农业向商品化、现代化转化有哪些作用?应采取什么方针、政策扶持其发展?我们就这些问题进行了调查,并同十个县(市)的有关同志进行了座谈,形成了一些共识。

2. 主体

这是全篇的主干部分。这一部分要以大量的事实、数据反映被调查对象的真实情况,并通过作者的视野,对所调查的现象作出要言不烦的分析和评价,给读者以启迪。

这部分的结构安排可以采用列小标题的形式或标出"一""二""三"等序码的形式,也可以不列小标题、不标序码,将全部内容逐层展开,一贯而下。主体的结构形式多种多样,常见的有以下几种:

(1) 叙述式

又称纵式结构,多用于内容较单一的调查报告。即按事件、问题发生、发展、结局的先后顺序安排材料,把事件、问题的来龙去脉夹叙夹议地叙述清楚。

这种写法现场感强,便于组织材料,写起来相对容易,但如果对材料不加剪裁,就容易写成"流水账"。因此,应十分重视对材料的剪裁,详略要得当。

(2) 并列式

又称横式结构,即按性质把内容分成几个部分,并列地组织材料和观点。

总结经验做法的调查报告和反映、分析情况的调查报告常常采用并列式结构。

(3) 递进式

即按分析问题逐步深入的思维顺序安排材料。

(4) 对比式

是指用对比的方式组织材料。

(5) 交错式

是指从纵横两个方面交错地组织材料阐明观点的结构形式,适用于涉及面比较广、内容比较复杂的调查报告。

3. 结尾

结尾是调查报告的有机组成部分,是调查报告主旨的自然升华和内容

的总结。其具体写法要根据主体部分的内容和结构方式而定,常用的有以下几种写法:

(1) 总结全文,强化主旨

在文章结束的时候,将全文归结到一个思想的立足点上,例如《关于邯郸钢铁总厂管理经验的调查报告》的结尾:

> 邯钢的实践证明,国有企业适应建立社会主义市场经济体制要求,必须在转换经营机制的基础上转换经营方式,切实转变经济增长方式,这样才能充分挖掘企业的内部潜力,提高企业的整体素质和市场竞争力。邯钢的做法为国有企业实行从传统的计划经济体制向社会主义市场经济体制、从粗放经营向集约经营两个具有全局意义的根本性转变提供了借鉴的经验。

(2) 揭示问题,启发思考

如果一些存在的问题还没有引起人们的注意,如果限于各种因素的制约作者不可能提出解决问题的办法,那么,即使仅仅把问题指出来,引起有关方面的注意,或者启发人们对这一问题的思考,也是很有价值的。例如《暗访北京站前发票非法交易》的结尾:

> 记者随后又转了几个地方,16时10分从北京站前离开。在这40分钟里,碰见了大约20名卖发票的不法人员。听口音他们大都是外地人。从言谈举止可以感觉到他们知道自己的行为是违法的。在广场、路口维持秩序的公安、保安人员不少,也许是司空见惯了吧,记者没有看到他们出面制止这种不法行为。

(3) 提出建议,引起注意

在揭示有关问题之后,对解决问题提供一些可行的建议。例如2021年7月5日首都之窗——北京市人民政府门户网站刊登的专题调查《顺义区原板桥三期项目1#商务办公楼等12项工程"11·28"较大生产安全事故调查报告》就是一个建议性的结尾:

> 为深刻汲取事故教训,切实践行生命至上、安全发展理念,有效防范和坚决遏制类似事故,提出以下建议措施:
> (1) 建工国际公司要完善制度措施,加强危险性较大的分部分项工程专项施工方案设计审核、安全交底、施工监测和安全巡视……
> (2) 重庆圣华公司要严格落实危险性较大的分部分项工程施工安全技术交底和现场监督……
> (3) 顺金盛公司要规范配备建设工程监理人员,加强监理人员管

理和履职情况实地核查……
　　……

（三）落款写作

调查报告的落款要写明调查者——单位名称或个人姓名，以及完稿时间。如果标题下面已注明调查者，则落款时可省略。

四、调查报告的写作要求

（一）立场、观点正确

搞调查研究首先必须要有正确的立场、观点，才能实事求是地进行调查研究，认识事物的本来面貌，得出合乎客观实际的结论。

（二）调查态度端正

要想获得丰富的材料，就要有饱满的热情、艰苦深入的作风和实事求是的态度。

（三）调查目的明确

进行调查研究，从根本上来说，是为了掌握实际情况，有助于制定和执行正确的方针政策，树立先进典型，批判错误的倾向，使各项工作沿着正确的方向前进。

（四）调查方法讲究

常见的调查方法有：开会调查、个别访问、现场观察、蹲点调查、阅读有关书面资料等。

第三节　策划书写作

一、策划书的特点

（一）策划书的含义

策划就是策略规划，即根据现有资源信息，判断事物变化发展的趋势，确定可能实现的目标和预算结果，再由此来设计、选择能产生最佳效果的资源配置与行动方式，进而形成决策计划的复杂思维过程。

把策划过程用文字完整、系统地表达出来就是策划书。

（二）策划书的特点

1. 目标的明确性

无论何种活动，都有着鲜明的目的性，具有直接性和具体性的特点。在活动策划中，直接说明利益点是非常重要的。只有这样，才能使受众在收到直接的利益信息后进而有所行动。

2. 思维的创造性

成功的策划活动在很大程度上取决于新鲜的思路和创意。好创意可以说是策划书的灵魂。策划人员在做策划书时，一定要有创新的思维和理念，迎合受众求新、求变、求异的心理和需求，紧跟时代脉搏，从而赢得人心。活动策划无论在内容还是形式上，均要富有新意。

3. 措施的可行性

一项有意义的活动、一个好的产品，加之一则新颖的创意策划，必须要有良好的执行者予以保障，才能获得最终的成功。而执行的成功与否，在某种程度上直接取决于策划的可行性。策划的目的、指导思想，需要做什么，怎样实施，怎样做好预案，方方面面都要交代清楚，分析阐述透彻，以便于执行者在实际操作中能够有据可循。

二、策划书的写作

策划书一般由标题、正文、落款三部分组成。

（一）标题写作

标题要尽可能具体地写出策划名称，如"×年×月××大学××活动策划书"。标题要置于页面中央，也可以写出正标题后将此作为副标题写在下面。

（二）正文写作

正文分为两部分，即前言和主体。

1. 前言

前言一般介绍活动的背景、目的、意义等。

2. 主体

是策划书的主要部分，详细介绍活动的时间、地点、主办单位、承办单位、赞助商、活动对象、活动形式、活动内容、活动的开展、活动中应注意的问题和细节、应急预案、经费预算以及活动预期效果等。

其中，活动的开展是重要环节。从活动的准备阶段，包括海报宣传、前期报名、所需资源、赞助经费；到活动举办阶段，包括人员的组织配置、场地安排情况，活动开展的前中后阶段，以及活动中的阶段负责人、指导单位、参加人数等信息；再到活动后续阶段，包括结果公示、活动开展情况总结等均要考虑周到，详尽列出。

（三）落款写作

落款包括署名和日期。署名部分要写清策划者姓名及其所属部门、职务,若是以小组形式,就写出小组的名称、负责人、成员的姓名,如果有外界人员参与的话,也应记载。日期就是策划书编制完成时的年月日。

三、策划书写作的注意事项

(一) 策划书提供基本参考,小型策划书可以直接填充;大型策划书可以不拘泥于表格,自行设计,力求内容详尽、页面美观。

(二) 可以专门给策划书制作封页,力求简单、凝重;策划书可以进行包装,如用设计的徽标做页眉、图文并茂等。

(三) 如有附件,可以附于策划书后面,也可单独装订。

(四) 一个大型策划书,可以有若干子策划书。

请看一则策划书范例:

我的武侠 我的梦

达拉斯德州大学孔子学院成人汉语日活动策划

一 活动背景:武侠,是中国独有的一种概念和文化。中国拥有丰富的武术文化历史,并且在历史的长河中融入了儒家、道家、佛家等学说的影响,逐渐成为中国历史不可或缺的一种文化和信仰。而武侠电影,就是这种文化的一种最好的体现。通过镜头化的语言与戏剧化的情节,深入展示着中国武侠文化的精髓与内涵,并且通过电影这种世界语言向全世界展现了中国最具特色的武侠文化。为了弘扬中国武侠精神,让不同国家、地区的人们了解武侠电影中所蕴含的中国文化,加深民族间的对话,我们准备举办一场主题为"我的武侠 我的梦"的中国武侠电影活动。

二 活动主题:我的武侠 我的梦

三 活动目的:

1. 弘扬中国武侠文化和武侠精神。

2. 增强学生们学习中国文化知识的兴趣,加强他们对武侠文化的认知。

3. 丰富学生们的课余生活,加强师生间的互动交流。

四 活动内容:

1. 选择最具代表性的中国武侠电影(《精武门》《东成西就》《卧虎藏龙》),根据电影中主要角色(陈真、黄药师、欧阳锋、段智兴、洪七公、周伯通、李慕白、俞秀莲、玉娇龙、罗小虎)的服饰装扮,组织一场小型的服装秀,展现武侠电影中的独特装扮,提高学生们观看武侠电影的兴趣。

2. 观看经典武侠电影,分别放映三场电影。结束后,组织小型讨论会,观看者可以畅谈自己的感受或者自己的武侠情结。

3. 武侠电影中经典片段的情景剧演出,学生们可以选择自己喜欢的角色,模拟电影中的某个经典片段,加深对电影的理解和语言文化的认知。

4. 组织学生们品尝中国特色美食,师生互动,老师可以教学生包馄饨。

五 活动的时间和地点:(略)

六 可行性分析:

我们这次活动是通过中国的武侠电影,传播武侠电影中的中国文化,弘扬中国的武侠精神,让不同国家、地区的人们更深入地了解中国的武侠文化,同时丰富学生们的课余生活,加强师生间的互动,加深学生们对中国文化知识学习的兴趣。我们坚信这一定会是一次非常成功的实践活动。

七 所需资源:

人力资源:

1. 前期的活动宣传需要3名同学张贴活动海报和汇报演出的售票。

2. 活动开始和结束需要1名主持人。

3. 电影中主演的服装秀展示需要10名同学作模特。

4. 观看电影的活动中需要3名教师,在学生们看完电影后介绍电影中重要的中国文化知识,组织学生们进行交流讨论。

5. 午饭时间需要5名人员给学生们分发盒饭。

6. 汇报演出需要2名主持人,5—10位嘉宾,7个礼仪,需5名同学布置会场和演出后的卫生清理工作。(嘉宾包括:孔子学院校长、当地华人代表、赞助商、主办方、教师代表)。

7. 晚饭需要8名同学摆放桌椅,需要餐厅人员帮忙煮水饺。

物资资源:

1. 照相机1部、摄像机1部、电脑1台;桌子30张、椅子70把;

2. 10套电影服装;

3. 15个展板,60张电影票、3张影碟、纪念品(李小龙人偶模型60个);

4. 7本证书,10张邀请函;

5. 70份盒饭、小吃(每种小吃限30份)、面(3袋)、猪肉40磅;白菜6箱。

八 经费预算:

1. 照相机和摄像机借用校方资源,自带电脑。
2. 服装秀衣服:10＊＄16.38＝＄163.8。
3. 展板:15＊＄3＝＄45;电影票:60＊＄0.3＝＄18;影碟:3＊30＝＄90。
4. 证书:7＊＄1＝＄7;邀请函:10＊＄1＝＄10。
5. 盒饭:70＊＄2.5＝＄175;小吃:＄50;面粉:4＊＄5＝＄20;猪肉:＄4.5＊40p＝＄180;白菜:＄10＊6＝＄60。

活动预计花费＄820;活动前期预计花费＄80;流动资金＄100。共计＄1000。

预算清单:(略)

九 活动流程:

前期准备:

1. 写出详细策划书。
2. 做出活动海报、电影票、纪念册和展板。准备好纪念品。安排学生张贴海报,安排好展板,布置售票地点,出售电影票。
3. 学生们自由组合排练电影中的经典片段,老师们进行指导。征集汇报演出活动中的主持人和文艺表演节目,可以通过电话报名,以短信的形式将自己的姓名、班级、表演项目和联系方式发送给负责人。最后安排汇报演出彩排。
4. 安排服装秀的场所、电影放映的教室、汇报演出的场所,以及午饭和晚饭的场所。
5. 准备午饭和晚饭的食材。
6. 去唐人街的中国餐馆、附近的书店、音响店等谈赞助,向校方申请一定金额的资金补助。
7. 给嘉宾发送请帖,并确定参与嘉宾。

活动开展:

(一) 武侠电影主演服装秀(略)
(二) 经典武侠电影放映

活动时间:9:00

活动地点:达拉斯德州大学孔子学院放映厅(1)(2)(3)

活动流程:

1. 学生凭票入场,入场后分发前期准备好的李小龙人偶模型纪念品。
2. 9:00开始电影放映,安排3个放映厅,分别是李小龙的《精武门》、王家卫导演的《东成西就》和李安导演的《卧虎藏龙》。

3. 电影放映结束后,老师引导学生进行观后感的交流,同学们可以各抒己见,发表自己的观点和见解。

4. 12点电影放映后安排人员清理放映厅,打扫卫生。

5. 在放映楼门前安排小型的图书销售会和影碟销售会。主要包括:《李小龙传》40本,《中国武侠电影史》30本,王度庐的武侠小说《卧虎藏龙》30本,《精武门》影碟30张,《东成西就》影碟30张,《卧虎藏龙》影碟30张。

(三)中华美食品尝会(略)

(四)"我的武侠 我的梦"汇演(略)

(五)中华小吃品尝会(略)

活动流程图:(略)

活动后期:

1. 活动结束后写活动报道文稿,投到学校报刊、当地报刊、孔子学院的官方网站。

2. 将活动中拍摄的学生们的精彩瞬间做成展板,并在展板上签上自己的名字,体现学生们自己的风采。

3. 给每个班级发放活动调查问卷,收集活动意见。

十 注意事项:

1. 组织后勤小组,保障后勤工作。

2. 包馄饨中刀具的使用要规范,注意人身安全。

十一 活动总结:

活动结束后,通过参与者的反馈,对此次活动展开讨论,总结经验,以便吸取教训,在今后的活动中扬长避短。

十二 活动预期效果:

通过此次"我的武侠 我的梦"中国武侠电影活动,加深同学们对中国武侠电影的了解,增强他们今后观看中国武侠电影的兴趣,同时也起到了宣传中国武侠电影、中国武侠精神和文化的作用。

此策划书是汉语国际教育专业硕士生为孔子学院成人汉语日所做的策划。此活动策划主题新颖明确,内容丰富翔实,实施可操作性强,考虑周全细致。策划书写作全面规范,对于活动的背景、目的,活动的时间、地点、主办单位,活动的对象、形式、内容,以及活动开展的前期、展开和后期,活动中应注意的问题、经费预算以及活动预期效果等都做了充分的考虑和阐释,并详尽列出。由此可见,组织者前期进行了充分的调研和思考,经过了大量准备和精心设计。这样才能使得策划案在具体实施过程中有所保障,顺利平稳,使得活动最终取得成功。

第四节 申论写作

"申论"一词语出孔子"申而论之","申"即引申、申述,"论"即议论、论证。"申论"是指针对特定话题陈述自己的观点并展开论证,是议论文体之一。

申论也是应试文体。应试文是应对考试而写的文章,实用性和目的性都很强。申论专用于选拔录用国家公务员的考试,最早出现于 2000 年中央国家机关公务员录用考试中,现已为全国各省(自治区)、市录用国家公务员考试所普遍采用,成为国家公务员录用考试的一门基本科目。

申论考试要求应试者从一大堆反映日常问题的现实材料中发现问题、处理问题,从而全面考察应试者搜集和处理各类日常信息的素质和潜能。

一、申论考试注意事项

针对考生应试写作前提出的指导性建议,考生在拿到试卷后首先必须仔细阅读,以便按要求依次作答。内容如下:

(一)本试卷由给定资料与作答要求两部分构成。考试时限为 180 分钟。其中,阅读给定资料参考时限为 50 分钟,作答参考时限为 130 分钟。满分 100 分。

(二)仔细阅读给定的材料,按照后面提出的申论要求依次作答。

(三)请在答题卡上指定的位置填写自己的姓名、报考部门、填涂准考证号。考生应在答题卡指定的位置作答,未在指定位置作答的,不得分。

二、申论给定材料阅读

申论给定的材料,多数在 10 项上下。材料大多是围绕某一社会问题或现象,经过半加工的带有新闻性质的现实材料,内容多为人们所熟知,社会性、现实性较强,比如食品安全问题、拖欠民工工资问题、不正当竞争问题、安全生产问题,等等。

公务员负责管理国家和社会各个方面的事务,对社会生活的方方面面都应当关心,应当有所认识、有所思考,对社会热点或大众传媒关注的焦点也应有所了解。

申论考试是一种素质测试,要求考生必须具有比较丰富的常识。由于应试者来自社会各方面,申论考试的公平原则之一是所选材料具有非专业性,即适合任何专业的考生应试。

如2021年国家公务员申论考试给定的材料有四项。其中材料1是关于村书记带领村民脱贫致富的,材料2谈论的是"局区合一"改革的问题,材料3是谈地方志编纂工作的"冷与热",材料4是一篇新闻报道,围绕城市博物院中的博爱馆来谈。全部材料7000余字,内容丰富且复杂,信息量很大,涉及的话题是属于政治社会类的,如关于脱贫致富、政府部门改革、社会助残等问题的讨论,挖掘深化改革时期所必需的信念和决心、务实的精神和理性的思考,并探讨分析深化改革发展所必需的思路和办法。

三、申论的应试技巧

申论考试一般要求通过一些题目来体现,如:依据要求概述事件;依据要求概括所给材料反映了哪几方面的问题;就其中的某个材料、某种情境展开论述或指出处理、解决的方案等。

申论的作答一般分为两个步骤,即阅读和写作。

(一) 阅读技巧

阅读是对申论给定材料的内容和价值的确认,通过阅读分析材料的主要线索,从中梳理观点、归纳问题,把握材料内在关系。阅读是整个考试的基础和前提,阅读质量高低是考试能否成功的关键因素。

近些年,申论给定的材料越来越复杂,往往由一个问题或现象牵出多个层面的问题。但无论多么庞杂的材料,一般只会围绕一个问题或现象组织材料,段落间总会有逻辑联系,考生要善于从海量的信息中归纳出主要问题、主要观点。一般的阅读技巧是:

1. 通读全文,知晓大意

考生应快速阅读给定材料的所有段落,并归纳出段落大意。同时了解段与段之间的关系、段落与全篇的关系,进而锁定全文的重点段落和主要内容。然后,根据找出的重点段落和内容,标出关键字词句和段落,以备重点攻破。

2. 重点研读,归纳核心

在通读的基础上,考生需对已经找出的重点内容有针对性地重点攻破,发现其本质和内涵,厘清其与其他材料的关系。同时,尽量边看边记,将整理出的思路、总结出的观点分条列点写在草稿纸上备用。

3. 厘清关系,有效分类

经过前面有点有面的研读,考生已经对材料的轮廓、各段大意、中心内容等有了整体认识。在此基础上,清晰认定各段之间的关系,对其进行有效分类。分类的标准各不相同,考生应依据材料具体而定。如赞成与否定的观点、事件的原因、事件的利弊、采取的措施,等等。有效分类是为之后的整体概括做好充分准备。

（二）写作技巧

申论的写作要求难易相间,答题字数要求各异,写作文体以议论为主。有的要求对材料进行百余字的理解和归纳概括,有的要求写作500字左右的总结发言和短评,也有的要求联系实际,写作超过1000字的议论说理文。

在动笔写作时,考生务必明确自身角色定位。

1. 虚拟公务员

考试时,应试者必须明确立场,即自己实际上是一个虚拟的公务员。

2. 体现政府行为

应试者要明确自己体现的是什么样的政府行为,即哪一级别、哪一职位的政府行为。而这些意识都来源于之前资料阅读所得。

3. 提出方案应有针对性和可操作性

写作中提出的解决方案应与材料的倾向性相吻合,方案的实施也要紧紧围绕解决材料中所反映的主要问题。

同时,提出的方案要有很强的操作性。再完美的方案,不具备可行性,一切都是纸上谈兵。可操作性的方案应该让评判者看到：解决问题的目标是什么？解决问题的部门是哪家？解决问题的方法步骤是怎样的？解决问题的时限和实效。执行该方案所需的条件有哪些？考生应通盘考虑所有问题,给出合理、具体、实效的方案。

4. 论理严谨扎实

在行文过程中,在内容上要论点明确、论据丰富充实、说理透彻；在语言上做到确切、流畅、简练；在文章结构上要严谨、妥帖、逻辑性强。

题目是文章的眼睛,是议论文立论的指向,是议论文的中心论点所在。议论文当开宗明义,点出主旨；中间应展开,分别论证；最后要卒章显志,收束、总结全文。

考试行文应注意字迹工整,这是对录用考试认真负责、对阅卷人尊重的表现。此外,要严格按照考题要求写作,文风朴实而戒浮华,用词准确严谨,忌揶揄嘲讽,也不要笔走偏锋,甚或对考题要求"反其意而用之"。

第五节　求职信写作

求职信主要是求职者介绍个人的基本情况,陈述自己的优势特长,表达求职愿望,给招聘方以良好的印象,从而赢得面试或聘用机会。

一、求职信的特点

(一) 针对性

撰写求职信对求职人的身份、地位、职务并没有特别的限定,谁都可以推荐自己,关键是要符合用人单位的需求、条件。

(二) 展示性

求职信是要让用人单位了解求职者的情况,必然要做自我介绍,展示自己的条件和能力。

(三) 求实性

展示不等于自夸,不能夸大其词,有多大才能就讲多大才能,如没有什么特殊才能,可以避开不讲。

二、求职信的写作

(一) 标题

在信纸上方正中部位书写较大的"求职信"三个字,表明此信的性质和行文目的,以求醒目。

(二) 称呼

信的上款,也即用人单位名称,可以是用人单位领导人的名称或泛称,如"校长""总经理"等。

(三) 正文

这是求职信的主体,多分为求职目的、简介、展示、希望等几部分内容。

1. 求职目的

表明求职愿望,说明自己希望得到什么工作。目的要明确、具体。

2. 自我简介

这是求职信的重要内容,就是向对方介绍自己具备哪些条件,可以从事某项工作、承担某种任务。简介要简而明,要针对求职目标来写。

3. 展示才能

展示自己的才能和特长,是自己从事某项工作、承担某种任务的独特条件。要力求写出自己的特色。

4. 提出期望

这是正文的结束语,多是希望用人单位能予接纳。这部分用语不必过于谦虚,态度要不卑不亢。

(四) 落款

在信的末尾右下方处写"求职人:×××",然后写上年、月、日。如用打印机打出,则在自荐人姓名处亲笔签名。

(五) 附件

根据需要,有些求职信可以增加附件。附件一般包括求职者的个人简历和相关证件影印件两大部分,主要用意是丰富正文信息,加深对方印象。

请看以下这封求职信:

求职信

尊敬的贵公司领导:

　　您好!非常感谢您在百忙中抽空审阅我的求职信,给予我毛遂自荐的机会。

　　作为一名金融专业的应届毕业生,我热爱金融及其相关专业并为其投入了巨大的热情和精力。在几年的学习生活中,系统学习了会计、国际金融及企业管理业知识,通过实习积累了较丰富的工作经验。大学期间,本人始终积极向上、奋发进取,在各方面都取得长足的发展,全面提高了自己的综合素质。曾担任过校学生会会员等职。在工作上我能做到勤勤恳恳,认真负责,精心组织,力求做到最好。在学校里,我积累了宝贵的社会工作经验,使我学会了思考,学会了做人,学会了如何与人共事,锻炼了组织能力和沟通、协调能力,培养了吃苦耐劳、乐于奉献、关心集体、务实求进的思想。沉甸甸的过去,正是为了单位未来的发展而蕴积。我的将来,正准备为贵公司辉煌的将来而贡献、拼搏!如蒙不弃,请贵公司来电垂询,给予我一个接触贵公司的机会。选择单位,工资和待遇不是我考虑的首要条件。我更重视单位的整体形象、管理方式、员工的士气及工作气氛。我相信贵单位正是我所追求的理想目标。我很自信地向您承诺:选择我,您绝不会后悔。

　　感谢您在百忙之中给予我的关注,愿贵公司事业蒸蒸日上,屡创佳绩,祝您的事业百尺竿头,更进一步!殷切盼望您的佳音,谢谢!

　　此致

敬礼!

求职人:×××
××××年××月××日

此篇求职信表达的求职意愿较明确,即个人金融专业的凸显。信中对自己的专业学习、社会活动,以及个人具备的品质品格等进行了介绍,简明到位。同时,较好地展示出自己的才能和特长。语言简洁清晰,流畅自然,态度谦恭有礼,不卑不亢。

思考与练习

一、代你所在学校校团委拟写一份"4·23"世界读书日宣传活动的通知。要求按公文格式撰写，字数不超过400字。

二、下面是一位学生的调查报告习作。所调查的问题具有一定的意义，但作者在材料的组织、立意的深入和语言的运用、格式上都有些不足，请具体指出文中不足之处，并提出修改意见。

关于××市市区商店招牌上错别字的调查报告

××××年×月××日至×月×日，进行了为期一周的调查，调查5000余家，对象包括××市的商店招牌、路边招牌、广告牌、厂矿名称牌，发现其中有错别字的160余家，约占调查总数的3.2%。调查的目的在于了解错别字现象，分析原因，以至减少、消灭错别字，让广大人民群众更准确地使用汉字，从而让汉字更好地发挥语言辅助作用，更好地为人民服务。现对所调查的错别字大体分为下列四种类别。

A. 增减汉字笔画。这类在调查中所占较多，可能多属于无意，如"××市造纸厂""纸"下面就多了一点，据传达室老大爷介绍，这是一位名人题的词，他说："怎么改它呢？"又如市文化官春节前举办的"少儿书画展"，"展"很醒目地立于门口，可无人改之。

B. 由于音相同、相近而写错偏旁。如市百货大楼小家电商场，为电视机写的"超清晰度画面"，"晰"写成了"析"。

C. 国家文件正式宣布废除了的繁体字、异体字，虽不是错别字，也属于不规范现象。如"迎春商场"写成"迎春商塲"。

分析原因，主要是主观与客观两大方面，主观上是思想认识不足，写字时就粗枝大叶，草率从事；客观是汉字数量众多，结构复杂，形体多变，难认、难写、难查，针对其原因，纠正方法是：首先从主观上，认识到错别字的危害性，把纠正错别字当做大事抓；其次勤查字典，多请教于人。

D. 客观上分析汉字的形、音、义三者之间的联系与区别及其结构特点、对症下药，这样错别字就可以逐步得到纠正。

三、以小组为单位，选取大家感兴趣的问题进行调查与统计分析，撰写一篇6000—8000字的调查报告。

四、假设你所在的大学学生会计划开展一项"关爱留守儿童"的暑期实践志愿活动。请针对此次活动，拟写一份策划案。

五、四五月春暖花开的季节，校学生会体育部计划开展为期一个月的体育节活动。假如你是校学生会体育部部长，请就此设计拟写一份策划书。

六、××出版社计划招聘一位"宣传编辑",职位描述是:负责杂志的出版、宣传报道等重要活动。职位要求:①中文或新闻专业本科或硕士学历,通过大学英语六级考试,本科是英语专业者优先;②具有良好的策划、组稿、编辑能力;③较强的中文写作能力,良好的沟通能力;④工作有条理,具有敬业精神,高度的责任心和创新精神。请就此则招聘启事写一封求职信。

七、下面是海南广播电视总台的招聘启事:①出镜记者:大学本科以上学历,新闻或中文相关专业;形象好、气质佳;身高:男士1.72米以上,女士1.60米以上;语言表达能力强,具有较强的文字功底;对政治、经济、文化、旅游、民生问题有一定研究;年龄28周岁以下,男女不限。②电视新闻主持人:大学本科及以上学历,电视新闻播音主持人专业;形象好、气质佳、有亲和力,语言表达能力强;年龄25周岁以下,男女不限;普通话测试水平等级一级乙等以上。请就此写一封求职信。

拓展阅读

《大家都来重视提高公文质量》(叶圣陶)

第十一章
新媒体写作

随着移动互联网技术的快速发展,人们获取、分享信息越来越便捷,传播渠道呈现出多中心、多元化的特点,人们的关注点不再集中在某一个平台上,而是被不同的社会化媒体平台瓜分了注意力。因此,新媒体创作者有必要了解各种社会化媒体文案的特点及文案写作要领,在各平台上发展自己的读者,让读者通过分享、点赞或评论等方式与创作者互动,以扩大作品影响力。本章主要介绍社会化媒体平台文案的特点及写作要领。

第一节 微博文案写作

微博是微型博客(micro blog)的简称,是基于用户关系的信息分享、传播和获取的平台,"是一种通过关注机制分享简短实时信息的广播式的社交网络平台"①。

2009年8月,国内网站开始提供微博服务。基于微博"随时随地发现新鲜事"的特点,个人、媒体、机关和企业等纷纷开设微博或官方微博进行信息发布或产品营销活动,微博成为个人或官方关注热点事件、传播信息与自我宣传的重要阵地。微博用户数量逐年增加。经历了2010—2011年的爆发式增长后,微博活跃用户开始进入一个相对平稳的增长期。据微博2021年第二季度财报,2021年6月,微博月活跃用户数为5.66亿,平均日活跃用户数为2.46亿。

一、微博文案的特点

利用微博这个社会化媒体平台,信息能够以较低的成本进行大范围、高效的传播,所以微博成为发布信息、表达意见的主要平台之一。写好微博文

---

① http://baike.baidu.com/view/1567099.htm,2022年3月22日访问。

案,可以吸引大量读者用户,赚取充足的流量,而这种流量能够转化成巨大的社会价值或商业价值。

微博文案具有以下特点:

(一) 简练精要

现代生活节奏越来越快,人们越来越习惯于快餐式阅读,很多人早已没有耐心阅读长篇文章。微博上的消息非常多,刷新速度很快,人们为了尽可能多地获取有用的信息,更倾向于阅读不用主动分析和总结、可以迅速浏览完毕的文字。

一般微博的发文字数限制在 140 字以内,虽然特殊情况下可增加篇幅发长微博,但是微博文案仍然讲究简练精要、言简意赅。所以微博写作尽量不要堆砌不必要的文字,应该用浅显直白简练的文字句式传达信息。

如《三联生活周刊》于 2021 年 10 月 11 日 8 时 20 分发布了一条官方微博:

> 爱生活,爱自己。

同时转发了三联旗下另一官微"三联节气"同日的一条微博原文:

> 到了一个新地方,有人爱逛百货公司,有人爱逛书店,我宁可去逛逛菜市场。看看生鸡活鸭、新鲜水灵的瓜菜、彤红的辣椒,热热闹闹,挨挨挤挤,让人感到一种生之乐趣。

简练精确的两个短句,既为自己的同集团品牌做了宣传推广,又在转发较长微博文案的基础上提炼和升华了主题。

(二) 主题明确

不管哪种文案,都要有明确的主题,因此要做好定位,明确用户群体、写作目的和宣传要点等。在撰写微博文案时,创作者要使用恰当的语言表达核心内容,并保证内容的真实性和可读性。

蒙牛乳业官方微博在 2021 年国庆期间设置了"学方言喝蒙牛"的话题,自 2021 年 10 月 1 日至 10 月 7 日,每天推出一款蒙牛产品,并选择一个地区与之搭配,用当地方言宣传推广产品。10 月 2 日,蒙牛选择了河南方言,用"国庆七天游,第二天我们一起打卡——河南站!河南的小伙伴快来这里集合啦~"的号召型文案,搭配蒙牛乳业微博视频的截图,用河南方言中的代表词汇"得劲""中"来形容喝完蒙牛产品冠益乳之后的感受。方言的选择简练,富有地方特色,同时突出了蒙牛产品种类丰富、覆盖全国各地的主题。

(三) 互动性强

互动是指与用户进行交流、对话。微博是社交化媒体平台,自然具有互动性强的特点,因此微博文案也应当充分发挥互动优势。文案的互动性强,就能很好地激发用户的参与兴趣,使其享受到互动的乐趣,拥有成就感,从而成为忠实的粉丝,这对其后的宣传推广或销售转化都有很好的推动作用。

教育部新闻办公室官方微博"微言教育"在2021年国庆期间发布了一条微博:

> #晒出你身边的中国红#【多彩活动迎国庆,各地师生共同祝福祖国】与国旗合影、校园快闪……国庆期间,各地师生纷纷开展主题活动,用歌声、画笔、舞蹈等方式祝福祖国,表达对祖国的无限热爱。今年国庆,你印象深刻的庆祝活动有哪些?欢迎分享——多彩活动迎国庆,各地师生共同祝福祖国。

这条微博文案主题是全国各地教育系统的师生用多样化的方式表达对祖国的热爱之情,同时用提问的方式,鼓励用户参与讨论"你印象深刻的庆祝活动",增强与用户之间的互动。

在微博文案中,除了关注、转发以外,还有点赞、评论、抽奖、投票等形式。互动可以吸引用户的注意力,帮助发布方吸收忠实的粉丝。另外,文案创作者还可以通过微博与用户进行在线交流,加强与用户的联系,而且可以直接获取用户对信息、服务的反馈,这有利于微博主体有针对性地顺应用户需求,调整写作思路,提高文案质量。

童话大王郑渊洁是较早开设微博认证账号的公众人物。2021年10月9日,他发布了一条微博:

> 新一届#有奖竞猜郑氏蔬菜饭# 现在开幕[围观]祝您好运[good]奖品是有知识产权的真正的舒克牙膏[礼物]。

该微博转发了旗下另一微博账号"鲁西西"发起的"有奖竞猜郑氏蔬菜饭"的话题,通过互动问答的形式邀请粉丝参与讨论,并对参与的用户发放奖品作为鼓励。这种发布同时扩大了郑渊洁、郑渊洁童话及旗下品牌的影响力,增强了用户的参与感,以活泼的形式向用户宣传了健康饮食的生活方式。

(四)传播速度快

微博文案在发布后能够快速引发回应,使用户产生共鸣,在最短的时间内吸引大量用户点赞、评论和转发,从而达到快速传播的目的。因此文案创作者要准确熟练地把握用户心理,并掌握微博文案写作技巧。

《人民日报》于2021年10月28日晚23时12分发布了一条官方微博:

> 【网友:这是#世上最易被抱大腿的工作#】在抱大腿这件事情上,

熊猫宝宝是认真的……

同时转发了"ipanda 熊猫频道的微博视频"。该条微博刚发布,立即唤起了网友点击观看视频的欲望,众多网友迅速点开浏览并且纷纷留言。微博发出时接近当日午夜,到次日上午 10 点,在不足 11 个小时的时间里,这条视频的观看次数已达 327 万,引发了三千多条留言和四千多条转发。这种传播速度不仅依赖于视频里活泼可爱、憨态可掬的大熊猫宝宝,微博文案幽默谐趣的网络流行表述也画龙点睛地提示了视频的内容和意义,对该微博的快速传播起到了不可忽视的作用。

(五)趣味性强

如果只有简单的文字叙述,微博文案会显得枯燥乏味,也很难吸引用户的目光。作为众多网络流行语、表情包和热点话题的源头,在如此丰富多彩的交流语境下,微博趣味性强的特点毋庸置疑,主要体现在极具个性的语言与丰富的配图上。

如天猫官微在 2013 年双十一夜晚发布了一条经典文案:

> 伦家就是鸡冻的昏头了好吗……来尽尽尽尽情的取笑我吧!#数学老师对不起了#

这条文案针对网友对其"卖出的内裤每条 1.5 米"的嘲笑作了轻松幽默的自黑,还就此设置了"数学老师对不起了"的话题。这种极具趣味性的公关文案赢得了很多网友的好感和点赞,进而广泛参与该话题,堪称一个成功的危机公关的文案案例。

此外,微博文案在很多时候会带上各种各样的话题,且文字力求精练、有趣。很多微博还带有短视频、图片、超链接等,形式丰富。

二、微博文案的写作技巧

微博包括一般微博和头条文章两部分。头条文章写作思路与新媒体文案一致。对于一般微博,如何构思写作思路,将内容在 140 字以内完美呈现,吸引受众的注意力和阅读兴趣,这是微博文案写作的基本任务。

(一)结合热点,借助话题

微博热搜是用户在微博上关注的焦点,也是热门话题的集散地。文案创作者借助微博热搜上的热门话题进行形象宣传是很常见的写作思路。凭借话题的高关注度来引流,从而增加曝光率,快速获得用户的关注。

如青春湖北于 2021 年 11 月 12 日发布的微博:

> 原来大熊猫也有天敌呀~快来看看谁是国宝的对手!(新华社)#

大熊猫国家公园发现熊出没#

同日,安徽团省委也发布了微博:

可爱又治愈……#大熊猫国家公园发现熊出没#

这两条微博都借助微博热搜榜中"大熊猫国家公园发现熊出没"的热门话题及时发声,微博内容轻松欢快,语言幽默,既及时紧跟新闻热点吸引点击关注、增加流量,又凭借大熊猫这一可爱形象提升了读者对发布方的好感度。

在选择热门话题时,文案内容要与热门话题密切相关,但不能生硬地强性关联,否则会影响用户的心情,不利于提升自我形象。

除了借助微博热门话题外,还可以借助时事新闻、新上映的电影、热播剧、节假日等,紧跟流行热度,保证微博话题常新,以获得持久的吸引力。

(二)善于讲述故事

文案的本质是沟通,而故事是既好用又高效的沟通方式。故事讲得好,可以感染用户的情绪,使其产生情绪投射,增强代入感。文案创作者在撰写微博文案时,可以结合产品和用户群体来撰写故事,故事可以是幽默的,也可以是感人的或温馨的,以此来加深用户对产品或品牌的认知度。

全球户外休闲品牌 Timberland(添柏岚)在 2021 年 9 月发布最新品牌片,并同步在官方微博上推广。9 月 15 日发布的微博文案"在这些踢不烂的故事里,找到属于你的故事",再次传递出添柏岚一贯的品牌推广策略,将品牌理念塑造于一个个奋斗故事中,以传达品牌谐音"踢不烂"的坚韧精神。在这个品牌故事中,添柏岚的经典产品大黄靴仍然是画面的主角,叙述了不同的人在不同阶段的经历和故事。每个受众可以从中找到自己的影子,从而加深对添柏岚品牌的认知度。

(三)设定情境,增强代入感

情境代入能够增强用户的体验感。在撰写微博文案时,要有目的地将品牌推广融入特定情境中,经过情境渲染或描述,可以将品牌与该情境进行"绑定",让用户毫无违和感地接受其信息,遇到合适的情境时便自然地联想到该品牌。

下面是康师傅冰红茶在 2021 年"秋分"节气当天发布的一条官方微博:

#秋分#至,馋星人们可以开始贴秋膘啦~约上朋友来顿热气腾腾的牛肉火锅,搭配嗨聚必备的康师傅冰红茶,和代言人一起#此时此刻够痛快#!

作为大众化凉饮料,冰红茶的销售具有明显的季节性,夏季是销售旺季,入秋后则进入淡季。但该微博却利用当天节气真正进入秋天的情境进行反季节营销,创设了一个在寒冷天气饱餐热乎美食需搭配凉爽饮料的情境。这种情境导入式设定使用户很容易产生体验感而对号入座,激发用户在相同或相似的真实情境中第一时间想到这款饮料产品。

(四)感情真挚

微博展现的是运营者形象,文案是发布方与用户的情感纽带。在撰写微博文案时,创作者一定要感情真挚,在洞察用户的基础上,通过文案表达用户想说而没有说出来的心里话,从而感染其情绪,使其对发布方产生好感,进而实现文案的持续传播。

2021年10月10日,《人民日报》就山西洪涝消防员救援时群众半夜送来鸡蛋的事件发布了一条官方微博:

【心疼!山西#筑坝消防员冻到发抖村民送热鸡蛋取暖#】10月8日,山西晋中,消防员在冰冷的洪水中彻夜筑坝截流,由于长时间浸泡在水中,消防员们冻到牙齿打颤、浑身发抖。附近村民半夜送来煮熟的鸡蛋给消防员取暖。网友:他们也只是孩子。辛苦了,注意安全!①

该微博以叙事为主,但"冻到牙齿打颤、浑身发抖"的细节描写真切地感染了受众,拉近了《人民日报》和受众之间的心理距离,增加了人性化的色彩。

(五)解答疑问

解答疑问是指选取普遍存在的问题或疑惑,或者与人们工作、生活密切相关的话题,并对这些话题、问题或疑惑作出合理的解答,提供良好的解决对策。如果提供的方法很有效,用户会将其作为"干货"收藏,也会转发分享,帮助文案不断传播。

以下是某微博博主发布的一条微博:

在做Excel表格的时候,你有没有遇到过这些情况?提取身份证号码中的出生日期?提取家庭住址所在的行政区?提取电话号码中的末四位数?其实提取型文本函数,就是从1个文本中挑出一部分。教你三个函数,轻松搞定!

这条微博直接针对用户在使用Excel软件过程中经常遇到的文本函数提取的问题,教授大家便捷的操作方法。这种实用的办公技巧帮助学生、职

---

① https://weibo.com/2803301701/KC4o2nTI0?pagetype=profilefeed,2022年4月1日访问。

场人士解决学习和工作问题,不仅可以扩大粉丝群体,还可以增加用户的好感度。

第二节 微信文案写作

微信(WeChat)是腾讯公司2011年1月21日推出的为智能终端提供即时通信服务的免费应用程序。截至2021年第二季度,微信月活跃用户数达到12.5亿,是中国互联网历史上第一款月活用户突破10亿的产品。微信已经成为中国最大的社交平台之一,也是个人、媒体、企事业进行信息传播、活动推广、品牌宣传的热门平台之一,在社会化媒体营销中占有举足轻重的地位。

一、微信公众平台的分类

(一)订阅号

订阅号指的是个人、媒体等向关注者提供信息的一种公众号。其定位是资讯平台,主要为用户提供信息和资讯,因此,用户关注某个订阅号之后,只要该号进行更新,用户就能收到该号发送的信息。

订阅号的基本功能是每天发布一次消息,最多包含八条内容(即最多发八篇文章)。一些早期申请的订阅号,或者受到微信官方邀请的媒体性质的订阅号,拥有一天发送多次消息的权限,如央视新闻订阅号等。

(二)服务号

服务号旨在为用户提供与企业相关的服务,适用于银行、酒店、航空公司、政府之类的组织。它以服务为主,只有企业或者组织才能够申请开通,个人不允许申请。

服务号每月可发送四条消息,主要定位是"服务",不像订阅号那样具有明显的宣传和媒体属性。服务号影响着客户体验,如果服务到位,消费者对该企业的认可度就会增加,对产品的复购以及粉丝忠诚度的提升都大有裨益。

(三)企业号

企业号是政府、企业等单位用于内部及上下游之间管理的公众号,它为组织管理提供更加便利、有效的渠道,降低组织管理和内部沟通成本,优化办公流程、提高办公效率。

企业号的应用范围非常广泛,可以用于政府、公安、教育、酒店等领域,帮助组织建立自己的生态系统,连接组织内部员工、合作伙伴及内部系统和应用,使组织的业务和管理更具互联网的特点。

二、微信文案的特点

微信文案是指在微信平台上以文字写作配合图片、视频等形式,或者传递信息交流思想,或者通过对服务或产品的概念和特点进行深度分析、引导用户消费。

微信文案具有以下特点:

(一)目标精准性

微博具有开放性,发布者发送的消息可以被所有人看到,而在微信平台上,只有关注者才能看到发布者发送的信息。因此,微信更容易进行后台数据的统计和管理,能够更精准地绘制用户画像,进行用户定位。

(二)实用性和趣味性

人们关注微信公众号的目的是为了获取有用、有趣的信息,而不是广告。如果用户发现关注的微信公众号发布的内容中带有大量的广告内容,对植入广告容忍度低的用户就会取消订阅,这不仅会减少关注该微信公众号的粉丝量,还会损害微信发布者的形象。

优质的微信文案应该与生活密切相关,与发布者自身定位相符。微信文案内容要具备实用性和趣味性,可以满足用户的阅读需求,为他们提供良好的阅读体验。

(三)互动性强

微信是一款即时通信软件,微信发布者可以与用户直接沟通联系,一对一地与用户交流,从而维护自身形象,这种强互动性的传播效果自然好于传统的单一式传播。另外,用户在看到感兴趣的内容时会主动分享到朋友圈或微信群,这就扩大了传播受众群体,形成了裂变式的传播效果。

三、微信文案的写作技巧

微信文案主要分为两大类型,即公众号文案和朋友圈文案。我们可以根据推广需要合理使用相应的类型,做到有的放矢。

(一)公众号文案

微信公众号是个人、媒体或企业等在微信公众平台上申请的应用账号,现已成为新媒体推广营销的常用平台之一。个人、媒体和企业都可以打造自己的专属账号,通过文字、图片、语音、视频等多媒体形式向用户传播信息,实现全方位的沟通和互动。

公众号文案以文章的形式发文,微信公众平台为用户提供了多种官方推广形式,如公众号关注、应用下载、卡券分发、品牌活动广告等,可以实现多维度组合定向投放,提高传播效率。

对在微信公众号上运营的发布方来说,写出一篇阅读量"10万+"的文案通常被认为是非常成功的传播。很多品牌的新媒体营销关键绩效指标已经转化为阅读量、转发量、点赞数等,但"内容为王",坚持创作优质内容是公众号文案的核心。

微信公众号文案的写作技巧如下:

1. 合理设计标题

任何一篇文案都需要设计一个有吸引力、有辨识度的标题。如:

中国第一所华侨捐建的乡村学校,至今仍在使用

80年代,无与伦比的照片

早课老师,学校喊你吃免费早餐啦!

标题的写法灵活多样,可以采用悬念式、数据式、对比式等写法,可以利用关键词、副词、数字等突出"提醒"意味,也可以在标题中添加独特的格式。

为标题设计独特的格式可以展现微信公众号的个性,特别适合打造系列文章,读者在看到文章标题时就可以轻松判断出文章属于哪个公众号,是什么类型的内容。最常见的格式是用"|"隔开,"|"前边的文字可以标记文章的类型,相当于一个标签。如"颐和园"微信公众号2021年9月19日发布的中秋游园的文章标题为:

中秋游园|桂花幽香报中秋,快来颐和园打卡了!

"|"前面的文字主要展示公众号自主推荐的主题"中秋游园","|"后面的标题集中解释了文案的主题和活动。

2. 设计吸引人的封面

公众号文案的封面包括封面缩略图和文案标题。封面应该选择醒目有特色的图片和标题,以便引起读者的注意,促其点击阅读。读者一般会在3-8秒内决定是否点击。因此,如果封面设计不出彩,就无法引起读者的注意,文案的内容再好也会被忽略。

公众号文案通常分为单图文文案与多图文文案。单图文文案通常是一条推送封面仅有一张图片配一篇文章标题,如"微天坛"公众号(见图1)。多图文文案则是一条推送里有一张主要图片配文章标题,下面分别排列几条辅助文章标题及缩略图片与之对应,如"诗词秀"公众号(见图2)。

图1 "微天坛"公众号　　图2 "诗词秀"公众号

公众号文案的缩略图一般使用与推送内容相关的图片,如果推送的内容分为不同系列,就要为每个系列设计相应风格的图片。如"美味不用等"的文案封面,这个封面缩略图与平常的缩略图不同,实物、图片与文本内容对应得非常清晰,用户可以直观地看到文案的内容类型(见图3)。

3. 拟定摘要引导阅读

公众号的摘要是指封面标题下方的一段引导性文字,读者可以通过这段文字迅速了解文案的主要内容,或者被摘要中提出的问题所吸引,从而点击文案,增加文案的阅读量。如:

都市农夫日记|小毛驴菜园赏花记
我的菜地我做主,一起数数有多少种花吧!

再如:

我努力地活成一个普通人就好了
我们无法改变自己的起点,我们能做的,只有埋头向前走,才能让我们和别人一样,也能跑到终点。

摘要的字数应限制在50字以内，其内容可以根据标题拟订。假如是活动文案，可以将额外的优惠放在摘要位置吸引用户；如果是推荐图书的文案，可以把书中的金句或者其他人对该书的评价设为摘要。

摘要通常显示在单图文文案的封面，多图文文案封面上则没有。需要注意的是，如果文案创作者不添加摘要，微信公众平台会默认将正文前几句文字作为摘要，这无疑浪费了摘要的位置资源；多图文文案虽然不显示摘要，但当这些多图文文案被单独分享出去之后也会显示摘要。所以文案创作者应该认真撰写文案摘要，以免摘要的内容表意不清，影响读者对文案的第一印象。

图3 "美味不用等"公众号

4. 借兴趣点引出主题

读者对某种事物越感兴趣，就越容易关注该事物，因此文案创作者要根据公众平台的定位，结合当前社会热点、推广产品的特征和用户的喜好，挑选出合适的选题，通过发布干货、盘点、分享、热点、攻略等相关话题，吸引读者的阅读兴趣。

如盘点类文案：

盘点2020年让自己更清醒的习惯

好久不见，有点想你们~~

所以来见见面。

这段时间在准备复试了么？

今天总结一下2020年让自己更清醒的习惯。

希望我们2021以研究生师姐和师弟师妹们的身份也常见面。

攻略类文案：

国庆假期，北京预报5天有雨！出行攻略收好

国庆假期倒计时！

还在上班的你

是不是在想去哪玩
《北京日报》整理了
一份国庆出行攻略

5. 用故事留住受众

一般来说,标题决定了点击率,文案正文决定着转发和点赞数。在标题足够吸睛和摘要准确恰当的基础上,如何吸引受众继续阅读正文、降低跳出率是公众号文案写作时重点思考与关注的问题。

网络阅读是碎片化阅读,读者往往在乘车、课间、就餐等短暂、零散的时间里浏览微信,无法集中时间和精力深入阅读、细致咀嚼,因此,应有针对性地构思文案内容,而感性的、叙事性的内容比较容易吸引读者的阅读兴趣,无疑可以获得理想的效果。如讲故事就是一种以打动人为目的的信息包装方式,它细节丰富,场景鲜活生动,可以让输出的信息更易于被受众接受。

故事的叙述可以围绕"冲突"展开。比如:

昨天晚上,有个学生突然加我微信,什么也没说,直接给我转了1万块钱。

那个每天在操场上跑六圈半的男生,已经坚持了半个月。直到刚刚,我才注意到,他的一条腿是假的。

上述两则文案的开头都使用了设置悬念制造冲突的方式,很容易引发读者的好奇心。其后的部分则围绕冲突展开故事,逐步揭开谜底,以吸引读者的兴趣,自然而然地将受众留在文案里。

再如微信公众号"彭小六"的一篇文案《在三线小城市工作的第10年,我放弃了100万的股权选择去深圳》,也是通过讲述自身的奋斗故事,使受众产生代入感和认同感,从而达到推广的目的。

为吸引读者阅读正文,提高阅读效率,文案创作者还应注意正文的结构安排,除开头设置悬念外,也可将精彩或重点内容放在首段;将全文内容片段化,用分级标题或分割符号将文案划分为若干部分,清晰地体现作者思路,令读者快速掌握全部内容信息;充分利用多媒体,集文字、图片、音视频于一体,营造绝佳的视听觉效果,让读者的阅读体验更轻松自在。

(二)朋友圈文案

朋友圈是个人化的分享平台,主要分享日常生活、社会热点、心情日志等内容,以个人发布的朋友圈文案为主,另有少量品牌主投放的朋友圈信息流广告。

个人在发布朋友圈文案时非常自由随性,既可以叙事抒情,发一两句感慨,也可以只是一个感叹词或一两个表情符号。比如:

  据说这是 EDG 朋友圈鄙视链,周末的我还在跟娃对于北京初雪是进宫还是去霍格沃茨返校的争吵不休中。是真 out 了。

  早上雨里去,晚上雪里回,充实的一天。

  疲劳!

总之,要尽量分享自己的日常生活和新鲜有趣的事情,抒写真实的心情状态,使好友切实感受并了解自己的真实生活,从而增加信任感和认可度。

分享式的文案十分有利于个人营销,因为它不仅有助于树立形象,使朋友感受到一个活生生、有趣味、有情调的人格形象,还能在朋友面前刷存在感,且不让他人感到厌烦。

朋友圈信息流广告是微信在 2015 年推出的一项功能,迄今为止,已经有很多知名企业品牌在朋友圈投放了信息流广告。如"Excel 学习圈"在朋友圈里发布的一则文案:

  统一回复:是真的,售完下架,再不买真没了。Excel 实战课不要 198,仅需 8.9 元!

品牌主投放的朋友圈文案,通常具有鲜明的个人风格,人们会通过朋友圈文案的内容来判断发布者的兴趣、品位和性格等。因此,发布的文案不能让人觉得太低俗,否则很容易被屏蔽或拉黑。

在撰写朋友圈文案时,文案创作者很少仅发布文字,通常在文字后面会再搭配音视频、动画、图片或网文分享链接。选择图片的数量最好是 1、3、4、6 或 9 张,这样的图文结合,页面比较整齐美观,符合人的审美要求,也能提升自身形象。如果只选用一张图片,最好选择全景图,因为视野开阔,细节更加清晰。

第三节 其他自媒体平台写作

自媒体(We Media)是普通大众经由数字科技强化、与全球知识体系相连之后,提供与分享事实、新闻信息的新媒体的总称,是大众作为私人化、平民化、自主化的传播者,通过互联网等途径,发布自己所见所闻或提供信息的公开性与私密性兼具的传播方式。前文探讨的微博、微信等都是热度和排名顶流的自媒体平台。除了"两微"之外,也有一些内容型自媒体因其智能推荐引擎和庞大的用户群体在自媒体平台中占有举足轻重的地位,比如今日头条、知乎等。本节主要介绍今日头条的文案写作。

今日头条是北京字节跳动科技有限公司于2012年8月发布的一款基于数据挖掘的推荐引擎产品,其目标是"打造人人都可以使用的、支持多种分发方式和内容体裁的通用信息平台",为用户推荐信息、提供连接人与信息服务,帮助人们看到更广阔的世界。今日头条上线以来,围绕内容体裁和分发方式两个维度不断丰富,至今已衍生出图文、视频、问答、微头条、专栏等多种内容形式。根据该平台发布的《2020年今日头条年度数据报告》显示,今日头条创作者2020全年共发布多种体裁的内容6.5亿条,累计获赞430亿次,分享相关内容7.4亿次,总评论数达443亿次,其中点赞数是2019年的近五倍,有1566万新用户首次在头条发布内容,令头条平台上的内容供给更加丰富。健康、娱乐、财经和科技等成为2020年最受用户欢迎的内容。今日头条在用户搜索行为、阅读创作习惯、社会责任等多方面实现了通用信息平台的价值。

一、今日头条的发文特点

(一)个性化的信息推送

今日头条的最大特点是能够通过基于数据分析的推荐引擎技术,将用户的兴趣、特点、位置等多维度的数据挖掘出来,然后针对这些维度进行多元化的、个性化的内容推荐。

为受众提供量身定做的个性化信息是今日头条的核心特色。用户想要关注的新闻信息不需要进行手动选择,今日头条会自动甄别用户喜好,挖掘用户需求,一对一地为用户推送符合其自身喜好的资讯和信息。

(二)差异化的受众细分定位

受众由于年龄、爱好、专业等不同,形成了不同分层。今日头条根据用户的上述特点,为他们画像,针对用户画像,推荐贴合用户兴趣的资讯。今日头条的不同用户在同一时间所看到的新闻推送是不同的,同一用户在不同时间使用时所获得的新闻也是即时更新的。

(三)快速化的信息抓取技术

当用户通过微博、QQ等社交账号登录今日头条的时候,今日头条根据用户浏览、收藏、转发、评论等行为计算出其兴趣分布,并结合其阅读习惯、使用时间、所在场景、地理位置等多个维度,在系统内为每位用户建立个人专属数据库,在0.1秒内实时分析用户行为数据,之后在3秒内提取文章并进行推荐分类、挖掘,将精准信息送达用户手中。

(四) 社交化的内容分享与传播

今日头条移动 app 具有社交分享功能。如果用户看到喜欢的内容,想要和朋友分享,就可以直接点击相应按钮进行分享,可分享到微信朋友圈、微信好友、手机 QQ,还可以分享到新浪微博、腾讯微博、支付宝好友以及支付宝生活圈中。

今日头条支持用户发表评论、进行互动。每条新闻之后的评论排序也有规律,会优先展示你的社交好友给出的评论,然后是社交网络中的意见领袖。另外,它不仅可以添加与自己持相似观点或相异观点的人作为好友,还能够与社交平台相关联。

二、今日头条文案撰写需注意的问题

(一) 提高阅读率

阅读率即阅读转化率,指点击进入文章的用户比率。

提高阅读率,就必须写好文章标题。好标题引人入胜,必定会吸引人们的眼球,激发人们的好奇心理,如:

人人都该在秋天去一次北京

有机农业路在何方?深度解析有机农业企业失败的几大原由

标题写作切忌"标题党",因为"标题党"虽然会提升阅读率,但由于标题与正文关联度不大,所以会导致跳出率、阅读速度和阅读进度等数据表现很差。其实,优质的标题应是"猎奇性""趣味性""实用性"和"关联性"的结合体。

(二) 提升阅读进度

文案创作者精心策划的内容拥有较高的质量,但很多时候获得的阅读量反而不如随便写出来的文章。这是因为精心策划的内容大多篇幅较长,而篇幅的长短对阅读进度的影响很大。用户浏览信息很多时候并不抱有特定的目的,对于篇幅较长的文案大多没有耐心读完。

文案篇幅适中是提升阅读进度的关键,一般来说 1000—2000 字的文案最受欢迎。因此,文案创作者在发布今日头条文案时,一定要明确主题,每篇文案重点说清楚一个问题即可。

(三) 降低跳出率

跳出率是指阅读不足 20% 就跳出页面不再阅读的用户比率。因此,文案创作者在撰写今日头条文案时要开门见山,直接点明主题,而不是先阐述背景、意义之类的内容,这样只会导致用户跳出页面直接弃文。

例如,《猝死离你并不远！记住这些关键时能救命》一文,如果一开始先阐述猝死是什么,猝死前有哪些征兆,然后探究什么因素会导致和加速猝死,最后才介绍预防猝死的措施,读者可能会没有耐心读下去,因为点击阅读这篇文章的人大多目标明确,仅仅关注"预防猝死的关键措施"。因此,文案创作者不必先普及猝死的定义、分类以及导致猝死的原因等,而应直接切入正题,介绍预防猝死的措施。

第四节　H5文案写作

H5即HTML5,是一系列制作网页互动效果的技术集合,是集文字、图片、音乐、视频、链接等多种形式于一体的在线展示页面,具有丰富的控件、灵活的动画特效、强大的交互应用和数据分析功能,它以移动终端网页为运行环境,融合了移动终端的本地能力与Web应用的运行模式,具有丰富的多媒体功能和良好的跨平台属性。

在现代数字技术的支撑下,基于H5页面的传播形式被广泛应用,移动平台可以把图片、视频、音频、动画等嵌入H5中进行播放,在给用户带来全新感官体验的同时,通过复杂的交互功能实现与用户的交流与互动。

一、H5文案的页面特征

(一)呈现形式多样化

H5页面的一大亮点是丰富了信息的呈现形式,即从原先简单的文字、图片二合一增加到文字、图片、视频、动画等多种形式组合展示,丰富多彩地展示信息内容。这种转变不但扩大了H5页面信息容量,而且结合多种感官,提高了信息传播效率和传播效果。

一个成功的H5页面往往融合了精练的文字、高品质的策划与设计、与调性相契合的音频以及其他技术手段。例如,曾经火爆全网的H5案例——2016年腾讯创新大赛《穿越故宫来看你》(见图4),点击页面的按钮,便跳出一段小视频,视频中明朝永乐皇帝朱棣从故宫的画中穿越而来,他戴上太阳镜、唱着rap、跳着骑马舞、玩自拍、发朋友圈等。视频结束后弹出报名通知,介绍此次活动的内容如表情设计、游戏创意、智能硬件、动漫创意等十项创新比赛,以及项目介绍、赛事品类、大师评委、历届回顾、合作伙伴等。这个H5内容创新,形式有趣,互动体验丰富,赢得了极大的关注度,是H5成功传播的典范。

图 4 《穿越故宫来看你》

（二）交互性强

新媒体时代的写作更加侧重于写作者与受众之间双向的沟通与交流。在线 H5 同样具有强大的同步交互功能。用户一方面可以选择自己感兴趣的主题点击查看，另一方面通过评论功能与承办方或者其他受众就某个话题进行讨论，并且可以直接在 H5 上填写承办方需要的信息，实时生成传播数据，方便承办方查阅。

二、H5 文案的写作要领

在撰写 H5 文案时，掌握一定的写作技巧可以让写作更轻松，写作文案更流畅。

（一）讲述让用户产生共鸣的故事

单纯的信息传播或品牌营销难以吸引受众的目光，而一个有感染力的故事却可以轻易地俘获受众的心，H5 文案的创作就是如此。一个注入情感的故事能够赋予文案更丰富的内涵和更大的附加价值，因此 H5 文案创作者在撰写文案时，通过讲故事的方式，传递受众崇尚的价值观和信仰，更容易激发受众的情感共鸣，从而使文案产生打动人心的力量。

例如，公益类 H5《我把自己弄丢了》，就用一位母亲患上阿尔茨海默病后病情加重的过程来推进故事的发展。该 H5 文案将患病母亲对孩子的挂念与孩子内心的焦虑担忧同步呈现，简单的文字表达出真挚的情感，感动了观众,达到了呼吁大众关爱阿尔茨海默病患者的效果。①

(二) 创设场景,让受众"触景生情"

场景的搭建可以让受众产生身临其境的感受。生活中熟悉的画面或者故事中一幕幕场景的再现,能够增强文案的真实感,为受众创造联想的空间,从而优化受众的体验感与代入感。

父亲节前夕,许多媒体纷纷推出了 H5 宣传方案。人民网创设了"你爱爸爸有几分"的互动情境,图文结合,把熟悉温馨的点滴画面融入 H5,让儿女触景生情,不由自主地想到父亲伴随自己成长的历程。设计暖心,文字朴实动人。再加上测试的融入,由心深入的互动之余让人思考父爱带来的点滴温暖,引发作为儿女的受众思考在这节日要为父亲做点什么。

(三) 用情怀触动人心

优秀的 H5 作品一定具有独特的风格基调,而这种风格基调的产生需要通过在文案中输出情怀来实现。儿时珍贵的回忆、生活中的欢笑与泪水、朴实无华的亲情等都属于情怀,渲染情怀可以起到直击受众内心的作用。

由《北京日报》和快手联合出品的为纪念改革开放 40 周年而制作的 H5《40 年大美时光》,以一部电影放映机为媒介,闪回到 20 世纪 80 年代、20 世纪 90 年代、21 世纪和当今社会,用这四个时间节点反映中国改革开放 40 年来的高度发展。该文案通过对不同年代特有的场景进行勾勒,注入了情怀,触动人心,引发了人们对往昔的怀念。②

(四) 设置互动环节,吸引用户参与

在新媒体时代,没有互动就没有传播。H5 文案中可以设置巧妙的互动环节,让受众体验到个性化的服务。在新技术的支持下,如今的 H5 拥有诸多出彩的特效,如绘图、擦除、摇一摇、重力感应、吹起、3D 视图等,H5 创作者可以将文字与特效结合,让受众参与其中,从而感受 H5 作品带来的乐趣。

如为庆祝建军 90 周年,《人民日报》客户端制作了互动 H5《快看呐!这是我的军装照》,展示了 1927—2017 年间的所有军装,让用户上传照片,利用人脸识别技术,生成属于用户的不同年代的军装照片,让网民一起参与到建军节的互动中。该互动 H5 上线才 2 天,浏览量即破 2 亿,网友和名人明星纷纷制作自己的军装照。这则 H5 文案既有趣,也非常有意义,每一个参与用户通过了解认识不同年代的中国人民解放军军装,进而体会到中国

---

① 原创网址:http://youku-ad-h5.archisense.cn/index.html,分享链接:https://www.sohu.com/a/258398462_451698?_f=index_pagerecom_302,2022 年 4 月 1 日访问。

② https://cdn.midoci.com/kuaiShou/index.html,2022 年 4 月 1 日访问。

人民解放军这 90 年的发展进步与强大。

思考与练习

一、你关注了哪些有趣的微博账号？请说明关注的原因，并分享。

二、如果你是学校官方微博运营人员，请发表一则有关学校图书馆提供服务的微博。

三、请根据下面案例，分析微博文案的特点和写作技巧。

2014 年，原淘宝旅行推出新独立品牌"去啊"，产品发布会 PPT 中的文案为：去哪里不重要，重要的是……去啊！

在发布会现场，"去啊"旅行总经理在台上讲话时，说成了"去哪儿不重要，重要的是……去啊！"

去哪儿网立刻作出了反应，在自己的官微上发布了一则针锋相对的文案：

人生的行动不只是鲁莽的"去啊"，沉着冷静地选择"去哪儿"才是一种成熟态度！

携程网也加入战局：

旅行的意义不在于"去哪儿"，也不应该只是一句敷衍的"去啊"，旅行就是要与对的人携手同行，共享一段精彩旅程。

接着是京东旅行：

他们说"去啊"就去吧。他们说"去哪儿"就去哪儿吧。他们要携家带口慢慢起程，那就这样吧。听从大家的安排，看着重复的风景，一辈子就这样活着，别上京东旅行。

还有驴妈妈旅游网：

从起步到成长，真正与你同行的只有妈妈。"去哪儿"，听妈的。

在这样的"文案大战"中，参与者常常都是一边拐弯抹角黑竞争对手，一边突出自己的形象。用户也积极观战，参与评论。比如"给文案加鸡腿""膝盖拿走"等评语满天飞，形成了用户、企业和品牌共同参与的"狂欢"。

四、如果你为云南丽江某客栈撰写一篇旅游类微信公众号软文，请谈谈你的写作思路。

五、选择几篇你喜欢的微信订阅号文案，分享给全班同学，并分析每篇微信文案的酝酿思路、写作技巧。

六、请扫描《千万不要惹你妈！！！！》二维码，分析这篇微信订阅号文案的受众是哪些人，这篇文案正文内容的表现方式是什么。

七、请浏览今日头条平台,分析该平台的发文主题有哪些、发文特点是什么,并选择一篇自己喜欢的文案进行具体分析。

八、请选择合适的平台,设计一个 H5 文案,面向高考学生和家长宣传你的学校和你所学的专业。

拓展阅读

1.《再续经典!踢不烂新品牌片上线,文案超燃超惊喜!》(刘文导)
2.《豆浆能致癌?来了解一下真实的豆浆君!》(张宇)

第十二章
写作训练案例

第一节　博客接龙写作训练

一、博客接龙写作训练的设计原则

我们在课程的写作训练中使用博客接龙的形式,是尝试在课堂之外为学生建立一个写作的大课堂模式。这样不仅可以节省大量的课堂训练时间,也可以将课堂延伸到课外,使学生将写作融入生活。

博客接龙写作训练可以充分发挥新媒体网络平台的作用,增强全班同学的团队协作和师生之间的交流互动,激发学生的写作热情,凸显写作训练的现代感和立体化。这一写作训练模式的设计原则是:

(一)集体参与

从写作主体来看,参与博客接龙写作的是班级的每一位同学,因此要突出训练集体参与性。接龙的形式决定了每位同学必须按规定的次序参与到写作活动中,中间如果有同学停滞,就会影响后面的同学,所以同学之间会相互督促和推动,以保证接龙的顺利进行。

博客接龙的写作训练模式适合在任何一个自然班级中进行,如果是小班,班级就是一个写作组,如果是大班(混合班),可以分成若干个写作组。

(二)灵活多变

从写作内容来看,博客接龙写作的灵活性比较大,一般可以选择开放性的选题,给学生较大的发挥空间。在整体风格和叙事线索一致的情况下,学生可以按照个人的理解和想象推动故事情节的发展,从而使写作内容丰富多彩、灵活多变。

除文本内容之外,学生也可以根据实际需要配合少量的图片、音视频材料,增强作品的感染力。

（三）交流互动

从写作传播来看，互联网提供了一个更为方便快捷的交互性平台，进行写作的同学必须阅读他前面所有同学的写作内容，把握人物和故事的发展脉络，然后续写下去，这样每位同学既是写作者也是阅读者。同时，还可以利用博客的评论功能，实现教师与同学以及同学之间的交流互动，每位同学可以获得具体的评价或指导性意见，另外还有来自网络空间的点击量、关注度。因此，在这个过程中学生能够形成良好的团队合作精神和良性的竞争机制，提高写作积极性，体验到写作的乐趣和成就感。

二、博客接龙写作训练方案

博客接龙写作训练方案具体分为以下几个步骤：

（一）确定班级的分组、接龙顺序

为保证接龙的连续性、写作内容和故事情节的丰富性与延展性，一般人数不宜太少，否则难以达到接龙的效果。但是人数也不宜太多，否则接龙的周期会较长，学生参与的次数较少。因此，一个接龙一般以15人左右为宜，如果班级人数较多，可分为若干个接龙组。

确定接龙的分组后，每一组要确定接龙顺序，可以按照学号排序，也可以用抽签的方式决定顺序，还可以由学生自行商定。

接龙的第一人非常重要，因为写作的开头往往会奠定整体的写作特色、语言风格以及故事的基调，所以第一人可由老师指定或学生推举。

（二）确定选题及博客开头

在教师跟学生反复讨论后，根据课程所讲理论知识的进度、学生的兴趣爱好、专业的特色和需要等情况，确定博客的选题以及基本框架、叙事风格、文体等，并按照确定好的接龙顺序由第一位同学开头，开始博客的写作。

（三）按照接龙顺序开始写作

学生按照确定好的接龙顺序开始写作，并具体规定每位同学的写作期限，每位同学必须在限定的时间内将自己接龙的内容上传到博客，保证接龙的有序进行。教师可以随时监控学生的写作进度和质量，及时给予反馈，起到引导和调控的作用。同时，每位同学也要参与到博客的阅读和评论之中，形成互动交流的氛围。

（四）博客的修改

一轮完整的接龙写作结束以后，进行集中修改润色。

首先，每位同学通读全部博客后，结合老师及同学的评价和建议对自己所写的博文进行自我修改，这个层次的修改可涉及人物、材料、结构、语言表达等多个方面。

然后,同一接龙组的同学进行互评互改,并按一定次序进行,保证每位同学至少修改一篇博文,这个层次的修改主要侧重语言文字方面,训练学生使用汉语的基本功。

(五)评价及反馈

为保证博客接龙的效果,确保写作训练顺利进行,我们需要制定一套比较科学的评价体系,将学生的写作表现纳入具体的评价体系,下面是具体的评价标准:

评分标准	写作技能					日常表现		总分
	立意	结构	材料	表达	语言修改	按时完成	关注度	
分值	20	20	20	10	10	10	10	

一轮接龙练习结束后,教师要组织学生进行一次集中讲评和讨论,总结本轮博客写作的优点和不足,分享创作心得和体会。

博客接龙的写作训练可以根据实际情况来确定接龙的轮数和时间长短,教师可以配合课程讲授内容进行某一项目的接龙训练,也可以将这一形式贯穿整个课程的始终,将其作为课堂外学生写作技能训练的主要形式。

三、案例分析

这里选取中国传媒大学外国语学院孟加拉语专业本科一年级学生的博客接龙写作案例来加以分析[①],探讨这一写作训练模式在应用中的具体问题,为读者提供参考和借鉴。

案例分析一:

漫游孟加拉(节选)
引 子

话说在古老的东方,有一块神秘的土地,这块土地呈现五种不同的颜色。原来,女娲娘娘在炼石补天的时候,五色石上的一小块不小心掉在了这里。这里山川秀丽、草木繁盛、鸟语花香。在这五色土上出生的孩子,从小就会讲不同的话,每到一种颜色的土地,他们就会讲那种颜

[①] 博客的详细内容见"漫游孟加拉的博客",网址:http://blog.sina.com.cn/u/2960176867,2002年3月22日访问。

色土地上的话。他们爱自然,爱浪漫,爱祖国,也爱世界,爱游戏,更爱去猎奇……

有一天,他们穿越到了现代,通过 internet 了解到,在世界的某个地方,还有人讲跟他们完全不同的语言,这太神奇了!于是,他们决定,派 19 个小精灵,去那个地方一探究竟。

(点评:开头是一个开放式的引导,给全文以广阔的发挥空间,使后面接龙的同学可以驰骋想象、古今穿越、异国穿梭,具有神奇魔幻色彩,符合当代大学生的审美气质。同时,学生可以结合自己所学的孟加拉语专业,在写作中加入孟加拉语言及文化元素,体现异域风情。)

一

在很久很久很久以前,久到白雪公主还没后妈,小头爸爸没成家,在山的那边海的那边,大舌音世界的先民们以一种有序的方式生活着,生机盎然,种花的种花,养猪的养猪,世界分为十层,每层都有各自的民俗特色,彼此之间相安无事各不相扰,生活静好。直到那一天,史学界统称的"黑暗的星期四",那个人出现了,她藏起自己一头乌黑亮丽的秀发,手拿小教鞭,脚踩高跟鞋,身穿紧身的黑色纱丽,血红色框架的眼镜在她眯眼时边缘闪过利芒,她一挥鞭,于是太阳不见了,世界堕入了黑暗,人类惊恐不已,呼号奔走,她再一挥鞭,手下的三大护法便喷出无数的孟加拉语单词,世界被孟加拉语淹没了!而得意的她仰天大笑,站在她身后的三大护法亦是得意不已,"尼玛,全世界都给我学孟加拉语吧!!哇咔咔。"说完这句话的她便骑着沙汗(具体形象自己参照草泥马)上了天,在第十层之上的云端住下,那片云端便是传说中的,额,孟加拉。而这位伟大的女性便是传说中的终结者 Lady Killer。故事便是从这里开始的。

世界的第一层叫碗(表要问我为什么它要叫碗,它就叫碗),亚热带暖温带气候啊啥的啥的,反正特漂亮就是,然后人杰地灵了对吧,英雄出少年了对吧,在碗中央的某个小村庄里,天时地利人和的某位俊美无匹性格闪亮迷倒万千少女滴少年诞生了,当当当当,鼓掌鼓掌,他便是 Nodi。

……

(点评:文章的第一部分奠定了整个故事的框架和基调,这是一场正义与邪恶的较量,在较量的过程中,要从世界的第一层"碗"开始,一直到第十层,在每一层都有不同的奇幻经历,各层的故事相对独立又相互联系,非常适合用接龙的方式叙写。)

十七(云端国度)

……

  淡淡的花香弥漫空气之中,星星点点的阳光透过树叶的遮挡照到林间,远处潺潺的落水声似乎昭示着瀑布的存在,蓝色与红色的鸟儿从头顶的树梢上掠过,不时有鸟儿落到树梢上,叽叽喳喳地讨论着眼前的这群奇怪的陌生人。这么多天来大家一直处于厮杀中的神经也慢慢放松下来,不时出现的鸟儿和松鼠也给大家带来惊喜,就这样大家在林中漫步着,漫步着。过了两个小时,不久前淡淡的落水声逐渐变成了震撼大地的奔流击石声,瀑布也似乎就在眼前,在绕过一棵巨大榕树之后,大家看到了令他们永生难忘的美景:

  巨大的白色城堡,建在陡峭的山上,绵延数百米的瀑布,从城堡的脚下落下,发出震耳的水声,说不出名字的鸟儿成群地在巨大的水雾中穿行。一道美丽彩虹斜挂在瀑布上,一端连接瀑布底下的水雾,一端连接城堡。在大家的眼前,有一座精致的桥,其宽度刚够一辆马车通过,白色质地,缠绕着绿色的藤蔓;在小小的蘑菇和青苔点缀着的顶端木架上,有一银镜将艳丽的阳光反射到大家身上。"哇!"大家异口同声,冲向小桥。"且慢,小心陷阱!"又是赛林木在大家后面喊道,可是没人听他的,大家都为眼前的美景而疯狂了,赛林木只得抽出宝剑跟了上去。

(点评:对第九层世界的描写,美丽而神奇,跟前面的凶险世界有较大不同,独具特色,语言华丽优美,画面感强。)

十九(高山流水)

……

  众人随即踏风破浪,逆流而去。不知过了多少个日日夜夜,多少次六季更迭,终于冲破大洋,来到了天河源头的须弥山。

  远远望去,群山之中,最高的须弥山山门之下,坐着一尊头陀。

  Lolida 发宏音:"请问开士,可有见得阴德罗?"

  头陀静坐如钟,并不作答。

  许久,石壁万仞之间传来一声浑厚的叹息。

  众人正欲去往别处山头找寻。头陀发话了:"请留步。"

"如是我闻,尔等前世本是大唐中土人士,因缘际会结成十又八人商队,取道西域之路来磐启国交售丝绸瓷器。并同往天竺、罗刹诸国探险游玩,逗留甚久。途中赏山乐水,行侠仗义,救人济世。因此与这块大地结下善缘,轮回三生三世。"

众人惊讶不已,面面相觑。我们前世认识?

"马赫布巴绝非罪孽难赦、兴风作浪之恶人,实为受了尔等前世恩泽,今世投胎相报。她发愿宁可背负十界骂名,也要用《孟加拉语教程》魔咒造出此混沌纪元,引导尔众脱离蒙昧,不再疏懒,齐心奋力溯天河之流,造孟加之福。最终拨开大地和心中云雾,吸除混沌,见得光明世界!"

头陀的声音是如此清净,如此庄严,令人全心信服,没有任何怀疑的理由。

"且随这圣水同去吧,马赫布巴和世间一切哀乐善恶,都在广袤的天河入海口等待着你们。"

众人幡然悔悟,携手下山。

天色启明,高山间悠悠然吹来了一阵晨风,那是桃花岛主Lolida的笛声,和来自第十界孤独城堡的Jokotish的琴声。

(点评:结局圆满而意味深长,配以"高山流水"的音频文件,意境神秘而奇幻,想象力丰富,语言富有哲理性,主题得到升华。)

案例总评:"油菜花"绽放在美丽的孟加拉

文章集中反映了当代大学生的精神风貌和心理认知,虽然博客接龙的形式是多人续写,但整体故事情节连贯、语言风格一致、浑然一体。具体来说有以下几个特点:

1. "大爱":从大世界、大宇宙的视角关注"正义"与"邪恶"的斗争,文中的主人公正是作者们理想和精神的化身,他们勇敢、无畏、智慧、无所不能,去迎战各种艰难险阻、邪恶势力;

2. "大想象":用无限的想象力去虚构魔幻而又不乏生活图景的世界,奇幻而多变,有冰雪世界、田园风光、云端仙境、光影之界,它们或美丽绝伦、或凶险邪恶、或温馨浪漫,给读者以视觉冲击和心灵震撼;

3. "大生活":生活不仅仅是上课、吃饭、睡觉、教室、食堂、寝室,更是现实与魔幻、生活与游戏的交织,是一个可以无限拓展的时空;

4. "大气度":无论面对什么样的艰难险阻,都有勇气和幽默并存、现实与浪漫融合、承担与发泄同在。

当然,伴随着电子游戏成长起来的一代,这里不免有受其影响的痕迹,叙事方式有些落入俗套,有些情节显得"狗血",读起来比较"雷人"。

总之,在这样的接龙训练中,同学们的写作积极性明显提高,合作精神加强。在一轮接龙训练中,就完成了近五万字的写作量,达到了训练的初衷和目的。

案例分析二:

达佳的故事(节选)
柳芽儿

我又看见柳芽儿落了。

青青的,嫩嫩的,因而经受不住早春的寒风。不过,到了地里也还有泥土的营养呢。也不能争抢啊,更没份儿去看挂在枝头上的那些芽儿。就这么在土里闷着,等着,长着,盼着。兴许有一天也会化为叶子,结结实实地长到枝丫上,那儿就有光了。

第一次看见柳芽儿,也是青青的,嫩嫩的。就长在院子前不远的河边柳树上。冬天好像快过去了,河边的树和草都还没绿。只有一树的芽儿,映得我眼里亮堂堂的,心儿也是一直欢喜的。那时我大概五六岁,身上还穿着红色的夹袄和厚厚的棉布裤。妹妹和我穿的一样,但是娘(达佳她后娘,你懂的)在妹妹的夹袄上绣了小花花。妹妹还小,连走路都不稳呢。爹曾经跟我说娘不是亲娘,我问他亲娘是什么,和娘不一样吗。爹叹了口气,就不再说话了。后来,我蹦着进了院子。屋里的大人们进进出出的,有的还在哭。娘抱着妹妹,哭得最凶。她那天穿了件白衣。我饿了,要包子吃,娘就把我推到一边,还大声说了好多我听不懂的话,我也记不得了。

后来,我再也没见过爹。

我找不着小红袄,娘说她拿去当了,说家里穷得揭不开锅。娘塞给我一个篮子让我去集市给妹妹买东西。天蒙蒙亮,冻得我直打寒噤。冬天好像还没过去。

风吹着,河边的那棵柳斜斜的飘着。

柳芽儿纷纷落了。

(点评:开头交代了主人公达佳的身世,奠定了全文的基调,即以达佳的坎坷人生为线索叙写她的各种悲惨际遇,且以"柳芽儿"寓意达佳的人生,情景和叙写交融,语言清新自然。)

一棵开花的树

……

两人就那样静静地坐着,静静地看着眼前的风景,不去想后妈不去想家务不去想自己的委屈,达佳希望就这样坐到天荒地老,此生足矣。

然而,时间不会因谁的企望而停留,不知不觉已是夕阳西下,落日收走了最后一丝余晖,整个世界暗了下来。

"哎哟,天黑了,"小伙子起身并轻轻拉起了达佳,"忘了告诉你,我叫道儒,你呢?"

虽然看不清道儒的脸,但达佳可以想象那张脸上如阳光般灿烂的笑容,达佳美在心里:"我叫达佳。"

"达佳,达佳……"道儒轻轻呢喃着,"真是个好名字"。

达佳羞涩地笑了,心里暗暗祈祷但愿天黑让道儒看不到自己已经红了的脸。

(点评:叙述了一段美好的邂逅,这是达佳人生中的唯一亮色,对达佳的心理描写比较到位。以"开花的树"来寓意这段经历,非常贴切。)

大梦如归

……

达佳不知怎么道别了,她并无多少遗憾了,或许这一生有所纠葛的人都道别了,无甚怨恨亦无留恋。她坐在岸边的柳树下轻轻地睡着了,又是一年春来早,柳絮儿满天飞,这轻若柳絮的一生啊,我只想好好地好好地安眠。

她猛地坐了起来,漆黑的夜里,她大口大口的喘息声就像落水的绝望的幼童,胸口有种被压迫的负重感,好似这种宗教意味的承重她已承担了一生。身下是柔软的床褥,她扭头望去,父母在深夜里还是安稳地酣睡着,她的手掌不是成年人的大小,却是三岁孩童般。

那场苦屈的生命历程好似一场大梦初醒。

冥冥中她听到了一个声音:痴子,没有人能篡改你的人生,我将它交还你手,既然这是个无语的开端,那么结尾必将模糊。

她轻轻倒了下去,头挨上了柔软的枕头。

长歌当哭,必在痛定之后,她慢慢地想。

(点评:"大梦如归"的结局,用"柳絮"来呼应开头的"柳芽儿",结尾自然、深刻,给人以思考和启迪。)

案例总评:"柳芽儿"终成"柳絮",随风而去

文章以主人公达佳一生的坎坷遭遇为线索,叙写了她的一生。整体来看,故事的线索分明,逻辑清晰,语言风格统一。具体有以下几个特点:

1. 用景物来寓意人生,表达情感,情景和人物交融;

2. 人物命运的把握跟当代生活相结合,跌宕起伏,收放自如,颇有戏剧性,可读性较强;

3. 语言清新自然而不乏哲理意味,表现力强。

但是,受自身年龄、阅历等限制,同学们生活积累和对现实的认知还显不足,因而整个故事中编造的痕迹、雷人的情节比较明显。

四、博客接龙训练总结

1. 万事开头难,博客接龙的开头非常重要,因为要奠定后面续写的基调。两个案例的开头截然不同,决定了两个故事整体的风格迥异,前者充满魔幻色彩,后者则是现实人生,前者发挥想象的空间较大,后者受现实限制较多。

2. 博客选题要符合当代大学生的心理认知和时代特色。第一个案例的选题跟学生的生活和时代紧密相关,写起来得心应手、收放自如;第二个案例的选题虽然难度不大,但因学生缺乏一定的生活积累和沉淀,写得比较单薄,人物、情节单调,内容拖沓,编造痕迹明显,前后矛盾、不近情理、不合逻辑之处较多。

3. 是否可以尝试按男女性别不同而分不同的接龙组?在上述两个案例中,第一个案例是男同学开的头,接龙的整体风格跟男生的想象和认知一致,天马行空而动感十足;第二个案例是女同学开的头,接龙的整体风格比较细腻、温婉,注重心理描写和情感,但男同学在续写时往往显得有些力不从心。

总之,博客接龙训练是适应新媒体环境下当代大学生时代特点的一种新的写作训练模式,这个模式并不成熟,尚有很多细节需要进一步探讨和完善。

第二节 剧本写作项目合作

一、剧本写作项目合作指导原则

很多人心中都有演员梦,梦想着自己是一部戏的主角,畅快淋漓地演绎自己想要的人生。小剧本创作给学生提供了一个演绎人生的机会,学生对

此参与的积极性很高,教学效果良好。需要说明的是,写作课的剧本创作针对非戏剧专业学生,因此不同于戏剧专业的正规课程学习,对话剧艺术表现形式的专业要求应放宽标准,重点在于强调学生掌握话剧创作的基本知识、流程,以及树立起正确的表演意识。虽如此,对剧本创作及表演的整个过程教师都应做好控制、引导、监督工作,塑造专业、严肃的氛围,严格要求每一个环节,避免流于散漫。

课堂活动的主体是学生,教师在其中起着引导作用。在剧本创作过程中,要充分协调教师和学生之间以及学生小组成员之间的关系;在剧本表演过程中,则要充分调动表演者和观众的积极性。如何做到上述关系的协调,教师需要做好下面几点:

第一,专业指导。教师要先期进行专业指导,讲授小话剧相关创作知识、表演要求等。

第二,制定严格的进度表。确定小话剧创作时间表、流程图、表演流程等。

第三,协调学生之间的关系,确立好分工。让学生之间形成互相监督、竞争的机制。同学根据兴趣组合成小组,小组成员内部集思广益,小组之间相互提出改进建议。各组间的阶段汇报可以对其他组别的任务产生影响。

第四,做好监督评判工作。这部分工作分为两个部分。一是剧本创作环节,教师要对剧本的选题、构思提出指导意见,并对成文之后的结构、语言、格式规范作出要求。二是剧本表演环节,教师需对人物塑造、表演动作、语言表现、舞台设计等方面作出评价。在演出时,还需要其他小组观众进行联合评价。

二、剧本写作合作项目流程

(一) 理论讲授

教师讲授剧本创作的理论知识,选取典型剧本进行案例分析,引导学生在此阶段进行创作构思,为以后的创作打基础。

(二) 确立分组

以 3—5 人或 6—8 人的小组规模为宜,人数太多难以突出主题、塑造典型人物。

(三) 讨论故事梗概

确立小组后,小组成员共同商量故事梗概。

(四) 阶段汇报

以小组为单位进行阶段汇报,汇报的主要内容为情节设置、大体构思、结构安排等，其他小组可以对汇报小组的成员提出问题，就其中不合理的设置给出建议。

（五）完成初稿

按剧本的写作要求完成初稿。

（六）修改定稿

动员小组成员之间先就初稿进行修改，教师在此基础上进行修改，提出修改意见，最终完成定稿。

（七）汇报表演

学生课下进行排练，并准备相关的道具、服装、背景音乐等。教师调度并留出时间让小组进行汇报表演，每小组表演用时约15分钟。

（八）创作心得

每位小组成员汇报在项目创作中的贡献、心得体会、收获感想以及存在的不足和缺憾。

三、评价体系

采用教师评分和学生评委评分相结合的方法进行评价。评委就剧本创作的主题、情节安排、人物塑造、语言艺术、演出现场表现力、小组成员合作程度、综合演出效果等方面进行评价。评分总分50分（剧本创作及表演40分+创作心得10分）。具体评分标准见下表：

分值\组别	剧本创作				演出现场表现			评委签名
	主题表现	情节安排	人物塑造	语言艺术	演出现场表现力	小组的团队合作程度	综合演出效果	
评分参考	6	6	6	6	6	5	5	

整个剧本创作流程的完成约用时8—10周，最后一两周为汇报表演阶段，之前的约8周时间需要学生在课下完成剧本选题、创作、修改、排练。整个阶段可以很好地锻炼学生独立完成剧本创作任务的能力以及团队合作的能力。

剧本创作往往不是一帆风顺的，同学们为选题一再讨论，为了某个情节的设定不断修正，表演时为了某个动作和表情一次次排练，到最后各组呈献给大家的往往是让人出乎意料的作品。比如,在一些现实操作中,因为舞台条件有限(大多数情况下是在普通教室完成,有时会在活动教室),同学们借来了书桌、椅子等基本道具,表演中有人专门负责 PPT 的操控,以显示幕次、背景音乐等,有的小组用 A4 纸张打印出幕次,有的小组用教室内白炽灯的开合显示幕次,总之,同学们为了自己小组的表演效果开动脑筋、各出奇招,充分发挥自己的创造力。

四、案例分析

剧本创作并不限制学生的选题,这样可以开拓学生的思维。近年学生的选题有穿越题材、现实题材、后现代题材等。对于学生来说,大学阶段是校园和社会的衔接阶段。他们思维活跃,热衷于探讨社会热点问题,用或成熟或单纯的视角展示他们对现实问题的思考,如有的以社会拆迁问题展开剧情;也有项目组描写大学生当下的生活状态,关注大学生就业问题,以分离和招聘为主题展开剧情;还有项目组描摹想象将来工作后的办公室生活。在众多的选题当中,我们可以看到同学们在现实和理想碰撞中的感悟。

学生习作《一桌人生》讲述了四位女子的无奈人生,塑造了望子成龙的母亲、辛苦的办公室白领、身份尴尬的第三者、痴情的同性恋等形象。该剧本涉及的话题很尖锐,可见大学生对此类问题的描述和思考。在语言的设计上,紧跟时代脉搏,幽默、俏皮、发人深省,如谈到了禽流感等话题。结构组织比较紧凑,以灯光的幽暗让一个个主角轮番登场,演绎各自人生。

一桌人生

编剧 & 导演:章博宁

演员

A:郑鑫(12 英播)

B:田原(12 英播)

C:赵玉冰(12 译制)

D:郑同璐(12 译制)

儿子:戴倩(12 译制)

老板:曹静雯(12 英播)

护士:李穗伶(12 译制)

(灯光亮起,橘黄色、暖暖的一束光照亮了舞台正中间的一张极其简陋的麻将桌,桌上随意散落着麻将,泛着幽幽的白光。ABCD 有说有笑地走上舞台,在麻将桌边坐下,自然而然地开始搓麻将。)

A:(一个中年女人,打扮得很用心,只是那双今年新款的高跟鞋是在地摊上以20元的价格淘来的,那条连衣裙大概是在淘宝上买的,裙边的线都车歪了,脖子上一串珍珠项链洁白得如象牙,却闪不出真正珍珠的微光。她精心梳过的头发还是没能藏住那些银丝,她不时地用那双粗糙的手,捋一捋刘海。)你们说现在还有什么东西能吃?一说禽流感,鸡鸭鹅都不能吃了,小孩好不容易高考完,想给他炖点鸡汤,煎煎鸡蛋补充点营养,看来是不行的了。想着鸡肉不行吧,牛肉总可以吧。偏偏牛肉查出来一批带炭疽杆菌的。你说这高考的孩子,都不容易,营养还跟不上,唉。

B:(一位20来岁的年轻女子,眉宇间流露出一股年轻的魅力。普通的穿着却掩饰不住她妖娆的身材,前凸后翘,没有多余的赘肉。这名女子面容姣好,长得极标致,眼神一垂一抬,能把人的魂勾走。她手里拿着一个极其扎眼的包,是个名牌,和她的打扮有些格格不入,但不细看也注意不到她这身打扮中的不妥之处。)可不是吗,我老公前两天还去上海出差,这不,人还没回来先把礼物给我寄回来了(摆弄摆弄手中的包)。我就跟他说,我不要什么礼物,上海又是死猪又是流感,人平安回来才是最重要的。你们说是不是。偏偏男人都说事业重要,怕是还要在上海待一段时间了。

C:(一个着装潮流帅气的女子,若不是说话,也许你也无法察觉她的性别。说话时,她几乎没有任何表情。其实她不太言语,甚至听别人说话也有些不耐烦。她跷着二郎腿,不是女人的那种二郎腿,而是把右脚脚踝架在左腿膝盖上,不时地还抖两下,从骨子里散发出一种男性的帅气。)哼,男人嘛,没一个好东西。

D:(一个普通的公司文员,一身工作服,是公司从工资里扣了300块钱发给她们的。她将头发低低地盘起。她的脸上化着一点淡妆,下眼泡处的粉打得尤其浓,却也掩饰不住她的眼袋和黑眼圈。她年龄不会超过30岁,却显得有些苍老,可以看出她平时并不保养自己的皮肤,不知道是没有时间,还是没有钱。)你可算说到点子上了!就我们部门的经理,上次我和B逛街时碰到的那个男人,B知道的嘛,就是个奇葩。(B会意地点头,表示认同。)成天就知道当监工,什么工作都给我们,做不完就要加班,加班还不给工资,就知道拿我们的业绩给他自己邀功。昨天又拿奖金了,我们一点便宜没摊着。我决定了,再也不帮他做事情了,要开除开除,我不受压榨。

(点评:比较中规中矩的开头,通过外貌穿着以及个性化人物语言初步展示给我们人物的性格特征以及她们所将面临的问题,吸引着我们去探究她们各自的遭遇。)

B:我看啊,你是不敢的。

D:你等着瞧,我要是今天加班,今天我赢的钱都给你。

A:今天的钱我肯定都能赢走,你还是省省吧,哈哈哈哈……

D:你那两把刷子,怕是C早就看透了。

B:别说C,连我都知道,只和小的,看到能和的就和。

A:我学打麻将的时候,你们还不知道在哪呢,我这是策略。

C:我看这策略还行。

A:你看,智者不言!

(一个穿校服男孩低落地走上台,来到A旁边。他个子不高,戴着一副厚厚的眼镜。他的脸色特别难看,眉头紧紧地锁在一起,牙齿用力咬着下嘴唇,似乎要咬出血来。他的耳朵泛红,一直红到脖子根,似乎做了什么格外丢人的事情。)

男孩:妈,我……(暖黄色的灯光变暗,麻将桌边的BCD陡然停住,好似石化了一般。A背后方向缓缓亮起一束蓝色的幽光,A一把拉过男孩,匆匆走进蓝色的光圈中。)妈,成绩出来了……

A:出来了?这么快?

男孩:嗯。妈,我没考好,你别生气……

A:你说吧,妈不生气。

男孩:妈,我……我没到一本线……

A:(先是一愣,突然扬手给了男孩一耳光。)不争气!不争气啊!

男孩:妈,我真的尽力了……

A:尽力了,尽力了……尽力了就考这么点分数?!你跟大学的招生办说你尽力了,有用吗?!就是不争气啊!就是不争气啊!

男孩:妈,了不起我复读。我有实力。

A:有实力?!复读不要钱啊?复读就读得出来了吗?多少人复读读着读着就半途而废的?我真是恨铁不成钢啊!你说说看,你拿着一个二本的文凭,你能干什么啊?到最后又沦落到跟你爸一样开出租车,白天黑夜地在外面跑,碰上什么车祸还不能算工伤。你这样的分数,你以后怎么在社会上混啊!

男孩：妈，你放心，我会有出息的。郑渊洁就只有小学文凭，不一样当了大作家吗？

A：你跟郑渊洁比？人家郑渊洁的爸爸是老作家，别人家里的书用来砌房子，能赶我们家两个大。你高考失败了，你这一辈子，都别想赢！你说你怎么就这么不争气！

男孩：妈……我……（二人无言以对，气氛显得有些凝重。）

A：（突然开始落泪。）唉，也都怪妈不好。你要是摊上一个郑渊洁那样的爸爸，也就什么事都没有了。都是妈没用，嫁了个出租车司机，吃不饱、穿不暖，那么几十个平方的房子，你怎么学习……

男孩：妈，是我不好，您别这样说。

A：最好的学校妈供不起，最好的书妈买不起……你这个分数挺好，你要是考上了北大，北京生活水平那么高，怕是妈也没法让你去啊。唉，孩子啊，你命苦，都是妈不好，把你生下来，让你受苦啊……（母子俩抱在一起，幽蓝色灯光渐暗，就在熄灭的瞬间，BCD 三人开始继续打麻将。A 静静坐回麻将桌前，捋了捋刘海，故作镇定。）

D：A，听说高考成绩今天就出来了？

B：你儿子能考上什么学校？

A：这会儿还不知道结果呢。你说现在教育部门办事也慢。孩子寒窗十几年，好不容易考完了高考，等个成绩要等上一个月，弄得孩子瞎紧张，一个月都睡不好。我儿子啊，八成守着电脑等成绩呢！也不知道会不会跟去年一样，网络一塞车，明天早上才能知道结果。你们说，这个教育体系的问题，真是大把大把的！

C：哼，就能说说撒气了。

A：真是急死人。我儿子以后啊，没准能当上教育部部长，到时候，你们小孩高考碰到什么问题啊，都来找我。

B：那必须的啊！

（点评：通过灯光的变化以及电话铃声的唤起，结束了主角 A 的故事）
……

（省略部分：B 和 D 的故事。B 的冲突主要通过电话对话来展开，像是她一个人的战斗。D 的性格特征通过 D 与经理的对话和 D 与其他三人的对话展现，同时展示了小职员的无奈与阿 Q 精神。）

（暖黄色的灯光变暗，麻将桌边的 ABD 陡然停住，好似石化了一般。C 背后方向缓缓亮起一束蓝色的幽光，光圈里几个护士扶着一个担架床,急匆匆地要离开,C闻声冲向担架床,拦下护士。)护士,我是家属!我是家属!

护士:(拿出登记表,不紧不慢地问道。)姓名?与患者关系?

C:我……我是她爱人。

护士:别在这捣乱,你是她爱人?她是女的,你能是她爱人?

C:护士小姐,我没有在跟你开玩笑。她是孤儿,没有家属。我们俩是同性恋人,我跟她在一起有6年了,我跟她比家属还要亲。没有人能给她签手术同意书,只有我。

护士:笑话!你说你们是恋人,你们就是家属啦?家属是有血缘关系的,不然就是有结婚证书的。你符合哪一项?你们现在这些年轻人,总觉得同性恋很时尚,随随便便就觉得自己是家属就可以签字了,到时候出了什么问题,真正的家属来了又找医院麻烦,说什么让一些无关的人签字,你们也负不了责任,还得医院无辜赔偿。

C:您相信我,她真的是孤儿,我真的和她同居了6年了,我可以承担所有风险,求求你们,救救她好吗?我可以写书面的保证书,万一出了什么事情我承担全部责任,我绝不找医院的麻烦。(急匆匆地从护士手里拿来笔,从身上找出纸。)护士,你看啊,我写下来,我写下来。"证明,本人是患者刘淑颖的同性恋人,没有血缘,但是患者唯一亲属,签下手术同意书,绝不以任何借口找医院麻烦……"

护士:你这样写了有什么用,打起官司来,这事还要怪到我头上来。我也就是一个小护士,这万一出什么事,我前半辈子的打拼就全完了。

C:护士,求求您了,让我签字给她做手术吧!不能再拖下去了啊!您行行好,不能见死不救。

护士:哎,你这个人不要乱说话。什么叫见死不救,救不救人不是我说了算的!有家属签字才能动手术,现在医疗纠纷还少啊?我们大夫每个星期都被那些个医闹打,这种事情绝不能乱来的。

C:护士……护士!这是一条命啊!

护士:谁不是一条命,每天这个医院都有几十条命没了,每个人都像你这么闹,我们还要工作吗?我们是讲规矩的,这些小的细节,都是以后打官司的决定因素!

C:我不打官司,我没钱打官司。您救救她,我就是她的家属,我可以签字啊!

护士:让开让开。把她推到重症监护去吧,没有家属签字,绝对不可以手术。

　　C：护士……护士……（C掩面无力地跪下。幽蓝色灯光渐暗,就在熄灭的瞬间,ABD三人开始继续打麻将。C静静坐回麻将桌前,将写好的"保证书"揉成一团,愤愤地骂了一句脏话。）

　　（点评：灯光的变化引出了C所面临的冲突。她面临的问题是一个社会敏感话题——同性恋问题。学生们把这个问题拉出来写入剧本,足见90后一代对此问题的关注。主人公的遭遇令我们同情,也让我们对此问题有更多的思考。）

　　A：都已经这么晚了啊,我儿子应该已经知道高考成绩了吧。

　　B：也不知道我老公到了香港没,他应该会给我打电话报平安的吧。

　　C：别说男人不是好东西,世界上就没有一个好人。

　　D：我们都差不多可以回去洗洗睡了,明天早上还要早起呢。

　　（四个人身后的蓝色光圈又轻轻地亮起,四个人缓缓走向自己的光圈,站在光圈里,灵魂出窍一般,呆呆地,站在光圈里。）

　　A：既然成绩是这样的,不如就找个普通的二本院校吧。

　　B：挺好的,本来嘛,人要去哪儿都是别人决定的,上海也好,香港也罢。

　　C：我不想让她去冰冷的坟墓,我凭什么就不能签字。

　　D：开会之前还要先把工作总结拿给经理签字,看来也只能熬夜了。

　　A：儿子也不容易,高三这一年熬了多少夜啊,也不见得能有回报。

　　B：我想要的是用爱回报我,不是用包或者钱,更不要说是他老婆的钱了。

　　C：要是我有足够多的钱,我是不是就能让医院救她了。

　　D：算了,其实经理也挺可怜的,要是我不救他,他女朋友怕是要抛弃他出国去了。

　　A：我和孩子他爸要是能借到钱,让他出国念书也不错。

　　B：总有一天我要跟他一起出国,他老婆就再也不能找我麻烦了。

　　C：就为了不被找麻烦,医院就能放着一条命不救,真是可悲。

　　D：可悲!太可悲了!一点勇气也没有,连罢工一次都不敢。

　　（蓝色的幽光慢慢地消逝,麻将桌上放的柔光也渐渐变成了蓝色的光。四个人魂不守舍地回到麻将桌前,轻轻坐下,同时推下手中的牌,同时大喊"和了"。继而面面相觑,大笑不止。这时,四个人的手机同时响起,笑声戛然而止,四人纷纷拿起手机,接通,"喂",灯光骤灭。）

（点评：灯光骤灭，小话剧结束；手机响起，他们所面临的问题没有结束，他们无奈的生活还将继续。无论是教育问题、工作问题、情感问题、社会问题，都是我们平凡人无法逃避的问题。此话剧通过主人公人前人后的辛酸，引出我们对他们的关注和对他们遭遇的思考。全剧矛盾冲突层次分明，语言生动具有时代感，人物刻画还算到位，注重舞台艺术的展现，结构安排较为合理。）

第三节　报告文学写作项目合作

一、报告文学写作项目合作指导原则

无论理工科学生还是文科学生，很多大学生都有一个文学梦，尝试用自己手中的笔写出绚烂的文字，表达自己的心声。同时，他们充满了独立思考的精神和强烈的社会责任感，开始直面社会问题，并试图推敲问题背后的缘由。报告文学的写作恰好提供了这样一个平台，同学们选取社会上出现的热点问题，展开调查访问，然后用丰富的感情将文字撰写成篇。在这个过程中，学生既能认真思考一些社会问题，又能充分运用文学的手法。但如何让二者更好地结合，需要做好下面几项工作：

（一）分工明确，充分发挥自身特点

报告文学的写作不再囿于课程，开始走向社会，写作实践的开放程度超出了课堂上教师可控制的范围。这时应根据学生各自的特点、兴趣爱好，充分发挥他们的特长，明确分工，让学生融入他们自己选择的任务当中，扮演好各自的角色。学生一旦和所选择的任务角色建立起联系，教师就能对参与写作项目的学生实现管理和指导。

学生本着发挥自身特点和自愿的原则，选择任务，定位角色。这样就把被动的写作任务转化为主动的探求，在责任的督促下，使命感油然而生，每个人本着探求真相、追求真理的理想去完成各自的任务。在此过程中相互协作沟通，共同完成报告文学这个大的命题。

（二）教师的角色定位

教师应该在报告文学写作项目合作中充当什么样的角色，很大程度上影响着整个活动的效果。教师在整个任务活动中应做好角色定位，教师不是课堂的主导者，而是参与者、支持者和观众。具体体现在：

1. 提供给学生关于报告文学的理论知识

教师要教授报告文学的理论知识、写作特点以及要注意的问题,做好范文的案例分析,讲授报告文学中调查问卷、采访提纲的设计、采访技巧的使用等问题。

2. 在制度层面上保证任务的顺利实施

帮助和指导学生制定任务完成时间表、分工表、汇报流程等。

3. 在技术层面上起到支点作用

在具体的任务完成过程中,学生可能会遇到各种问题,比如被采访人有突发情况不能接受采访、调查问卷的设计不尽合理且不能得到想要的结果等,教师要提供及时的帮助,提出建议和解决的办法,做好支持者的工作。

4. 做好监督评价工作

报告文学的写作不仅是一个合作项目,而且是分阶段完成的任务,教师首先要做好监督工作,确保各组推进时间的一致性。采取分阶段检查的方法,对没有按时完工、懈怠的小组要督促其加快进度;对进展顺利的小组提出更高的写作要求。

在所有小组都顺利完成任务之后,接下来就是评判工作。学生经过辛苦策划、辛勤创作、热情汇报,希望得到一个合理、公允的评价。教师要对学生的辛勤付出予以肯定和认可,对存在的问题提出改善性意见。最好能设置评价标准,让所有的人充当观众,大家共同评价,效果更好。

二、报告文学写作项目合作流程

(一)理论掌握

教师把报告文学的理论知识教授给学生,做好案例分析,并引导学生展开联想,开发选题,为后续教学做准备。

(二)确立分组

布置报告文学的创作任务,根据班级规模大小,确立分组。一般小组可以由3—4人组成,大组由6—8人组成。

(三)确立选题

自由分组和选题确立可以同步进行,有相同想法和志趣的同学组合在一起,互相讨论,提出2—3个选题方案,列出初步的设想计划。之后讨论确定一个选题开始执行。

(四)调查采访

学生制作调查问卷、采访提纲。通过网上调查、街头分发调查问卷、特定范围内调查等方式,完成调查工作;采访可以通过面对面采访、电话采访等手段来完成。

(五) 阶段汇报

汇报报告文学进展情况、面临的问题等,师生共同商讨解决办法。

(六) 撰写成文

汇总调查采访得来的材料以及查阅的相关资料,撰写成文。小组成员可以分工合作,各写一部分。

(七) 补充修改材料

撰写成文之后,小组成员之间互相修改,需要补充材料的地方进一步完善。小组修改完毕后,教师审阅,提出修改意见。

(八) 陈述汇报

采用多媒体手段陈述汇报报告文学的内容。教师和小组成员之外的学生根据评价体系对该小组进行打分,并对所关心的问题进行提问。

(九) 心得体会

小组成员谈创作心得,包括选题缘由、创作过程、收获体验以及个人对报告文学的看法等,小组成员还要介绍各自在整个报告文学中的分工情况、作出的贡献。

三、评价体系

主要采用教师评分和学生评委评分相结合的方法进行评价。学生评委以小组为单位,其他小组为汇报小组打分。

评委就报告文学的选题、结构组织、材料的驾驭、语言表达、小组合作程度、汇报展示等方面进行综合评价。评分可设定总分 50 分(报告文学创作与汇报 40 分+个人创作心得 10 分),具体情况见下表:

分值 组别	报告文学撰写				现场表现		评委 签名
	选题的意义 和价值	结构组 织技巧	材料的 合理取舍	语言表达 方式的运用	小组的 团队合作	现场展示 及答辩表现	
评分 参考	6	6	6	6	8	8	

报告文学的写作是一项难度较大且周期较长的任务,一般需要 6—8 周才能完成。因此,教师要提前给学生布置任务,在开课后用 4—5 周讲授报

告文学的理论知识,然后进入报告文学的正式写作。这样可以给学生留出充分的时间讨论构思、调查采访、撰写成文。

在创作任务布置之后,学生们可以根据兴趣爱好组成小组,讨论选题。同学们普遍关注当下热点问题,如热点的文化事件。在激烈的争论中,同学们的积极性被调动起来,灵感被激发出来,写作的动力被挖掘出来,这也就达到了我们写作课的目的。

四、案例分析

我们选取的案例是学生创作的报告文学《莫言,莫言》。2012年,莫言获得诺贝尔文学奖,这是中国文学界的一件盛事,其影响远远超出了文学的范畴,媒体对此多有评论。同学们从各自角度出发,采访了身边的同学、朋友,以社会上出现的一系列"莫言现象"为切入点,寻找喧嚣背后的宁静,以唤起国人的理性。虽然该作品在如材料取舍、调查采访、扣紧主题等方面还存在缺陷,但是,同学们用心观察、深刻体会"莫言现象"对身边人的影响,展示出青年一代对此事的看法。这个作品是四个小组成员合作的结果,刁辰超主要负责全文撰写整合,王育楠主要负责高密方面的调查采访,台增明负责网络材料的整理,徐佳文主要负责展示汇报。在此过程中他们相互商讨,修改了很多套方案,最终完成了下面这篇作品。

莫言,莫言

刁辰超　王育楠

一、走上神坛的莫言

2012年9月,宿舍里,我像往常一样戳开电影的文件夹,打开了张艺谋的《红高粱》,重温这"无边无际的红高粱红成汪洋的血海"。赤膊壮汉面对新娘九儿萌发性的冲动,在欢悦与渴望中自发宣泄。姜文扮演的余占鳌与巩俐扮演的九儿在高粱地里野合,镜头透过飘曳不安的高粱直面太阳,原始的生命力蠢蠢欲动,随时爆发出摧枯拉朽的伟力。

我问室友:"知道这是根据谁的小说改编的吗?"

室友道:"不知道。"

"莫言。"我说。

"为什么不能说话?"他一脸茫然地盯着我。

中国传媒大学喧哗热闹,学生在宿舍食堂间不停奔波。川流来往的人群,会躲避偶尔经过的车。一两个学生停下等待伙伴,与他们擦身而过时,几个音符跟着步伐旋转,他们在刷微博。塞在耳朵里的流行歌交织在校园里。树林里,一对情侣相依偎,一位同学在读英语,还有一只流浪猫用胆怯的眼神窥探着。社交场合中男男女女神采飞扬,他们用多嘴的舌,聊遍了万千脸色。书店里卖得最多的书,一直是考研的复习材料,图书馆里的大部头文学作品安静而陈旧,文学评论研究倒是更受欢迎。我问一位在借鲁迅文学评论的同学:"为什么要借评论,而不借原著呢?"他说:"要写作业,把别人的观点拿来借鉴一下。原著看不懂啊。"他尴尬地笑了。漫长的阅读文本的过程似乎在拖慢生活的节奏,远不如直接找到结论更有效率。

瑞典文学院常任秘书彼得·恩隆德于当地10月11日中午(北京时间晚7时)在瑞典文学院会议厅先后用瑞典语和英语宣布了诺贝尔文学奖获奖者姓名——莫言。

对于很多人来说,他们第一次听到莫言这个名字。人们对这个名字抱有极大的兴趣,一个"不说话的人"怎么突然间就得了诺奖呢?得奖的官方理由是他创作了"融合了民间故事,历史与当代的魔幻现实作品"。于是大家百度着魔幻现实主义,百度着莫言的生平,百度着高密东北乡,"秋风苍凉,阳光很旺,瓦蓝的天上游荡着一朵朵丰满的白云,高粱上滑动着一朵朵丰满白云的紫红色影子"。小说里的高密很美,很神秘。但是,高密再也不是以前的高密了,"它是中国的文学高地"(高密诗人李丹平语)。

二、从"山东高密"到"中国高密"

在报社工作的王玉一直在关注着莫言得奖的消息,她的同事"高密人"夏女士这些日子也像中了大奖一样,精神头都不一样了,走起路来浑身带劲。逢人便说:"我是高密的!"自莫言得诺奖后,很多和她共事多年的人方知她的老家在哪里,因为夏女士向来以青岛人自居(她爱人是青岛人)。

夏女士老家是夏庄镇的,和莫言家——平安庄挨得很近。她说:"莫言近千万字描述的高密东北乡,如今实指高密东北部的河崖、大栏两个原公社的区域。随着朝代更迭和时代变迁,明清时的旧称'高密东北乡'只是一个民间的称呼,因为平安庄地处高密县城东北方向,当地人习惯以方位来指称。这里地处胶河南岸,地势低洼,最高处也不过海拔8米,连年洪水,是一片荒地,因适宜放牧,多牛栏、羊栏。"

"人杰地灵"无疑是对一个地方最高的褒奖。高密新近便借莫言"人杰"的东风推出了"红高粱文化"生态游线路。事实上,高密不是一个旅游资源丰富的地方。没有山水,一马平川。和周围县市的旅游相比,没有突出特色。高密市文联主席张家骥说,"当地的旅游单位也在修葺莫言旧居,想作为红高粱文化品牌的一个景点挖掘出来。"莫言生在红高粱之乡,靠红高粱成名,红高粱之乡也靠他成名。莫言和红高粱俨然已经成为高密的文学地标。

夏女士按捺不住,强烈建议报社领导组织采编人员团报这一旅游线路,让报社一年一度的年终文化游更有"新闻价值"。报社几位行政人员先期体验了这条高密人新近开发的旅游路线。他们异口同声:"莫言的诺贝尔,高密人的大奖!"

莫言父亲曾对媒体说过:"在吃不饱饭的年代,红高粱浑身是宝,高粱米磨成粉,可以做成饼和窝窝头,或者酿酒,穗可以编织成扫帚扫地,叶子和枝杆用来给牛当草料,或者编织成草席和门帘,根部也可以敲干净土晒干后当柴火烧。"他回忆当时整个河崖公社种满了高粱。一眼望去无穷无尽,风吹的时候,高粱不停摇晃,哗啦作响。

然而此次归来,王玉的姜同事悻悻地说:"当地早就不种高粱了,除了造酒没有什么别的功能。如今,偶尔有年纪大的村民种几株红高粱,也是为了编制扫把扫地用。"夏女士解释说,高密农民已经多年不种高粱这种低产难吃的作物了。另外为治理洪涝灾害,当地政府大兴水利,挖河开渠,涝灾解除,大片的红高粱也从土地上消失。

抱怨的不止她一个,丛同事说:"高粱没怎么看到,马路倒有一条。"她听当地人说,上世纪 80 年代,《红高粱》获柏林金熊奖后,高密政府给河崖至平安庄的马路取了个名字:红高粱大街。有精明的商人也灵机一动,推出了从莫言小说里借来的"我奶奶"的小名"九儿",生产白酒。同事们还买了几瓶。

莫言获奖后,他所在的单位——中国艺术研究院更是请来了当今中国文坛上的大家,畅谈高密之子的获奖效应,会上甚至有人提出,要淡化"山东高密",多说"中国高密"。

王玉电话联系了潍坊市委宣传部的一位领导,领导说,文化太静态了,加了旅游,让人流动起来,才会有经济收益。高密市旅游局局长说,整个山东的旅游口号也可以改一下,"一山一水一圣人"改成"一山一水一圣人一文豪"。

三、贵的不只莫言的书,还有莫言的"股"

在中国传媒大学一堂文学课上,老师说:"莫言得奖是中国作家的荣幸,并不代表他的文学水平就是最高的。""那您如何看待把莫言的作品搬上中学课本的呼声呢?"同学问。"那你又怎样看有人建议把鲁迅的文章从教科书中撤出呢?"老师反问。同学沉默了。"难道这证明了莫言的作品比鲁迅好,更有价值?"老师冷静的脸上,露出一丝狐疑的笑容。

赵东明同学是山东人,他的父亲给他电话,问道:"儿子知道莫言得奖的事儿吧?""当然知道啦!""这是我们山东人的骄傲,我竟然没看过他的书。儿子,你回头给我买几本啊!""好嘞!"赵东明在网上订购了一本《生死疲劳》和《红高粱》,大多网店出现了缺货状态,赵东明幸运地抢购成功。鉴于书店里莫言作品出现售罄的情况,很多书店的门口打出了这样的招牌:"2012年,莫言——第一位获得诺贝尔奖的中国作家,作品火热预定中。"之前从来没有遇到过买书也要预定的情况。很多地下书商拖着三轮车,载着满车的书籍游走于京城各大高校的周边,中国传媒大学天桥上,卖书的老板顶着干冷的秋风,坐在排满书的三轮车旁。一张硬纸板被塞在一本《新概念英语》的下边,上面歪歪扭扭地写着:"诺贝尔奖获得者——莫言",后边列举了他的重要作品:《蛙》、《生死疲劳》、《丰乳肥臀》……"你这本《丰乳肥臀》卖多少钱?""原价48,给你抹去零头,卖40!""你这个是正版吗?""当然是!""便宜点卖吧!""便宜不了啊,小伙子,现在人家想买都买不到呢!"但很明显,书本粗制滥造,是盗版。老板戴上了帽子,刮风了,风掀起了泛黄的书页。

电视上几乎每个频道都会播出莫言得奖的新闻,莫言占据着报纸的头版,随之而来的是访谈节目关于莫言的人物专访。莫言那双鬼魅的小眼睛被频频置于公开的媒体,新月似的眉毛倒扣在他的双目上,他诉说着自己的故事和作家创作之路。他渐渐被大众熟知,成为文坛英雄甚至文化的一个符号。文化传媒类的股票随着莫言得奖疯长,微博里充斥着莫言两个字,各个行业的意见领袖也将话题转移到了这位诺奖获得者身上。

莫言在10月12日更新微博:"感谢微博上朋友们对我的肯定,也感谢朋友们对我的批评。"之后就再也没有发表过任何言论。可是这一句话被转发了近五万六千遍,被评论五万五千多次。有的网友们对突如其来的文化巨擘表达了崇高的敬意,并咨询了各方面的问题,超越了文学的范畴。有的网友问道:"老师,您是一代大师,深深地影响着一代人!您愿意告诉我这样的孩子,究竟什么是爱,又为什么结婚呢?"形形色色,正面或负面的评论似洪水猛兽,多数感情真挚热烈,也不乏绵里藏针的提问和笑里藏刀的捧杀,还有文人相轻的不和谐。在访谈节目《鲁豫有约》中,他透露,自己躲进了山东高密老家,与乡亲们聊聊,接接地气。他选择在一片喧嚣中再次沉默,进行新的长篇小说的创作。

四、你喜欢莫言吗

10月29日,山东高密第三届中国红高粱文化节,莫言坐在主席台中央,旁边是山东省文化厅厅长。莫言紧接高密市委书记发言,又在随后的参观中被人群包围。此前两届红高粱文化节莫言也是座上宾,但因为2012年诺贝尔文学奖得主的身份,今年的高粱分外"红"。

自从2009年红高粱成为高密文化品牌以来,这个经济百强县,又不乏民俗传统的小城,就一直在谋求文化名市的"一鸣惊人"。"我们在北京、上海、济南等地做过调查,莫言和红高粱几乎人人皆知,但高密却知者寥寥。"高密市文化局长邵春生说。这一次,高密终于"成名"了。一万亩红高粱的"谣言"被否认后,若干面积的红高粱也还是要种,只不过,"要经过专家充分论证,考虑群众利益和投资者回报。"邵春生说。

会上有记者问莫言:"得了大奖,你会离开高密,或者离开中国去国外定居吗?"他答:"永远不会。"在笔者看来,这个问题抛给寻根文学家莫言,显得幼稚。离开高密,离开高密人,莫言还能剩些什么?

北京师范大学张清华教授在德国讲学期间,曾问过包括德国人在内的许多西方学者,他们最喜欢的中国作家是谁?回答最多的是余华和莫言。问他们为什么喜欢这两位?回答是,因为他们与西方人的经验"最接近"。家乡高密,对莫言的成长和文学而言,用他自己的话来归纳,无外乎两个词——饥饿与孤独。这可能也是西方世界想给中国人贴的标签吧。

我问90后的周雯同学:"你喜欢莫言吗?""不喜欢。""为什么?""因为他太现实了,那个年代的农村生活和我离得太远。"在天空写满理想宣言的年轻人,看莫言,不知道会不会是一颗流星,拖曳着废墟的瓦砾,在燃烧着人性的罪与恶。他的作品灵魂灿烂却冷若冰霜,那支沉默的笔就像划过天际时的暗夜,连接着两个喧嚣的白天。

正如周雯同学所说,莫言是现实的。记者问莫言如何处理750万奖金的时候,莫言说:"我准备在北京买套房子,大房子,后来有人提醒我说也买不了多大的房子,5万多元一平方米,750万元也就是120平方米。"莫言对房价的调侃让很多人安慰,原来大家都是平常人,都买不起房子啊。央视记者问莫言:"你幸福吗?"莫言干脆地回答:"我不知道,我从来不考虑这个问题。""我现在压力大,忧虑重重,能幸福吗?"莫言说,"我要说不幸福,那也太装了吧。刚得了诺贝尔奖能不幸福吗?"

当风起云涌,人们把莫言推到风口浪尖时,人们咀嚼着嘴中作为文学家的莫言,作为商品的莫言,作为作协副主席的莫言。

就像有潮起,便有潮落,公众的注意力仅仅保持了一个月,朝夕之间所有的流言便渐渐褪去。不管看没看,书买了;不管什么思想,人认识了;不管什么主义,奖已经拿了;不管今天莫言是否幸福,明天清晨自己的闹钟依然会响起,要生存,要生活。莫言就好像一个时段的文化符号,真的有那么多人喜欢他吗?

五、吵闹的领奖(略)

六、莫言"被开发"(略)

七、文学家的幸福

12月12日,北京迎来了第二场雪,雪飘在脚边,是所有与幸福相关的青春,飘雪头顶,是所有与爱情相关的诗句。同学们哈着热气匆匆穿过孔子广场,钻进教学楼,老师让学生们在大学里多做一些"无用"的事,就像莫言领奖的最后一句话:"文学和科学相比较,的确是没有什么用处。但是我想,文学最大的用处也许就是它没有用处。"莫言让大家多关心教恋爱的文学,少关心教打架的政治。此语一出,再次激起千层浪,不论其对错,但让人感到甜蜜的温度。

同学问:"这样美丽的下雪天你是想上文学课,还是政治课呢?"

室友说:"文学啊,谁不想恋爱?"

记得在斯德哥尔摩大学演讲时,一位男生站起来再次提问莫言是否幸福。莫言被这个问题逗乐了。他反问道:"你是中央电视台的吗?"随后,莫言说:"我起码今天很幸福,因为有这么多的读者来听我讲话。我看到这么多年轻的脸上神秘的笑容,因此我幸福。"

文学能改变世界的时代早已过去,但文学在追赶现实,一直在描绘苦难与幸福。莫言就像是这一场诺奖风暴里的风暴眼，平静的中心却引发着文化甚至经济上的海啸，而他本该是个默而不言的高密说书人，一个文学家的幸福更多来自文学带给他的内心的寂静与欢喜。

　　如今，他逃离了媒体，避开公众的视野。他或许在北京的大房子里，或许在老家高密，或许他一直在梦里。这个世界，有时需要像梦一样的文字，不需要说话。梦里的他，是个沉默的小男孩，慈祥的奶奶告诉他，正冲着袁家胡同的河水突兀地形成一个圆圆的幽深的水湾。有一天晚上，湾里升上来一朵荷花，荷花上摆一桌酒席，好多眉目不清的人正在推杯换盏，杯盘叮当。男孩闭着眼睛，心里是一片烟雾缭绕的圣境，他拿着笔，在纸上叙述着家乡的故事。后来他成了那个享誉国内外、用笔说话的人。

第四节　调查报告写作项目合作

一、调查报告写作指导原则

　　叶圣陶先生认为大学生不一定要写小说、诗歌，但一定要能写工作和生活中实用的文章，而且非写得顺利扎实不可。美国心理学家和教育家、结构主义教育思想的代表人物布鲁纳认为，使学生对一门学科有兴趣的最好办法是使其知道这门学科是值得学习的，调查报告项目组训练即为了从内心深处唤起学生的学习需求，激发兴趣，进而化为学习动力。

　　为了更好地体现应用写作的实用性，因材施教，使学生真正做到学以致用，在教学中，教师必须紧紧抓住那些最常用、最有生命力、与学生专业关系最贴近的内容来设计讲授。以项目组外出调研并撰写调查报告的实践训练为例，教师在讲到"调查报告"这一内容时，与该专业的同学进行课余沟通，了解到该专业同学的兴趣点、困惑以及亟待解决的问题。教师有的放矢，提出选题范围，让同学们利用三个月的时间，针对自己感兴趣的任一方面进行社会调查，最终写出6000字左右的调查报告，并将调查过程用PPT展示汇报出来。此项训练采取学生分组形式进行，这也是"合作情境"的实现。教学中的合作情境有利于开拓学生思路，改善课堂氛围，培养学生间的协作意识。小组内的合作、小组间的竞争，既能促进同学间的相互团结，又能发挥个体的积极性，在进行探索性的研究或问题解决式的教学时较宜采用此种模式。

二、调查报告写作流程

制定严格的进程表,定制规范的操作流程,提出明确的不同阶段的任务目标等。

(一) 确立分组

开学初即布置该项作业,请同学们以每组6—8人自由组合,并建立学生之间的监督机制、竞争机制。在这个进程中,小组之间会形成一个比赛的氛围,往往一些小组看到其他小组多做了一些,也会受到正面的影响,不愿意被比下去,产生强烈的集体荣誉感。

(二) 讲授理论

教师把调查报告写作的基础理论知识用最集中、最精简的方式讲给学生。同时,为了后续教学的顺利展开,促成学生的竞争意识,把往届的优秀调查报告和PPT展示给学生们看,给他们带来潜在的竞争压力,也唤起他们的兴趣。此阶段最容易推动学生们参与的热情,也容易使他们打破"不可能完成任务"的心理预设。

(三) 确立选题及调查方法

半个月后,要求每个小组确立选题及调查方法。教师从各组拟定的选题的意义、价值和可实施性,调查大纲的制定,调查问卷的设计,采访问题的设置,各类调查方法的运用等方面逐一进行点评,确定是否适合进一步开展调查。调查报告的选题不限,但要提醒同学们考虑自身的把握能力,尽量与自己的学习生活或者周围社会情况接近。

(四) 展开调查及完成初稿

每个小组根据教师的评点开始深入调查。要充分调动小组每一个成员的参与意识,大胆走出去。同时,要注意调查的数量和质量,保证调查数据的多样性和客观性。

(五) 辅导修改

教师对同学们上交的初稿进行评改,此阶段要与每个小组共同完成。在课余时间,教师参与到每个小组中,与他们一同研究修改。从调查数据的统计分析、调查报告的框架结构、调查结论的获取以及意见建议的提出等几个方面进行具体、深入的指导,听取学生的想法,提出自己的意见,综合衡量后,确立修改方案。

(六) 最终定稿和PPT展示

要求每个小组上交调查报告的最终定稿,教师进行审阅。如发现问题,再对该小组进行课余辅导。最后,要求同学们制作PPT进行全班展示交流。

三、评价体系及效果

采用学生评委评分与教师评分相结合的评价方式。评价内容包括综合运用所学知识、综合性写作能力、语言运用能力、小组协调合作能力等方面。设计评分标准如下:

分值组别	选题意义及价值	整体结构的设计	调查方法的合理性	数据统计分析情况	意见建议的合理性	现场展示的表现力	小组合作状态	评委签名
评分标准	5	5	5	5	5	5	5	

调查报告的撰写贯穿一学期的课程学习,要求积极调动每个同学的学习热情和参与意识,同时也会形成良好的团队合作意识与竞争意识。每组同学都应齐心协力,经过无数次的讨论、修改、再讨论、再修改,经历重重困难,用自己的行动感染着自己,也感染着周围每一个人,更为同学们以后的专业学习打下良好的基础。

四、案例分析

我们选取的案例是中国传媒大学对外汉语专业三年级本科生撰写的调查报告。因为该班学生已经处在大三年级,同学们非常关注其未来就业走向,想借鉴参考以往的就业状况,所以本篇调查报告的选题较具有现实意义和参考价值。

中国传媒大学对外汉语专业本科生
毕业去向调查报告

前言

随着中国经济水平和政治地位的不断提高,全球"汉语热"持续升温,国内外对外汉语方面的专业人才比较匮乏,在这样的形势下,开设对外汉语本科专业的高等院校不断增加。2003年,中国传媒大学开始招收对外汉语专业本科生,所以,本校的对外汉语专业是一个相当年轻的专业。本校对外汉语专业本科培养目标是:培养具有扎实的汉语和英语基础、宽厚的中外文化根基,全面掌握对外汉语教学与研究的系统理论和方法的专门人才;同时也为文化交流、新闻出版等相关部门培养从事中外语言文化交流工作的复合型、应用型高级人才,为相关理论研究部门输送储备人才。那么,从2007年该专业第一届本科毕业生到2009年的第三届,他们的就业情况究竟如何?学校的培养目标是否有效实现?这是我们所有对外汉语专业本科在读生最为关心的一个话题。

另外,2008年全球金融危机对大学生就业产生了巨大的冲击,有许多大学本科毕业生没有找到出路,那么作为2010届对外汉语专业毕业生,我们的就业前景又会怎样?

鉴于以上两点,我们展开了题为"中国传媒大学对外汉语专业本科生毕业去向调查报告"的调查,具体调查情况如下:

一、调查目的

我们选择中国传媒大学所有对外汉语专业本科毕业生作为调查对象,通过调查他们的工作类型、月薪待遇、工作收获、对本科专业课程设置的满意程度、对在校本科生的建议或考研专业类型、考研复习建议等方面,产生一个全面和全新的认识,希望对还有一年时间毕业的2006级本科生以及本专业的其他在校生有较大的就业指导意义,同时也希望给本校对外汉语专业课程设置以及培养计划的制定等提供一些参考。

二、调查时间

2009年6月1日—6月20日

三、调查对象

2003级对外汉语专业本科毕业生29人;2004级对外汉语专业本科毕业生32人;2005级对外汉语专业本科毕业生31人。

四、调查方式

由于毕业生都走向各地各岗位,或走向各高校各硕士专业,无法一一面谈,所以我们采用的调查方式是电话访谈和邮件询问两种方式,以电话访谈为主。

五、调查问题

针对攻读硕士研究生和出国留学的毕业生的问题:学校、专业、本科课程对研究生学习的作用、研究生毕业后的打算、复习时间安排以及对打算考研、出国本科生的建议等。

针对工作的毕业生的问题:如何找到工作、签合同的性质、工作单位的性质、工作岗位、月薪待遇、对工作的胜任程度、工作中获得的成绩、专业知识应用状况、对学过课程的肯定程度、工作技能需求、用到的技能证书以及对在校本科生的建议等。

调查结果及分析

经调查结果显示,本校对外汉语专业本科毕业生的总体毕业走向情况如下表:

中国传媒大学文学院

对外汉语本科生(2003—2005级)毕业去向数据表

截止日期:2009年6月20日

班级	计算单位	总人数	考研		出国留学	公务员选调生村官	工作	说明
			本校	外校				
2003级对外汉语	人数(人)	29	5	3	0	0	21	未联系上15人,归入工作数据中
	比例	100%	27.6%		0%	0%	72.4%	
2004级对外汉语	人数(人)	32	7	1	1	0	23	未联系上7人,归入工作数据中
	比例	100%	25%		3.1%	0%	71.9%	
2005级对外汉语	人数(人)	31	6	1	5	1	17	未联系上2人,6人找工作中,均归入工作数据中,留级1人
	比例	100%	22.6%		16.1%	3.2%	54.8%	

下面,主要从考研、出国留学及考公务员情况、工作情况两大方面对调查结果进行具体的分析。

一、考研、出国留学及考公务员情况分析

(一)考研

1. 数据统计和分析

(1)就读硕士研究生比例

从2003级到2005级,硕士研究生人数在全班总人数中所占比例逐年递减,但都占了五分之一以上,甚至超过四分之一。

2003级对外汉语共有29人,考上硕士研究生的有8人,占全班总人数的27.6%。

2004级对外汉语共有32人,考上硕士研究生的有8人,占全班总人数的25%。

2005级对外汉语共有31人,考上硕士研究生的有7人,占全班总人数的22.6%。

(2) 学校选择

2003级至2005级,研究生考取本校的人比外校的人多,占所有考研人数的大部分;每届考取或保送外校的人不超过3人,且所读专业均为对外汉语专业,每年都有一人被保送到北京大学。(图表略)

(3) 专业选择

2003级至2005级,硕士研究生阶段选择继续读对外汉语本专业的人比选择读外专业的人少,不超过一半。所有跨专业的均在本校继续深造,即所跨专业均为本校所设的其他专业,并以广播电视艺术学为最多。

	对外汉语研究生		其他专业研究生		
	人数(人)	占全班考研人数比例	人数(人)	占全班考研人数比例	说明
2003级对外汉语	3	37.5%	5	62.5%	广播电视艺术学3人 新闻学1人 汉语言文字学1人
2004级对外汉语	4	50%	4	50%	广播电视艺术学2人 传播学1人 编辑出版1人
2005级对外汉语	3	42.9%	4	57.1%	广告2人 传播学1人 新闻学1人

2. 对本科课程设置的意见及对考研复习的建议

(1) 考本专业硕士研究生:

打好语言文学基础很重要;应多涉及第二语言习得方面的理论;建议学校开设更多专业课;英语很重要;对外汉语实践很重要。

(2) 跨专业考研:

本科阶段打下的语言文学基础知识很有用,好的文学功底有益于专业学习,并且能够提高个人修养,也会有利于研究生考试;部分人认为古代文论、文艺理论和美学方面的知识尤为重要;学习时应多注意学习和研究的方法,各科之间的学习研究方法是相通的。也有部分人认为本科所学知识对考研没有太大帮助,作用不大,应该广泛涉猎社会学、历史学等知识。

外语能力在硕士研究生考试中占最强优势。

(二) 出国留学

从2003—2005级,出国留学的人数从零到有,比例渐趋增大,出国留学深造成为该专业学生的一个热门选择。学生所选择的专业均非本专业。(图表略)

(三) 公务员

2003级和2004级对外汉语班没有考公务员的人,2005级对外汉语有1人考取了选调生。(图表略)

二、工作状况分析

在工作方面,调查小组以1份工作为一个单位进行统计。在工作的毕业生中,2003级共联系上6人,有1人换过4份工作后考入北京外国语大学研究生,共计收回工作类有效问卷9份;2004级共联系上13人,有3人换过2份工作,1人换过3份工作,1人先工作后考入北京师范大学研究生,1人先工作后留学日本,共计收回工作类有效问卷18份;2005级共联系上10人,待业5人,留级1人,收回工作类有效问卷10份。三个年级一共收回工作类有效问卷37份。

以下数据若无特殊说明,都指有效问卷份数,即工作份数(单位:份)。

(一) 找工作渠道

在"找工作渠道"小项中,本小组设计了"网络""亲友关系""招聘会"和"其他"等选项。从整体结果来看,4种渠道里"网络"和"亲友关系"各自占据了40%以上的比重,而"招聘会"和"其他"各自的比重均在10%以下。这说明三届毕业生找工作的主要渠道均为"网络"和"亲友关系",其中"网络"又以45.9%的比例居于第一位。

从三个年级各自的情况来看,2003级和2004级的毕业生中,通过"网络"找到的工作是最多的;而2005级中,"网络"却低于"亲友关系"和"招聘会",落到了第三位。(数据图略)

(二) 单位类型及性质、工作岗位情况

针对本校及本专业毕业生的就业特点,我们把单位类型分为了"对外汉语类"(汉语培训机构等与对外汉语教学相关的公司等)、"传媒类"(杂志、报纸、出版社、影视公司、文化公司等与传媒相关的公司等)和"其他类"(包括2004级自主创业办艺术培训学校一例)。(图表略)

数据表明,在调查到的三届毕业生所在的单位类型中,"对外汉语类"

的占了32.4%,"传媒类"的占了35.1%,剩下的32.5%则被其他类型的工作占据。在工作岗位小项中,"对外汉语类教师""记者、编辑"和"传媒类策划"等所占比重都高于10%,其中"对外汉语教师"的比例更接近于30%。可以看出,毕业生工作的单位类型以及工作岗位受专业背景和学校背景的影响比较明显。另外,"行政类"工作岗位占了总数的24.3%,仅次于"对外汉语教师",这说明,行政类工作岗位也是我校对外汉语专业毕业生的主要去向之一。

从三个年级各自的情况来看,2003级毕业生工作的单位类型从多到少分别是"对外汉语类""其他类""传媒类",分布比较均匀;2004级中,"对外汉语类""传媒类"占据了77.8%;2005级中,"其他类"(主要是行政工作)则占了调查到的工作总数的一半。可见,2005级毕业生从事"其他类"(主要是行政工作)的比重比2003级和2004级上升了。(图表略)

从三届毕业生所在的单位性质方面看,私企以62.2%的比例高居首位,其次是国企18.9%,外企10.8%,事业单位不足10%。在调查到的2005级毕业生中,在外企工作的人数为0,从一个侧面反映了目前经济危机下外企的艰难生存现状。具体数据如下图:(略)

(三)工作地域(略)

(四)月薪待遇(略)

(五)对工作的胜任程度及在工作中获得的成绩

2003级对外汉语选择就业21人,联系到毕业生7人;2004级对外汉语选择就业23人,联系到毕业生16人;2005级对外汉语选择就业17人,联系到毕业生10人。其中,2003级和2004级联系到的毕业生反映的数据显示,100%的毕业生都能够胜任工作。而2005级对外汉语,在联系到的10位毕业生中,6人已参加工作,表示能够100%胜任工作,而其他4人只是签订了合同,并没有开始工作,因此对于工作中的任何信息都处于未知状态。所以,调查表明,本校对外汉语专业的每一届毕业生基本上都能够胜任工作。

由于2003级和2004级参加工作时间较长,在工作中获得的成绩就相对2005级更为丰富。在工作中获得收获或成绩分以下几点:

第一,工作经验的积累。长时间工作的历练,让他们非常熟悉工作的流程或模式,在相关的工作领域积累了丰富的经验。

第二,人际交往能力和沟通能力的提高。走上工作岗位的毕业生们一致认为,工作后的人际关系要比大学期间复杂得多,但是经过长时间工作中的学习,他们能够非常熟悉工作中的人际脉络,学会了用巧妙的沟通艺术去妥善处理与上级以及与同事之间的人际关系,达到工作之时或之后的和谐氛围。

第三,相关工作能力和技能水平的提升。在相关工作领域工作时间长了之后,对于自身的工作能力和相关技能水平有极大的提高。比如,2004级对外汉语张金女表示,她在北京明仕恒基影视公司工作时,策划能力有了很大的提高;2004级对外汉语陈琳表示,她在英语培训机构工作时,她的英语能力和其他相关工作技能也有很大的提高;2004级对外汉语刘静在北京佳而普语言文化咨询有限公司工作,英语能力和公司管理的能力都得到了很大的提高;2003级王娟也在北京佳而普语言文化咨询有限公司工作,她表示,她的英语口语能力提高了很多,对汉语知识也有了更深入的理解。

第四,基于以上能力和经验的获得,毕业生表示,她们比大学刚毕业时更加成熟和自信。

(六) 专业知识应用情况

大学期间学了四年的专业知识,那么这些专业知识在工作中的运用程度是怎样?这些专业知识的学习有没有价值呢?经调查,结果如下:

第一,从事与对外汉语教学相关工作的毕业生普遍表示,大学期间学的现代汉语、语言学、教学理论、文学、中国文化等课程对他们工作有较大帮助。但是如果所在单位更多的是欧美学生,那么英语课程相对比较重要,如果所在单位更多的是日韩学生,那么第二外语能力(日语能力)相对比较重要。

第二,从事与媒体相关工作的毕业生表示,在传媒大学大背景的影响下,对传媒类相关知识的自学很有必要,大学期间学的传媒写作、文学等课程对他们工作也有一定影响。

第三,从事的单位是外企或者需要用到英语的,那么,他们表示大学期间的英语听说读写的课程就应该好好学习。

第四,从事与行政相关或其他工作类型的毕业生则反映,大学期间学的有关语言、英语的课程都基本上用不到。

(七) 对学过课程的肯定程度

所调查的能联系到的毕业生中,5位对学过的课程持肯定态度,他们反映,在大学期间所设置的文学课程对于他们文学素养的提高有很大作用。但普遍来说,更多的毕业生认为,大学期间英语、对外汉语教学等课程可以有较大提升空间。具体如下:

第一,英语课程设置有问题。英语课程的实用性不强,所学的有关知识不能有效地在工作中得到应用。学校也不能提供足够的机会让学生在英语听、说、读、写各方面得以锻炼。而且,所学的英语知识没有针对性,没能针对专门的一种英语知识(比如商务英语等)进行系统的教学。

第二,专业课程太少也不专业。在大学所学的所有课程中,与对外汉语教学相关的理论教学占的比例太少,即使设置了相关课程,他们也没能真正学到有价值的知识。

第三,对外汉语教学实践活动太少,这一点很大程度上是因为学校提供的相关机会太少。

(八) 工作素质需求(略)

(九) 用到的技能证书(略)

(十) 建议

在电话调查的最后,本调查小组请每位调查对象给中国传媒大学对外汉语专业本科在读生提出一些建议,以帮助这些在读生更好地规划自己的未来。本调查将2003级、2004级、2005级已工作的对外汉语本科毕业生的建议综合,并大体分为三类:

1. 针对实习

所有毕业生都强调要多积累实习经验。建议对外汉语本科在读生如果毕业后即参加工作的话,要早实习,多实习,抓住重点实习。首先,实习要早,要懂得抓住机遇。2003级有1名毕业生从大一下学期就一直坚持做对外汉语兼职教师,还有1名毕业生在《北京青年周刊》实习了两年。其次,要多实习,相应积累的经验就多,但是要抓重点。实习工作最好是与以后想从事的工作相关的,目标性要强,有毕业生称发传单、促销等实习作用不大,可以不做。

2. 针对找工作

毕业生们建议对外汉语本科在读生尽早做好就业规划,尽早找工作,这样可以尝试不同领域,工作不好可以及时调整。同时,住在学校期间还能减轻住房等经济压力。求职期望值不要太高,尤其是在全球经济危机的环境下,不要眼高手低,但也要慎重选择一个好的公司。有毕业生认为,一些质量低的招聘会可以不去。2004级1名毕业生认为,趁着年轻,大家可以闯,要多尝试,做自己喜欢的工作,国企工作悠闲,若工资不高,就是浪费青春。

3. 针对基本技能

毕业生们普遍建议要多看书提高文学修养,多涉猎与目标工作相关的知识。如对外汉语类要学好基础知识,加强语言功底,可以进行第二外语的学习,培养书法、茶艺、乐器等中国传统才艺。同时,调查对象建议在读生要注重个人形象的培养,开朗的性格也是很有必要的,同时注意培养语言沟通能力。

调查结论

首先,调查小组对2003级—2005级对外汉语本科毕业生的就业情况作了如下总结:

2003级对外汉语专业29位本科毕业生中,4人考上对外汉语硕士研究生,继续对外汉语教学和理论的深造;4人考上媒体相关专业硕士研究生;工作的21人中,联系到的7人共从事了10份工作,其中对外汉语教学相关工作5份,媒体相关工作3份。

2004级对外汉语专业32位本科毕业生中,4人考上对外汉语硕士研究生,继续对外汉语教学和理论的深造;4人考上媒体相关专业硕士研究生;工作的23人中,联系到的15人共从事了18份工作,其中对外汉语教学相关工作5份,媒体相关工作6份。

2005级对外汉语专业31位本科毕业生中,3人考上对外汉语硕士研究生,继续对外汉语教学和理论的深造;4人考上媒体相关专业硕士研究生;工作的18人中,联系到的16人中有10人找到工作,其中从事对外汉语教学相关工作1人,从事媒体相关工作3人。

综合以上数据,本次调查发现,每一届都有将近1/3的毕业生从事对外汉语教学工作或继续进行对外汉语理论知识的深造;有1/3左右的毕业生从事新闻出版等与媒体相关的工作或继续进入传媒领域深造。由此可见,本校对外汉语专业本科培养目标基本实现。但是,严格看来,本专业培养目标的实现还存在着一定的不足和缺陷,主要体现在毕业生的英语基础知识还不够扎实,对外汉语教学与研究的系统理论和方法还并未能全面掌握,在理论与实践结合上仍有薄弱环节;从事媒体相关行业的毕业生与"复合型、应用型高级人才"还有一定差距。因此调查小组根据调查内容总结出如下建议:

一、对本校对外汉语专业本科课程设置的建议

第一,加强英语听说读写课程的实用性和针对性。如针对专门的一种英语知识进行系统的教学,并提供足够的机会让学生在英语听、说、读、写各方面得到充分的锻炼。在师资配备方面加强力度,如聘请外教,以此提高学生口语等技能。

第二,增加对外汉语专业课程的比例。在对外汉语本科教育中,应平衡语言与文学课程的比例,加强对外汉语教学法等相关的理论教学。

第三,应更多地提供平台锻炼学生的实践能力。比如为学生创造更多的有关对外汉语教学的实习机会,增加和基础学科关联度较大、专业契合度较高的实习基地。这样,一方面能充分发挥基础学科在学生培养方面的作用,增强学生的人文素养、创新能力和持续发展的动力,另一方面,也能促进学生的专业学习和研究,增强其就业竞争力。

二、对本校对外汉语专业在校本科生的建议

由调查看出,往届毕业生就业形势良好,但也不能因此盲目乐观,而要更多地发挥主观能动性,充分利用大学资源为将来就业打好基础。

第一,对自己所学专业要有清醒理性的认识,尊重自己的选择,努力学好专业知识,打下坚实基础,为将来就业储备能量。同时,应尽早做好职业生涯规划,明确自己的奋斗目标并为之不懈努力。

第二,如果选择考研,建议在专业和学校的选择上一定要多方了解,掌握足够的信息后再做决定。一般来说,考取本专业比较容易。如果对于目前本科所学专业不满意,也可以考虑转到另外的专业进行研究生阶段的学习。如果要跨专业考研,最好提早开始复习准备。考虑到跨校跨专业的双重难度,选择本校强势的文科和艺术类的专业比较实际,如广播电视艺术学、新闻学等,既可以减小难度、增加考中的把握,研究生的教育和师资等条件也比较容易令人满意。

第三,鉴于该专业本科生毕业后选择出国留学的人数在增加,本科毕业后想要继续深造,在经济等条件允许的情况下,出国留学也是一个不错的选择。如果能够申请到比目前所在学校更好的学校和所学专业全球排名较好的专业,在不同的环境中体验不同的文化、思维方式、开阔眼界、培养国际化视野,是一个不错的选择。

第四,若结束本科学习后就步入社会工作,在本科学习期间应注重实习经验的积累。在工作素质需求中,丰富的实践经验一直占绝对地位,同时要积极掌握与想从事工作相对应的基础知识和技能。求职时,四六级证书是最基本的要求,从事不同行业应多考与其行业相关的证书,但证书只是一时的证明,真正体现水平的还是要靠自己的能力和表现。

虽然目前面临经济危机,仍有一年学习时间的2006级对外汉语本科生应该保持乐观积极、健康向上的心态,充分利用仅有的一年时间,根据自己的实际情况有所选择地加强专业学习或积极寻找实习机会,积累实习经验。

调查体会(略)

2009年6月21日

调查报告撰写的最终目的是让学生领悟写作的内在意义,在基础理论的指导下,最大限度地挖掘学生的潜能,提高学生实际写作水平和处理问题的能力,以适应未来社会发展的需要。针对该例调查报告,第一,在调查内容的选取上,学生们找到了自己真正的兴趣点。调查选取的对象是他们的师哥师姐,专业相同、经历相似,情感的亲近成为开展此项调查的重要推动力。第二,调查的内容为毕业生的就业去向,这是在读生,尤其是面临毕业的大三、大四学生最为关心的实际问题,调查的结果也是他们未来择业的重要参照和有效引导。基于上述两点,该调查小组展开了较为全面而深入的调查。虽然调查的数据量有限,但基本能够客观、真实、全面地反映现状,对调查一方有较强的学习指导意义。

本次调查选题小而凝练,调查问卷的设计较为科学,得出的数据真实可靠。报告的撰写符合基本的写作规范,内容分析较为深入,给出的意见建议合情合理而有建设性。在整个调查过程中,学生们时刻关注现实情形,走进社会,发现问题,将自己的专业所学运用于实际问题的解决,不但用知识提高自身的素养,也将知识化为现实生活中的动力之源。这种详尽的调查、分析和研讨,对于该专业学生全面了解其专业发展状况,准确剖析其专业本质,培养专业兴趣,乃至未来走出校门,进入相关领域就业都起到了实际的指导作用,极大地辅助了专业教学及学习。

通过此项训练也再一次证实,将调查报告的撰写与专业相沟通是极其有效的,无形中将专业知识渗透于写作,充分调动了学生的写作热情和专业学习兴趣,更为此项训练本身提供了一个更为广阔的发挥空间。

第一版后记

1999年,中国传媒大学文学院(前身为广播电视文学系)现代汉语教研室为本校文科和艺术类专业开设了"语言艺术与写作"(2009年更名为"写作与语言艺术")课,到今年已经第16个年头了。在这期间,针对专业和学生特点,以"写作与语言艺术"为主的写作类课程不断改革和创新,课程建设不断完善,取得了显著的成果。为了获得良好的教学效果,任课教师根据教学中出现的新情况、新问题以及同学们的反馈意见,不断修改教学内容,补充最新的写作理论成果,以适应教学改革和发展的新形势。

与"写作与语言艺术"课等写作类课程配套的教材写作也与时俱进,几次修改、出版,以适应不断变化发展的教学需要。本书是"写作与语言艺术"等课程的第三本教材,与前两本教材(中国传媒大学出版社《写作与语言艺术教程》、中国广播电视出版社《媒体写作与语言艺术》)一样,也是写作教学改革的成果总结。

本书作者都是文学院教授写作课的教师,本书的写作过程也是我们总结教学经验、思考教学心得的过程。

本书写作时,为了满足新时代人才培养的需要,顺应新媒体、自媒体时代新的写作趋势和写作要求,我们对教材内容和重点进行了调整,在坚持写作理论与写作实践相结合、文章鉴赏与写作训练相结合、面向文科艺术类专业并突出传媒特点的基础上,坚持特色和创新。为加强写作教学的针对性,满足不同专业学生的具体学习需求,我们大幅度增加了文体写作内容,重点介绍了约二十种各类文体写作,以系统的写作理论阐述和丰富的文体写作范例充实了教材内容。效果如何,还恳请各位读者和使用本教材的同学们提出宝贵意见。

感谢学校、学院以及同学们的支持和帮助。

感谢责任编辑延城城敬业的工作。

特别说明的是,本书精心挑选了若干篇佳作作为写作范本供同学们欣赏和借鉴。这些文章有的传授了宝贵的写作经验,有的从不同方面提供了优秀的写作示范。由于时间仓促等原因,无法与作者逐一联络并获得转载许可,在此表示感谢并致歉意。作者有何要求,请与出版社或本书作者联系(联系方式见版权页)。

各章节的作者写作分工如下:
前言:刘洪妹
第一章:第一节:范慧琴;第二节:王璐璐;第三节:刘洪妹
第二、三、四章:刘洪妹
第五章:范慧琴
第六章:第一、二节:范慧琴;第三、四节:许蕾
第七章:第一节:王璐璐;第二、三、四节:姚皓韵
第八章:第一节:姚皓韵;第二节:王璐璐;第三节:范丽君;第四节:许蕾
第九章:第一、二节:范丽君;第三节:王璐璐;第四节:范丽君
第十章:许蕾
第十一章:第一节:范慧琴;第二、三节:范丽君;第四节:许蕾
全书由刘洪妹统稿。

刘洪妹
2014年9月20日于中国传媒大学

第二版后记

2015年6月,本书第一版出版,这是中国传媒大学"写作与语言艺术"课等写作类课程的第三本配套教材。出版几年来,得到了学校和同学们的认可,并获得中国传媒大学2020年度"优质本科教材课件"奖和第九届(2021年)教学成果奖二等奖。

近几年来,互联网信息时代急速发展,写作环境、写作思维和写作方法都有了巨大变化,新媒体写作形势更是瞬息万变。我们切实感受到了日新月异的写作形势,认为对写作与写作现象的研究尤其是新媒体写作研究必须及时更新,紧跟写作发展的浪头,才不至于落后时代。因此,便有了这本修订再版的《写作与语言艺术》。

本书的修订,主要是加强了新媒体写作的分量,将其内容更新、扩充并独立成章,与文学文体写作、传媒文体写作等并列,这样调整既突出了新媒体写作的重要性,也使全书的整体架构更加合理、平衡。此外,修订时整合、充实了相关内容,替换或增加了新的范例。思考与练习也进行了调整,期望更加凸显写作的实践性和可操作性。修订的效果如何,还期望各位读者和使用本书的同学们批评指正。

本书的修订再版获得了中国传媒大学2021年度本科教育教学改革教材建设项目(单本教材)立项(项目编号JG21198)支持以及专项经费资助。

感谢中国传媒大学学校、教务处和人文学院的支持和帮助。

感谢责任编辑延城城敬业的工作以及对我们的理解和支持。

感谢阅读、使用本教材的读者(同学)们。

各章节的作者写作分工如下:

前言:刘洪妹

第一章:第一节:范慧琴;第二节:王璐璐;第三节:贾静

第二、三、四章:刘洪妹

第五章:范慧琴

第六章:第一、二节:范慧琴;第三、四节:许蕾

第七章:第一节:王璐璐;第二、三、四节:姚皓韵

第八章:第一节:姚皓韵;第二节:王璐璐;第三节:范丽君;第四节:许蕾

第九章:第一、二节:范丽君;第三节:王璐璐;第四节:范丽君

第十章:许蕾

第十一章:贾静

第十二章:第一节:范慧琴;第二、三节:范丽君;第四节:许蕾

全书由刘洪妹统稿。

刘洪妹

2021 年 11 月 15 日于中国传媒大学